미국의 탄생

미국의 탄생
이주의 역사로 보는 인간의 도전

양대성 지음

발행일 | 2021. 11. 1

발행처 | Human & Books
발행인 | 하응백
출판등록 | 2002년 6월 5일 제2002-113호
서울특별시 종로구 삼일대로 457 1409호(경운동, 수운회관)
기획 홍보부 | 02-6327-3535, 편집부 | 02-6327-3537, 팩시밀리 | 02-6327-5353
이메일 | hbooks@empas.com

ISBN 978-89-6078-752-0 03300

미국의 탄생

이주의 역사로 보는 인간의 도전

양대성 지음

Human & Books

이주의 역사를 통해서 본 미국의 탄생, 그리고 우리들의 이야기

낯선 세계를 경험하는 것은 설레는 일이다. 우리는 때때로 탐험과 모험을 꿈꾸고, 가보지 않았던 곳으로 훌쩍 여행을 떠나고, 고정 관념에 도전하는 용기 있는 사람들의 무용담에 빠져든다. 이러한 것들은 새로운 세상을 향한 마음속 동경이 우리를 어딘가 다른 세계로 끌어가고 있기 때문에 일어나는 감미로운 충동들이다. 이 책은 사람들이 사는 장소와 방식을 과감하게 변경한다는 의미에서의 이주(移住), 특히 미국이라는 나라의 공간 범위에서 일어난 이주에 관한 이야기를 다루었다. 이주의 도도한 물결이 미국이라는 나라의 탄생에 어떤 무늬를 남겼는지 살펴보고자 했다. 수많은 사람들의 끝도 없이 이어진 발자취 중 극히 일부만이 담겨 있는 기록이지만 생소한 장소에 들어서는 호기심 어린 마음은 유랑을 떠나는 것 같은 즐거운 기분으로 글을 써 내려가게 했다.

이 책은 아주 먼 옛날 인류가 이주했던 첫 발걸음을 따라가는 것부터 시작한다. 이주라는 것은 어느 특정한 시점에 남다른 사람들이 감행한 유별난 현상이 아니다. 우리들은 땅에 발을 디딘 그 순간부터 무리와 함께 먹을 것을 얻고 좀 더 살기 좋은 곳을 찾기 위해 이주하며 살아왔을 것이다.

책 중반부터는 오랜 세월이 흘러 아메리카로 향했던 사람들이 만들어 낸 여러 이야기를 중점적으로 다루었다. 아메리카 원주민들은 어떤 문화를 이루며 살아왔고, 유럽인들은 어떻게 바다를 건너 그곳으로 이동했는지 알아보았다. 아메리카는 물리적인 이주와 동시에 급격한 정신적 도약이 이루어진 흥미로운 공간이다.

인류 전체의 역사에 비해 짧은 시간에 이루어진 변혁 중에서 특히 아메리카 이주와 더불어 펼쳐졌던 인류 이동 수단의 혁신에 주목했다. 배, 기차, 자동차, 비행기, 우주선, 통신의 발달은 더 빨리, 멀리 연결되고자 하는 우리의 욕망과 밀접하게 관련되어 있다. 또한, 이주의 과정 속에서 미국에서 일어난 움직임을 네 가지 관점에서 바라보았다.

첫째, 물질적 풍요를 달성하기 위한 물류의 발전이다.

둘째, 정착지의 거친 자연을 극복하기 위한 끈질긴 노력이다.

셋째, 광대한 정신적 대륙에서 새롭게 발견한 과학 기술의 진보이다.

넷째, 독립된 공간에서 스스로 자신과 공동체의 운명을 책임지며 발달시킨 민주주의의 정신이다.

책의 말미에서는 미국 대륙의 이주자들이 이동한 구체적 공간에서의 삶의 모습을 자세히 들여다보고자 했다. 이를 위해 아메리카의 이주민들이 서쪽으로 옮겨 가면서 다다른 여러 목적지 중의 하나였던 캘리포니아에 집중했다. 캘리포니아에서도 이주자들이 맞닥뜨린 자연의 도전이 있었고, 개척해야 할 거대한 정신적인 대륙이 존재했다. 캘리포니아 이주자들은 새로운 땅에서 자립의 기반을 가꿔가면서 세상을 변화시킬 큰 파동을 만들어냈다.

　미국 이주의 모습은 우리에게 많은 영감을 주지만 이 세상 숱한 이주의 이야기 중 가장 중요하고 재미있는 것은 아마도 오늘날 우리가 남겨가고 있는 바로 그 흔적들이다. 우리가 꾸미는 오늘의 삶과 우리가 고민하는 오늘의 작은 선택들도 먼 훗날 누군가가 써 내려가는 한 줄, 한 단락, 한 권의 책이 될 수 있다는 생각으로 과거를 살았던 사람들의 오래전 이야기를 흥미롭게 읽어 내려갈 수 있었으면 좋겠다.

　나의 찰나 같은 역사를 함께 해주는 사랑하는 아버지, 어머니, 지애, 은혜, 서윤, 서희에게 이 책을 바친다.

차례

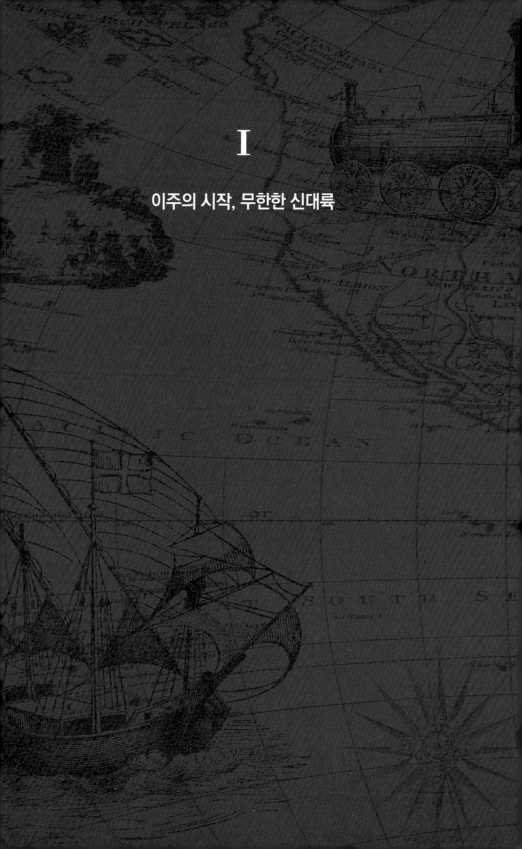

I

이주의 시작, 무한한 신대륙

1. 인류의 이주

1) 이주의 시작

인간은 오랜 시간 먼 이주를 준비했다.

인간은 이주하면서 지구를 발견해 왔다. 오늘날 널리 받아들여지는 이론에 따르면 인류는 아프리카에서 출발해 지구의 전 지역으로 이주했다.[*] 무수하게 많은 생물종 중에 유일하게 상징을 이해하고 미래를 상상할 수 있는 호모 사피엔스는 지금으로부터 대략 30만 년 전에 처음 나타났다.[**] 물론 이것이 누구도 부인할 수 없는 명백한 사실인 것은 아니다. 인간이 나타난 시기와 장소에는 여러 가지 가설이 있다. 다만 현재까지는 아프리카 어디쯤에서 최초의 호모 사피엔스가 출현했다는 설이 가장 유력할 뿐이다. 호모 사피엔스는 생물의 긴 역사를 볼 때 비교적 늦게 탄생한 종이었다. 당시 아프리카 대륙에는 이미 포유류를 비롯한 각종 동식물과 미생물들이 살아가고 있었고, 호모 사피엔스와 유사한 모습을

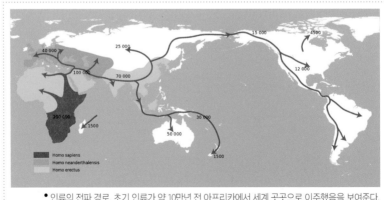

[*] 인류의 전파 경로. 초기 인류가 약 10만년 전 아프리카에서 세계 곳곳으로 이주했음을 보여준다.
(사진: 위키백과)

지닌 다른 유인원들도 많이 있었다. 사람속(Homo)으로 분류되지만 현재는 사라진 호모 에렉투스, 네안데르탈, 데니소반 등은 그 무렵 이미 지구 곳곳에 거주할 정도로 번성했다.[•••]

호모 사피엔스는 지구라는 사회의 초심자면서 매우 힘없는 존재였다. 그들의 신체는 거친 자연 속 경쟁을 쉽게 이겨낼 정도로 강하지 못했다. 오늘날의 우리가 아무런 문명의 도구 없이 아프리카의 정글에 있다고 상상하면 그들의 삶이 얼마나 위태로웠을지 쉽게 짐작할 수 있다. 그들은 몸집이 비슷한 다른 포유류에 비해 근력도 약했고 빠르지도 않았다. 몸을 보호하는 단단한 껍질이나 상대방에게 치명상을 입히는 강한 발톱이 있는 것도 아니었다. 게다가 갓 태어난 아이들의 처지는 더 열악했다. 태어나면 바로 걸을 수 있는 다른 포유류의 새끼들과 달리 인간의 자녀는 혼자 걷고 먹을 수 있을 때까지 3~4년이나 걸려 포식자들에게 손쉬운 표적이 되었다.

이런 상황에서 그들이 생존할 길은 함께 모여 사는 것이었다. 자유로운 손을 이용해서 다른 유인원이 쓰는 것보다 정교한 도구를 만드는 것도 살아남는 데 큰 도움이 됐다. 그들은 무리를 이루어 함께 아이들을 돌보면서 이웃 동물들 틈 속에서 영리하게 살아가는 방법을 찾아냈다. 주로 식물과 수산물 등을 채집해 먹었으며, 힘센 육식 동물들이 먹다가 남긴 동물의 뼈를 솜씨 좋게 발라서 고기를 얻었다. 호모 에렉투스 등이 이전부터 쓰고 있던 불을 이용하게 된 것은 집단의 존속에 큰 도움이 됐다. 불로 요리한 음식물은 쉽고 빠른 소화를 도와주었고, 일부러 불을 지른 숲은 그을린 동식물과 같은 추가 식량도 제공해주었다. 불과 도

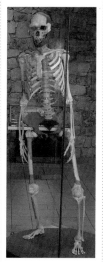

•• 모로코의 제벨 이르후드(Jebel Irhoud) 유적에서는 31.5만 년 전으로 추정되는 호모 사피엔스 유골이 발견되었다(2017년 발표). 이는 기존 에티오피아 헤르토 부리(Herto Bouri)에서 발견된 유골의 추정 연대 20만 년 전을 뛰어넘는 것이었다. 다만, 제벨 이르후드에서 발견된 유골이 호모 사피엔스인지 아닌지와 측정 연대에 대해서는 여전히 이견이 있다.

••• 프랑스 남부 피레네-오리앙탈 주 페르니냥에서 북서쪽으로 33km 떨어진 토타벨(Tautavel) 마을에서 발견되어 재구성된 인간 두개골.

구는 큰 동물이 다가왔을 때 무리를 보호하는 효과적인 방패가 되기도 했다. 하지만 아무리 그래도 인간이 생태계의 다른 강적들을 제압할 정도의 힘을 발휘하기에는 여전히 무리가 따랐다. 오랜 시간 동안 사람들은 아프리카의 정해진 구역 안을 옮겨 다니면서 물려 죽거나 굶어 죽지 않으려고 노력하며 살아갔다.

인간이 지구 전체로 퍼져 나가기 시작했다.

그러던 인간은 어떤 시점에 이르러 아프리카를 벗어나 새로운 대륙으로 전진하기 시작했다. 인간이 언제 이런 이주를 감행했는지는 물론 정확하게 알 수 없다. 실제로 아프리카에서 전 세계로 퍼져나갔다는(Out-of-Africa) 것조차도 확실한 설이라고 할 수는 없다. 이 이론이 처음 등장한 것은 1980년대였는데, 오늘날까지도 인간은 지구의 다양한 곳에서 나타나 거꾸로 아프리카로도 들어간(Into-Africa) 것이라는 이견도 있다.[1]

오래전 인간이 살았던 장소와 이동 경로를 알아낸다는 것은 여간 어려운 일이 아니다. 수십만 년에서 수만 년 전 인간의 모습을 추측할 유적은 전 세계에도 얼마 남아 있지 않고, 더군다나 도구가 아니라 사람의 유골이 발견되어 직접 확실하게 거주 사실을 확인할 증거는 매우 적기 때문이다. 이 분야에서는 지금도 계속 새로운 이론이 등장하고 기존 학설이 수정되는 중이다. 유전자 분석 등 신기술의 발전으로 기존에 몰랐던 것들이 속속 드러나고 있으며, 오래전에 발굴된 유적에서 새로운 사실들이 발견되기도 한다.

우리가 어디에서 왔고 어떻게 살아왔는가는 많은 사람의 호기심을 자극하는 주제이다. 우리 인간이 살아온 수십만 년 망각의 시간을 짐작해보기 위해서는 인류학, 고고학, 기상학, 생물학, 유전자학, 지질학, 지리학 등이 총망라되어야 한다. 세계의 여러 곳에서 이러한 탐구는 계속되고 있고, 앞으로 우리는 지금보다 더 많은 것들을 알 수 있을 것이다. 그러므로 조금은 달라질 수 있다는 것을 전제로 하고, 초기 인간의 이주에 대해 가장 널리 통용되는 이론을 이야기해 보기로 하자.

수렵 채집을 하는 인간에게 이주는 숙명이었다. 자연 속의 인간은 식량을 구하고, 적을 피하고, 보다 살기 적합한 곳을 찾기 위해 이주를 계속해야 했다. 수십만 년 전 인간들도 사냥터를 따라 이리저리 움직이며 살아가는 것에 숙달이 돼 있었다. 하지만 거대한 사막, 산맥, 바다 같은 대자연은 이들의 이동에 큰 장애물이었다. 며칠만 물과 음식을 먹지 않으면 쓰러지고, 생존할 수 있는 온도 범위도 그렇게 넓지 않은 인간의 체력을 생각할 때 아이까지 함께하는 인간 무리에게 이런 장애물은 세상의 끝을 의미했다.

그러므로 인간의 이동에 가장 큰 영향을 미친 것은 기후와 자연이었다. 기후 변화로 주변 환경과 장애물이 변하면 인간의 주 활동 지역도 장기간에 걸쳐 자연스럽게 바뀌었다. 지구의 온도는 태양의 온도, 지구가 태양을 공전하는 반경, 지구 자전축의 기울기 변화 등에 따라 긴 호흡으로 천천히 등락한다. 인간이 등장한 이후에도 지구의 온도는 부침을 계속했는데 특히 어떤 시기에는 기온이 크게 상승해 비교적 오랜 기간 안정적인 모습을 보이는 때가 있었다.[2] 간빙기라 불리는 이 기간에는 고위도 지역의 추위가 누그러졌고, 극지방의 빙하가 녹아서 지구의 대기에 물이 더 많았다. 이에 따라 강수량이 증가했고 동식물의 생육도 왕성해졌다. 인간이 탄생한 이후에는 크게 13~11만 년 전과 현재의 지질학적

시대인 홀로세(Holocene)가 시작되는 1.2만 년 전부터 지금까지가 뚜렷한 간빙기에 해당한다. 온도가 서서히 올라가기 시작하는 간빙기 초기에는 지구 여러 지역 중에서도 위도가 약간 높은 중위도 지역의 온도와 강수량이 생물 번식에 가장 적합했다. 오늘날은 너무 덥고 건조한 아프리카의 사하라 사막과 중동 지방에도 그 무렵에는 비옥한 숲이 펼쳐졌다.

아프리카에 살고 있던 사피엔스들이 다른 대륙으로 이주할 수 있었던 것도 이처럼 주변 환경이 계속 변화했기 때문일 것이다. 아프리카 북부에 숲이 펼쳐져 있을 당시, 빗물이 모여 지중해나 홍해 쪽으로 흐르는 강줄기가 그들이 배를 이용해 더 멀리까지 이동할 수 있도록 도와주었을 가능성이 크다. 그 옛날부터 인간이 더 살기 좋은 곳을 찾아 이동하는 것은 극히 자연스러운 현상이었기 때문에 큰 장애물만 없었다면 몇몇 집단은 자신도 모르는 사이에 아프리카를 벗어나 다른 대륙을 발견했을 수도 있다. 물론 기후 변화라는 것은 매우 느리게 일어나는 현상이기 때문에 이런 이주가 단지 몇 세대 사이에 벌어진 것은 아니었다. 이는 수십, 수만 년에 걸쳐 아주 천천히 나타난 이주의 흐름이었다.

인간이 아프리카를 벗어난 흔적은 오늘날 중동 지방의 몇몇 유적에서 발견할 수 있다. 이스라엘 서해안 카멜산(Mount Carmel)의 미슬리야 동굴(Misliya Cave)•에서는 약 19.5~17.7만 년 전으로 추정되는 인간의 위쪽 치아 유골이 발견되었다.[3] 이것이 현재로서는 아프리카 밖에서 발견된 가장 오래된 호모 사피엔스의 흔적이다. 서쪽으로 조금 떨어진 제벨 콰프제(Jebel Qafzeh)에서는 어른 7기, 어린이 8기 유골 일부가 나왔는데 이들의 연대는 약 11.5만 년 전인 것으로 분석되었다.[4] 또한 미슬리야 동굴과 비슷한 위치에 있는 스쿨(Skhul) 유적에서는 20세기 초

발굴된 유골 10기의 연대가 약 11.8만 년 정도인 것으로 추정되었다.[5] 아랍에미레이트의 제벨 파야(Jebel Faya)에서는 호모 사피엔스가 썼던 것으로 추측되는 석기가 수습되었는데 이들의 연대는 12.5만 년 전가량이었다.[6] 이런 유적들을 통해 아주 단순하게 어림잡아 본다면 호모 사

• 미슬리야 동굴(사진 왼쪽)은 1927년 발굴자인 프리츠 브로첸(Fritz Brotzen)의 이름을 따서 브로첸 동굴로도 알려져 있다. 이스라엘의 카르멜(Carmel)산에 있는 붕괴된 동굴로서 구석기 시대와 중기 구석기 시대의 지질층을 포함하고 있다. 콰페즈와 스쿨의 호미닌 화석(사진 오른쪽)은 각각 이스라엘의 콰페즈(Qafzeh) 동굴과 에스 스쿨(Es Skhul) 동굴에서 발견된 것으로 오늘날 유라시아에서 가장 오래된 호모 사피엔스 화석으로 분류된다.

피엔스는 약 19~18만 년 전, 12~11만 년 전 오늘날의 아시아 대륙인 중동 지역에 진출하였을 것이라는 짐작을 할 수 있다.•• -

　그러나 호모 사피엔스들은 그 이후 한동안 중동 지방에서 모습을 감췄다.[7] 그렇다고 이 시기 그들이 이미 중동을 벗어나 남아시아나 유럽 쪽으로 거주지를 옮겨갔다는 증거도 찾을 수가 없다. 지구는 9만 년 전을 전후해서 다시 춥고 건조해졌는데(Heinrich Event) 어쩌면 그들은 이때 따뜻한 곳을 찾아 다시 아프리카 쪽으로 남하했을 수 있다. 선조들의 이동을 잊은 지 오래인 그들에게 아프리카는 오래전 고향이 아니라 새롭게 발견한 땅 같은 곳이었을 것이다. 혹은 이미 훨씬 전부터 중동 일대에 살았던 네안데르탈인 등 다른 유인원 종과의 싸움에서 패해 멸종했을 수도 있다. 또는 다시 빙하기가 올 때까지 수만 년의 긴 시간을 버티기는커녕 간빙기 절정에서

•• 전기 구석기의 걸작, 아브리 빠뚜의 비너스(The Venus of Abri Pataud). 1958년, 프랑스 남부 아브리 빠뚜에서 약 20cm 높이의 돌에 여성 형상의 조각이 발견되었다. '아브리 빠뚜의 비너스'로 명명된 이 조각은 약 21,000년 전에 만들어진 것으로 추정된다. 고고학자 모비우스(Hallam L. Movius, Jr)는 "이 조각이 비교적 젊은 여성을 나타내며, 당대의 일반적인 경우보다 훨씬 날씬하고 우아하며 임신을 암시하는 윤곽선이 있다"고 주장했다. 나아가 그는 "오늘날의 관점에서 보면 부조화를 보이지만 그럼에도 조각의 전체적인 비율이 훌륭하며 대칭을 이루고 있다"고 적었다. 결론적으로 그는 이 조각이 "총체적으로 비너스로 알려진 일련의 아름다운 여성 조각상의 일원에 포함될 수 있으며 전기 구석기시대를 대표하는 걸작이라 볼 수 있다"고 평했다.

지구의 기온이 많이 올라가 중동 지방이 오늘날과 같은 사막으로 변했을 때 환경에 적응하지 못하고 종족 생존에 실패했을 수도 있다. 정확한 것은 알 수 없지만 꽤 오랜 시간 동안 인간은 넓은 지구의 다른 대륙은 비워두고 다시 아프리카에만 모여 살았던 것으로 보인다.

　그러던 중 지구에는 큰 변화가 일어났다. 7만 4천여 년 전 현재의 인도네시아 지역에 있는 토바 화산(Toba volcano)이 폭발한 것이다. 토바 화산 분화는 전후 250만 년을 통틀어 지구에서 일어난 가장 강력한 화산 폭발이었다. 화산의 분출로 남부 아시아 일대 전체가 재에 묻혔으며 지구 북반구의 평균 기온이 3~5도나 떨어져서 수년 이상의 급격한 겨울이 찾아왔다.[8] 기온 하강 외에도 대기 중에 생성된 황산염 등 유독가스로 지구의 생물들이 큰 피해를 입었다. 이 시기 아프리카에 거주하고 있었던 인간도 자칫 멸종 위기에 이를 정도로 생존에 큰 어려움을 겪었던 것으로 보인다. 토바 화산 폭발이 지구의 기온과 인간에게 미쳤던 영향에 대해서는 여전히 이견이 많다. 이때는 이미 지구의 평균 온도가 하강하는 중이었고 화산으로 인한 기온 영향은 일시적이었다는 견해도 있고[9], 이 폭발이 상당히 멀리 떨어진 아프리카의 기후에 미쳤던 영향은 미미했다는 주장도 존재한다.[10] 자연재해로 인간이 공룡처럼 사라질 수도 있을 뻔했다는 이 흥미로운 주제에 관해서는 많은 연구가 진행 중이지만 분명한 것은 이 폭발이 지금까지의 인류 역사 속에서는 가장 큰 재난이었고, 이후 인간의 삶에 꽤 많은 영향을 미쳤을 것이라는 점이다.

　오늘날의 시점에서 결과론적으로 생각해 본다면 인간은 토바 화산으로 인한 생태계의 변화를 잘 견뎌내 종족 번성에 성공했다. 화산 폭발 후 긴 세월이 지난 6만 5천 년 전 무렵 인간은 다시 한번 아프리카를 벗어났다. 이때의 이주는 바다를 통해서 일어났던 것으로 추정된다. 6

만 5천 년 전은 오랫동안 빙하기가 계속되어 지구의 평균 온도가 낮을 때였다. 이들 용감한 신대륙 개척자들은 홍해 끝부분의 바다(Bab-el-Mandeb Strait)를 배로 건너 아라비아반도 남쪽에 상륙했던 것으로 보인다.[11] 그때보다 해수면이 상승한 오늘날에도 18km 정도밖에 떨어져 있지 않아 맑은 날에는 반대편이 보이는 이 좁은 해협은 빙하기였던 당시에는 불과 10km가량밖에 떨어져 있지 않았다. 아마도 어떤 진취적인 집단이 바다 건너 보이는 새로운 땅을 향해 배를 띄워 이주에 성공했을 것이고, 시간을 두고 다른 무리도 뒤를 따랐을 것이다. 이곳은 물살이 센 해협이기 때문에 어떤 사람들이 탄 배들은 항해에 실패해 인도양으로 영영 떠내려갔을 수도 있고, 몇몇 배들은 모험에 성공해 새로운 터전에 정착했을 것이다. 물론 그들이 한 대륙을 벗어나 다른 대륙으로 들어간다는 의식을 가졌을 리는 만무하다. 그들은 그저 먹을 것이 많고 적으로부터 안전한 곳으로 이동하고 싶었을 뿐이었을 것이다. 이 시기 홍해를 건넌 사람들의 이주는 그들의 사회에서 한 발짝의 작은 변화였겠지만 이후 인간의 역사에서는 매우 중요한 변곡점이 되었다.

아프리카를 벗어나는 데 다시 성공한 인간은 이번에는 그 전과는 다르게 출발점으로 돌아가지 않고 계속 새로운 땅을 탐험하며 이주의 경로를 끝없이 확장해 나갔다. 유전자 병목 이론(Genetic bottleneck theory)[12]에 따르면 현재 인간 유전자의 다양성 정도를 고려해 볼 때 7~6만여 년 전 인간 집단의 전체 인구는 수천 명 정도에 불과했다고 한다. 이 추정이 맞는다면 홍해를 건넌 소수의 무리가 오늘날 우리 대부분의 조상일 수도 있고, 이미 토바 화산이나 극심한 추위 등을 비롯한 무언가의 원인에 의해서 아주 적은 수의 인간들만이 멸종 위기를 견뎌냈을 수도 있다. 아무튼 이 미약한 집단은 결국 살아남아 전 세계로 뻗어나가는 엄청난 업적을 이루었다. 이때의 사람들이 먼 옛날 조상들과는 달리 새로운 환경에 적응해 지구 전체에 후손을 남길 수 있었던 비결은 여전히 수수께끼이다. 순전히 우연일 수도 있고, 기술과 교역이 크게 진보했기 때문일 수도 있다. 사회 구조의 발달이 비결일 수도 있고, 인지혁명이라는 말로 표현되는 설명하기 어려운 인간 지능의 급격한 발전(Great leap forward)이 있었을 수도 있다. 혹은 토바 화산으로 인해 다른 유인원들이나 큰 포유류들 같은 경쟁 종들의 숫자가 급감했던 것이 생존에 도움을 주었을 수도 있다. 성공 원인은 알 수 없으나 이후 인간은 중동, 동남아, 동아시아, 유럽 지역으로 도도한 강줄기처럼 이주를 시작했다.

2) 이주의 확산

인간은 4만 5천 년 경 대부분의 대륙에 정착했다.

인간은 아프리카를 떠난 후 2만 년이 지난 4만 5천 년 경에는 지구상 대부분의 대륙에 정착했다. 이 무렵이면 아프리카 외의 인구가 고향인 아프리카 지역 인구를 능가할 정도였다. 지구에는 5~4.5만 년 전에 다시 짧은 간빙기가 도래했는데, 이 시기에 따뜻해진 기후는 먹잇감을 늘어나게 해 인구가 증가하고 이동이 활발해지는 데 도움을 주었을 것이다.

이 시기 인간들은 처음에는 주로 해안가를 통해 이주했다. 해안가에는 먹을 것이 많았고, 상대적으로 물을 얻기도 쉬웠기 때문이었다. 연안바다를 배로 왕래하며 여러 정착지 간에 서로 교역하는 것도 용이했다. 해수면이 상승한 현재에는 그 시절의 해안가 유적지가 많이 남아 있지 않지만 발굴된 유적지 중 가장 연대가 앞선 유적지는 대체로 5~4만 년 정도이다. 인도네시아 옆 파푸아뉴기니 섬에서는 4.9~4.4만 년 전의 유적이 발견되었고, 오스트레일리아의 뭉고 호수(Lake Mungo)에서는 5~4.6만 년 전 사람들의 흔적이 나타났다. 유럽의 경우 빙하기에는 인간이 쉽게 접근하기 어려울 정도로 온도가 낮았고 중동과의 사이에 산맥이나 바다 같은 큰 지리적 장벽이 있었기 때문에 동남아시아 일대보다 인류의 진출 속도가 늦었다. 현재 발견된 유럽의 가장 오래된 사피엔스 유적은 4.5만 년 전 즈음이다. 다른 지역보다 특히 육로이동거리가 길었던 우리가 사는 동아시아에도 4.5만 년 전쯤에 인간이 다다랐을 것으로 추정되고 있다.[13]

3) 농경의 발전과 문명의 시작

1만여 년 전 농업혁명이 일어났다.

수만 년에 걸친 이동으로 지구 구석구석에 거주하기 시작한 사람들이 농사를 시작할 때까지는 꽤 많은 시간이 걸렸다. 5~4만 년 전의 세계 인구는 대략 5백만 명에서 1천만 명 정도였을 것으로 보이는데 이들은 계속 수렵채집에 의존하며 아프리카 조상들과 비슷한 방식으로 또다시 수만 년을 살아갔다. 이렇게 자연 속에 원래 있던 식량만을 찾아다니며 오랫동안 똑같은 모습으로 생활하던 인간은 1만 년 전쯤 자신의 힘으로 미래의 먹을거리를 만들어내는 놀라운 지혜를 터득했다. 농업혁명으로 불리는 이 변화로 인해 인류와 지구의 모습은 획기적으로 변했고 인류 문명의 역사가 시작됐다.

농업혁명의 발단도 인간의 이주처럼 기후 변화와 밀접한 관련이 있었던 것으로 추정된다. 1만 년 전쯤 가장 최근의 빙하기가 끝나고 홀로세(Holocene)로 접어들면서 지구의 온도는 다시금 점점 상승하기 시작했다. 기후가 온화해지고 예측 가능해졌고, 기온과 강수량은 식물이 자라고 동물이 활동하기에 적합해졌다. 이러한 시기에 세계 곳곳에서 짧은 시차를 두고 농사가 시작되었다. 농업은 한곳에서 시작돼 전파되어 나간 것이 아니라 세계 곳곳에서 독립적으로 나타났다. 농업이 탄생한 이유에 대해서는 여러 가지 가설이 있다. 어딘가에 씨를 뿌리면 식물이 자란다는 것은 인간이 그 이전부터 알고 활용하던 기술이었는데 기후 변화로 점점 생산성이 높아지자 대규모의 농사가 가능해졌다는 가설도 있고, 무리의 지도자가 연회나 종교의식과 같은 행사를 통해 세력을 과시하기 위해서 많은 식량을 필요로 한 결과 농사기법을 발전시켰다고 보는 견해도 있다.[14] 빙하기가 끝나고 매머드와 같은 큰 동물이 멸종되면서 사냥으로 식량을 구하기가 점점 어려워진 위기 상황과 때마침 따뜻해진 기후가 농업 발전을 유발한 복합적 원인이었다고 추측하기도 한다.[15]

각 지역에서 농사를 짓기 시작한 주요 작물은 각각의 토양이나 기후 조건, 야생 식물의 종류 등에 따라 달랐다. 중동 지역은 대부분 건조한 날이 지속되고 비가 별로 오지 않았기 때문에 밀, 보리 같은 식물이 자라기 좋았다. 중국 황하 유역은 조, 수수, 쌀, 콩 등의 생장에 적합했고, 아메리카 대륙은 옥수수, 호박, 감자 등을 가꾸기에 알맞았다. 농업혁명 때

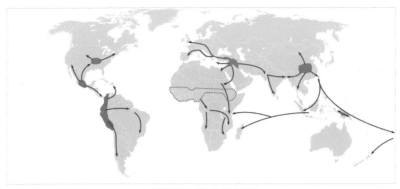

농업혁명의 발상지와 전파 경로

재배를 시작한 이들 작물은 현재까지도 그 지역 주민들의 음식 문화를
지배하고 있다.

**농업혁명으로 문명이 시작되었으나 개개인의 삶의 질은 낮아지
기도 했다.**

농업혁명은 세계 곳곳에서 일어났으며 한번 농사를 짓게 되자 과거
원시 경제사회로는 다시는 돌아갈 수는 없게 되었다. 농업을 채택한 집
단은 잉여 농산물과 안정적인 주거를 통해 더 많은 젊은 층 인구를 부양
할 수 있었기 때문에 강성한 힘을 갖게 됐다. 이들이 점차로 주변 수렵채
집 부족들을 제압해나가자 농업 기술은 지구 전체로 확산되어 갔다. 식
량 생산이 아닌 다른 일에 종사하는 사람도 생겨나기 시작했고, 시간이
지남에 따라 지배계급이 나타나고 정치구조도 정교해졌다.

사람들이 한곳에 정착해 농사를 짓기 시작하면서 토지를 중심으로
한 소유권의 개념도 발달했다. 과거 이주를 계속하던 인류는 운반할 수
있는 것 외의 물건들을 많이 가지고 있을 수 없었지만 이때부터는 땅에

묶여 쉽게 움직일 수 없는 재산들이 생겨났다. 땅, 집, 가축, 식량, 도구가 생겨나고 그 개념이 또한 생겨났다. 소유권을 정확하게 기록하고, 분쟁을 해결하기 위해서 기록 수단도 발달했다.

건축과 미술도 본격적으로 등장했다. 농사를 통해 부강해진 집단은 종족의 세를 과시하거나 심미적 만족감을 충족시키기 위해 다양한 형태의 건물, 조각, 회화, 공예, 도자기 등을 발전시켰다. 이것은 여분의 농산물로 인해 식량을 직접 생산하지 않고도 생활할 수 있는 장인 집단이 생겨났기 때문에 가능한 일이었다. 장인들은 새로운 재료 기술도 만들어 내기 시작했다. 지금으로부터 5,000년 전에는 청동기 기술이 나타났고, 4,000년 전에는 철기가 등장했다.

장인을 통한 전문화(專門化)는 교역과 전쟁을 더욱 잦게 했다. 농사 이전의 수렵채집 집단들도 이미 상호 간에 교역해 왔던 터라 농업혁명으로 한층 다양한 형태의 상품이 등장하자 거래의 효율성과 만족도는 더욱 높아졌다. 한편 많은 물건을 가지고 있다는 것은 지켜야 할 것이 많다는 것을 의미하기도 했다. 땅이나 값나가는 물건을 둘러싼 약탈과 방어는 날로 치열해졌고, 직업 군인도 탄생하게 되었다. 청동기와 철기 같은 신소재는 무기를 더욱 발전시켰고, 이미 길들인 말까지 전쟁에 이용하게 되면서 전사들은 한결 빠르고 사나워졌다.

농업혁명은 인류 전체를 새로운 방향으로 이끌어서 문명을 쌓아 올리게 하였지만 인간 개개인의 삶의 질은 과거 수렵채집 시대보다 악화되기도 했다. 수렵채집 시대의 인간은 일주일에 20시간 정도만 일하면 필요로 하는 식량을 얻을 수 있었다. 하지만 농경을 시작한 인간은 '원하는' 작물만을 자라게 하고 '원하지 않는' 잡초와 해충을 제거하기 위해 매일매일 해가 뜰 때부터 질 때까지 일해야만 했다. 영양도 불균형해졌다. 과거 수렵시대에는 충분한 양의 고기와 야채를 섭취할 수 있어 몸속에 단백질과 비타민이 부족하지 않았다. 그렇지만 농경 시작 후 곡물 위주의 식사가 자리 잡으면서 영양 섭취의 범위는 매우 협소해졌다. 유럽인들의 경우 수렵시대의 평균 키는 남자 178cm, 여자 165cm였는데 농경사회 이후에는 영양 부족으로 이것이 각각 165cm, 155cm로 줄어들었다.[16] 평균 신장은 오늘날에 이르러 영양이 풍부해지고 나서야 다시 원상을 회복했다. 가축을 키우게 되면서 각종 질병도 생겨났다. 돼지, 오리, 닭 같은 동물로 인해 독감이 생겨났고, 소에서는 천연두, 홍역, 결핵 같은 병이 나타나 인간에게 옮아 왔다. 가축과 함께 생활하는 세대가 이어지면서 인간의 면역력도 강해지기는 했지만 이 병들은 오랜 기간 많은 인간의 목숨을 위협했다. 예를 들어 천연두의 경우 1769년 영국의 제너(Edward jenner*)가 백신을 발견한 후 1980년 WHO가 멸종을 선언할 때까지 인류에게 엄청난 공포의 대상이었다. 천연두에 걸린 사람의 사망률은 30%에 이르렀고, 생존자들의 65~80%도 평생 곰보자국 같은 흉한 상처를 안고 살아가야 했다. 20세기에만 3억 명에서 5억 명의 사람들이 천연두로 죽었고, 비교적 최근인 1967년에도 전 세계적으로 1,500만 명의 사람들이 감염되어 200만 명의 사람들이 사망했을 정도였다.[17] 1492년 콜럼버스가 아메리카 대륙을 발견한 후 16세기 유럽인들이 아메리카에 본격적으로 진출하자 당시 가축을 키우지 않아 이런 전염병에 대한 면역체계가 없었던 원주민들의 90%는 천연두 같은 질병을 견뎌내지 못하고 목숨을 잃었다.

인류가 농사를 시작한 이후 이와 같은 영양 불균형과 질병 등으로

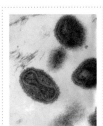

• 천연두바이러스
이 투과전자현미경 사진은 천연두 비리온(성숙한 바이러스 입자) 여러 개를 보여주고 있다. 비리온 속의 아령 모양 구조가 바이러스의 DNA를 품고 있는 바이러스핵이다. 배율은 370,000배 확대. 출처 위키백과.

인간의 평균 수명은 남성, 여성 각각 33세, 29세씩 감소하였다.[18] 이에 따라 농업혁명 초기 젊은 층의 증가로 다소 늘기 시작했던 인류의 전체 인구는 오랫동안 정체 상태를 유지하다가 5,000년 정도가 지난 후 위생 관리, 의학 등 대처법이 발달하면서 비로소 늘어나기 시작했다.

4) 항상 이주하는 사람들 - 장거리 교역의 발전

교역은 사람들을 끊임없이 이주하게 했다.

농경사회의 가장 큰 특징 중 하나는 사람들이 반드시 한 장소에 정착해서 살아야 한다는 것이다. 농작물은 땅에 심어지는 것이기 때문에 더 많은 식량을 얻기 위해 인간은 항상 제시간에 정해진 땅을 돌보며 살아가야 했다. 이주를 원하는 유전자는 수십만 년의 수렵채집과 거주지 이동을 통해 강하게 형성되어 여전히 인간의 몸속에 살아 있었지만 바뀐 사회 시스템은 더 이상 그것이 활동하는 것을 허락하지 않았다. 대부분의 사람은 갑작스레 바뀐 환경에 그럭저럭 적응하며 살아갔지만 몇몇 사람들은 핏속을 흐르는 이주의 즐거움을 포기하기를 완강히 거부했다. 다른 세상을 탐험하고 싶은 이주의 본능은 이미 인간 내면에 깊이 각인되어 있었고 이 충동을 남들보다 강하게 느끼는 사람들은 기꺼이 이주하며 살아가는 것을 선택했다. 교역, 특히 장거리 교역은 이들이 이주를 계속해야 할 훌륭한 이유가 되었다.

교역은 인간의 오랜 습관 중 하나로, 바꿔 쓰기와 나눠 쓰기의 행위는 농업혁명이 일어나기 훨씬 전부터 있었다. 인간은 동물과는 달리 똑같지 않은 물건을 각자의 필요에 의해 교환하기도 했고, 미래에 무엇인가를 받을 것을 조건으로 지금 내 것을 남에게 주기도 했다. 생활하면서 만나는 주변 사람들과 작은 물건을 거래하기도 했고, 장신구나 무기처럼 구하기 어려운 원재료로 만든 물건을 얻기 위해 먼 거리를 왕래하기도 했다. 교역의 품목이 점점 더 많아지고 빈도가 높아지면서 간편하게 거래를 성사시킬 수 있는 돈도 등장했다. 마구잡이로 만들어낼 수 없는 진귀한 조개껍데기, 소금 같은 것들이 교환의 수단으로 애용됐고, 농사가 시작된 이후에는 운반과 저장이 쉬운 곡물도 좋은 거래 도구가 됐다. 청동기 시대 이후 금속을 사용하게 되면서는 동, 은, 금 같은 것들이 매개체가 되었다. 이러한 금속들은 보관, 휴대하기 쉽고 목적에 맞게 모양을 주조할 수도 있기 때문에 오늘날까지도 가치 있는 교환의 척도로 사람들에게 사랑받고 있다.

교역이 활발해지면서 사람들은 거리가 멀수록 지역별 생산물의 비교우위가 커진다는 것을 자연스럽게 알아냈다. 이곳에서는 흔해서 그다지 구하기 어렵지 않은 것들이 가기 힘든 저곳에 가면 굉장히 가치 있게 변한다는 사실을 발견했다. 점점 더 많은 물건이 먼 거리를 이동하기 시작했고, 시대에 따라 옮겨야 할 필요성이 있는 물건들은 계속 바뀌었다.

교역의 품목이 다양해지고 왕래가 더욱 빈번해졌다.

흑요석은 15,000년 전부터 시작된 초기 지중해 무역에서 아주 중요한 광물이었다. 흑요석은 단단하고 빛깔이 좋아서 청동기가 등장하기 전 석기 시대에는 최상급 도구를 만들 수 있는 좋은 재료였다. 1820

년 비너스 대리석상(Venus de Milo)이 발견된 그리스의 밀로스(Milos) 섬과 이탈리아반도 장화 앞 끝에 있는 리파리(Lipari)섬은 풍부한 흑요석 생산지였다. 오늘날 터키의 소아시아(아나톨리아) 반도는 흑요석 교역의 중요한 통로가 되었다. 활발한 흑요석 교역은 이 지역들의 해상교통을 발전시켰고 사람들 간의 교류를 촉진했다. 오가는 상인들로 여러 가지 물건과 생각이 왕성하게 전파되어 당시 지중해 연안에서는 다양한 문화가 발전했다.

오랫동안 지중해를 지배했던 흑요석 무역은 기원전 3,000년 경 청동기가 발명되면서 점차 중요성을 잃어갔다. 이후 새롭게 각광을 받기 시작한 것은 동서 간 향신료 무역이었다. 아시아에서 출발해 유럽까지 이르는 향신료 교역로는 이미 고대 그리스 시대부터 개발되기 시작해 로마가 멸망할 때까지 번성했다. 당시 동양의 향신료는 주로 인도에서 바다를 통해 이집트로 들어와 지중해 전역으로 전파되거나 아라비아반도에서 육로를 거쳐 지중해에 이른 후 곳곳으로 퍼져갔다.

로마 제국은 전성기에 지중해의 제해권을 완전히 장악하고 다양한 품목에 걸친 국가 간 해상 교역을 주도했다. 이러한 국제 무역은 로마가 오랜 기간 번영할 수 있었던 주요한 이유가 되었다. 그러나 로마 멸망 이후 중세시대에 들어서면서 이 교역로는 모두 붕괴되었고, 서로마가 자리했던 서유럽 지역은 봉건적 자급자족 체제로 들어섰다. 그렇지만 이 시기 중국, 중동, 인도 간의 교역은 여전히 활발하였고, 한동안은 이곳이 세계 경제의 중심지 역할을 하였다.

11세기 말에서 13세기 말까지 이어진 십자군 전쟁은 그 본래 의도와는 상관없이 오랫동안 닫혀 있던 서유럽을 외부와 교류하게 하고 동서간의 교역로를 재건하게 하는 계기가 되었다. 14세기 이후에는 르네

상스 시대가 열리면서 유럽은 더욱 문호를 개방하기 시작했다. 상인 세력들은 원거리 교역에 적극적으로 뛰어들었고, 곳곳에 통상의 중심지가 생겨나서 번성했다. 십자군 이동 경로의 중간 지점에 있어서 전쟁 중 물자 공급으로 세력을 키운 베네치아 공화국은 14~15세기경 동서 간 향신료 무역을 독점하면서 최호황기를 누렸다. 이 시기 지금의 크로아티아 지역에 있는 두브로니크 공화국(라구사 공화국) 등 지중해 요충지의 여러 도시국가들도 활발한 동서 무역에 참여하여 크게 융성하였다. 인도에서 바닷길을 통해 중동 지방으로 들어온 물건들은 일단 이들 도시에 옮겨져 유럽 전역으로 팔려나갔다.

한편 이미 1세기에 중국 한나라에 의해 개척된 실크로드는 천 년이 넘는 기간 중국과 유럽을 잇는 주요 교역로로서 역할을 유지했다. 이 길을 통해 중국의 비단, 도자기, 화약, 종이가 중동, 유럽으로 전해졌고, 중동의 양모(wool), 유리, 금, 은 같은 상품과 기린, 사자, 낙타 같은 동아시아에서 보기 힘든 동물이 중국으로 들어갔다. 그러나 14세기 중후반 몽골 제국 붕괴 이후 길 주변의 지배 세력이 복잡해지고 갈등이 격화되면서 실크로드를 통한 물자 거래는 조금씩 쇠퇴하고 말았다.

15세기 중엽인 1453년, 이슬람 세력인 오스만투르크 제국이 기독교 세력인 동로마 제국 콘스탄티노플을 점령*한 사건은 동서 간의 교역로에 전면적인 변화를 가져오는 계기가 됐다. 동서 교역의 중간 거점 역할을 하던 콘스탄티노플을 잃은 기독교 국가들은 이슬람 세력을 통하지 않고도 인도와의 향신료 교역을 주도할 또 다른 길을 찾아 나섰다. 결국 1498년 포르투갈의 바스코 다가마가 아프리카를 돌아 인도 캘커타에 다다르는 길을 발견하면서 유럽-인도 간에 바다로만 죽 이어지

* 동로마 수도 콘스탄티노플에 입성하는 술탄 메흐메드 2세(Mehmed II). 파우스토 조나로(Fausto Zonaro, 1854-1929) 작.

는 원스톱 교역로가 열렸다. 바스코 다가마의 항해로 엄청난 이권의 가능성을 예감한 서유럽 국가들이 본격적으로 교역로를 찾아 나서자 바야흐로 대항해 시대가 개막되었다. 16세기에는 변화를 선점한 포르투갈이 인도와의 향신료 무역을 독점하면서 부를 쌓아나갔고, 17세기에는 네덜란드, 18세기에는 영국이 이 무역로를 지배하면서 차례로 부강해졌다. 한편 스페인은 대서양을 건너서 서쪽으로 항해해 아시아에 이르는 또 다른 교역로를 찾아내려 하다가 뜻하지 않게 아메리카를 발견해 냈다. 이후 스페인을 비롯한 유럽의 국가들은 금과 은 같은 아메리카의 자원을 통해 막대한 부를 축적했고, 유럽의 물품, 아프리카의 노예, 아메리카의 사탕수수를 번갈아 싣고 내리며 대서양을 도는 반인륜적 삼각무역망을 구축해 큰 이익을 얻기도 했다. 스페인은 또한 1565년 멕시코에서 태평양을 건너 필리핀까지 이르는 마닐라 갤리온선을 운항하기 시작하면서 태평양 무역로를 최초로 개척하기도 하였다.

현대에는 그 어느 때보다 활발한 교역이 이루어지고 있다.

오늘날에는 대규모 컨테이너선이 등장하면서 전 세계의 교역량은 더욱 많아졌고 품목은 한층 다양해졌다. 1869년 개통한 수에즈 운하는 인도양과 지중해 간 교역로의 거리를 크게 단축해 더 이상 아프리카 남단을 돌 필요가 없게 만들었고, 1914년 개통된 파나마 운하는 태평양 항로의 비약적 발달을 가져왔다. 양차 세계대전을 거치면서 힘을 키워 국제사회의 초강대국으로 부상한 미국은 20세기 들어 이러한 대 교역의 시대를 주도하기 시작했다. 1960년대 이후 비로소 세계와 적극적으로 교역하기 시작한 우리나라도 과감하게 통상을 확대해서 오늘날 태평양

시대의 중요한 일원으로 자리매김하였다. 현대의 우리는 생활 속에서 사용하는 대부분의 물건을 세계와 교환하며 살아가고 있다. 태평양을 예로 들면 수도 없이 많은 배가 아시아에서 생산한 전자제품, 자동차, 생활용품을 아메리카로 실어 나르고, 아메리카에서 생산한 천연자원, 농축산물, 첨단제품을 아시아로 옮기고 있다. 공중으로도 하루 수백 대의 비행기가 사람과 물자를 양 지역으로 운반하고 있다. 이제 이주는 일상화되었다. 우리는 일과 삶 속에서 수없이 많은 이주의 결과물을 만나고 사용하고 있으며, 지구 전체를 무대로 여전히 이주의 영역을 확장하는 중이다.

5) 한반도의 이주민들

한반도에 정착한 사람들은 북방계와 남방계가 융합된 사람들이었다.

세계적인 이주의 흐름 속에서 잠시 우리 한반도의 모습을 살펴보는 것은 앞으로 관찰할 다른 지역 이주의 역사를 우리의 관점으로 이해하는 데에 도움을 줄 수 있다. 오늘날 태평양 교역의 주요 지점 중의 하나로 세계와 긴밀하게 연결된 한반도에는 4만여 년 전 인간이 처음 도달한 것으로 추정된다. 아시아 대륙의 동쪽 끝에 위치해 비교적 늦게 발견된 한반도는 그 시절 새로 정착한 인간 무리에게 꽤 살기 좋은 땅이었을 것이다. 내몽골과 시베리아 지방보다 추위가 덜했으며, 사계절이 있는 온대기후여서 여러 가지 다양한 먹잇감이 있었다. 지형적으로는 반도인데다 산맥과 강이 발달해 외적으로부터 집단을 보호하기에도 좋았고, 바다, 강, 산이 거리상으로 가깝게 분포해 수산물, 임산물도 풍부하게 얻을 수 있었다.

오래전 처음 이곳으로 이주해 온 인간의 흔적을 오늘날의 한반도에서 찾기란 쉽지 않은 일이다. 세계 여느 곳에서처럼 한반도에도 수십, 수만 년 전의 유적이 많이 남아 있지 않고, 인간의 유골을 발견하기는 더군다나 어렵기 때문이다. 이런 상황에서 두만강 북쪽 오늘날의 러시아 영토에 있는 '악마의 문' 동굴*에서 발견된 약 7,700년 전 인간의 유골은 과거의 모습을 밝혀줄 진귀한 자료 중 하나로 평가받고 있다. 이 동굴에 살

* 울산과학기술원(UNIST) 게놈연구소를 비롯한 국제 연구팀이 7700년 전 동아시아인 게놈(유전체)을 해독하는 데 필요한 유골을 확보한 악마문 동굴 모습. 일찍이 고구려, 동부여, 북옥저가 위치한 곳으로 알려져 있으며 다수의 신석기 유물과 아시아에서 가장 오래된 직물이 발견되었다. 출처: "게놈 기술로 한국인의 유전적 뿌리 밝혔다", https://news.unist.ac.kr/kor/20170202-01/

았던 20대와 40대 여성의 머리뼈에서 추출한 DNA는 우리의 이주에 대한 흥미로운 가설의 근거가 됐다. DNA 게놈 분석 결과에 따르면 이 동굴에 살았던 사람의 DNA와 현대 베트남, 대만 일대 원주민의 DNA를 융합하면 오늘날 한국인들의 유전자와 가장 유사한 형태가 만들어진다고 한다.[19] 이는 악마의 문 동굴 부근에 살았던 북방계 이주민과 동남아시아 지역에 살았던 남방계 이주민들이 융합되어 지금의 한반도에 사는 사람들이 탄생했을 가능성을 시사한다. 북방계 사람들은 주로 수렵 생활을 했고, 남방계 사람들은 약 1만 년 전부터 농사를 짓는 정주 문화를 발전시킨 사람들이었다. 농업 생산량이 늘어나 인구 증가 속도가 빨라지면서 남쪽 사람들이 북으로 이주했고, 그들이 한반도 인근에서 기존에 거주하고 있었던 북쪽 사람들과 융합해 한민족을 형성하게 되었다는 가설이다.

한반도에는 인간이 도착하기 이전 호모 에렉투스가 살고 있었다.

그런데 이런 사람들이 도달하기 전 한반도에는 이미 호모 에렉투스가 거주하고 있었다. 우리나라에서 발견되는 구석기 유적지는 대략 90군데 정도인데, 그중 오래된 곳에서 그들의 흔적이 나타난다. 단양 금굴, 평양 검은모루 동굴 등은 대략 70~50만 년 전의 유적지이다. 그곳에서는 강가에 살던 호모 에렉투스들이 물고기를 잡거나 조개를 채취했던 유물이 발견되었다.

경기도 연천 전곡리에서 발견된 30만 년 전의 주먹 도끼는 전 세계적 공간 범위에서 호모 에렉투스의 도구 전파 경로를 추측할 중요한 단서이다. 전곡리 유적지는 1978년 이곳으로 산책을 나온 그렉 보웬(Greg L. Bowen)이라는 미군 병사에 의해 처음 세상에 알려졌다. 대학에서 고고학을 전공한 그는 이곳에서 동아시아 최초로 아슐리안(Acheulian) 주먹도끼를 발견했다. 아슐리안 주먹도끼는 전체적으로 타원 모양이면서 앞뒤 양쪽 면이 전부 둥그스름하게 깎여 있는 석기이다. 측면의 양날은 날카로워서 자르고 베기에 용이하고 가장 위쪽 부분은 뾰족해서 찌르기에도 좋다. 이곳의 호모 에렉투스들은 이것을 사용해서 사냥하고, 잡은 동물의 가죽과 고기를 발라내고, 양쪽 둥그스름한 면을 이용해서 단단한 열매를 깨기도 했다. 전곡리 아슐리안 주먹 도끼의 발굴은 모비우스(Hallam Leonard Movius)** 라는 고고학자가 제안해서 당시 널리 받아들여지고 있었던 세계 석기 문화 전파 경로를 수정하는 계기가 됐다. 모비우스는 유럽 권역에서는 다용도의 주먹도끼가 발견되고 아시아 권역에서는 찍는 용도의 도

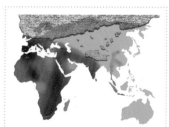

** 할람 모비우스(Hallam L. Movius)가 제창한 원시 인류 이동경로인 모비우스 라인.

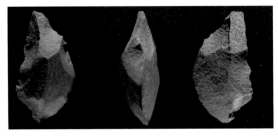

주먹도끼, 연천 전곡리 출토, 2007년,
구석기시대, 길이 23.6cm

구만 나오는 점으로 미루어 볼 때, 유럽에서 자체적으로 찍개가 주먹도끼로 발전하였고 아시아권에서는 그러한 변화가 일어나지 않았다고 가정하였다. 그렇지만 전곡리 도끼의 발견은 이러한 이론과는 상충되는 것이었다. 오늘날에는 주먹도끼가 호모 에렉투스의 이동 초기에 탄생한 후 유럽과 동아시아에까지 이르렀을 것이라는 의견이 더 설득력을 얻고 있다.

한민족은 오랜 기간 고유의 문화와 언어를 지켜왔다

한반도에 살고 있던 호모 에렉투스들은 4만 년 전께 호모 사피엔스가 도착하고 나서는 세계 다른 지역에서와 마찬가지로 모두 사라졌다. 호모 에렉투스는 더욱 발달된 지능과 도구들을 가진 사피엔스들을 당해내지 못했다.

새롭게 정착한 호모 사피엔스들은 자손을 남기고 번영하며 더 큰 공동체를 만들었다. 한반도의 한민족은 정복과 교류를 통해 융합을 거듭한 세계 다른 민족들과 달리 1만 년~8천 년 전부터 동일한 민족 집단을 유지해 왔다. 한민족은 잦은 외세의 침입에도 스스로의 땅을 굳건히 보호하며 오랜 시간 고유의 문화와 언어를 지켜왔다.

과거 한민족의 인구가 어느 정도였는지 정확하게 알 수는 없지만 문헌으로 그 수를 개략적으로 추정해 볼 수는 있다. 지금으로부터 2,000년 전 고조선을 무너뜨리고 등장한 낙랑군은 한반도 최초로 호구 조사 작업을 했는데 당시 군내 25개 현의 인구는 28만 명이었다.[20] 오늘날의 북한 일부 지역이었을 것으로 추정되는 낙랑군의 범위를 고려했을 때 한반도 전체에는 이보다 훨씬 많은 사람이 살고 있었을 것이다. 고려 시대 인구는 500만 명 정도였고, 조선 초기에는 700만 명, 조선 후기에는 1,700만 명의 인구가 한반도에 거주하였던 것으로 보인다. 1950년대 한반도의 인구는 3,000만 명으로 늘었고, 현대에는 남북한 합쳐서 7,700만 명에 이르는 사람들이 이주민의 후손으로 살아가고 있다.

6) 이주의 종결 - 새로운 이주 방식

대규모 이주의 시대가 끝나고 개인 이주의 시대가 열렸다.

무리를 이루어 정착지를 찾아 이동하는 대규모 이주는 오늘날 같은 국가 체계 아래에서는 점점 찾아보기 어려워지고 있다. 인류는 오랫동안 집단으로 이주해왔고 때로는 전쟁을 통해 폭력적으로 다른 지역을 정복하는 것까지 감행했지만 많은 시행착오를 거치면서 점차 안정된 사회를 이루고 평화롭게 살아가는 방법을 배우고 있다.

이주는 이제 교역, 여행이라는 일상적인 형태와 개인의 이사라는 작은 단위로 일어난다. 특히 여행은 이주를 향한 우리의 욕망을 가장 적절하게 자극하는 수단이다. 교통수단의 발전으로 장소를 이동하는 것이 매우 쉬워진 현대에는 많은 사람이 새로운 곳으로의 여행이 주는 기쁨을 즐기고 있다. 미지의 세계를 탐험하고자 하는 욕구는 인류의 유전자 속에 깊이 뿌리 내리고 있어서 쉽게 뿌리칠 수 없는 유혹이다. 올바른 여행가들은 이 충동을 잘 활용해 낯선 곳의 문화를 배워 인생을 더욱 풍요롭게 하고, 한 곳에서 나타난 가치 있는 문물을 빠르게 지구 전체로 확산시킨다.

개인의 이사도 큰 틀에서 보면 이주의 또 다른 형태이다. 누구에게나 살고 있던 곳을 떠나 다른 곳으로 이전해 정착한다는 것은 쉬운 일이 아니지만 오늘날에도 많은 사람이 여러 가지 이유에 의해 과감하게 이사를 선택한다. 일자리를 찾아서, 자녀들의 교육을 위해서, 더 쾌적한 공간에서 생활하고 싶어서, 한층 인간다운 삶을 영위하기 위해서 등 제각각의 사연으로 개인의 삶에 큰 영향을 미칠 이주를 결정하는 것이다. 한 장소에 평생을 머무르며 살아가는 사람들도 변하는 시대 속에서 이주의 득과 실을 계속 비교해 스스로 합리적인 판단을 내리며 살아갈 장소를 택하고 있는 것은 마찬가지다. 나와 가족이 더 나은 미래를 꿈꿀 장소를 가려내는 것은 우리가 항상 하는 일이다. 이주의 선택지는 과거 역사 속뿐만 아니라 지금의 우리 일상 속에도 놓여 있는 질문이다.

우리나라도 농경사회가 마무리되고 본격적인 산업사회가 시작된 1960년대 이후 거센 이주의 물결을 경험했다. 수천 년간 한자리에 머물며 살아가던 우리 민족 속에 잠자고 있던 이주의 욕망은 사회 곳곳에서 여러 가지 형태로 발현됐다. 당시에는 도시화로 인해 많은 사람이 농촌을 떠나 도시로 몰려들었다. 특히 각 지역의 젊은 사람들은 더 나은 일자리를 얻고 고등 교육을 받기 위해 대거 도회지로 이동했다. 물론 이것은 그 시절의 현상이었고, 이런 경향이 앞으로도 지속하리라는 법은 없다.

인간은 항상 움직이려 하기 마련이므로 향후 우리나라에서의 인구 이동 양상도 시대와 문화의 변화에 따라 계속 바뀌어 갈 것이다.

한편 어떤 사람들은 더 멀리 다른 나라로 이주하는 것을 선택하기도 한다. 우리나라에서도 1900년대 초부터 농지와 일자리를 얻거나 독립운동을 펼치기 위해 만주, 하와이, 캘리포니아 등으로 떠난 것을 시작으로 1960~1970년대에는 많은 인원이 이민의 대열에 동참했다. 세계 곳곳에 살고 있는 유대인의 디아스포라(Jewish diaspora)를 본떠 한국인 디아스포라(Korean diaspora)라고도 부르는 이 현상으로 오늘날 수백만의 재외 교포들이 전 세계로 퍼져 나가 새로운 삶을 개척하고 있다.

7) 활발했던 이주의 공간, 아메리카

아메리카는 짧은 기간 빠른 속도의 이주가 일어난 곳이었다.

국가 단위로 이주의 범위를 좁혀 보았을 때 미국이라는 공간은 최근 400여 년이라는 비교적 짧은 시간 동안 물리적인 이주와 정신적인 혁신이 동시에 활발히 펼쳐졌던 흥미로운 움직임이 있었던 공간이다.

유럽인들은 원주민이 오래전부터 살아오던 이 땅을 뒤늦게 발견한 후 17세기부터 본격적으로 정착 터전을 마련하기 시작했다. 처음에는 해안가를 중심으로 거점을 설치했던 이주민들은 이내 새로운 땅을 찾아 거대한 대륙 깊숙한 곳으로 이동했다. 대륙을 동서로 횡단하는 철도가 놓인 1869년부터 1900년도까지 30년 동안에는 무려 200만 명이 이러한 이주 대열에 동참할 정도였다. 인간 이주의 긴 역사에 비춰보면 눈 깜짝할 정도의 순간에 불과한 이 기간에, 수만 년 전 지구 전체 인구보다 많은 사람이 대륙 구석구석으로 주거지를 옮기는 모험을 감행한 것이었다. 미국 내에서 인구 이동의 물결이 얼마나 빠르고 거셌는지는 1848년 4만 명 조금 넘는 사람들이 살았던 캘리포니아주에 오늘날 4,000만 명이 사는 것만 보아도 실감할 수 있다. 한동안 미국에는 어떻게 이렇게 많은 사람이 끊임없이 몰려들 수 있나 싶을 정도로 대규모 이주의 행렬이 줄기차게 이어졌다.

이렇게 미국으로 이주한 사람들은 생존과 이동의 기술을 발전시켜 가면서 기존 세계에 없었던 많은 혁신을 이루어내기도 했다. 이는 지도에 없는 땅을 찾아 떠나는 탐험가들처럼 미지의 영역 속으로 과감하게 들어가는 모험가들이 이루어낸 빛나는 성취였다. 세상을 개혁하는 과학 기술과 발명품들, 왕과 귀족이 아닌 평범한 사람들이 주인이 되는 민주주의, 인간의 존엄성을 확인하는 인권에 대한 자각, 자유와 독립에 대한 신념 등은 이곳 이주자들이 가꿔 온 긍정적 가치들이다. 그러한 가치들이 물질적 풍요를 만나 미대륙을 더욱 이주하고 싶은 곳으로 만들었다.

반면 미국으로 온 이주자들은 탐욕과 독선으로 씻을 수 없는 과오를 남기기도 했다. 그들은 땅을 독차지하고 부를 증식하기 위해 그곳에서 이미 수만 년간 살아온 아메리카 원주민들을 폭력적인 방식으로 삶의 터전에서 몰아냈다. 수십만 명이 넘는 흑인 노예를 본인의 의사에 반해 납치해 가혹하게 착취했다. 이주 초기 법의 시스템이 아직 미치지 않는 도시들에서는 악한들의 반칙과 범죄가 기승을 부렸으며, 자본의 탐욕에 의한 자연 파괴, 시장 독점, 노동 착취, 공공 이권 갈취 등도 횡행했다.

미국에서 일어난 이주의 역사를 살펴보면서 우리가 나아갈 신대륙을 그려보자.

이 책에서는 때로 매우 자세한 장면들까지 들여다보면서 미국에서 일어났던 이주의 역사를 이야기할 것이다. 지구 반대편의 나라를 구태여 세밀히 살펴보는 이유는 짧은 기간 이주의 에너지가 폭발한 이곳에서 오늘날 우리에게도 유용한 많은 시사점을 찾을 수 있기 때문이다. 우리는 이 여정을 통해 새로운 세계를 향한 전진이라는 이주의 올바른 측면들을 포착해 우리 스스로를 조금이나마 개선할 수 있다. 또한 이주 과정에서 인간의 과도한 욕심이 빚어낸 그릇된 면을 비판적으로 바라보면서 우리의 부족한 모습도 다시 한번 돌아볼 수 있다. 우리 안의 혁신과 도전의 정신을 더욱 자라나게 하고, 탐욕과 폭력의 유혹을 과감하게 물리치는 방법을 찾는 것이 미국의 과거를 여행하는 우리의 목표이다. 이 경험은 우리가 앞으로 정정당당하게 만들어나갈 이 땅의 신대륙을 완성하는 데 적지 않은 도움을 줄 것이다.

1. Fenton, Bruce R., 2017, "The Forgotten Exodus: The Into Africa Theory of Human Evolution", Ancient News Publishing.

2. Seddon, Christopher., 2015, "HUMAN: from the beginning", Glanville Publications.

3. Ghosh, Pallab., 2018-01-27, "Modern humans left Africa much earlier". BBC News. https://www.bbc.co.uk/news/science-environment-42817323.

4. Schwarcz, H. et al., 1988, "ESR dates for the hominid burial site of Qafzeh in Israel", Jounal of Human Evolution 17(8), pp. 733-737.

5. Grün, R. et al., 2005, "U-series and ESR analyses of bones and teeth relating to the human burials from Skhul", Jounal of Human Evolution 49(3), pp. 316-334.

6. Lawler, Andrew., 2011, "Did Modern Humans Travel Out of Africa Via Arabia". Science Vol 331. https://andrewlawler.com/website/wp-content/uploads/Science-2011-Lawler-Did_Modern_Humans_Travel_Out_of_Africa_Via_Arabia-387.pdf

7. Shea, J., 2007, "Rethinking the human revolution", edited by Melars, P. et al., McDonald Institution, Cambridge(2007), pp. 219-232.

8. Rampino, Michael R., Self, Stephen., 1993, "Climate Volcanism Feedback and the Toba Eruption of ~74,000 Years ago", Quaternary Research 40, pp. 269~280.

9. Robock, A. et al., 2009, "Did the Toba Volcanic Eruption of ~74k BP Produce Widespread Glaciation". Journal of Geophysical Research. 114

10. Amos, Jonathan., 2017-01-08. "Toba super-volcano catastrophe idea 'dismissed'", BBC news, https://www.bbc.com/news/science-environment-22355515

11. Rose, J., 2007, "The Arabian corridor migration model: archaeological evidence for hominin dispersals into Oman during the middle and upper Pleistocene", Proccedings of the seminar for Arabian Studies 37, pp. 219~237.

12. Dawkins, Richard, 2004, "The Ancestor's Tale: A Pilgrimage to the Dawn of Evolution", Mariner Books.

13. Stanyon, Roscoe. et al., 2009, "Timing the first human migration into eastern Asia", Journal of Biology 8:18. https://www.ncbi.nlm.nih.gov/pmc/articles/PMC2687770/

14. Gebauer, Anne B. and Price, Douglas T., "Transitions to Agriculture in Prehistory", Prehistory Press. pp. 11–18.

15. Anderson, David., 2011, "Multiple lines of evidence for possible Human population decline/settlement reorganization during the early Younger Dryas", Quaternary International. 242 (2): 570–583.

16. Hermanussen, Michael., 2003, "Stature of early Europeans". Hormones (Athens). 2 (3): 175–8.

17. WHO Fact sheet, "Smallpox", https://www.who.int/csr/disease/smallpox/en/

18. Wells, Spencer., 2011, "Pandora's Seed: Why the Hunter-Gatherer Holds the Key to Our Survival", Random House.

19. UNIST, 2017-02-02, "게놈 기술로 '한국인의 유전적 뿌리' 밝혔다", http://news.unist.ac.kr/kor/20170202-01/

20. 한겨레 신문, 2017-04-12, "2천 년 전 낙랑군 인구 4만 5천 세대 28만 명", http://www.hani.co.kr/arti/culture/culture_general/202599.html

II

북아메리카로의 이주

1. 아메리카의 이주자들

1) 인류의 아메리카 대륙 발견과 그곳에 정착한 사람들

인류는 베링해 부근을 통해 아시아에서 아메리카로 이주했던 것으로 보인다.

인류가 아메리카 대륙을 최초에 언제, 어떻게 발견했는지는 정확하게 알 수 없다. 가장 일반적인 이론은 스페인 선교사 호세 데 아코스타(Jose de Acosta)가 1590년대에 제안한 베링 해협 이주설*이다. 오늘날의 페루, 멕시코 등에서 예수회 선교사로 활동했던 그는 이곳의 원주민들이 북쪽 극지방 부근을 통해 아시아에서 이주한 사람들의 후손이라고 생각했다. 당시에는 아무도 북극 지역을 탐험하지 않은 상황이었지만, 그는 아시아와 아메리카 대륙이 육지로 연결되어 있고 오래전 사람들은 걸어서 그곳을 건넜을 것이라고 짐작했다. 인간이 콜럼버스의 항해 이전에 넓은 대서양이나 태평양을 배로 건넜다는 것은 쉽게 상상하기 어려운 일

• **베링 해협 이주설** 호세 데 아코스타는 1539(또는 1540년) 스페인의 메디나 델 캄포에서 태어났다. 1553년, 13세에 형제들과 함께 메디나 델 캄포에 있는 예수회로 가서 수련을 쌓았다. 이후 오카나(Ocana)에서 신학 강사로 일하다 1569년 4월 페루의 리마로 가서 예수회 설립에 참여했다. 학자들에 따르면 그는 불안정하고 우울한 성격에 다소 무거운 느낌의 인물이었다고 한다. 1570년 다시 스페인을 떠나 파나마 등 남미 열대우림을 답사했으며 이어 페루로 건너갔다. 당시 페루 고산지대의 희박한 공기로 인해 고통을 받으면서 이를 자세히 설명한 최초의 인물이 되었다. 이 때문에 다수 고산병 증세를 아코스타병이라 부르게 되었다. 주로 리마에 거주하면서 아레퀴파(Arequipa), 포토시(Potosi), 추퀴사카(Chuquisaca), 파나마와 라파즈(La Paz) 등에 대학을 세우는데 기여했다. 1587년 스페인으로 돌아갔고 1594년 로마 대학에서 신학과장을 맡는 등 예수회의 중요한 직책을 맡았다. 만년에 살라망카 대학 총장을 지내다 60세에 사망했다. 남미의 신세계에 대한 상세한 묘사를 담은 '인디아 자연사' 등으로 명성을 얻었으며 그밖에도 많은 저작을 남겼다. 특히 그는 다른 유럽인들이 베링 해협을 알았던 때보다 한 세기 전에 "인류가 아시아에서 베링 해협을 건너가 라틴아메리카 원주민이 되었을 것"이라는 가설을 내놓았는데, 이것이 아코스타의 베링 해협 이주설이다.

이었기 때문에 아코스타의 이론은 오랫동안 가장 신빙성 높은 이론으로 받아들여졌다.

베링해 부근 극지방 탐사는 백 년 이상 지난 후에야 이루어졌다. 17~18세기 시베리아 쪽으로 영토를 확장해 나가던 러시아는 1724년 아메리카로의 진출 가능성을 타진하기 위해 덴마크 탐험가인 베링(Vitus Bering)에게 이 일대의 조사를 맡겼다. 베링은 극한 조건에서의 항해를 통해 아시아와 아메리카 대륙은 육지로 연결된 게 아니라 바다로 분리돼 있다는 것을 확인했다. 최단 거리만도 82km(51마일)나 되는 이 해협은 훗날 베링해로 이름 붙여졌다. 베링해의 발견은 인류의 아메리카 이주에 관한 새로운 의문을 일으켰다. 육지로 연결돼 있지 않다면 수만 년 전 사람들이 빙산이 가득한 추운 바다를 배를 타고 이동했다는 것인데, 이는 쉽게 납득하기 어려운 얘기였다. 오랜 논쟁 끝에 1937년 스웨덴의 식물학자 헐튼(Eric Hultén)은 과거 빙하시대에 베링해가 하나의 육지(Beringia)로 연결되어 있었다는 이론을 제기했다. 그는 또한 이 시기에는 강수량이 오늘날보다 적었기 때문에 이 땅은 눈으로 덮여 있지 않고 오히려 초원과 유사한 상태였을 것이라고 분석했다. 그의 이론은 현재까지도 받아들여지고 있는데, 오늘날 연구자들은 이 지역이 해수면의 변동에 따라 연결되고 떨어지기를 반복했고 가장 최근에는 3.0~1.1만 년 전 사이에 서로 이어져 있었을 것이라고 추정하고 있다.

오늘날 학계에서는 아메리카를 발견한 최초의 인류는 1.5만 년 전에서 1.3만 년 전 사이에 아시아에서 이주한 사람들이라는 설이 유력하다. 그러나 아프리카를 벗어난 인류의 이동을 둘러싼 논란처럼 여기에도 다른 이론은 존재한다. 미국의 플로리다 지역에서 1.5만 년 전의 맘모스 사냥 흔적이 발견된 점, 칠레에 이보다 더 오래된 정착지 흔적이 나타나는 점 등으로 미루어 아메리카 대륙에는 이미 4~3만 년 전부터 인류가 거주하기 시작했다는 주장이 그것이다. 한 예로, 미국의 동북부 지역의 모학족(Mohawk Nation)[*]은 과거로부터 지금까지 부족이 경험한 겨울을 세고 있는데 그 숫자가 33,000번에 이르고 있다고 한다.[1] 오늘날은 과거보다 해수면이 상승한 상태이고, 특히 아메리카 대륙의 서부 해안가는 화산 활동이 활발한 지역이라 수 만 년 전 정착지 흔적을 찾기는 어렵지만 몇몇 연구자들은 초기 아메리카 원주민들의 일부가 태평양을 통해 해양으로 들어왔을 수도 있다고 생각하고 있다. 태평양의 여러 섬과 호주의 원주민들처럼 수 만 년 전에 인류가 배를 타고 아메리카 대륙에 당도했다는 이론이다. 이들은 그 증거로 오늘날 원주민들의 유전자가 아시아인과 폴리네시아인들 유전자를 혼합한 특징을 모두 가지고 있다는 것을 제시하고 있다.

[*] 전형적인 모학족 의 상, 1786년 조셉 브란트(Joseph Brant) 그림.

아메리카 대륙을 처음 발견한 사람들의 인구가 크게 늘어났다.

아메리카 대륙에 언제부터 어떻게 사람들이 살기 시작했는지는 알 수 없지만 분명한 것은 이 사람들은 지구상의 다른 대륙과 추가적인 왕래 없이 독자적으로 번성했다는 점이다. 아시아, 유럽, 아프리카는 서로의 존재를 알고 있었고 상호 간 교통로도 개척했지만, 아메리카는 다른 대륙과 교역 없이 독립적으로 성장했다. 아메리카는 인구 측면에서 당시 유럽과 비견될 정도로 큰 대륙이었다. 콜럼버스가 항해한 1492년 당시의 아메리카 대륙 인구에 대해서 통일된 의견이 있는 것은 아니나 아마도 수천만 명의 사람들이 그곳에 살고 있었을 것으로 보인다. 19세기 초까지 학계에서는 당시 인구를 낮게 추정하는 견해가 지배적이었다. 19세기 사람들은 15세기 북아메리카에는 대략 100만 명이 살고 있었을 것으로 헤아렸다. 당시만 해도 유럽의 이주자들은 원주민을 야만인으로 생각했고, 발달하지 않은 이들의 문명으로는 이 정도 인구도 지탱하기 어려웠을 것이라고 보았다. 그러나 당시 조지 캐틀린(George Catlin)**은 원주민 부족의 구전 역사를 듣고 추정해서 북아메리카에만 1,600만 명의 원주민이 살았을 것이라고 계산하기도 했다. 20세기 초에는 제임스 무니(James Mooney), 알프레드 크로버(Alfred Kroeber)가 16세기 아메리카에 처음 발을 디딘 군인과 선교사의 기록을 토대로 북아메리카의 인구를 각각 115만 명, 420만 명으로 추측하기도 했는데 이 또한 19세기 생각에 비해 크게 증가한 숫자는 아니었다.

** 조지 캐틀린(George Catlin, 1796.7.26.~1872.12.13.)은 미국의 화가이자, 작가이면서 여행가이다. 주로 서부개척 시대 당시에 미국의 아메리카 원주민을 대상으로 초상화를 그리는 것을 전문으로 하였다. 1830년대, 미국 서부를 5번 동안 여행하면서, 인디언의 고유 영토에서 평원인디언을 그린 첫 번째 백인이 되었다. 그림은 오토 일족의 추장 와로네사(Wah-ro-née-sah, The Surrounder). 1832년 조지 캐틀린 작. 스미소니언 미술관 소장.

　　그러나 아메리카 원주민의 숫자가 유럽인 도래 직후 전염병으로 급격하게 줄어들었다는 사실이 1960년대에 알려지면서 당시 인구에 대해 다른 추정이 등장하기 시작했다. 1966년 인류학자 헨리 도빈스(Henry Dobyns)는 북아메리카에 1,000만에서 1,200만 명의 인구가 살았고, 아메리카 대륙 전체에는 9천만 명에서 1억 1,200만 명이 거주했을 것이라는 논쟁적인 주장을 내어놓았다. 이후 다양한 연구자들이 인구 추정치를 제시했는데, 역사 기록과 유적이 많이 남아 있지 않은 상황에서 이 값들은 추정 방법에 따라 편차를 보였다. 1983년 도빈스는 기존 수치를 더 올려 북아메리카 인구가 1,800만 명에 이르렀다고 주장하였다. 1976년 지리학자 윌리엄 데네반(William Denevan)은 북아메리카에 400만 명, 아메리카 전체에 5,500만 명이 거주했다고 보기도 했다.

도빈스의 계산보다는 적은 숫자였지만 19세기의 추정보다는 훨씬 큰 것이었다. 하워드 진(Howard Zinn)은 북아메리카에 2,500만 명, 아메리카 전체에 7,500만 명이 살았다고 제시하기도 했다. 이처럼 산정 결과는 연구자마다 조금씩 달랐지만 이러한 주장들의 공통점은 아메리카는 당시 세계 다른 대륙과 비견될 정도로 인구가 많은 곳이었다는 점이었다. 이들이 남북 아메리카 전체에 살았다고 추정한 5,000만 명~1억 명은 당시 유럽 인구 6천만 명, 중국 인구 1억 1천만 명에 비해서도 결코 적은 숫자가 아니었다.

북아메리카 원주민들은 지역별로 독특한 문명을 만들었다.

오늘날 미국, 캐나다 지역의 북아메리카 대륙에는 앞선 학자들의 추정치를 보수적으로 접근했을 때, 15세기 무렵 대략 400만 명에서 1,200만 명의 사람들이 거주했을 것으로 보인다. 이 지역에는 지형과 기후에 따라 각기 다른 문화권이 형성되어 있었다. 당시 북미에는 모두 27개의 언어군이 존재했던 것으로 보이고, 오늘날까지 남아 있는 부족은 공식적으로 573개이다.[2]

북동부 원주민들은 오늘날의 뉴잉글랜드, 오대호 인근의 사람들로 대략 200만 명 정도였을 것으로 추정된다. 이들은 사계절이 뚜렷한 기후와 강이 풍부한 지형에 적응하여 농사, 고기잡이, 수렵, 채집을 모두 활용해서 식량을 확보했다. 체계적인 정부 구조를 만들었고 옥수수, 콩, 호박 농장을 중심으로 정착 마을도 조성했다. 이 지역의 언어군은 이로쿼이(Iroquois)와 알곤퀸(Algonquian)˙으로 크게 나누어졌다.

이로쿼이 언어를 쓰는 사람들은 주로 오대호 남부 지역에 자리 잡

앉고 농사를 주업으로 했
다. 같은 언어를 쓰는 부
족 간에 오랜 기간 반목
하다가 1550년경에 히아
와사(Hiawatha)와 데가
나위다(Deganawida)의
평화 비전** 아래 5개 부
족이 통합해 연맹체를 이
루었고 이를 유지하기 위
한 불문 헌법(Unwritten
Constitution)도 만들었

북아메리카의 원주민 분포

다. 영국인들이 북아메리
카 지역으로 이주하기 전에 확립된 그들의 안정된 정치체계는 이후 2~3
백 년 동안 북아메리카 대륙의 주도권을 둘러싼 영국, 프랑
스 간의 갈등 및 미국의 독립전쟁 등에 큰 영향을 미쳤다.
그들은 독특한 생활 문화도 많이 가지고 있었다. 가옥 구
조로는 겨울철 거주 장소인 롱하우스(Long house)가 특

● 드레스덴 고사본(Dresden
Codex) 달력에 기록된 유카
텍 반도의 마야 문자. 11~12
세기경으로 추정.(출처: 위키
백과)

** 이로쿼이 연맹 창설에 얽힌 전설 이로쿼이 연맹 창설사는 인디언 역사상 가장 매력적이
고 경이로운 사건 중의 하나이다. 유럽인들이 미국에 정착하기 수백 년 전 데가나위다와 그
의 제자 히아와타가 다섯 개 원주민 부족간의 전쟁에 종지부를 찍고 북아메리카 인디언 사
회의 단결을 이끌어 낸 이야기다. 이 이야기는 다양한 변주를 가지고 있지만 그 모두는 거대
한 오대호 동쪽에 살았던 다섯 부족들 사이에서 대로 전쟁이 이어졌다는 사실에서 출발
한다. 다섯 부족은 모하크족(Mohawks), 오네이다족(Oneidas), 카유가족(Cayugas), 세네카족
(Senecas), 오논다가족(Onondagas)이었다. 멀리 후론(Huron) 부족에 사는 여인이 계시를 받
고 데가나위다라는 아들을 낳았다. 그가 장성하여 모하크 부족의 땅에 이르러 모하크 부족
장 히아와타를 만나 부족간의 화해를 설득했다. 하지만 데가나위다가 떠난 뒤 몇 달 사이에
알 수 없는 이유로 세 딸 모두 죽음을 맞이하자 히아와타는 데가나위다를 의심해 추적하였
으나 오히려 데가나위다가 그를 설득했고 그리하여 둘은 힘을 합쳐 다섯 부족을 합친 한 나
라를 만들고 자신들을 하우데노사우니 민족(Haudenosaunee Nation)이라 불렀다. 데가나위
다가 떠나간 뒤 부족의 명칭은 이로쿼이 연맹으로 불리게 되었다. 후일 유럽인들이 그 땅을
밟았을 때도 번영을 누리고 있었는데 이를 본 벤자민 프랭클린이 그들의 법과 민주적인 정
부 제제에 찬사를 보낼 정도였다. 오늘날의 미국 헌법은 데가나위다와 히아와타가 제시한
이로쿼이 연맹 헌법에 기초하고 있다는 설이 여기에서 생겨났다.

47

징적이었다. 그들은 이 일대의 혹독한 추위에 대처하기 위해 나뭇가지와 껍질로 길이 수십 미터, 너비 5~6미터의 길고 좁은 집을 만들었고, 그 안에서 100~150명에 이르는 16~18개 가족이 한꺼번에 거주하며 겨울을 났다. 롱하우스의 가운데에는 불을 피우는 굴뚝이 있었는데, 방안의 매캐한 연기로 인해 거주민들의 폐, 눈 질환도 많이 발생했다. 이들 집단의 또 다른 특징은 강력한 모계 사회였다는 점이다. 클랜 마더(Clan mother)라 불리는 연장자 여성은 부족의 리더를 뽑고 교체하는 권한을 가지고 있었다. 결혼을 해도 남자가 여자 쪽 가족의 롱하우스로 옮겨가 살았고, 혹여 이혼할 때도 남자가 물건을 싸서 다른 곳으로 떠났다. 농사와 채집은 주로 여성이 맡았고, 수렵과 고기잡이는 주로 남성들의 몫이었다. 이들은 땅과 자연은 개인 또는 특정 인간의 소유가 아니라 창조주가 부족의 여성들에게 관리를 맡긴 것이라고 생각했다.

알곤퀸 언어를 쓰는 부족들은 남북으로 오늘날 미국의 노스캐롤라이나주부터 캐나다의 퀘백, 동서로 대서양 연안에서 중부 평원에 이르는 넓은 면적에 퍼져 살았다. 부족의 수만도 100여 개에 이르렀으며, 강성한 세력의 부족도 많았다. 이들은 이로쿼이 연맹 부족보다는 수렵과 고기잡이에 더 의존했고, 계절에 따라 사냥감을 쫓아서 소규모 집단 단위로 쪼개져 거주지를 옮겨 다녔다. 비교적 기후가 온화한 남쪽 지방 사람들은 화전으로 농사를 짓기도 했지만 북쪽 지방에서는 거의 농사를 짓지 않았다. 이들도 겨울이 되면 롱하우스를 짓고 모여서 추위를 견뎠는데, 남쪽 사람들은 농사로 저장한 소량의 음식을 아껴가며 먹었지만 북쪽 사람들은 먹지 않고 며칠을 견디는 방식으로 식량 소비를 최소화하면서 봄까지 인내하기도 했다. 이들 집단도 이로쿼이 사람들과 같이 모계 사회를 이루는 경우가 많았으며, 농사를 맡은 여성과 수렵 및 고기잡이를 맡은 남성의 역할이 구분되어 있었다. 이들은 북동부 지역 해안가에 많이 거주했기 때문에 초기 영국인 정착민과의 교류가 특히 많았다. 유럽 이주민들에게 이들의 카누 제작 방법은 특히 유용한 생존 기술이었다. 큰 통나무 속을 한 번에 파내거나 나무뼈대에 나무껍질을 겹겹이 발라 송진으로 붙이는 이들의 카누는 큰 강 하구와 연결된 무수한 샛강을 따라 이동하면서 고기잡이와 사냥을 하는 데에 매우 유용한 도구였다. 이들의 언어는 오늘날 미국의 지명에도 많은 영향을 미쳐서 코네티컷(바다와 만나는 긴 강), 일리노이(완전무결한 사람), 매사추세츠(거대한 신의 땅), 미시간(큰 호수), 미시시피(물의 아버지), 미주리(거대한 카누의 사람들), 와이오밍(산과 계곡의 교차점), 시카고(야생마늘의 숲), 밀워키(좋은 땅) 등 여러 주와 도시 이름의 기원이 되었다.

남동부 지역에는 큰 규모의 중앙집권적 사회가 발달했다.

남동부 지역은 오늘날의 조지아, 플로리다, 미시시피 등 지역으로서 북아메리카에서 가장 큰 규모의 문명을 이룬 곳이었다. 이곳은 북동부

● 인디언 언어에서 비롯한 미국 주 지명

아메리카 합중국은 50개의 주(州, State)로 이루어져 있다. 건국 당시 13개 주가 연방에 합류했으며, 1867년 러시아 알렉산드르 2세로부터 매입한 알래스카를 1959년 49번째 주로 편입했다. 마지막으로 1897년 매킨리 대통령이 합병한 하와이를 1959년 50번째 주로 편입했다. 아래에 인디언 언어에서 비롯한 미국 주 지명을 소개한다. 괄호 안의 연도는 연방에 합류한 해이다.

펜실베이니아 주(Pennsylvania State, 1787) : 이 주의 건설자 윌리엄 펜 제독(Sir William Penn)과 '숲의 땅'이라는 뜻의 Sylvania를 합한 이름이다. 펜을 비롯해 영국에서 박해를 받은 퀘이커교도들이 많이 몰려와 살았기 때문에 '퀘이커 주(the Quaker State)'로도 불린다.

매사추세츠 주(Massachusetts State, 1788) : 매사추세츠는 '거대한 산이 있는 곳(great mountain place)'이라는 뜻의 인디언 말이다. 영국의 두 번째 식민지로, 원래 이름은 '매사추세츠 만 식민지(Massachusetts Bay Colony)'였다.

노스 캐롤라이나 주(North Carolina State, 1789) : 영국의 국왕 찰스 1세의 이름에서 따왔다. 별명은 '발꿈치 타르 주(the Tar Heel State)'인데, 남북전쟁 당시 이곳 출신 병사들이 자리를 제대로 지키지 않아 발꿈치에 타르를 발라놓아야 한다는 말에서 나왔다.

켄터키 주(Kentucky State, 1792) : 이로쿼이(Iroquoi) 인디언의 말로 '내일의 땅'이라는 뜻의 '켄타텐(Kenta-ten)'에서 비롯된 이름이다. 토종풀인 '새포아 풀(bluegrass)'은 건초용으로 적격이어서 우수한 경주마를 많이 배출했고, 이에 주의 별명도 '새포아 풀 주(the Bluegrass State)'이다.

아칸소 주(Arkansas State, 1836) : 수족 인디언의 일파인 콰파우(Quapaw) 인디언이 쓰던 '아켄제아(akenzea)'라는 말에서 비롯된 것으로 대략 '물이 흘러내리는 곳', 또는 '강의 하류 사람들'을 뜻한다.

미시간 주(Michigan State, 1837) : 치페와 인디언의 말로 '커다란 호수'라는 뜻의 mecigama에서 따온 이름이다. 인디언들이 개척자들을 성질이 사나우며 몸에 악취가 나 울버린(족제비과의 동물)이라 부른 데서, '울버린 주(the Wolverine State)'라고도 불렀다.

텍사스 주(Texas State, 1845) : 카도(Caddo) 인디언 말로 '친구'라는 뜻이다. 원래 멕시코의 영토였으나 1845년 미국의 텍사스 병합으로 이곳 주민들이 독립을 선언하면서 두 나라 사이에 '멕시코 전쟁(1846~1848)'이 벌어졌다.

애리조나 주(Arizona State, 1912) : 인디언 말로 '작은 샘'을 뜻하는 '아리조나크(arizonac)'에서 유래된 이름이다. 스페인어로 '메마른 땅'을 뜻하는 '아리다 조나(arida zona)'에서 비롯되었다는 설도 있다. 공식 별명은 '그랜드 캐니언 주(the Grand Canyon State)'이다.

지역보다 더 집중된 정치조직, 사회계층, 정부 구조를 가지고 있었다. 이 일대 원주민들은 미시시피강 하류의 발달된 해운을 바탕으로 대규모 도시를 형성했으며, 큰 지역이 주변 작은 지역을 지배하는 계층 구조를 조직했다. 이들은 옥수수 농장 주변의 정착지에 모여 살면서 토공으로 거대한 피라미드(Mississippian pyramid)를 만들었는데 이 흔적은 오늘날까지 일리노이주, 루이지애나주에 남아있다. 정치, 종교적 권한이 소수에게 집중되었던 이 문명에는 문자와 석조 건축 문화는 없었고, 구리를 이용해 종교 공예품 등을 만드는 금속 기술이 발달했다. 이 문명은 1200~1400년경에 전성기를 맞이했으나 1400년대부터는 전쟁 증가와 식량 생산량 감소로 중앙 집중적 정치 체계가 무너진 채 부족별로 흩어져 사는 형태로 전환되었다.

중부 대평원의 원주민들은 버팔로와 공생하며 생활했다.

미시시피강 서쪽부터 로키산맥까지는 북아메리카 대륙의 대평원(Great Plain)이다. 넓은 들판에 끝없는 지평선이 펼쳐진 이 평야는 남북 길이 3,200km, 동서 폭 800km의 광대한 땅이다. 이 지역에는 강수량이 적어 큰 나무가 자라지 못하는 탓에 주로 초원이 형성돼 있었고, 풀 먹이를 따라 이동하는 버팔로 떼가 번성했다. 자연스럽게 원주민들도 버팔로를 따라다니며 사냥을 기반으로 살아갔다. 버팔로는 대평원 원주민들의 거의 모든 것을 공급했다고 해도 과언이 아니었다. 버팔로 한 마리를 잡으면 부족 전체가 며칠을 먹을 수 있었다. 버팔로 가죽으로 옷, 천막, 생활용품을 만들고, 버팔로 털로 겨울철에 몸을 보호했다. 버팔로의 뼈로는 장신구, 무기, 바늘을 만들었고, 힘줄로는 실, 화살줄을 제작했다. 원래 말을 타지 않고 버팔로를 사냥했던 이들 부족은 16세기 이후 아메리카에 들어온 스페인인들 무리에서 탈출해 들판에서 서식하던 야생마들을 길들이면서 사냥 기술을 크게 발전시켰다. 덕분에 19세기까지 부족의 인구가 크게 늘어났지만 19세기 말에는 철도 부설 이후에 몰려드는 이주민들과 저항하면서 그 세를 잃고 보호 구역으로 밀려나고 말았다. 아파치(Apache), 코만치(Comanche), 수(Shiox) 등 자신들의 땅을 지키기 위해 19세기 말까지 용맹하게 싸웠던 부족들이 이 지역 사람들로서 오늘날 영화와 사진을 통해서 볼 수 있는 아메리카 원주민들의 모습은 대부분 이들의 이미지인 경우가 많다. 깃털로 머리를 장식하고, 버팔로 가죽으로 만든 갈색 옷과 티피 천막을 사용하고, 말을 타고 버팔로를 쫓아 평야를 질주하는 모습들은 모두 이들 대평원 원주민이 살아왔던 양식들이었다.

북서부 고원, 분지에는 환경에 맞는 독특한 생활양식이 존재했다.

대평원에서 서쪽으로 로키산맥을 넘으면 사람이 살기 어려운 고원, 분지, 산악, 사막 지

● 주요 미국 원주민(인디언) 부족

나바호족 : 아티바스칸(Athabaskan)어족의 대부족.

델라웨어족(레나페족) : 알곤킨 어족의 대부족.

수족 : 다코타·나코타·라코타 족으로 구성된, 수어족 언어를 사용하는 인디언들의 부족연합.

마스코기족 : 크리크(Creek). 문명화된 다섯 부족 중 하나.

매사추세츠족 : 알곤킨 어족. 매사추세츠 시민권을 보유하고 있다.

미시소가족 : 캐나다 온타리오주 남부에 거주하는 퍼스트 네이션 원주민.

밍고족 : 미국 인디언 이로쿼이 부족의 일부.

세미놀족 : 문명화된 다섯 부족 중 하나. '정복되지 않은 사람들'로 불린다.

아파치족 : 미국 남서부가 기원인 미국 내 아메리카 원주민 그룹.

오지브와족 : 체로키 족, 나바호 족에 이어 세 번째 대부족.

왐파노아그족 : 알곤킨 어족. 미국 뉴잉글랜드의 매사추세츠주 남동부에 사는 인디언 부족.

체로키족 : 이로쿼이 어족 문명화된 다섯 부족으로 불리는 부족 중 하나.

촉토족 : 문명화된 다섯 부족(Five Civilized Tribes)이자 마스코기 어족의 서부 그룹.

치카소족 : 마스코기 어족의 서부 그룹이자 미국에서 13번째로 큰 연방 승인 부족.

카토바족 : 한때 남동부 수족 어를 말하는 부족 중 가장 강력한 부족.

코만치족 : 유토아즈텍어족. 뉴멕시코주 동부, 콜로라도 및 캔자스 남부, 오클라호마 전역, 텍사스 남북부 일대 거주.

키카푸족 : 알곤킨 어족으로 웅장한 이주의 역사를 자랑한다. 코아우일라·애리조나·오클라호마·캔자스 거주.

푸에블로 인디언 : 뉴멕시코주와 애리조나주, 텍사스주에 부락을 이루어 사는 원주민 부족을 통칭한다.

세미놀족 추장 코이하조(Co-ee-há-jo). 1837년 조지 캐틀린(George Catlin) 작, 스미소니언 미국 미술관 소장.

대가 나타난다. 이 척박한 지역에도 오래전부터 원주민들이 각자의 생존 방식으로 거주하였다. 오늘날의 워싱턴주 동부, 몬태나주 서부에는 높은 고원지대(Plateau)가 펼쳐져 있었다. 이 지역에는 12개 정도의 부족이 소규모로 흩어져 살아갔다. 이들은 사냥을 하거나 고원을 흐르는 강가에서 고기를 잡았으며 초원의 열매, 씨앗 등을 채집해 먹었다. 고원지대 남쪽으로 오늘날의 네바다주, 유타주 인근은 서쪽의 시에라네바다산맥, 동쪽의 로키산맥에 둘러싸여 있는 대분지(Great basin) 지역이다. 태평양에서 형성된 낮은 구름이 서쪽 시에라네바다산맥에 걸려 비를 다 뿌려 버리기 때문에 건조한 사막이 펼쳐진 이 지역은 인간이 살기에는 부적합한 환경이었다. 이 지역 원주민들은 사막의 도마뱀, 뱀, 작은 동물, 뿌리, 씨앗 등을 채취하며 생존하는 기술을 발전시켰고, 오늘날까지도 그 명맥을 유지하고 있다. 대분지 지역의 남쪽인 오늘날의 애리조나주, 뉴멕시코주, 콜로라도주 지역도 마찬가지로 사막지대이나, 로키산맥 등에서 발원한 강이 흐르고 겨울철에 약간의 비가 내리기 때문에 북쪽 지역보다는 살아가기 용이한 환경이었다. 이 일대의 원주민들은 여름 더위를 피하기 위해 푸에블로(Pueblo)•라 불리는 아파트처럼 보이는 거주지를 만들어 집단생활을 했다. 오늘날에도 콜로라도주의 바

• **푸에블로(Pueblo)** 뉴멕시코주와 애리조나주, 텍사스주에 부락을 이루어 사는 미국 원주민 부족 마을을 일컫는 말. 현재 21개 푸에블로가 있는데 19개의 푸에블로는 뉴멕시코 주에 있으며 주로 리오그란데(Rio Grande) 강 근처에 자리 잡고 있다. 푸에블로는 스페인어로 부락이란 뜻이다. 1600년경 스페인 정복자들이 들어와서 부락을 이루고 사는 그들을 보고 푸에블로 인디언(Pueblo Indian)이라고 부른 데서 유래한다. 1598년 스페인의 오냐테(Oñate)장군이 이끄는 뉴멕시코 원정팀이 올라와서 리오그란데 강 상류 지역에 스페인 이주민을 정착시키면서 푸에블로는 스페인의 통치하에 들어갔다. 그들에게 기독교를 선교하는 과정에서 충돌이 일어나 10여명의 스페인 사람들이 죽자 오냐테는 아코마 푸에블로를 공격하여 600여명을 죽이고 25세 이상의 남자들은 모두 발목 하나를 자를 정도로 잔인하게 처벌했다. 오냐테의 통치에 스페인 이주자들도 불만을 갖게 되자 스페인 왕은 1609년 오냐테를 소환하고 페드로 데 페랄타(Pedro de Peralta)를 임명했다. 페랄타는 푸에블로 인에게 가축과 농기구를 제공해주고 농업기술을 가르쳤다. 더불어 스페인 군인들이 이방인들로부터 푸에블로를 보호하면서 평화가 찾아왔다. 1680년 8월 10일 포페이(Popé 혹은 Popay) 주도 하에 푸에블로인들이 봉기하여 반란을 일으켰다. 11일 동안의 격전 끝에 수도 산타페가 푸에블로의 손에 넘어갔고 이로써 스페인의 통치는 막을 내렸다. 푸에블로인들은 주권을 되찾았지만 내분이라는 새로운 문제에 부닥쳤다. 1821년 멕시코의 점령으로 스페인 통치가 끝났으나 1846년 멕시코-미국 전쟁이 일어났다. 멕시코가 패전하면서 이후 푸에블로는 미국의 통치를 받게 되었다.

위 아래 푸에블로인 메사버데(Mesa Verde), 뉴멕시코주의 타오스(Taos pueblo) 등 많은 유적이 남아 있다. 이곳 원주민들은 콜로라도강, 리오 그란데강 등 큰 물줄기에서 물을 끌어오는 관개시설을 만들어서 옥수수, 콩, 호박을 재배하였다.

태평양 연안에는 다양한 원주민 부족이 발달했다.

태평양 연안에는 북서부와 캘리포니아 지역 원주민들이 다채로운 방식으로 삶의 터전을 구축했다. 오늘날의 워싱턴주, 오리건주가 자리 잡은 북서부 지역은 비가 많이 내리고 강의 수량이 풍부해서 고기잡이가 발달했다. 강에는 연어, 청어가 풍족했으며 바다에는 물개, 고래, 해달 등 사냥감이 넉넉했다. 이 지역에서는 나무들이 크고 높게 자랐기 때문에 이를 이용한 목공예 기술도 많이 발전했다. 이곳 원주민들은 바다까지도 나갈 수 있는 수십 미터의 큰 카누를 만들었고, 부족의 특징을 나타내는 독특한 모양의 토템을 조각했다. 보다 남쪽 오늘날의 캘리포니아주 지역은 온화한 기후 탓에 여러 부족이 번성하던 곳이었다. 비교적 좁은 면적에 산과 사막으로 고립돼 있었던 이곳에서는 100여 개의 부족이 135개의 방언을 말할 정도로 다양한 분화가 이루어졌다. 북서부 지역과 마찬가지로 이곳도 사람이 생활하기 용이했던 덕분에 북아메리카에서 인구밀도가 가장 높은 곳 중 하나로 번성했다. 산맥과 바다로 가로막혀 있던 이 지역 원주민들은 비교적 늦게까지 유럽인과 접촉하지 않다가 18세기 말 스페인이 전초기지를 세우기 시작하면서 질병 등에 노출되어 다수가 사망하는 아픔을 겪었다.

2) 유럽인들의 아메리카 대륙 발견

유럽인들이 아메리카 대륙을 발견하고 탐험하기 시작했다.

이처럼 다양한 문화의 원주민들이 살아가던 아메리카 대륙에 유럽인들이 도착한 것은 지금으로부터 그리 오래지 않은 15세기 말이었다. 1492년 10월 12일, 콜럼버스˙의 배가 카리브해 바하마 군도의 한 섬을 발견하면서 유럽인들은 기존에 몰랐던 새로운 땅을 알게 되었다. 이미 서기 1000년 정도에 바이킹족의 에릭슨(Leif Ericson)˙˙이 지금의 캐나

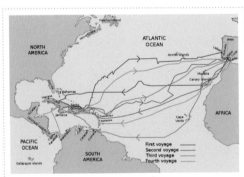

● 크리스토퍼 콜럼버스의 신대륙 항해 여정. 1492년에서 1504년 사이에 북아메리카의 카리브해 섬과 중앙아메리카 해안으로 이루어진 콜럼버스의 원정 항로.

다 뉴펀들랜드(Newfoundland) 지역에 상륙해서 그곳을 빈랜드(Vinland)라 이름 붙이고 겨울을 난 적은 있었지만 그의 경험이 다른 유럽 국가들에 널리 전해진 것은 아니었다. 당초 콜럼버스 항해의 목적은 아프리카 희망봉을 돌아가는 것보다 훨씬 빠르고 쉽게 아

●● 아메리카 신대륙을 발견한 레이프 에릭슨. 1893년, 크리스찬 크로흐(Christian Krohg, 1852-1925) 작, 미 국립 예술, 건축, 디자인 박물관 소장.

시아에 도달할 수 있는 서쪽 항로를 개척하는 것이었다. 첫 번 항해에서 오늘날의 바하마, 도미니카 공화국, 쿠바 등 아메리카 대륙 동쪽의 섬들을 발견한 그는 처음에는 자신이 동방의 한 지역을 발견한 것이라고 믿었다. 5년 후인 1497년에는 콜럼버스와 같은 제노바 출신인 존 캐벗(John

Cabot)도 영국의 왕 헨리 7세의 지원으로 항해해서 지금의 캐나다인 북아메리카 북동부에 상륙하였다. 그도 콜럼버스처럼 자신이 동양에 이르는 또 다른 길을 찾은 것이라고 생각했다. 그러나 콜럼버스는 1498년 세 번째 항해로 남아메리카 북부 오늘날의 베네수엘라 해안가를 탐사하면서 이곳이 아시아가 아닌 바다 중간쯤에 있는 다른 대륙일 수도 있다는 것을 인지하게 되었다. 1499년부터 1502년 사이에 피렌체 사람 아메리고 베스푸치(Amerigo Vespucci)***는 포르투갈, 스페인 선박을 타고 남아메리카 탐험에 동행한 이후 이 대륙이 기존에 몰랐던 신대륙(Mundus Novus ; New World라는 뜻의 라틴어)임을 유럽 사회에 알렸다. 이후 유럽 사람들은 이 땅을 아메리고의 이름을 따서 아메리카라고 부르게 됐다.

** 1497년 최초로 아메리카 원주민과 조우한 아메리고 베스푸치. 1592년, 테오도르 드브리(Theodor de Bry, 1528-1598).

콜럼버스를 비롯한 이후 스페인 탐험가들은 오늘날 도미니카 공화국과 아이티가 자리한 히스파니올라섬에 정착기지 산토도밍고를 세우고 이곳의 원주민들을 노예로 삼아 노동력을 착취했다. 원주민들은 유럽인이 옮겨온 질병과 가혹한 노동으로 곧 그 수가 크게 감소하였다. 스페인 사람들은 처음에는 아메리카 대륙이 최종 목적지인 아시아로 가는 길을 어렵게 하는 번거로운 장애물이라고 여기고 이를 돌아 갈 방법을 찾으려고 애썼지만 이내 이 대륙 자체가 큰 이익을 안겨줄 수 있다는 것을 깨달았다. 특히 이곳의 열대 기후에서 잘 자라는 토착 식물 담배와 동남아시아 원산 사탕수수는 서유럽 기후에서 재배하기 어려운 수익성 높은 작물이었다. 그러나 이것들을 대량으로 재배해서 더 큰 이익을 얻기 위해서는 매우 많은 노동력이 필요했다. 처음에 동원했던 원주민들이 질병으로 힘없이 쓰러져 가자 유럽인들은 1501년 아프리카에서 납치한 노예를 카리브해의 섬까지 끌고 와서 노예무역의 잔혹한 역사를 시작하였다.

스페인은 산토도밍고를 기점으로 삼아 쿠바를 비롯한 인근의 섬들에 농장을 설치하는 한편 계속 아메리카 대륙의 본토에서 이권을 얻을 가능성을 조사했다. 그러던 중 쿠바의 농장주로 부를 축적한 에르난 코르테스(Hermando Cortes)는 1518년경 스페인인들이 아즈텍인들의 발음을 따라 '멕시코'라고 부르던 내륙 지방에 큰 보물이 있다는 소문을 듣게 됐다. 1519년 당시 36세이었던 그는 600여 명을 데리고 오늘날의 유카탄 반도에 상륙해 소문의 실체를 파악하기 시작했다. 그 시절 멕시코에서 강력한 제국을 이룩하고 있었던 아즈텍의 왕 몬테주마(Montezuma)는 자신의 대군대에 비해 큰 병력이 아닌 코르테스의 일행을 배척하기 보다는 환대하여 테노치티틀란(Tenochtitlan)에 있는 자신의 궁에 들였다. 그러나 야심만만한 코르테스는 이를 역이용해 오히려 몬테주마를 인질로 잡았다. 그의 군대는 아즈텍 군에 둘러싸이자 일단 테노치티틀란에서 후퇴했다. 그런데 이 접촉으로 코르테스는 자신도 모르는 사이에 아즈텍 제국에 치명적인 피해를 입혔다. 유럽인들이 옮겨온 천연두 균으로 짧은 시간에 인구의 10%가 사망하는 바람에 아즈텍 전체가 큰 혼란에 빠진 것이었다. 인근의 다른 부족들을 규합해 재공격에 나선 코르테스의 군대는 1521년 손쉽게 대제국을 무너뜨릴 수 있었다. 코르테스가 쿠바에서 들었던 소문은 사실이었다. 중앙아메리카 남부와 남아메리카의 북부 지역은 금, 은의 매장량이 많은 지역이어서 이곳의 원주민들은 이미 수천 년 전부터 이를 채굴해 오고 있었다. 15세기 무렵부터는 아즈텍의 황제가 그 일대의 금을 전부 독점하고 자신의 권위를 상징하는 수단으로 써 왔는데, 이는 스페인인들이 신대륙에서 바랄 수 있는 최상의 수확이었다. 스페인은 아즈텍이 있었던 곳을 '뉴스페인'이라고 부르고 원주민의 노동력을 이용해 막대한 금과 은을 유럽으로 실어 나르기 시작했다.

스페인은 이후 300년 동안 전 세계 나머지 지역 생산량의 10배가 넘는 금은을 독식하며 양질의 화폐 유통력을 바탕으로 빠른 속도로 유럽의 최강국으로 부상했다. 스페인이 신대륙에서 유럽으로 실어 나르던 금은보화의 양이 얼마나 엄청났던지 17~18세기에는 이를 노린 해적들이 카리브해의 섬들에서 활개를 치기도 했다. 짧았던 이들의 전성기는 이후 해적선, 보물섬, 보물지도 등 흥미진진한 이야기들을 만들어내 오늘날까지 사람들을 매혹하고 있다. 이렇듯 넘쳐났던 금은은 당시 바다를 가득 메웠지만 세상의 이치가 그러하듯 정작 행운의 당사자인 스페인에게 마냥 좋은 일만 있었던 것은 아니었다. 쏟아지는 손쉬운 부에 취한 스페인은 다른 유럽 국가들에 비해 산업 혁신과 교역을 등한시했고, 쇄국정책을 근간으로 한 외교 노선을 오랜 기간 유지하면서 세상의 변화를 효과적으로 따라가지 못했다. 결국 16~18세기 300년간 말 그대로 황금시대를 구가했던 스페인은 19세기 초입 나폴레옹 전쟁에 즈음해서 서서히 힘을 잃고 말았다.

어찌되었건 간에 300년 부흥의 시작을 이끌었던 1521년 코르테스의 극적인 성공은 당시 스페인의 다른 많은 탐험가들을 자극하는 것이었다. 북미 해안가에서는 1526년 루카스 바스케스 데 아일론(Lucas Vázquez de Ayllón)•이 멕시코 북동부 지역을 탐험했다. 아메리카에서

MAP OF AMERICA, by Diego Ribero 1529.

• 1529년 디에고 리베로(Diego Ribero)가 제작한 아메리카 해안지도. 현재 띠에라 데 아일론(Tierra de Ayllon)으로 불리며 미국 동부해안의 남쪽 절반에 해당한다. 미국의회도서관 소장.

흘러드는 막대한 양의 황금과 유럽 내에서 프랑스와의 전쟁 승리로 점점 입지를 강화해가던 스페인 국왕 칼 5세는 아일론에게 오늘날의 플로리다, 조지아, 캐롤라이나 등 대서양 연안 미탐험 지역에 대한 독점권을 주고 또 다른 일확천금의 희소식을 기다렸다.

아일론은 1526년 6척의 배에 600명을 태워 히스파니올라섬을 출발해 현재의 사우스캐롤라이나주 조지타운(Georgetown) 인근에 해안 정착기지(Ayllón colony)를 만들었다. 그렇지만 정착민들이 아무리 내륙을 탐험해도 즉시 수탈할 수 있는 아즈텍 같은 대제국을 발견할 수 없었고, 낯선 환경에서 기이한 질병, 기아, 물자 부족에 시달리기만 했다. 급기야 동행했던 100명의 흑인 노예들이 인근 원주민과 결합하여 반란을 일으키자 스페인인들은 오직 150명만 살아남은 채 3개월 만에 다시 산토도밍고로 돌아왔고, 아일론의 탐험은 실패로 끝났다.

북쪽과 달리 멕시코 남쪽의 스페인 정복자들은 중앙아메리카와 남아메리카의 거대 제국들을 발견해 하나하나 제압하며 정착 거점들을 설치하는데 성공했다. 1525년 오늘날 과테말라 인근에 있었던 마야 문명, 1532년 페루 일대의 잉카 문명, 1536년 콜롬비아의 칩차 문명, 1545년 멕시코 유카탄 반도의 남은 마야 문명 등 광범위한 지역의 원주민 국가들이 하나씩 사라져갔다. 이 지역의 광산과 열대작물은 스페인에게 큰 이득을 안겨주었기 때문에 이후 스페인 정복자들은 멕시코 북쪽보다는 남쪽의 점령과 안정에 계속 더 큰 공을 들였다. 한편 당시 희망봉 우회 항로를 통한 인도와의 무역으로 막대한 이익을 얻고 있었던 포르투갈은 남아메리카 동쪽 오늘날의 브라질에 대한 영유권을 행사해 1532년 식민지를 설치했다.

북아메리카에서 스페인, 프랑스 세력이 각축을 벌였다.

한동안 스페인의 시야에서 벗어나 있던 북아메리카 지역에는 16세기 중반 프랑스가 관심을 보이기 시작했다. 프랑스의 신교도 교파인 위그노(Huguenot)[•]는 1562년 스페인의 세력이 상대적으로 약한 북아메리카의 남동부에 이주하려고 하였다. 처음에는 28명이 오늘날 사우스 캐롤라이나주의 패리스 섬(Parris Island)에 샤를포트(Charlesfort)를 만들었지만 식량 보급이 여의치 않고 내부에서 분쟁이 일어나 1년 만에 기지를 버릴 수밖에 없었다. 그러나 위그노는 재차 이주를 시도하여 1564년 300여 명의 정착자들이 좀 더 남으로 내려간 플로리다 반도 북쪽에 포트 캐롤라인(Fort Caroline)을 만들었다. 프랑스인들이 북아메리카에 진출했다는 소식을 접한 당시의 스페인 국왕 펠리페 2세(Felipe II)는 1565년 이 지역의 총독으로 페드로 메넨데즈(Pedro Menendez)[••]를 임명하고 무역 특권과 토지 배분권을 주면서 프랑스의 정착지를 없애라고 명령했다. 메넨데즈는 즉시 1,000여 명의 군인과 이주민들을 데리고 스페인을 떠나 1565년 8월 28일 어거스틴 성인의 축일에 아메리카에 도착했다. 포트 캐롤라인의 프랑스인들과 초기 교전을 벌인 그는 남쪽으로 60km 쯤 더 내려간 지점에 스페인의 신

> **• 위그노 교도의 북미 이주**
>
> 위그노(프랑스어: Hugue-not)는 프랑스의 개신교 신자들을 가리키는 말로 역사적으로 프랑스 칼뱅주의자들로 알려졌다. 종교개혁 이후 파리에서 1558년 종교 회의를 결성하면서 신자는 급격히 불어났다. 1559년 교인 수가 약 40여 만 명이었는데 이는 당시 프랑스 인구의 6분의 1에 해당하는 숫자였다. 1562년 3월 1일 바시의 학살이 발단이 되어 위그노전쟁(1562~1598년)이 일어났다. 특히 1572년 8월 24일부터 9월 17일까지 성바르톨로메오 축일의 학살로 알려진 사건에서 많은 사망자가 나왔는데, 1598년 위그노의 신앙 자유를 보장하는 이른바 '낭트칙령(勅令)'의 발표로 전쟁은 일단 종결되었다. 그러나 루이 14세가 절대군주제를 내세우며 1685년 '낭트칙령'을 폐지하자 30여만 명의 위그노가 영국, 프러시아, 미국 등 해외로 망명했다. 1562년 위그노들은 장 리보의 지도 아래 프랑스를 떠나 북아메리카로 향했다. 그들은 오늘날 플로리다주 잭슨빌에 속하는 세인트존스 강변에 1564년 포트캐롤라인의 작은 식민지를 설립했다. 이는 미국으로 건너 간 유럽인의 첫 정착지로 기록될 만했으나 짧은 기간만 존속하였다. 1565년 9월 세인트오거스틴에 주둔하던 스페인군이 그들을 공격하여 전멸시켰기 때문이다. 이후 위그노들은 북아메리카에서 영국의 13개의 식민지에 귀속된 뉴네덜란드 식민지로 이동해 뉴팔츠를 설립하였다. 북미 대륙에서 위그노들은 식민지 시기 후반과 연방 시기 초기에 상인이나 장인으로 활동하며 미국의 발전에 지대한 공헌을 하였다. 위그노는 많은 정치인들도 배출하였는데, 시어도어 루스벨트와 프랭클린 루스벨트를 포함한 8명의 미국 대통령들이 위그노 가문 출신이다.

•• 페드로 메넨데스 데 아빌레스(Pedro Menéndez de Avilés)
페드로 메넨데스 데 아빌레스는 스페인 제독이자 탐험가로, 정기 대양 횡단 호송을 처음으로 계획하여 실천에 옮긴 인물이다. 1565년 플로리다주 성 어거스틴에 스페인 정착촌을 세운 일은 그가 해낸 대표적인 성공 사례로 손꼽히는데, 이는 유럽인이 미국 대륙에서 가장 오래 지속시킨 정착지이기 때문이다. 1563년 뇌물을 받고 은을 스페인으로 밀반입한 혐의로 수감되었다. 출옥한 뒤 사우스캐롤라이나 해안에서 사라진 것으로 알려진 아들 후안 메넨데스 제독을 찾고자 플로리다로 가게 해 줄 것을 필립 2세에게 청원했다. 국왕이 청원을 거듭 거절하는 중이던 1564년 6월 경 위그노 교도들이 북미에 도착해 지금의 잭슨빌 지역에 포트 캐롤라인을 세웠다. 이에 놀란 필립 2세가 1565년 3월 20일 그에게 무역 특권과 토지 분배권 등을 포함한 광범위한 권리를 주어 북미 출항을 허용했다. 메넨데스는 어거스틴 함대를 이끌고 플로리다 지방으로 출항해 먼저 오늘날 세인트 시티에 도착했다. 매번 교전마다 승리를 거둔 그는 최초 정착지에 요새를 건설한 데 이어 1565년 9월 프랑스인 요새를 공격해 점령했다. 현재 플로리다 해안을 완전히 장악한 메넨데스는 이후 세인트루이스에까지 스페인 요새를 확장했고 이어 북미 내륙 탐험에 나섰다. 1566년 5월, 한때 협력하던 티무쿠아(Timucua) 인디언과의 관계가 악화되자 메넨데스는 스페인 정착지를 북쪽으로 옮겨 새로운 요새를 건설하였다. 1567년 스페인으로 돌아왔는데 그해 10월 쿠바 주지사로 임명되었다. 메넨데스는 이후에도 비슷한 임무를 띠고 대서양을 몇 차례 횡단하던 중 1574년 9월 17일 플로리다 주지사의 지위를 지닌 채 병사했다.

규 거점을 설치했다. 이곳의 이름은 선단이 아메리카에 처음 도착한 날을 기념해 생어거스틴(St. Augustin)이라고 지어졌는데, 이 도시는 오늘날까지도 북미지역에서 가장 오래된 유럽인 정착지로 남아 있다. 프랑스인들은 자신들을 위협하는 스페인 세력을 물리치기 위해 9월 20일 배를 타고 바다로 나섰지만 운 나쁘게도 때마침 불어온 대서양 허리케인에 휩쓸려 큰 피해를 입었다. 그 기회를 틈타 메넨데즈는 육로로 포트 캐롤라인을 습격해 여자와 아이들만 남아있던 그 기지를 점령했고, 이후 배에서 돌아와 항복한 수백 명의 위그노 교도들을 이단이라는 명목으로 처형하였다.

포트 캐롤라인 전투로 프랑스는 스페인 세력과 충돌하는 북미의 남쪽 지역에 식민지를 건설하려는 노력을 중단했고, 40여 년이 지난 1608년 오늘날의 캐나다에 퀘벡 식민지를 건설하여 아메리카 북동부에서의 영향력을 확대하였다. 이들은 당시 유행하기 시작한 비버 모피를 이 지역 원주민들에게 사들이면서 우호적인 관계를 형성했고, 이후 오대호와 미시시피강을 따라 오늘날의 뉴올리언스까지 탐험하며 북미 대륙의 중앙부 내륙 지역을 장악해 나갔다.

한편 프랑스인을 제거하라는 왕의 명령을 완수한 메넨데즈는 곧 자신이 받은 땅에서 금과 은을 찾아 나섰다. 그는 아메리카에 도착한지 1년이 지난 1566년 폭이 좁은 플로리다 반도에 설치된 생어거스틴을 떠나 북쪽 내륙 지역에 새로운 탐험 거점을 설치하기로 하였다. 그의 일행은 4년 전 프랑스인들이 자리를 잡았다가 버린 오늘날 사우스캐롤라이나주의 샤를포트를 재건해 산타엘레나(Santa Elena)라 불리는 정착지를 만들었다. 스페인인들은 이후 20여 년 동안 이곳을 거점으로 멕시코 내륙에 있는 은광까지 접근할 길을 개척하고 새로운 광산을 발견하기 위해서 많은 노력을 기울였지만 결국 실패했다. 정착지를 설치한 해인 1566년 메넨데즈의 지시로 후안 파르도(Juan Pardo)가 이끌고 떠난 120여 명의 탐사대는 내륙 산악 지역에 포트 산후안(Fort San Juan) 등 6개의 거점을 설치하기도 했지만 원주민과의 충돌로 단 한 명만이 살아남아 돌아왔다. 10년이 지난 1576년에는 인근 원주민들이 산타엘레나를 공격해 전부 태워버리기도 했다. 1580년 2,000여 명의 원주민이 다시 대규모로 공격했을 때 이를 막아내긴 했지만 스페인 정부는 금은이 나오지 않는 것으로 충분히 확인된 이 지역에 대한 흥미를 영영 잃어버리고 1587년 모든 정착민을 다시 생어거스틴으로 이주시켰다. 이후 북미대륙의 남동부 해안에는 단지 생어거스틴만이 오랫동안 유럽인들의 정착지로 존속하였다. 1574년 사망한 메넨데즈의 후임으로 온 총독은 더이상 영토를 확장하지 않고 원주민과 비교적 좋은 관계를 유지했으며, 생어거스틴은 당시 멕시코에서 금은을 실어 나르던 스페인 선박을 보호하기 위해 영국 등 다른 나라 선박을 견제하는 군사기지로서의 역할을 계속 수행했다.

이런 해안가 탐험과는 별도로 스페인은 멕시코 북쪽 내륙 지역에서도 금은을 조사했다. 프란시스코 코로나도(Francisco Vasquez de Coronado)는 1540년에서 1542년 동안 1,300마리의 말을 이끈 대규모 원정대를 인솔하고 오늘날의 뉴멕시코주, 텍사스주 등 멕시코 북쪽 지방을 탐사했다. 당시 그는 금이 있는 제국을 찾아 나섰지만 북미 중부 평원 지대의 몇몇 푸에블로 부족들을 만났을 뿐 역시 원하던 것을 발견하지는 못했다. 오랜 여행으로 많은 경비를 지출한 그는 가난해져서 다시 멕시코로 돌아왔고, 그의 말들 중 일부는 대열을 이탈해 야생으로 번식하다가 대평원의 원주민에게 길들여져 그들 생활의 일부가 되었다.

코로나도의 탐험으로부터 50년이나 지난 1598년에는 후안 오냐테(Juan de Oñate)가 뉴스페인 북쪽 미개척지 전체의 총독으로 임명되었다. 그는 500여 명의 일행과 7,000마리의 가축을 인솔하고 오늘날 미국 뉴멕시코주의 리오그란데강(Rio Grande) 인근에 정착했다. 그의 목적은 이 지역에서 은광을 찾는 것뿐만 아니라 아예 원주민들을 이용해 부를 축적하는 것이었다. 그는 원주민들을 잡아 노예로 팔기도 했고, 그들의 노동력을 착취해 소와 양을 키우고 상품을 운반하기도 했다. 오냐테가 처음 설치한 식민지는 인근 부족들의 공격을 받기 쉬운 위치였기 때문에 10년 후인 1607년 후임 총독은 오늘날의

● 뉴 스페인 총독부 소재지인 산타페 드 누에보 메렉소 지방의 식민지 총독 후안 드 오냐테(Juan de Oñate)가 쓴, 1605년 비문암에 새겨진 '서명 그래피티'. 뉴 멕시코의 엘 모로 국립 기념물에 있는 비문 가운데 가장 오래된 것이다. 비문에는 대략 "1605년 4월 16일 남해를 발견한 돈 후안 오냐테가 이곳을 지나가다"라는 글이 새겨져 있다.

산타페(Santa Fe)에 정착지를 다시 건설했다. 산타페는 미국이 독립하던 18세기 말까지 미시시피강 서쪽의 멕시코 이북 지역 전체를 통틀어 가장 큰 유럽인 정착지였다. 원주민을 제외한 이곳의 유럽인 정착민의 인구는 만 명가량이었다. 이들 주민들은 넓은 목초지에서 소와 양을 기르고 양파, 피망 등을 재배하며 경제 활동을 했다. 산타페는 현재까지도 뉴멕시코의 주도로서 존속하면서 플로리다주의 생어거스틴과 마찬가지로 가장 오래된 미국 내 초기 유럽인 정착지 중 하나로 남아 있다.

영국과 네덜란드도 북아메리카에 진출하였다.

이렇게 스페인이 아메리카를 샅샅이 누비고 있던 16세기 무렵 영국은 국력에서는 스페인에 미치지 못했지만 섬나라로서의 이점을 살려 해양력을 확대하기 위해 노력했다. 영국이 바다를 개척한 데 힘입어 유럽의 강국으로 성장하는 길을 연 엘리자베스 1세 여왕은 프랜시스 드레이크(Francis Drake)** 등을 보이지 않게 지원하여 1570년대에 빈번하게 뉴스페인의 황금 저장소와 금은 운반선을 약탈하게 했다. 북아일랜드를 정복한 후인 1578년에는 전쟁에 공을 세운 험프리 길버트(Humphrey Gilbert)와 월터 롤리(Walter Raleigh)에게 일정기간 크리스트교 군주가 다스리지 않는 땅을 모두 소유할 수 있는 광범위한 독점권을 부여하면서 아메리카 대륙 탐험을 독려하기도 했다.

1581년 스페인으로부터 독립한 신흥 국가 네덜란드도 좁은 국토의 한계를 극복할 수 있는 해양 진출에 열성적이었다. 신 무역로 개척에 공을 들였던 네덜란드는 영국인 헨리 허드슨(Henry Hudson)을 고용하여 아메리카를 관통해 아시아까지 이를 수 있는 내륙 수로를 찾으려 하였다. 허드슨은 아메리카 북동부의 큰 강을 역류하면 태평양에 이를 수 있을 것이라 생각하고 오늘날의 뉴욕주 알버니(Albany)까지 거슬러 올라갔지만 아시아로 향하는 길을 발견하는 데는 실패했다. 그러나 그의 탐험을 근거로 향후 네덜란드는 이 지역에 대한 영토 권리를 주장(Claim)할 수 있었고, 얼마 지나지 않아 오늘날 맨해튼섬의

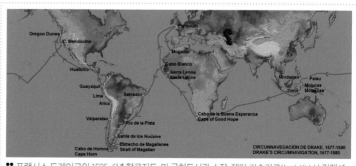

** 프랜시스 드레이크의 1585~6년 항로지도, 미 국회도서관 소장, 제이 키슬라크(Jay I. Kislak) 컬렉션.

뉴암스테르담 등에 여러 정착 기지를 건설했다.

이처럼 신대륙 아메리카가 주는 흥분과 초기에 그곳에서 쏟아져 들어온 금은, 설탕, 담배는 여러 유럽 국가를 유혹해 경쟁에 나서게 했다. 많은 실패를 겪기도 했지만 스페인, 포르투갈, 프랑스, 영국, 네덜란드 등은 서로 앞 다투어 이곳을 탐험하고 거점을 설치하기 위해 노력했다. 그러나 탐사 초기 그들은 아메리카를 이익의 공간으로 바라보았지 이주의 공간으로 인식하지는 않았다. 그들의 목적은 이곳에 뿌리 내리고 대대손손 살아가는 게 아니라 이곳의 자원을 이용해 최대한 빠르게 부를 획득하는 것이었다. 그들은 이 과정에서 원주민들과 아프리카 노예들을 착취하는 것조차 서슴지 않았다. 그러나 시간이 지나면서 차츰 신대륙에서 영영 살기 위해 대서양을 건너는 유럽인들이 나타나기 시작했고, 이는 아메리카 대륙 이주에 새로운 국면을 만들어 내었다.

3) 영국인들의 이주 시도 - 사라진 식민지

영국인들이 아메리카 대륙으로 이주하기 시작했다.

북미지역을 둘러싼 유럽 세력의 각축에서 결국 주도권을 차지하고 안정적인 정착지를 만든 것은 영국이었다. 무엇 하나가 결정적 원인이라고 말할 수는 없지만 영국이 경쟁에서 우위를 점한 데에는 다음의 몇 가지 이유가 있었다. 첫째, 1588년 영국이 스페인의 무적함대를 격파하면서 대서양의 제해권을 쥐게 되었다. 둘째, 투자자의 지분만큼만 출자

하고 책임지는 주식회사의 개념이 등장해서 영국 내에서 식민지 개척을 통해 이익을 얻고자 하는 자본의 움직임이 활발해졌다. 셋째, 이주 희망자들이 많았던 것도 성공의 요인이 됐다. 1500년대 내내 영국 인구는 빠르게 증가했지만 양모(Wool) 산업의 성장으로 농지는 되레 줄었다. 농지를 없애고 양을 키울 넓은 목초지를 설치하는 인클로져(Enclosure) 운동*이 곳곳에서 일어났기 때문이었다. 그러자 살 길이 막막해진 영국의 농민들은 결국 어딘가로 떠나지 않을 수 없게 되었다. 유럽 전체의 종교개혁 열풍 속에서 영국 국교회를 탈피하여 신앙의 자유를 얻고자 했던 청교도들도 당시 아메리카행을 선택한 적극적인 이주 희망자들이었다. 넷째, 가족들의 이주가 많았던 것도 한 원인이었다. 이익을 쫓아 신대륙에 왔던 탐험가들은 금 같이 값진 물건을 못 찾으면 다른 곳으로 훌쩍 떠나버리면 그만이었지만 가족과 같이 온 사람들은 무슨 수를 써서라도 어려움을 극복하고 살만한 터전을 만들어야만 했다.

• 중세 영국 영지의 개요도. 노란색 부분이 주 영지, 북동쪽 구역에 녹색 음영으로 표시된 곳이 '공유초지'에 해당한다. 1923년 윌리엄 셰퍼드(William R. Shepherd) 작.

　　초기 몇몇 정착지가 어렵게 성공하면서 발판이 마련되자 17, 18세기 동안에 많은 영국인들이 아메리카 식민지로 이주했다. 식민지 건설 초기인 1620년에서 1640년 사이에만 5만 명의 영국인이 아메리카로 향할 정도로 이주 속도가 빨랐다.[3] 어느 정도 식민지 경제가 안정된 이후에는 영국 뿐 아니라 유럽의 다른 나라 사람들도 아메리카에서 새 삶을 시작하기 위한 이주에 동참해 1783년 미국 건국 이전까지 모두 100만 명가량의 유럽인들이 아메리카로 이주했다.

　　북아메리카에서는 결국 영국 식민지가 프랑스나 스페인 등 다른 나라의 식민지에 비해 우세하게 되었던 만큼 영국인들의 초기 정착 과정에 대해서는 꽤나 자세한 이야기가 남아 있다. 영국인들의 첫 아메리카 정착지들의 특징들은 이후 미국 사회를 형성하는 데에도 많은 영향을 미쳤으며, 그곳에서 일어난 많은 사건들은 오늘날 미국 역사의 일부가 되었다.

영국인들도 처음 아메리카에 정착지를 마련할 때에 많은 어려움을 겪었다. 아메리카에 뒤늦게 진출한 그들도 이주 초기에는 앞선 스페인인들처럼 빠른 시간에 금과 은을 발견하여 부자가 되어 고향으로 돌아가기를 바랐다. 그러나 그들은 생각처럼 쉽게 원하는 것을 이루지 못했고, 많은 사람이 질병과 굶주림에 시달리다 죽어갔다. 결국 그들은 목숨을 부지하기 위해서라도 아메리카에서 살아갈 다른 방법들을 하나씩 궁리해 가야만 했다. 초기 탐험부터 시작해서 간신히 먹고 살만한 마을 몇 개를 만드는 데까지 무려 수십 년이 걸렸다. 이 시간 동안 각각의 세대의 이주 경험은 다음 세대 사람들의 이주에 깊은 흔적을 남기면서 아메리카 정착지들의 크고 작은 성격들을 형성해 나갔다. 이제부터는 이러한 초기 정착 과정들을 조금 자세하게 살펴보면서 아메리카를 향한 거대한 이주 물결이 어떻게 시작되었는지 알아보기로 하겠다.

로어노크섬을 향한 영국의 첫 번째 이주민들이 출발했다.

영국이 본격적으로 바다로 나아간 것은 스페인이나 포르투갈보다 100여 년이나 늦은 16세기 말에 이르러서였다. 뒤늦게 시작한 이들의 가장 효과적인 사업 방식은 앞서 말한 대로 스페인의 보물선을 탈취하는 것이었다. 당시 드레이크(Francis Drake)와 같은 선장들이 스페인의 배들을 약탈해서 얻어 온 금은보화는 영국 입장에서 꽤 괜찮은 수익원이었다. 드레이크는 카리브해의 스페인 정착 기지를 약탈하는 것에서 한 발 더 나아가 남아메리카 마젤란 해협을 돌아 칠레와 페루의 스페인 함선을 기습하기도 했다. 그가 그곳에서 스페인의 보물을 획득한 후 태평양, 인도양, 희망봉을 거쳐 세계를 일주해 출항 3년 만인 1580년 영국으로 돌아와서 엘리자베스 1세 여왕에게 바친 보물은 당시 영국의 1년 국고 수입보다 많을 정도였다. 신대륙에서 스페인이 독차지하고 있는 부가 이처럼 엄청나다는 것이 여러 차례 증명되자 영국도 점차 아메리카로의 직접 진출을 도모하기 시작했다.

엘리자베스 여왕은 1578년 인근 아일랜드의 토착 영주들을 제압하고 영국의 영향력을 확대하는 데 공을 세운 험프리 길버트(Humphrey Gilbert)에게 아메리카 대륙의 탐험과 무역을 독점할 수 있는 특허장(Charter)을 발급했다. 길버트는 아메리카 대륙의 북서쪽을 통하면 황금이 가득하다는 중국(Cathay)으로 향하는 항로를 개척할 수 있다고 굳게 믿고 있었다. 길버트는 여왕의 특허를 받은 이후 전 재산을 투자해 이 항로를 찾아보려고 노력하였지만, 결국 1583년 지금의 캐나다 뉴펀들랜드를 탐사하고 돌아오는 길에 폭풍우를 만나 죽고 말았다.

여왕은 길버트가 숨진 이후인 1584년 이 특허를 길버트와 어머니가 같은 형제이자, 자신이 총애하는 신하였던 월터 롤리(Walter Raleigh)에게 수여했다. 역시 대륙의 금은보화를 기대했던 롤리는 즉시 아메리카 대륙에 탐사대를 보냈다. 롤리의 탐험대는 6주 동안 오늘날의 노스캐롤라이나 일대에 머물면서 주변을 조사했다. 원주민들과도 우호적인 관계를 구축해 두 명의 남자를 영국에 데리고 와 궁정의 화제를 불러일으키기도 했다. 롤리는 새로 발견한 이 땅을 독신인 여왕을 기려 버지니아(Virginia)라고 이름 붙였다.

탐험 선발대의 성공과 세간의 관심으로 자신감을 얻은 롤리는 1585년 4월 9일 드디어 이주민들이 탄 배를 띄웠다. 이들이 새롭게 만들 식민지의 목적은 금은과 중국행 항로를 발견하는 것에 더불어 앞으로 스페인의 배를 더 효과적으로 습격하기 위한 전진 기지를 설치하는 것이었다. 롤리는 조카이자 배짱 있는 군인인 리처드 그렌빌(Richard Grenville)에게 117명의 무리를 이끄는 임무를 맡겼다. 사라진 식민지 로어노크(Roanoke Colony)[•]의 운명은 이렇게 시작되었다. 이 배가 출발한 이후 부, 명예, 새로운 삶을 꿈꾸는 여러 야심가들이 로어노크에 그들의 재산과 인생을 걸었지만 불운이 이어지면서 영국의 첫 아메리카 진출 시도는 결국 실패하고 말았다.

• 로어노크 지도(Roanoke map), 1584년, 라 버지니아 파스(La Virginea Pars) 지도, 존 화이트(John White) 제작. 브리티시 뮤지엄 소장.

첫 번째 불운은 날씨였다. 영국을 출발한 5척의 선박은 이내 대서양 폭풍을 만났고, 그렌빌이 탄 본선(Tiger)이 대열에서 이탈하고 말았다. 그렌빌의 본선이 카리브해에 있는 푸에르토리코섬에서 다른 배들을 기다리는 바람에 일정은 크게 지연됐고, 설상가상으로 아메리카에 접근했을 때 연안의 수심 낮은 지형에 배 바닥이 긁혀 선내로 물이 들어오는 바람에 대부분의 식량이 못 쓰게 되었다. 그렌빌의 탐험대는 흩어진 배 중 3척을 간신히 다시 만나 출항 후 4개월이 지난 8월 17일에서야 로어노크섬(Roanoke Island)에 정박할 수 있었다. 그들은 이전 탐사에서 좋은 관계를 맺었던 원주민 마을(Aquascogoc)^{••}에 도착해 여정을 푼 뒤 본격적으로 주변을 수색하기 시작했다. 하지만 기대했던 금은은 어디에도 없었고 정착지 경제를 지탱할 만한 다른 자원도 발견되지 않았다. 그러던 중에 자신이 아끼는 은잔이 없어진 것을 원주민의 행동이라고 생각한 그렌빌이 그들의 마을을 불태우면서 이주민들과 원주민들 사이에 갈등도 생겨났다.

•• 아쿠아스코고크의 대학살(Assault on Aquascogoc) 1585년 아쿠아스코고크 화재를 피해 달아나는 세코탄(Secotan) 인디언 부족을 그린 삽화. 당시 리차드 그렌빌이 이끄는 영국군 탐험대는 로어노크섬에 식민지를 건설하기 위해 탐험하던 중 몇몇 세코탄 마을을 방문했다. 어느 날 부하로부터 은잔이 사라졌다는 보고를 받은 그렌빌은 아쿠아스코고크(현 노스캐롤라이나주 벨하벤(Belhaven) 지역)로 돌아가 원주민들에게 은잔을 돌려 달라고 요구했다. 마을을 수색해 잔을 찾지 못한 영국군은 이를 핑계 삼아 원주민 마을을 모두 불태웠다. 출처 = '도판 신세계사', 1868, 존 데니슨(John L. Denison).

식량 사정도 여의치 않고, 초기 성과도 나오지 않자 그렌빌은 107명의 사람들을 섬에 남긴 상태에서 더 많은 보급품과 이주민들을 데리고 다음해 4월까지 돌아올 것을 약속하고 다시 영국으로 떠났다. 남은 사람들은 음식도 거의 없는 상태에서 고향에서보다 추운 겨울을 나야 했다. 영국을 떠나기 전 이들은 원주민들에게서 쉽게 음식을 공급받을 수 있을 것이라 생각했지만 사이가 악화되어 그마저도 여의치 않았다. 게다가 주변의 갈등 관계에 있는 다른 부족 원주민이 기지를 공격할 수도 있다는 이야기를 듣고 선제공격을 해 인근 세코탄(Secotan) 부족의 추장 윙기나(Wingina)를 죽임으로써 원주민들과의 긴장감도 더욱 높아졌다. 남은 사람들은 굶주림에 시달리며 공포 속에 어려운 시간을 보냈지만 약속한 기일이 지난 다음해 6월이 되어도 그렌빌의 배는 돌아오지 않았다.

이즈음 카리브해를 항해하던 드레이크의 배가 로어노크에 도착했다. 드레이크는 이제 막 시작된 스페인과 영국 간의 전쟁 국면에서 히스파니올라섬의 산토도밍고와 플로리다의 생어거스틴의 스페인 정착지를 습격하는 임무를 성공적으로 마친 상태였고, 돌아오는 길에 새롭게 만들었다는 식민지에 들른 것이었다. 겨우내 로어노크섬에 갇혀 있던 사람들은 그에게 정착지를 옮길 배와 식량을 부탁했고, 드레이크는 그들의 어려운 상황을 보고 이를 승낙했다. 하지만 때마침 폭풍우에 이 배가 휩쓸려 가는 불운이 다시 발생했고, 낙심한 이주민들은 드레이크의 권유에 따라 로어노크섬을 아예 포기한 채 그의 배를 타고 영국으로 돌아가 버렸다.

식량을 싣고 온 그렌빌의 배는 공교롭게도 드레이크가 떠난 3일 후에 도착했다. 식민지가 버려진 것을 발견한 그는 앞으로도 계속 소유권을 주장할 수 있도록 15명의 선원과 그들이 먹을 2년 치의 식량을 남겨 놓은 채 카리브해의 스페인 정착기지를 습격하여 재물을 약탈하면서 영국으로 되돌아갔다.

첫 번째 시도가 허망하게 실패하고 바라던 금은의 단서도 나오지 않자 롤리는 아메리카 식민지에 대한 확신을 잃었다. 그때 다시 그를 설득한 것은 영국인이 바다로 진출해야 한다는 것을 열렬히 주창한 학자 리처드 해클루트(Richard Hakluyt)였다. 해클루트가 로어노크섬의 북쪽에 있는 체서피크(Chesapeake)만 안쪽에 은광이 있다는 소문을 이야기하고, 첫 번째 원정대에 동행했다가 돌아온 화가 존 화이트(John White)가 내륙 쪽으로 더 깊숙이 들어간 체서피크만에는 능히 안정적인 정착지를 만들 수 있다고 설득하자 롤리는 결국 두 번째 이주민들을 보내기로 결심했다. 화이트는 자신의 직전 경험을 토대로 아메리카는 땅이 풍부하기 때문에 군인이 아니라 가족들이 이주해서 농사를 지으며 살아갈 만한 곳이라고 주장했다. 보급을 해주지 않아도 자생하는 식민지가 만들어지기를 원했던 롤리는 그를 지도자로 삼아 이주를 바라는 가족들을 모집할 것을 허락했다. 화이트는 한 사람당 500에이커(2㎢)에 달하는 넓은 땅을 주는 조건으로 이주자 115명을 새롭게 구성했다. 그 중에는 임신 상태인 그의 딸을 포함해 여자도 17명, 어린이도 9명이나 있었다. 첫 번째 사람들이 드레이크의 배를 타고 돌아온 지 약 1년 후인 1587년 5월 8일, 로어노크를 향하는 두 번째 이주민들이 영국에서 출발했다. 하지만 그들의 항해에도 불운은 잇따랐다. 바다에서부터 화이트와 배의 항해사의 관계가 좋지 않았고, 급기야는 폭우로 식량을 실은 부속선까지 사라지고 말았다. 우여곡절 끝에 지난해 그렌빌이 남겨둔 15명을 태우기 위해 7월 22일 로어노크섬에 정박했지만 어찌된 일인지 그곳에는 아무도 남아 있지 않았다. 설상가상으로 로어노크섬에 도착한 후 항해사는 애초 목적지인 체사피커만을 향해 더 이상 북쪽으로 항해하는 것을 완강히 거부했다. 새로운 이주민들은 어쩔 수 없이 이 섬에 두 번째 정착지를 만들기로 결정했다.

　새롭게 자리 잡은 사람들에게도 이곳에서의 생활이 어렵기는 마찬가지였다. 이미 첫 번째 이주민들과 전쟁까지 벌인 원주민들은 두 번째 이주민들을 처음부터 적대적으로 바라보고 공격했다. 식량 보급선을 잃어버렸기 때문에 먹을 것도 부족했고, 7월 말에야 도착했기 때문에 그들이 영국에서 가져온 씨앗을 심어 농사를 짓는 것도 여의치가 않았다. 새로 온 사람들도 그 전 정착민들과 마찬가지로 해결할 길 없는 기아와 질병에 시달리고 있을 때 화이트의 손녀가 태어났다. 버지니아 데어(Virginia Dare)라 이름 붙여진 이 아이는 북미에서 태어난 최초의 영국인 아이였다. 아이가 태어났다는 것은 후손이 자랄 미래를 준비해야 한다는 것을 의미했지만 식민지 상황은 좀처럼 나아지지 않았다. 지친 정착민들은 화이트에게 본국으로 돌아가 이곳의 어려운 사정을 설명하고 물자를 더 받아 오라고 요청했다. 이에 화이트는 딸과 외손녀를 남겨둔 채 상륙 후 4~5개월이 지난 1587년 말 다시 영국으로 떠났다.

그러나 화이트는 이로부터 무려 3년 동안 로어노크섬으로 돌아가지 못했다. 서둘러 보급품을 마련해 출항하려고 할 때는 배의 선장이 위험한 겨울 항해를 반대했고, 다음해 봄부터는 스페인이 영국을 공격할 것이라는 소문이 돌면서 엘리자베스 여왕의 명령으로 모든 배의 출항이 금지되었다. 간신히 스페인 상선을 습격하는 해적선을 빌려 출발을 했지만 도리어 이 배가 프랑스 해적선에게 공격당해 물건을 다 빼앗기는 고초를 겪기도 했다. 영국 해군이 스페인의 무적함대와 격전을 치르고 영국이 대서양 제해권을 장악하기 시작한 것은 1588년 8월이었지만 보급품을 다시 모으고 배를 섭외하기까지는 시간이 더 걸려 화이트는 출발 후 거의 3년이 지난 1590년 8월에야 섬에 다시 도착할 수 있었다.

로어노크섬의 사람들은 모두 어디가로 사라졌다.

하지만 섬은 텅 비어 있었다. 시체나 유골이 있는 것도 아니었고 상황을 짐작하게 해주는 편지 같은 것도 없었다. 말 그대로 모두 감쪽같이 사라진 것이었다. 화이트가 찾을 수 있었던 것은 오직 정착지 울타리 문의 기둥과 옆의 나무에 새겨진 'CROATAN', 'CRO'라는 글자뿐이었다. 화이트는 이것을 그들이 인근의 우호적인 크로아탄 부족의 섬으로 떠나면서 남긴 신호라고 해석했지만 거센 풍랑으로 확인하지도 못한 채 영국으로 다시 돌아오고 말았다.

로어노크섬의 사라진 식민지 이야기는 3년 동안 외부와 고립된 채 낯선 땅에서 살아야 했던 115명의 운명을 상상하게 하면서 여전히 많은 사람의 호기심을 자극하고 있다. 버지니아 데일이라는 갓난아이까지 있던 이들은 도대체 어디로 간 것일까? 가장 많은 사람이 생각하는 가설은 이들이 주변 원주민들과 융화되었다는 것이다. 전투의 흔적도 발견되지 않고, 습격을 받아 급히 떠난 모습도 없었던 것으로 보아 이들이 자발적으로 원주민들과 같이 살아가는 것을 선택했다는 의견이다. 존 화이트가 생각했던 대로 인근 크로아탄 섬으로 갔을 수도 있고 내륙의 다른 원주민 부족 속에 섞여 들어갔을 수도 있다. 이 생각에는 그 후 전설과 같은 증언도 덧붙여졌다. 인근에서 유럽인의 모습을 한 원주민을 만났다는 목격담으로서, 100여 년이 지난 1696년에는 한 개척자가 금발에 푸른 눈을 가진 원주민과 만났다는 얘기도 있었고, 1880년에는 16세기의 구식 영어를 쓰는 원주민 부족을 발견했다는 소문도 있었다. 이 가설외에도 적대적인 원주민에게 어딘가로 끌려가 몰살당했을 가능성, 당시영국의 아메리카 진출을 경계했던 스페인 해군에 의해 납치되었을 가능성, 하나둘씩 뿔뿔이 주변으로 흩어졌을 가능성 등 갖가지 추측들이 무성했다. 지금까지도 많은 사람이 이들의 행방에 관심을 갖고 고고학적인 발견을 하기 위해 노력하고 있지만 결정적인 증거는 어디서도 나타나지 않았다. 영국의 아메리카 첫 식민지가 맞이한 마지막 운명은 여전히 수수께끼로 남아있다.

로어노크에 관계되었던 사람들은 그 후 각기 다른 방식으로 생을 마감했다. 월터 롤리는 두 번째 이주 시도가 실패한 후 얼마 지나지 않아여왕의 시녀(Lady)와의 비밀 결혼으로 여왕의 신뢰를 잃었고, 1603년제임스 1세가 등극한 이후에는 반역죄로 체포돼 런던탑에서 13년을 보냈다. 재기할 수 있는 마지막 기회로 1617년 남아메리카의 보물이 숨겨져 있다는 전설의 '엘도라도'를 찾아 나섰지만 당시 평화협정에 따른 금기를 어긴 채 스페인 함선과 전투하다 외아들을 잃고 영국으로 돌아와 협정 위반죄로 처형되고 말았다. 월터 롤리의 사촌이자 첫 번째 이주 지도자였던 리처드 그렌빌은 스페인의 무적함대에 맞서 영국 남서부 지역을 방어하는 공을 세웠지만, 1591년 포르투갈 옆 아조레스 제도에서 스페인 함선 53척을 배 하나로 맞서 3일 동안 싸우다가 전사했다. 두 번째 이주단의 지도자인 존 화이트는 영국으로 돌아온 이후 다시 한번 아메리카로 돌아가기 위해 노력했지만 월터 롤리가 실각하고 로어노크의 실패로 아메리카에 대한 사람들의 관심도 식어가자 결국 뜻을 이루지 못했다. 그는 절망 속에 런던을 떠나 1606년 아일랜드 코크(Cork)에서 한 많은 생을 마감했다. 그는 죽는 그 순간까지도 딸과 손녀가 아메리카 어딘가에 살아 있을 것이라고 믿었다. 수많은 스페인의 정착기지와 배를 공격하여 공을 세웠고, 젊은 시절 과감하게 마젤란에 이어 두 번째로 세계를 일주하기도 한 드레이크도 56세까지 배를 타다가 1596년 오늘날의 파나마 근처에서 이질에 걸려 사망하면서 일생을 누비던 바다를 영영 떠났다.

그들은 아메리카를 바라보며 저마다의 꿈을 꾸었지만 당시의 기술과 정보는 그 꿈을 실현하기에는 턱없이 부족했다. 대서양의 날씨는 예측 불가능해서 애써 마련한 식량을 못 쓰게 만들거나 항해를 지연시켰고, 농사를 위해 가져간 유럽의 씨앗은 아메리카의 토양과 기후에 맞지 않았다. 그토록 바라던 금과 은은 애당초 그들이 상륙한 곳 주변에는 묻혀 있지도 않았고, 중국으로 향하는 내륙의 뱃길도 사실 이룰 수 없었던 허황된 꿈이었다. 게다가 그들은 그곳에 살고 있었던 원주민들을 식량 공급원이나 자신들을 공격하는 적으로 인식했을 뿐 그 사람들의 거주를 존중하고 문화를 이해하려고 하지 않아 스스로의 처지를 더 어렵게 만들었다. 그러나 실패한 꿈에도 불구하고 새로운 세계를 탐험하고자 하는 그들의 의지는 다음 세대로 계속 이어져 또 다른 도전을 연이어 만들어냈다. 아마도, 이후 영국이라는 국가가 세계의 바다를 지배하게 된 것도 이런 몽상가들의 꿈과 모험이 없었다면 불가능했을 것이다. 한동안 잠잠했던 영국의 아메리카 진출 시도는 20여 년이 지난 1606년 다시 살아났다.

4) 영국인들의 첫 번째 정착지 - 버지니아 제임스타운

버지니아 컴퍼니가 설립돼 이주자들을 모집했다.

로어노크섬의 실패 이후 잠시 영국은 북아메리카에 식민지를 건설하는 일에 흥미를 잃었다. 이 시기 런던의 상인들과 귀족들은 아메리카보다는 인도로 향하는 항로에 더 관심을 보였다. 16세기 내내 포르투갈이 독점하고, 이제 막 네덜란드가 진출하기 시작한 인도 항해는 굉장한 이권이 있는 사업이었다. 이들은 1600년에 엘리자베스 여왕으로부터 동방항로에 대한 허가를 받아 영국 동인도회사(East India Company)*를 설립했다. 경쟁자인 네덜란드의 회사들은 이미 1595년부터 활발하게 인도 항로를 개척하기 시작했는데, 1602년 공식 설립된 네덜란드 동인도회사**는 현대적인 의미에서 최초의 주식회사(Joint stock company)였다. 주식회사에서 투자자는 자신이 출자한 주식의 범위 내에서만 책임

● 영국 동인도 회사(East India Company)

인도양과 동아시아에 대한 모직물 시장 및 향료 획득 등의 독점 무역을 목적으로 세워진 영국의 칙허 회사이다. 1차 동인도 회사(1600년-1708년)와 2차 동인도 회사(1708년-1873년)로 나뉜다. 1595년 네덜란드가 인도로 진출하여 향료 무역을 개시하자 이에 대응하여 영국 런던의 상인들을 중심으로 1600년에 설립되었다. 엘리자베스 1세로부터 동인도 지역 무역 독점권을 얻었다. 항해할 때마다 개별 기업으로 허가를 받다 1613년부터 합자기업 형태의 단일 조직체가 되었고 1656년의 올리버 크롬웰의 항해 조례 개정 이후 근대 주식회사 체제를 갖추었다. 활동범위도 인도에서 아프리카와 일본으로 확대되었는데 네덜란드와의 경쟁에서 밀려 17세기말에는 인도로 제한되었다. 기업의 형식을 띠었지만 실제로는 강력한 군사력을 지닌 정치조직과 다름없이 1765년 무굴 제국 황제로부터 벵골을 양도받는 등 광범위한 인도 지방의 통치자로 행세하게 되었다. 초창기에는 무역으로 이익을 취했지만 17세기 후반 프랑스가 인도에 진출하자 현지 지배로 전략을 바꾸면서 무력 충돌도 불사하게 되었다. 1757년 플라시 전투에서 프랑스 동인도 회사에 승리하면서 이후 인도의 실질적인 지배자가 되었다. 하지만 본국에서 동인도회사의 독점적 지위와 현지의 무력 행사에 대한 비난이 고조되자 1814년 영국 정부는 동인도회사의 인도 무역독점권을 폐지하고 인도 회사령을 회수했다. 1857년에 세포이 항쟁이 일어난 뒤 1874년 영국 정부는 최종적으로 동인도 회사를 해산했다. 그림은 영국 동인도 회사 런던 본사. 1817년경 토머스 셰퍼드(Thomas Hosmer Shepherd, 1793~1864) 작.

을 졌고, 더 이상 참여하고 싶지 않으면 누군가에게 요청해 투자금을 돌려받는 것이 아니라 주식을 공개된 시장인 거래소에서 팔아 자금을 회수하면 그만이었다. 배가 침몰하고 해적이 습격할 위험이 컸던 당시의 해운 산업에서 이와 같은 주식회사 방식은 매우 효과적이었다. 투자자들은 설령 일이 잘못되어도 모든 책임을 질 필요 없이 자신이 투자한 지분만 손해 보면 되었고, 항해가 성공했을 때는 이득이 워낙 컸기 때문에 주주들 모두에게 흡족한 수익이 돌아갔다.

주식회사 방식을 도입한 네덜란드의 동인도회사가 크게 성공하자 영국에서도 세계 곳곳의 항로에 주식회사를 설립하고자 하는 상인들이 늘어났다. 런던과 플리머스의 상인들은 버지니아 컴퍼니(Virginia Company)를 만들어 엘리자베스 여왕 이후 새롭게 부임한 스튜어드가의 제임스 1세에게 아메리카 식민 사업을 요청했고, 왕은 1606년 이 상인들에게 특허장(Charter)을 발급하였다.

주주들은 북아메리카 대륙에 식민지를 만드는 일은 위험하지만 해볼 만한 일이라고 생각했다. 20년 전의 월터 롤리처럼 그들이 바라는 것도 아메리카의 금과 은 또는 중국까지 가는 항로의 발견이었다. 버지니아 컴퍼니는 런던 상인들이 주축이 된 런던 컴퍼니(London company)와 남서쪽 항구인 플리머스 상인들이 주도하는 플리머스 컴퍼니(Plymouth company)로 나누어져 있었다. 왕은 양 상인 집단의 이해관계를 고려해 런던 컴퍼니에게 북아메리카 남쪽(북위 34도에서 41도, 오늘날 노스캐롤라이나에서 뉴욕 사이)의 특허를 주었고, 플리머스 컴퍼니에게는 북쪽(북위 38도에서 45도, 오늘날의 워싱턴DC에서 퀘백 사이)의 진출을 허가했다. 두 회사는 오늘날의 워싱턴DC부터 뉴욕 정도까지 허가가 겹치는 부분은 완충지대로 남기고 서로의 식민지 간에는 100마일 이상의 거리를 유지하기로 합의하였다.

버지니아 컴퍼니는 아메리카의 풍요를 홍보하며 대대적으로 이주 희망자를 모집했다. 많은 이주자들은 배삯을 회사에서 지원받아 아메리카 대륙으로 떠나는 조건을 선택했다. 1600년대 당시 2~3개월이 걸리는 대서양 항해에는 큰 비용이 들었다. 먹고 자는 것을 제외하고 이주자들이 나중에 아메리카에서 일해 순수하게 벌어들일 몇 년치 수입을 운임으로 먼저 떼어갔으니, 오늘날 우리의 체감으로 적게는 수천만 원에서 많게는 수억 원에 이르는 돈이었을 것이다. 버지니아 컴퍼니와 이주 계약을 체결한 사람들은 이 비용을 회사에서 제공받는 대가로 4년에서 7년 정도의 노동을 해야 했고 비용을 다 갚은 이후에야 자유민이 되었다. 오랫동안 행동의 제약을 받아야 했지만 배

•• 네덜란드 연합 동인도 회사(Vereenigde Oostindische Compagnie, VOC)

네덜란드 동인도 회사라 불리며 1602년에 네덜란드에서 인도 및 동남아시아 지역으로 진출하고자 세운 칙허 회사이다. 세계 최초의 다국적 기업이자 최초의 주식회사다. 동인도 무역을 하다 스페인의 압력으로 물러나게 된 네덜란드 상인들이 1594년 암스테르담에 장거리 회사를 설립한 것이 시초다. 이후 동종 회사 설립과 합병을 거쳐 1600년 암스테르담에 동인도 회사가 설립되었고 이후 유사한 회사들이 만들어졌다. 이에 네덜란드 의회는 스페인에 맞설 경쟁력을 확보한다는 명분아래 1602년 이들을 하나의 동인도회사로 통합했다. 네덜란드 동인도회사는 바타비아(자카르타)에 총독정청을 두어 포르투갈, 영국 세력을 쫓아내는 등 한때 세계 최대의 무역회사로 성장하였다. 이어 일본 무역까지 독점하여 당시 국제 결제 수단이었던 은화의 수입원을 마련하였고, 이를 바탕으로 동양 국가들 간의 무역 또한 장악하였다. 정착이 장기화되면서 점령지에서 제국주의적 수탈을 강화했다. 자와(자바)의 토후를 지배하고, 인도네시아 원주민들을 고용했으며, 남방의 향료, 커피, 쪽(藍), 설탕 등을 거의 약탈하다시피 사들였으며 특히 서양무역에 중요한 정향(丁香), 육두구(肉荳蔲)는 노예재배제를 실시하였다. 하지만 점차 영국 동인도회사가 세력권을 넓히면서 경쟁에 밀리게 되어 1799년 회사를 해산하기에 이르고 이를 네덜란드 정부가 직접 다스리게 된다. 조선에 억류된 헨드리크 하멜은 이 동인도 회사에서 일한 선원이었다. 그림은 1726년 암스테르담의 동인도 회사 조선소. 조셉 멀더(Joseph Mulder, 1658~1718) 작.

를 탄 사람들도 본국의 주주들처럼 큰 기대를 하기는 마찬가지였다. 그들은 정해진 기간을 어서 마치고 난 다음 금은보화를 발견하는 등 행운으로 큰 부자가 되어 고향으로 다시 돌아올 수 있기를 기대하며 신대륙으로 향했다.

• 제임스 타운은 영국이 북아메리카 버지니아 식민지 내에 건설한 최초의 영구 식민지이다. 1607년 5월 24일 런던 회사에 의해 제임스 1세의 이름을 따서 제임스 요새로 설립되었다. 로어노크 식민지를 포함한 초기의 몇 차례 실패 이후 잠시 버려졌다가 다시 식민지가 되었다. 이후 1616년부터 1699년까지 83년간 북아메리카 영국 식민지의 수도 역할을 하였다. 현재의 행정구역 상 버지니아주에 속한다. 애초 제임스타운은 1604년 4월에 설립된 버지니아 회사가 건설한 정착지였다. 이후 1606년 제임스 1세의 특허장을 하사받은 런던 회사가 영국을 떠나 1607년 4월 26일 체서피크 만에 닿은 뒤 북상하여 이곳을 식민지로 재건하면서 왕의 이름을 따 제임스타운이라 명명했다. 하지만 열악한 환경에 인디언 원주민의 습격이 겹치면서 거주민들이 굶주림으로 큰 고통을 받았고 1년 만에 정착인의 70%가 사망했다. 심지어 1610년 봄에는 생존자가 60명에 불과했다. 그들은 많은 고난을 겪으면서도 본국의 도움으로 조금씩 상황을 개선해 갔다. 1619년 서류로 기록된 최초의 흑인 노예들을 이곳으로 끌고 왔는데 이것이 미국 노예제의 시초가 되었다. 그동안 남자들이 압도적으로 많았는데 1619년 영국에서 90명의 여성을 싣고 오면서 공동체의 모양을 갖추었고 명칭도 제임스 요새에서 제임스 타운으로 바뀌었다. 하지만 1699년 식민지 수도가 제임스타운에서 오늘날의 윌리엄스버그로 이전하면서 정착지의 기능이 사실상 사라져 오늘날에는 유적만 남게 되었다. 제임스 타운은 초기 영국인들이 북아메리카로 건너가게 되는 경제적 동기를 제공했다. 이후 정치적 이유로 북부에 정착한 청교도 이민들과 갈등을 빚게 되어 남북이 문화적으로 갈등을 겪게 되는 원인을 제공하기도 했다.

식민지 지도에 표시된 제임스타운 스케치, 1608년 존 스미스(John Smith)가 제작한 지도에 수록되어 스페인의 필립 3세에게 바쳐졌다.

1607년 북아메리카 최초의 영국인 거주지 제임스타운이 만들어졌다.

1606년 12월 20일 오로지 남성들만으로 구성된 104명의 이주민을 태우고 영국을 출발한 3척의 배는 카나리아 제도, 푸에르토리코 같은 대서양의 섬들을 거쳐서 4개월 만인 1607년 4월 26일 오늘날의 버지니아 해안에 다다랐다. 그들은 20여 년 전 로어노크섬의 두 번째 이주자들이 원래 하려고 했던 것처럼 체서피크만 안쪽으로 들어가 식민지를 건설하려고 만 주변을 탐사했다. 그들은 만의 입구 쪽을 흐르는 큰 강을 60마일(94km) 정도 거슬러 올라가다가 육지에 아주 가까운 작은 섬을 하나 발견하고 여기에 정착지를 건설할 것을 결정했다.

1607년 5월 14일 배에서 내린 그들은 그곳을 왕의 이름을 따서 제임스타운•이라고 명명하고 즉시 정착지 건설에 착수했다. 전체를 세 그룹으로 나누어 한 그룹은 기지와 집을 지었고, 다른 그룹은 농사를 준비했으며, 또 다른 그룹은 그 근처의 광물 매장 여부와 서쪽으로 향하는 물길을 조사했다.

그러나 그들이 선택한 지역은 결과적으로 이주하기 좋은 곳은 아니었다. 그곳을 고른 가장 큰 이유는 원주민들이 없는 곳에 정착하라는 투자자들의 요구가 있었기 때문이었는데, 사실 원주민들이 그 땅을 비워놓았던 까닭은 섬에 여러 가지 결정적 하자가 있었기 때문이었다. 제임스타운의 땅은 늪지대가 대부분이라 농사에 적합하지 않았고, 특히 물은 염분이 많아 식수와 농업용수로 쓰기에 크게 미흡했다. 훗날 연구에 따르면 당시 이 지역의 물에는 인체에 치명적인 비소도 섞여 있었다.[4] 늪에서 서식하는 모기와 각종 해충은 정착민들을 심하게 괴롭혔고 말라리아 같은 무서운 풍토병의 원인이 되기도 했다. 이러한 사실을 모른 채 이곳에 정착한 104명의 남자들은 이전 로어노크 사람들이 그랬듯 이내 생존에 큰 어려움을 겪게 되었다.

배에서 내린 지 4개월 만인 1607년 9월까지 무려 절반이 넘는 사람들이 죽었고, 다음해인 1608년 1월까지 살아남은 사람은 불과 38명에 불과했다. 당장 식량 부족 문제가 너무 심각했다. 그들은 배에 가지고 온 음식이 다 떨어지면 농사 및 원주민들과의 교역을 통해 먹을 것을 확보할 생각이었지만, 늪지대 농사의 소출은 형편없었고 주변의 강력한 원주민 연맹인 포와탄(Powhatan)**은 새로운 사람들을 처음부터 적대적으로 대했다. 게다가 로어노크 사람들도 이미 경험했듯이 이곳의 겨울은 고향 영국보다 훨씬 추웠다. 아마 이들도 로어노크 사람들처럼 3년 동안 고립된 상태로 있었으면 끝까지 정착지를 유지하지 못했을 것이다. 그러나 그때와 상황이 다른 것은 대서양이 이미 영국의 영향력 안에 들어와 항해와 보급이 안정적이었다는 것이고, 그들의 성공을 누구보다

바라는 본국의 주주들이 있다는 점이었다.

영국의 주주들이 보낸 첫 번째 보급선은 1608년 1월 제임스타운에 도착했다. 이 배에는 추가 이주민도 120명이나 타고 있었다. 최초 정착자들은 주변에 많이 있었던 황철석(Pyrite)이라는 광물을 금으로 생각하고 이 배에 실어 영국으로 보냈다. 철과 황의 화합물인 이 광물은 절단면이 날카롭고 휘황찬란한 광택을 내서 마치 금처럼 보이기 때문에 '바보의 금'(Fool's gold)이라고 불리는 상품성 없는 것이었다. 이를 받아 본 회사의 주주들은 크게 실망했지만 아직 큰 수익의 희망을 버리지 않고 이주자 모집과 투자를 지속했다. 1608년 10월에는 두 번째 보급선이 도착했는데 이 배에는 독일, 폴란드 유리기술자 8명과 여성 2명을 포함해 70명이 타고 있었다.

한편 1608년 9월에는 첫 번째 배를 타고 왔던 군인인 존 스미스(John Smith)***가 이주민들에 의해 제임스타운의 지도자로 선출됐다. 그는 제임스타운 내의 규율을 다잡고 인근 포와탄 연맹과의 관계를 개선하기 시작했다. 존 스미스는 이주 첫해인 1607년 12월에 포와탄 부족에 잡혔다가 풀려나기도 하면서 이미 이들과 좋은 관계를 맺고 있었다. 스미스는 훗날인 1624년 쓴 자서전에서 원주민들이 그를 죽이려고 하는 순간 연맹을 이끌었던 파문키(Pamunkey) 부족 추장의 딸인 포카혼타스(Pocahontas, 본명 Matoaka) ••••가 나서서 자신을 구해줬다고 기술하였다. 그의 이 기록에 대해서는 많은 이견이 있는데, 위기 속에서 누군가 구해주는 이러한 행위는 원주민들이 이방인을 받아들이는 제례적인 절차였다고 보는 의견도 있고, 이 일 자체가 일어나지 않았고 존 스미스가 훗날 영국에서 유명해진 포카혼타스와 자신의 관계를 부각하기 위해 꾸며낸 이야기라는 의견도 있다. 이 이야기의 진위 여부를 떠나서 이때 존 스미스가 포와탄 마을을 방문한 것을 계기로 양 진영 간에 조금씩 교류가 시작됐던 것은 사실이었다. 존 스미스가 제임스타운의 지도자가 된 이후에는 당시 12살이던 포카혼타스를 비롯한 원주민들이 마을을 자주 왕래하면서 이들에게 농사짓는 방법을 가르쳐주고 옥수수 같은 식량을 나누어 주어 굶주림을 극복할 수 있도록 도와주었다.

식량 사정이 조금 나아지긴 했지만 제임스타운은 여전히 살기 어려운 곳이었다. 이런 형편과는 관계없이 런던의 투자자들은 이주 희망자를 계속 모집했다. 제임스타운에 정착지를 만든 지 만 2년이 지난 1609년 5월에는 세 번째 보급으로서 7척의 배로 구성된 대규모의 시벤처

••• 존 스미스는 영국의 군인, 선원 및 작가로 북미 최초의 영국 식민지가 된 제임스타운을 건설했다. 제임스타운에서 미국 원주민인 포와탄 부족과 갈등을 겪었고 추장의 딸 포카혼타스와 잠시 교류한 것으로 알려졌다. 프랑스 국왕 앙리 4세가 스페인과 싸울 때 스페인 국왕 필립 2세에게서 독립하려는 네덜란드를 위해 싸운 뒤 지중해로 갔다. 1600년 왈라키아 공국(지금의 루마니아)의 왕자 마이클 더 브레이브가 군대를 일으키자 헝가리 합스부르크 왕가 편에서 전투를 지휘해 대위로 승진했다. 그러다 왈라키아 왕자 사후 왈라키아 편에 서서 오토만과 싸웠다. 1607년부터 1609년까지 제임스타운을 본거지로 하는 버지니아 식민지의 지도자가 되었으며 북미 내륙 특히 버지니아의 강과 체사피크만을 탐사했다. 미 북동부를 탐사하여 뉴잉글랜드라는 이름을 붙인 것도 그가 한 일이다.

•••• 포카혼타스는 아메리카 원주민으로, 1613년 영국-인디언 분쟁을 겪는 동안 영국인들에 포로로 잡혀 오늘날의 버지니아주 체스터필드에 억류되어 있었다. 그녀는 거기서 영어를 배우고 기독교로 개종하여 구약성서에서 따온 레베카(Rebecca)라는 이름으로 개명하였다. 동시에 그곳에서 담배 농장주였던 존 롤프를 만나 사랑에 빠졌다. 1614년 존 롤프와 결혼하여 그의 농장에서 살았고 이듬해 1615년 1월 아들 토머스 롤프를 출산하였다. 이 일로 제1차 잉글랜드-포와탄 전쟁이 종식되기에 이르렀다. 1616년 롤프 가족은 런던으로 여행을 떠났는데, 포카혼타스는 문명화된 미개인으로서 사교계에 소개되었고 많은 환대를 받았다. 1617년 롤프 가족은 다시 버지니아로 향하는 배에 올랐는데, 그녀는 템스강의 그레이브젠드에 도달했을 무렵 21세의 나이에 병으로 사망했다. 그녀의 이야기는 해를 거듭할수록 여러 가지로 각색되어 미국의 많은 지명과 많은 상품이 그녀의 이름을 따서 지어졌다.

(Sea venture) 선단이 이주자들 500여 명을 태우고 영국을 출발했다. 이 선단을 지휘한 것은 처음 이주선과 이후 두 번의 보급선을 아메리카로 운항했던 크리스토퍼 뉴포트(Christopher Newport) 선장이었는데, 비교적 무난했던 지난 항해들과는 달리 이번 그의 배는 대서양의 큰 태풍을 만나고 말았다. 3일 동안 풍랑에 시달린 끝에 규모가 큰 시벤처호만 침몰하지 않고 간신히 오늘날 버뮤다의 한 무인도에 좌초할 수 있었다. 살아남은 140여 명은 그곳에서 무려 10개월을 보내야만 했다. 그들은 선박 잔해를 이용해 2척의 작은 배를 만든 다음에야 다시 출항할 수 있었고, 결국 영국을 떠난 지 거의 일 년 만인 1610년 5월 23일에야 제임스타운에 도착했다.

그러나 이 시기 제임스타운의 상황은 한층 더 악화해 있었다. 시벤처가 버뮤다에 난파해 있던 1609년 10월, 일 년 동안 제임스타운을 이끌던 존 스미스는 뜻하지 않게 카누에서 화약이 폭발하는 사고를 당했다. 부상이 심했던 그는 제임스타운이 보유하고 있었던 배를 이용해 영국으로 돌아갈 수밖에 없었다. 중재자인 존 스미스가 갑자기 사라지자 제임스타운과 포와탄 연맹과의 관계가 소원해져 식량 교역이 어려워졌다. 포와탄 연맹으로서는 당시 이 일대에 이어지던 심각한 가뭄 때문에 자신들이 먹을 식량도 모자란 실정이었고, 계속 몰려드는 백인들과 창궐하는 전염병에 대한 부족들의 두려움도 커지던 상황이었다. 1609년부터 1610년 사이의 제임스타운에는 훗날 굶주림의 시간(Starving time)으로 명명된 끔찍한 겨울이 도래했다. 제임스타운의 정착민들은 말, 개, 고양이, 쥐, 신발 가죽은 물론이고, 어떤 연구에 의하면 사람의 사체까지 먹을 정도로 큰 어려움을 겪었다.

버뮤다 섬에 좌초되었던 시벤처의 사람들을 기다리고 있던 것은 이렇게 굶주림에 시달리고 있는 60여 명의 사람이었다. 그동안 300여 명의 사람이 이곳에 왔는데 고작 20%만이 초라한 몰골로 살아남아 있었던 것이었다. 1609년 회사에 의해 임명된 총독(Governor)으로서 시벤처 선단에 타고 있었던 토마스 게이트(Thomas Gates)는 이 상황을 보자 결국 모든 것을 포기하고 전부 영국으로 다시 돌아가기로 했다. 제임스타운의 운명도 첫 번째 로어노크 이주 시도처럼 실패로 돌아갈 뻔했던 순간이었다.

델라웨어 총독이 제임스타운에 도착해서 원주민과 대규모 전쟁을 벌였다.

그때 이곳에서 로어노크와는 다른 상황이 일어났다. 로어노크에서는 드레이크 선장의 선박을 타고 모두 떠난 3일 후에 지도자 길버트의 보급선이 도착했지만, 제임스타운에서는 모두가 떠나려고 항해를 막 시작할 때에 또 다른 보급선을 만난 것이었다. 런던의 투자자들은 토머스 게이트가 버뮤다에 난파해 있던 1609년 10월, 존 스미스마저 사고로 귀국하자 델라웨어(De La Warr)를 새로운 총독으로 임명했다. 델라웨어는 1610년 3월, 네 번째 보급선에 150명의 추가 인원과 지원물품을 싣고 영국에서 출발했다. 봄에 출발한 이 배는 태풍을 만나지 않고 순조롭게 항해해 6월 이주민들이 아메리카 식민지를 포기하고 떠나려는 그 순간 때맞춰 제임스타운에 도착했다. 체사피크만 입구에서 이들의 배를 만난 델라웨어는 새 총독의 자격으로 다시 이주지로 돌아갈 것을 명령했다. 갓 도착한 인원을 포함해 총 350여 명이나 되는 사람들이 다시 제임스타운으로 돌아왔다.

델라웨어는 식민지의 안정을 위해서는 주변 원주민을 제거하고 비옥한 땅을 확보하는 것이 우선이라고 보았다. 그는 퍼시(George Percy)를 대장으로 70명의 군대를 보내 포와탄 마을을 불태우고 수십 명을 살해했다. 이렇게 시작된 앵글로-포와탄 전쟁(Anglo-Powhatan)은 약 2년간 잔인하게 지속되었다. 이 전쟁을 일단락시킨 것은 이제 16살이 된 포카혼타스였다. 1612년 12월 포카혼타스가 제임스타운에 인질로 잡히면서 양 진영 간에 평화협정이 시작되었고, 이렇게 찾아온 평화는 이후 10년가량 지속되었다.

담배농사를 시작하면서 제임스타운은 안정되기 시작했다.

한편 영국에 있는 투자자의 입장에서 보면 제임스타운의 성과는 형편없는 것이었다. 기대했던 금은도 나오지 않았고, 물자와 사람을 수차례 공급했지만 돌아오는 수익이 없었다. 이주민들이 유리제품과 목재판(Clapboard)을 만들어 영국으로 보냈지만 상품의 질이 조악해서 영국 시장에서 판매할 수도 없었다. 그러나 정착 후 5년이 지났고 포와탄과의 충돌이 잦아든 1612년부터 제임스타운은 뜻하지 않게 담배 농사로 활로를 찾기 시작했다. 공교롭게도 세 번째 보급선인 시벤처 선단이 버뮤다의 섬에 난파했던 불운이 마을의 살길을 열어준 계기가 되었다.

시벤처 호에는 당시 24세의 존 롤프(John Rolfe)라는 청년이 타고 있었다. 아메리카 대륙에서 부자가 되기를 꿈꿨던 그는 버뮤다의 섬에 좌초해 있을 때 서인도 지방 특유의 단맛이 나는 담배 씨앗을 구해서 제임스타운으로 몰래 가지고 들어왔다. 당시 스페인 지배하에 있었던 이 지역에서 담배를 스페인인이 아닌 사람이 반출하는 것은 사형까지 가능한 중죄였다. 위험을 무릅쓰고 가져온 이 종자는 버지니아 풍토에서도 재배가 되었고, 이내 제임스타운에서 영국 본국으로 향하는 주요 수출 품목이 되었다. 당시 영국에서도 서인도산 담배의 대량 수입으로 스페인과의 무역 불균형이 커지는 상황이었기 때문에 버지니아 식민지의 담배 생산은 매우 반가운 일이었다. 담배의 성공으로 제임스타운은 이내 활기를 띠기 시작했다. 제임스타운섬 내에는 사람들이 길가에도 담배를 심었고, 땅이 모자라서 주변 곳곳에 차례차례 농장(Plantation)을 만들어 재배지를 넓혀 나갔다. 1613년경 이 지역의 오랜 가뭄이 끝나자 담배 외에도 과일, 쌀 등의 수확량이 늘었고, 실크, 아마섬유, 술 등도 수출되면서 경제가 더욱 살아나기 시작했다. 존 롤프는 1614년 4월 5일, 당시 인질로 잡혀 있었던 포카혼타스와 마을 교회에서 결혼했다. 포카혼타스의 결혼과 더불어 제임스타운과 포와탄 간 새로운 평화협정도 체결돼 이주민과 원주민의 관계도 더 크게 안정되었다. 포카혼타스는 1615년 6월 존 롤프와 함께 영국을 방문해서 영국 사회에 큰 반향을 일으켰다. 아메리카 대륙의 식민지에서 직접 영국을 방문한 원주민 추장의 딸은 상인들과 귀족들의 호기심을 자극해 많은 화제가 됐다. 그러나 포카혼타스는 영국에서 병에 걸려 1617년 3월, 21세의 젊은 나이로 이국땅에서 숨을 거두고 말았다.

최악의 시기를 지난 제임스타운은 계속 성장했다. 1619년 제임스타운 교회에서는 북아메리카 대륙에서 처음으로 주민 대표가 참여한 의회가 열렸다. 담배 수매 가격같이 피부로 와 닿는 사항을 논의하고 결정했던 이 의회는 이후 다른 식민지에서도 추구하게 된 주민 자치의 의미 있는 선례가 되었다.

한편 마을의 성장과 담배 농사의 활성화로 노동력이 점점 더 많이 필요해졌으나 인력이 턱없이 부족한 현상은 점점 심해졌다. 그 결과 1619년에는 50명의 아프리카 흑인들이 농장 노동을 위해 잡혀오면서 이미 1501년부터 시작된 아메리카 노예무역이 영국 식민지에서도 성행하게 되었다.

제임스타운 이외의 다른 식민지도 번성하기 시작했다.

제임스타운은 100년 가깝게 버니지아 식민지의 중심 역할을 했지만 1699년 내륙의 넓은 땅인 윌리엄스버그(Williamsburg)로 행정의 중심이 이전하면서 다시 빈 땅이 되었다. 포카혼타스의 죽음 이후 재발발한 전쟁 끝에 원주민들을 몰아내고 주변 땅을 모두 장악한 이주민들은 더 이상 좁은 제임스타운섬에 머물러 있을 필요가 없었고 아메리카 대륙의 더 깊은 곳으로 뻗어나가기를 원했다.

1607년 만들어진 제임스타운은 북아메리카에 영국 식민지가 처음 자리 잡은 곳이라는 상징성을 갖고 있다. 이곳은 또한 이후 수백 년간 계속될 원주민의 고통이 시작된 곳이기도 하다. 이주민들은 초기에 원주민으로부터 큰 도움을 받았지만 생활의 안정을 찾은 이후에는 더 많은 땅을 원하면서 원주민들을 고향에서 밀어냈다. 원주민들은 자신들이 살아오던 땅을 침범하는 이주민들에 맞서 강력하게 저항하였지만 화력의 열세와 창궐하는 전염병을 극복하지 못하고 패배를 되풀이했다. 이주민들에게 밀린 원주민들은 움츠러든 세력을 간신히 추슬러 더 깊은 내륙으로 물러나기를 반복했고, 이 광경은 이후 아메리카 대륙 곳곳에서 점점 큰 규모로 일어났다.

한편 버지니아 식민지가 성공하면서 영국의 더 많은 이주자가 아메리카로 몰려들었다. 1607년 제임스타운은 104명의 이주자로 시작했지만 미국이 영국과의 독립전쟁을 시작하기 전인 1770년 아메리카 대륙 13개 식민지에는 모두 215만[5] 명이 살고 있었다.

5) 믿음의 자유를 찾아서 - 메이플라워와 매사추세츠

1620년 메이플라워호가 뉴잉글랜드 지방에 도착했다

대서양의 지도를 보면 아메리카 대륙 중 영국에서 가장 가까운 곳은 현재 캐나다의 뉴펀들랜드 지역이다. 이곳은 영국과 비슷한 위도임에도 북쪽에서 내려오는 대서양의 해류로 인해 눈과 얼음으로 덮여 있는 추운 지역이다. 뉴펀들랜드는 1583년 영국 엘리자베스 여왕으로부터 처음 아메리카 대륙 특허장을 받은 험프리 길버트가 탐험한 것을 포함해 당시 많은 유럽인이 드나들던 곳이었다. 이곳을 주로 방문하던 사람들은 차가운 바다의 풍부한 어업자원에 이끌린 어부들이었다. 한편 뉴펀들랜드에서 조금 더 남쪽으로 내려가면 현재 미국의 메인, 뉴햄프셔, 매사추세츠주 등이 자리 잡은 해안가가 나오는데, 이곳은 존 스미스가 제임스타운에서 입은 부상으로부터 회복하고 1614년 다시 아메리카를 탐험할 때 뉴잉글랜드(New England)라고 이름 붙인 곳이었다. 뉴잉글랜드 지역은 뉴펀들랜드보다 추위가 다소 덜했고 바다에 빙하가 없어 항해하기가 상대적으로 용이했기 때문에 어선들이 어업 기간에 임시 거처를 마련하는 장소로 애용되었다.

제임스타운 건설과 비슷한 시기인 1607년 8월, 현재의 메인주 팝햄 (Popham)에도 식민지를 건설하려는 시도가 있었다. 아메리카 대륙의 특허장을 받은 버지니아 컴퍼니 중 북쪽의 개발 권한을 가진 플리머스 컴퍼니가 영구 정착지를 만들려고 한 것이었다. 그러나 제임스타운과 달리 팝햄 식민지는 오래 존속하지 못했다. 제임스타운보다 기후가 열악했기 때문에 농업과 정착에 더욱 불리했고 금은이 나오지 않기는 마찬가지였다. 결국 정착자들의 리더였던 길버트 팝햄(Gilbert Popham)이 영국에서 성을 상속받아 후계 영주가 되었던 것을 계기로 45명의 이주민들은 모두 영국으로 돌아갔고, 식민지는 1년 만에 버려졌다.

이 시기 왕래가 잦아진 유럽의 어부들 때문에 뉴잉글랜드 지역 원주민들 사이에는 전염병이 퍼지기 시작했다. 1617년에서 1619년 사이에는 렙토스피라병(Leptospirosis)으로 인해 일대 원주민들의 90%가량이 사망할 정도였다. 처음 보는 질병으로 사람들이 자꾸 죽어가고 마을이 황폐화되자 이 부근의 원주민 사회는 굉장히 위축되어 있었다.

이러한 때인 1620년 12월 16일, 길이 30m의 작은 메이플라워(Mayflower)호* 한 척을 타고 온 102명의 이주민들은 뉴잉글랜드 플리머스(Plymouth) 지역에 발을 디뎠다. 청교도(Puritan)라고 불리는 35명의 사람들과 67명의 일반 이주 희망자들로 구성된 새로운 정착자들은 기나긴 대서양 항해에 지쳐 있고 병들어 있는 사람들이었다. 뉴잉글랜드 지역은 이들 초라한 행렬로부터 시작했지만 빠른 시간에 폭발적으로 성장하였다. 60년 후인 1680년대에 인구 6만 명을 넘어선 뉴잉글랜드는 제임스타운이 있는 인구 4만

* 메이플라워호는 1620년 잉글랜드 남서부 플리머스에서 아메리카 식민지, 현재의 매사추세츠주 플리머스까지 '필그림 파더스'라 불린 청교도 개척자들을 수송한 영국의 선박이다. 크리스토퍼 존스 선장이 지휘했으며 대략 무게 180톤, 길이 27.4~33.5m, 폭 약 7.6m로 추정된다. 출항 당시 승객은 102명, 승무원은 25~30명이며 존 알덴을 포함하여 5명의 이름만 알려져 있다. 메이플라워호는 1620년 9월 16일 존 카버, 윌리엄 브래드퍼드를 태우고 잉글랜드 남서부 플리머스를 출발해 1620년 11월 21일, 북아메리카 케이프코드 끝에 도착했다. 추위와 굶주림, 괴혈병으로 그들 과반수가 사망했고 살아남은 사람들은 현지 인디언에게서 옥수수 재배를 배워 식량을 만들었다. 1621년 3월 31일 승객들은 플리머스 해안까지 이동했고, 4월 15일 메이플라워호는 영국으로 되돌아갔다.

명의 버지니아를 능가하는 북아메리카 대륙의 최대 영국 식민지로 자라났다.

　메이플라워호는 오늘날의 미국이 중시하는 여러 가치를 상징하는 배이다. 개인의 자유, 가족, 공동체, 기독교 정신, 신념을 향한 도전과 불굴의 의지, 다양한 집단 간의 화합, 종교인과 비종교인의 융화 등 미국사회가 추구하는 여러 정신이 이 배 안에 녹아 있다. 이 때문에 오늘날의 미국은 엄밀히 말하면 북미에서 최초로 유럽인이 정착한 곳이 아닌 이곳을 자신들의 뿌리로 보고 기념하고 있다.

　메이플라워호에는 스스로의 방식으로 신앙을 갖기를 원하는 청교도 35명과 아메리카로의 이주에 지원한 기술자, 농부 등 67명이 함께 타고 있었다. 메이플라워의 청교도들은 당시 영국의 국교를 거부하는 분리주의자(Separatist)들이었다. 이들은 교회를 개혁하기 위해 가톨릭을 벗어나 만든 영국 국교 자체에도 신의 진정한 뜻과 부합하지 않는 점이 많기 때문에 아예 여기에서도 떨어져 나가야 한다고 생각했다. 이들은 아메리카로 향하기 10여 년 전인 1608년 네덜란드의 라이덴(Leiden)이라는 도시로 먼저 이주했다. 지도자인 존 로빈슨(John Robinson)**을 따라 다양한 종교에 관용적인 네덜란드로 이주한 400여 명 청교도들이 새로 맞이한 삶은 녹록하지 않았다. 주로 영국 농촌 출신이었던 이들은 인구 4만 명가량 되는 큰 도시에서의 생활과 섬유공장, 인쇄소에서의 노동에 익숙하지가 않았다. 시간이 지나자 일상은 어느 정도 안정을 찾았지만 단결된 공동체로서 전통을 지켜가는 것은 영 쉽지 않았다. 특히 어린 자녀들이 자유분방한

** 영국 초기 개신교인 연합교회의 창립자 중 한 사람으로 윌리엄 브루스터(William Brewster, 1567~1644)의 영향 아래 개혁신앙에 심취하여 1604년 정식으로 개신교 독립파 즉 청교도(Puritans)에 가담했다. 1593년 제임스 1세가 청교도를 규제하는 법을 제정하자 1607년 가을 브루스터와 함께 네덜란드 암스테르담으로 가서 교세를 확장했다. 네덜란드와 스페인 사이에 전쟁이 벌어져 종교박해의 위기를 느낀 그는 1619년부터 교도들에게 신앙적 이상의 구현과 보다 나은 경제적 삶을 위해서 신대륙 뉴잉글랜드로 이주할 것을 역설했다. 1620년 이렇게 하여 모인 순례자들과 함께 메이플라워호를 타고 출항해 그해 11월 21일 지금의 매사추세츠주 해안에 도착했다. 순례자들은 그곳에서 플리머스 식민지를 건설해 정착했는데 그것이 미국 청교도 전파의 기원이 되었다.

네덜란드 사회 속에서 성장하면서 이들이 소중하게 생각하는 영국적이고 종교적인 전통을 잃어가고 있는 것은 큰 걱정거리였다. 이 문제를 해결하기 위해 오랜 논쟁을 벌인 끝에 일부 선발대가 신대륙 아메리카 북부로 건너가서 아예 자신들만 모여서 살아가는 새로운 사회를 건설하기로 뜻을 모았다.

당초 아메리카 북쪽의 식민지 특허를 가진 플리머스 컴퍼니는 팝햄 정착지의 실패 이후 1609년 해산된 상태였기 때문에 이 일대의 특허는 런던 상인 중심의 버지니아 컴퍼니가 가지고 있었다. 청교도들은 머천트 어드벤처스(Merchant Adventures)라는 회사의 투자를 받아 오늘날의 뉴욕 근처 허드슨강 하구에 마을을 건설하는 것을 조건으로 1619년 6월 버지니아 컴퍼니의 정착 허가를 얻어냈다.

1620년 초 떠나기로 결정한 청교도들은 네덜란드와 영국의 재산을 처분하고 출항 준비를 모두 마쳤다. 항해와 정착에 적합한 봄에 출발하려 채비를 서두른 것이었지만 어드벤처스사와의 비용 협의 문제로 일정은 자꾸 지연되었다. 결국 이들은 1620년 7월에 이르러서야 스피드웰(Speedwell)이라는 길이 10m, 중량 60톤의 작은 배를 구해서 라이덴에서 영국으로 떠날 수 있었다. 이들은 7월 말 영국 남쪽의 사우스햄턴(Southampton)이라는 항구에서 메이플라워라는 이름의 배와 어드벤처스사가 모집한 다른 이주민들을 처음 만났다. 아메리카에서 자신들만의 독립된 터전을 이루는 것을 준비했던 청교도들은 다른 사람들과 같이 이주해야 한다는 것을 그때서야 알고 혼란에 빠졌다. 처음 만난 이들과 함께 배를 타고 가야할 뿐 아니라 그곳에 가서도 운명 공동체로서 섞여 살아가야 할 가능성이 높았던 것이었다. 이에 대한 우려가 있었지만 이 문제를 회사와 다시 논의하기에는 이미 일정이 너무 지연되어 있었기 때문에 메이플라워와 스피드웰은 모든 이주민들을 태우고 8월 5일 아메리카로 출항했다.

그러나 바닷길은 처음부터 순탄치 않았다. 출항한지 얼마 안 돼 스피드웰에서 누수가 발생해서 결국 두 배 모두 영국 남서부의 다트머스(Dartmouth) 항구로 돌아와야만 했다. 급하게 스피드웰을 수리하고 8월 23일 다시 출항하였지만 이 배는 또 말썽을 일으켰다. 이번에는 다트머스 서쪽의 플리머스(Plymouth) 항구로 돌아왔으나 배를 다시 수리하기에는 시기가 너무 늦어져 있었다. 논쟁 끝에 1620년 9월 6일 결국 스피드웰을 포기하고 오직 메이플라워만 플리머스항을 떠나 아메리카로 출발했다. 이미 네덜란드에서 배를 타고 떠난 지는 2개월이 지나 있었고, 배 한 척에 다 탈 수 없는 몇몇의 청교도들은 이주 자체를 포기하고 다시 네덜란드로 돌아가야만 했다.

메이플라워의 102명 중 가족을 이룬 사람은 57명(56%)이나 됐다. 1607년 이후 제임스타운으로 향했던 사람들은 대부분 남성 위주의 모험가, 계약 노동자, 사업가들이었지만 메이플라워에는 가족이 절반 이상을 차지했다. 메이플라워의 가족들은 아메리카 대륙에서 돈을 벌어 영국으로 다시 돌아오려는 사람들이 아니었고, 어찌되었던 간에 그곳에서 대대로 살아가려는 사람들이었다. 이러한 성격은 훗날 플리머스 식민지가 로어노크와 제임스타운처럼 많은 어려움을 겪을 때 그들이 그곳을 떠나지 않고 고난을 극복해 낸 큰 이유가 됐다.

9월에 출발한 메이플라워호는 곧 가을 대서양 허리케인을 만나 난파의 위기에 처했다. 급기야 배를 받치는 가장 중요한 대들보가 부러졌을 때 청교도들은 아메리카에 도착해서 집을 짓는데 쓰려고 했던 스크류잭으로 부러진 나무를 받쳐 간신히 파국을 모면했다. 이런 고초를 겪으면서 메이플라워호는 출항 후 2개월이 지난 11월 9일 현재 매사추세츠주 남쪽 바다에 볼록 튀어나온 지형인 코드 곶(Cape Cod) 앞에 다다랐다. 이곳은 청교도들이 당초 버지니아 컴퍼니에게 정착 허가를 받은 곳과는 상당히 떨어진 지점이었다. 원래 목적지로 가려면 배로 열흘 이상을 더 남하해야 했는데 파도가 심한 겨울철에 해도도 없이 해안가를 따라 항해한다는 것은 매우 위험한 일이었다. 때마침 바람의 방향도 남풍이어서 속도를 내 일직선으로 항해하기도 어려웠다. 이주민들은 일단 허가받은 곳으로 가자고 배의 크리스토퍼 존스(Christopher Jones) 선장에게 요청했지만 선장은 이를 거절하고 이 일대에 정박하기로 결정했다. 선장의 이 결정은 결과적으로 보았을 때 미국의 초기 역사에 꽤나 중요한 영향을 미쳤다. 메이플라워가 남쪽으로 향하다 침몰했다면 청교도들의 아메리카 정착 역사는 아예 시작도 하지 못했을 수도 있고, 혹 뉴욕에 무사히 도착했다면 뉴욕과 뉴잉글랜드 지역의 성격은 지금과 크게 달랐을 수도 있었을 것이다.

메이플라워 서약으로 플리머스 식민지가 만들어졌다.

남쪽으로 내려가기를 포기한 메이플라워호의 이주민들은 1620년 11월 11일 코드 곶 끝자락의 오늘날 프로빈스타운(Province town)으로 탐사대를 보냈다. 그동안 배에 남은 사람들은 상륙 지점에 대해 토의를 계속했지만 여전히 의견일치가 이루어지지 않았다. 일부 사람들은 여전히 당초 허가 받은 남쪽으로 내려가 정착을 해야 한다는 의견을 고수하였다. 만약 이곳에 내려 어렵게 식민지를 만든다고 해도 아무 법적 근거가 없기 때문에 향후 자신들의 권리를 주장할 수 없다는 것이 그들의 걱정이었고, 실제 70년 후 그 걱정은 현실이 되기도 했다. 논란 속에 메이플라워호의 이주민들은 비록 적법하게 허가받은 땅은 아닐지라도 이곳이 영국의 영토임을 분명히 하고 왕에 대한 충성을 맹세하는 문서를 작성해 식민지 설치의 공식적 근거를 만들기로 뜻을 모았다. 11월 12일 배의 성인 남자 41명은 제임스 국왕에 복종하고 앞으로 식민지에 필요한 제도와 정부를 만들어갈 것을 약속하는 메이플라워 서약(Mayflower Compact)˙을 기안했고 돌아가며 서명하였다. 이 문서는 구체적인 의무 조항을 세세하게 나열한 법률은 아니었지만 구성원들 간 사회적 합의를 통해 큰 틀에서 자치의 방식을 정했다는 의미가 있는 것이었다. 개인들이 자신의 뜻에 따라 정부 구성과 법 제정 방식을 논의하고 합의한다는 것은 오늘날에는 지극히 당연한 사실이지만, 그들이 살던 시대에는 매우 생소한 생각이었다. 이것은 그들이 정착한 신대륙이 본국과 워낙 멀리 떨어져 있었고, 자기들 스스로 말고는 달리 의지할 데가 없는 곳이었기 때문에 가능한 일이었다.

탐험대가 돌아온 후 전해준 얘기를 통해 주변 원주민의 세력이 크지 않음을 확인한 메이플라워호의 사람들은 바다를 향해 볼록 튀어나온 곶(Cape) 지형이어서 성장에 불리한 이곳보다는 내륙의 넓은 지역에 정착지를 건설하기로 했다. 메이플라워호는 1620년 12월 16일 코드 곶 서쪽으로 20마일(32km) 정도 떨어진 오늘날의 플리머스(Plymouth) 지역으로 이동해 닻을 내렸다. 존 스미스가 그린 뉴잉글랜드 지도에 이미 뉴플리머스(New

˙ 1620년 메이플라워호가 북미 대륙에 도착하기 전에 청교도들은 배안에서 자신들만의 시민정치 체제를 만들고자 서약문을 체결하고 41명이 서명했으니 이것이 메이플라워 서약이다. 원본은 분실되었지만 매사추세츠주 주립 도서관에 동일한 내용의 브래드퍼드 필사본이 보관되어 있는데 내용은 다음과 같다.
하나님의 이름으로 아멘. 아래에 서명한 우리는 대영제국, 프랑스 및 북아일랜드의 신, 국왕, 신앙의 수호자, 등등의 은총을 통해, 숭배하는 군주인 국왕 제임스 1세(잉글랜드 왕)의 충실한 신민이다. 우리는 하나님의 영광과 기독교 신앙의 진흥 및 국왕과 국가의 명예를 위해 버지니아 북부에 최초의 식민지를 건설하기 위해 항해를 계획했고, 개척지에서 질서를 유지하고자, 또한 상기한 목적을 촉진하고자 하나님과 서로에게 엄숙하게 계약을 체결하며, 우리 스스로 민간 정치체제를 결성할 것을 결정했다. 이를 바탕으로 우리 식민지의 총체적인 이익을 위해 그리고 식민지의 사정에 가장 잘 맞다고 생각되는 정당하고 평등한 법률, 조례, 법, 헌법이나 직책을 만들어, 우리 모두 당연히 복종하고 순종할 것을 약속한다. 이곳 케이프코드에서 서명한 바와 같이 우리의 이름을 적는다. 서기 1620년 11월 11일.

Plymouth)라고 이름 붙어 있었던 이곳은 마침 메이플라워호가 마지막으로 떠난 영국의 플리머스 항과 이름이 같았기 때문에 이주자들은 이 지명을 그대로 사용하기로 결정했다.

그러나 12월 플리머스의 추위는 이들이 감히 상상하지 못했던 것이었다. 대부분 상인이거나 농부들이었던 이주민들은 처음 경험하는 추운 야생에서 겨울을 날 수 있는 지식이 거의 없었다. 날씨가 이처럼 열악했고 건축할 때 사용하려고 가져왔던 스크류잭마저 배를 고치는데 써버렸기 때문에 정착지에 집을 건설하는 일도 계속 늦어졌다. 게다가 7월에 네덜란드에서 출발해 이미 5개월 이상 배에서 생활했던 사람들은 이미 일할 힘도 남아있지 않았다. 오랜 항해로 괴혈병, 폐렴, 결핵에 시달려 상당히 허약해져 있던 그들 대부분은 배 밖으로 나오지도 못하고 겨우내 좁은 선실에서 그대로 생활해야 했다. 결국 많은 사람이 병과 기아를 견디지 못했고, 그해 겨울이 지나자 49명이 죽고 단 53명만이 살아남았다.

혹독한 겨울이 끝나가던 1621년 3월 16일, 예상치 못한 도움의 손길이 찾아왔다. 놀랍게도 영어를 하는 사모셋(Samoset)•이라는 원주민이 이들을 찾아온 것이었다. 사모셋은 이 지역을 드나들던 어부들과 교류를 해왔기 때문에 간단한 영어를 말할 수 있었다. 'Welcome, Englishmen'이라는 첫 마디로 인사를 건넨 그는 이곳 원주민들의 사정을 설명한 후 왐파노아그(Wampanoag) 연맹의 마사소잇(Massasoit) 추장••과 만남을 주선하겠다고 약속하고 떠났다.

겨울이 끝나가고 사망자가 줄어가는 시점에 사모셋

• 사모셋(Samoset, 약 1590~1653) 1621년 3월 16일 청교도 순례자들인 '필그림 파더스'와 접촉한 최초의 미국 인디언. 현재의 메인 주에 도착한 초기 영국인들 특히 모헤간 섬에 고기를 잡으러 온 영국 어부들에게서 영어를 배웠다고 한다. 플리머스 식민지 캠프에서 서툰 수준으로 청교도들과 대화하며 하룻밤을 보낸 뒤, 이틀 뒤 자신보다 훨씬 유창하게 영어를 구사하는 인디언, 스콴토를 데리고 돌아왔다. 사모셋을 적는 철자법은 정식 영어 명칭이 아닌 탓에 사모셋(Samoset), 서머셋(Somerset) 등 여러 가지가 있다. 미국인들의 이름에는 이와 같거나 유사한 철자법이 등장한다. 대표적으로 '인간의 굴레'를 쓴 작가 윌리엄 서머셋 몸(William Somerset Maugham)이 있다.

의 기적적인 등장으로 안도한 이주민들은 1621년 3월 21일 드디어 선상에서의 생활을 마무리하고 전원이 육지로 내려왔다. 3월 22일 사모셋은 스콴토(Squanto)라는 파투셋(Patuxet) 부족 사람과 같이 돌아왔다. 스콴토는 어부들을 따라 영국에까지도 다녀온 경험이 있었다. 영국에 있는 사이 부족 모두가 전염병으로 죽어 혼자 살아남은 스콴토는 이후 이주민들과 같이 생활하면서 옥수수 같은 토착 작물을 심는 법, 생선비료를 이용해 지력을 돋우는 방법 등을 가르쳐 주었다. 사모셋의 약속대로 후에 방문한 마사소잇 추장은 이주민들과 평화 협약을 맺었고, 식민지 교역의 주요 품목이 될 모피(Fur)를 독점적으로 공급해 줄 것도 약속했다. 왐파노아그 연맹에게도 이 당시 이주민들과의 친교는 도움이 되는 일이었다. 몇 년 동안의 질병으로 구성원의 90%가 죽어 이제 수천 명의 사람들밖에 남아있지 않은 상황에서 주변

** 마사소잇(Massasoit, 1581~1661)은 미국 인디언이며, 파카노켓의 추장이자, 왐파노아그 연맹체의 추장이다. 1620 영국에서 온 청교도의 무리인 필그림 파더스가 왐파노아그족이 사는 마을 근처에 플리머스 식민지를 건설하고 정착했다. 그러나 백인 정착민들은 낯선 토지의 환경으로 고통 받고, 질병이나 추위와 굶주림 등으로 절반 가까이가 죽었다. 1621년 3월 플리머스를 건설한 지 3개월 후 마사소잇이 그들을 방문했다. 마사소잇은 나라간셋 부족과 대항하여 연맹을 맺는 조건으로 필그림 청교도와 평화 조약에 서명했다. 이 평화 조약은 1661년 마사소잇이 죽을 때까지 지켜졌다. 그림은 플리머스의 영국인 정착촌에서 마사소잇이 존 카버 지사와 평화의 담배를 나누는 장면. 1621년, 캘리포니아 국립 도서관.

부족들의 공격 위협이 이어지고 있었다. 그들은 외부에서 온 유럽인들과 동맹을 맺으면 부족들의 안전을 지킬 뿐 아니라 추가적인 수입을 얻어 세력을 되살리는 데에 유리하다고 판단했다. 이러한 왐파노아그 연맹과의 교류는 지칠 대로 지친 메이플라워호의 사람들이 생존하는데 결정적인 도움을 주었다. 이주민들은 농사를 통해 스스로 자급할 수 있는 식량을 얻을 수 있게 되었고, 향후 영국 본국과 무역할 귀중한 모피도 확보할 수 있었다.

메이플라워호는 1621년 4월 5일 영국으로 돌아갔다. 원래 영국과 프랑스를 오가며 양모와 와인을 실어 나르던 무역선이었던 이 배는 이

후 몇 년을 더 항해하다가 1624년 분해되어 폐기되었다. 메이플라워호의 크리스토퍼 존스 선장은 영국으로 돌아간 지 1년도 안 돼 52세의 나이로 사망했다.

아메리카에 남은 이주민들은 원주민의 도움 덕분에 순조로운 1621년 한해를 보냈다. 1621년 10월 살아남은 53명의 사람들과 원주민 90여 명은 수확을 감사하는 연회를 열었다. 먼 훗날인 1863년, 에이브러햄 링컨 대통령은 이 일을 기념해 매 해 11월 넷째 주 목요일을 땡스기빙데이(Thanksgiving Day)로 지정하였다. 재미있게도 오늘날 땡스기빙데이의 다음날은 미국을 비롯한 전 세계의 소비문화를 상징하는 날(Black Friday)이 되었다. 간신히 굶주림에서 벗어나 같이 먹을 음식을 준비하던 이들은 자신들의 작은 축제가 200여 년 후 수십억 달러의 물건을 사고파는 풍요로운 날로 이어질 것이라고는 꿈에도 상상하지 못했을 것이다.

플리머스 식민지는 이후 지속적으로 성장했다. 곧이어 두 번째 배가 도착해 37명이 새로 정착했으며, 1623년에는 96명이 또 새로 왔다. 1625년 왕위에 오른 영국의 찰스 1세가 청교도들을 한층 더 탄압하기 시작하면서 이주자는 더욱 늘어났다. 1629년에는 네덜란드 라이덴에서 함께 생활했던 청교도 35명이 식민지에 새로 도착하는 등 이주가 계속 이어져 1630년 식민지 인구는 300명이 되었다. 1660년대에는 모피 교역 외에도 어업, 고래잡이, 목재업 등이 발달하면서 경제가 지속적으로 성장해 1690년의 인구는 7천 명까지 늘어났다.

1630년 매사추세츠 식민지로 많은 청교도들이 이주했다.

메이플라워호로부터 10년이 지난 1630년에는 플리머스의 북쪽 매사추세츠만의 오늘날 보스턴 북쪽 세일럼(Salem) 인근으로 700명의 대규모 이주자들이 입항했다. 윈스롭 선단(Winthrop fleet)을 타고 도착한 청교도들로서 당시로서는 매우 큰 규모의 이주 무리였다. 플리머스의 성공에 자신감을 얻었던 이들도 찰스 1세의 청교도 탄압을 피해 신대륙에 자신들만의 독자적인 공동체를 만들기를 원했다. 기존 제임스타운과 플리머스에서는 왕으로부터 특허장을 받은 사람은 본국에 머물고 모집된 이주민들만 아메리카로 왔지만, 매사추세츠의 청교도들은 왕의 특허장을 받은 후 그것을 직접 들고 이주한 사람들이었다. 영국 국교회에 반대하는 청교도 세력이 사라지기를 원했던 찰스 1세 입장에서도 이들이 자발적으로 먼 곳으로 떠난다는 것을 굳이 막을 이유가 없었다. 이들은 통치권을 가진 당사자였기 때문에 일일이 본국 회사의 승인을 받을 필요 없이 이후 아메리카에서 높은 수준의 자치권을 행사할 수 있었다. 1630년부터 10년 동안에는 2만여 명의 청교도들이 추가로 이주 행렬에 가세했고, 매사추세츠 등 뉴잉글랜드 지역은 버지니아와 양 축을 이루는 아메리카의 주요 식민지로서 빠르게 성장했다.

이렇게 많은 사람이 북쪽으로 이전해서 경제생활을 영위할 수 있었던 데에는 당시 모피 가격 폭등이 큰 영향을 미쳤다. 유럽 각지의 전쟁으로 인해 러시아와의 교역로가 막힘에 따라 17세기 초 옷을 만드는 모피 가격이 순식간에 4배로 폭등했고, 때 마침 들어오기 시작한 아메리카 대륙의 비버 모피가 크게 인기를 끌었다. 매사추세츠에서는 모피 외에 무역업도 성황을 이뤘다. 아메리카 북동부의 풍부한 목재와 대구 등 어업 자원이 이곳에서 실어져 영국으로 날라졌다. 특히 카리브해의 섬에서 생산한 농작물을 스페인으로 운송하고, 다시 스페인 와인을 영국으로 옮긴 다음, 영국 제품을 식민지로 실어 나르는 3자 중개 교역은 이익이 크게 남는 장사였다. 풍부하고 질 좋은 목재와 늘어나는 선박 운항 수요 때문에 조선업도 발달해, 한 때 이 지역은 영국 해군 배의 1/3을 생산할 정도로 선박 건조가 성행했다. 또한 서인도 제도에서 들어온 사탕수수를 원료로 한 럼주를 제조해 영국으로 수출하는 것도 크게 이익이 남는 장사였다.

매사추세츠 식민지가 건설된 이후 주변에는 다른 식민지들도 속속 만들어졌다. 1634년에는 찰스 1세가 추가로 특허장을 발급한 메릴랜드 식민지가 버지니아와 매사추세츠 사이에 설치됐다. 메릴랜드는 버지니아처럼 담배 농사를 주 수입원으로 삼았고, 영국에서 수세에 몰린 가톨릭교도들을 받아들이기 위해 처음에는 종교의 자유를 표방했으나 이내 종파 간의 큰 갈등을 겪으며 신교도 위주의 식민지가 되었다.

뉴잉글랜드 지방에는 매사추세츠 외에도 3개의 식민지가 더 생겨났다. 신앙의 자유를 찾아 온 매사추세츠 사람들도 정작 자신과 다른 믿음을 가진 사람들을 너그럽게 받아들여 주지는 않았기 때문이었다. 1636년에는 매사추세츠에서 추방된 로저 윌리엄스(Roger Williams)가 보스턴 남동쪽 해안가에 로드아일랜드(Rhode Island) 식민지를 만들었고, 매사추세츠 지도자들의 식민지 운영에 반발한 토머스 후커(Thomas Hooker) 등은 남서쪽에 코네티컷(Connecticut) 식민지를 설치했다. 1679년에는 이미 1629년부터 매사추세츠 북쪽에서 거주해 오던 사람들이 찰스 1세의 아들 찰스 2세의 특허장을 획득해 독자적인 뉴햄프셔 식민지를 건설했다. 한편 1691년까지 존속하던 메이플라워호의 플리머스 식민지는 당초 특허를 받지 않은 지역이었다는 문제가 결국 대두되어 왕령으로 매사추세츠 식민지와 합병됨으로써 70년의 짧은 역사를 마감했다. 오늘날 각각 주로 남아 있는 매사추세츠, 로드아일랜드, 코네티컷, 뉴햄프셔의 4개 식민지로 구성된 뉴잉글랜드 전체 인구는 1690년대에는 7만 명을 넘어섰다.

찰스 2세는 재임 기간 로드아일랜드, 코네티컷, 뉴햄프셔 외에도 1663년 캐롤라이나, 1664년 뉴욕, 뉴저지, 1681년 펜실베니아 총 7곳의 특허장을 발급했다. 이 중 펜실베니아는 찰스 2세가 퀘이커 교도였던 윌리엄 펜(William Penn)의 아버지가 빌려준 빚을 탕감받는 대가로 아들인 펜에게 수여한 곳이었다. 뉴잉글랜드 지역보다 농지가 넓었던 펜실베니아는 밀, 옥수수를 생산하는 곡창지대로 성장했고, 1703년에는 델라웨어 식민지를 별도로 분리했다. 펜은 식민지 설립 초기부터 전폭적인 종교의 자유를 허용해 여러 나라, 교파들이 어울리는 개방적인 분위기를 조성했다. 지리적으로 13개 식민지의 중심부에 위치했고 다양한 사람들이 교류했던 펜실베니아는 훗날 식민지들 간의 대륙회의•를 주도하면서 미국 독립에도 큰 역할을 했다.

> • 대륙회의(大陸會議, Continental Congress, 1774~1781)
> 대륙회의는 영국 본국의 고압적인 식민지 경영에 반발하여, 직접적으로는 이른바 '참을 수 없는 법'을 완화하고자 하는 목적에서 북아메리카 13개 식민지 대표들이 모여 1774년부터 개최한 회의이다. 제1차와 제2차 대륙회의가 있다. 미국의 독립 승인 후 연합회의(1781~1789)로 발전했는데 이 둘을 묶어 대륙회의로 총칭할 수 있다. 1774년에 열린 제1차 대륙 회의는 영구통신위원회를 통해 기획되었고 영국의 북아메리카 13개 식민지 중 12개 의회에서 뽑은 대표 56명으로 구성되었다. 1775년 6월 14일 식민지군이 결성되었고 다음날 조지 워싱턴 장군이 총 지휘관에 임명되었다. 1776년 8월 2일 대륙회의는 '미국독립선언'에 서명했다. 1781년 3월 1일 제2차 대륙회의는 해산하고 다음날 동일한 구성원으로 발족한 '연합회의'가 독립 전쟁을 이끌었다.

6) 이주자들의 용광로 - 뉴욕

1626년 네덜란드인들이 맨해튼섬에 정착지를 건설했다.

신대륙 아메리카는 스페인, 포르투갈, 영국, 프랑스 뿐 아니라 신생국 네덜란드도 눈독을 들이는 곳이었다. 네덜란드가 아메리카에 진출한 시기는 스페인이 플로리다에 생어거스틴(1565)을 건설하고, 영국이 버지니아(1607)와 플리머스(1620)에 식민지를 만든 이후였다. 당시 네덜란드가 선택한 지역은 오늘날의 뉴욕 일대였다.

1626년 5월 4일, 당시 46세였던 피터 미노이트(Peter Minuit)는 네덜란드 서인도회사 소속으로 뉴암스테르담에 도착했다. 회사로부터 이 지역 원주민과의 물리적 충돌을 피하라는 지침을 받은 그는 도착한 지 얼마 지나지 않아 맨해튼섬을 인근 레나페(Lenape) 부족에게 60길더(네덜란드 화폐, 당시 24달러) 상당의 물품을 주고 구입했다. 맨해튼을 단돈 24달러에 샀다는 이 전설 같은 이야기는 금융에서 복리의 마법을 얘기할 때 흔히 거론되기도 한다. 24달러는 터무니없이 싼 가격인 것 같지만 복리로 불려간다면 이 돈은 결코 적은 돈이 아니라는 것이 이 이야기의 요점이다. 만약 당시 원주민들이 이 수익으로 금리 8%의 복리 상품에 가입했다면 불과 수백 년이 지난 지금 그 총액은 맨해튼 부동산 가치의 수백 배에 달한다. 물론 그 기간 연 8%의 복리를 지급하는 상품이 있을 리는 없다. 하지만 이런 단순화한 가정은 예금 금리가 높았던 경제 성장 시대에 푼돈도 꾸준히 저축하면 언젠가 맨해튼처럼 값나가는 것을 소유할 수 있다는 이야기의 의도를 실감나게 드러내 주었다.

뉴암스테르담

네덜란드인들은 맨해튼을 구입하기 몇 년 전부터 아메리카에 살고 있었다. 1581년 스페인으로부터 독립을 선언한 신교도 국가 네덜란드는 스페인과의 국지적인 전쟁을 계속하는 한편 좁은 국토를 벗어나 외부로 진출하는데 적극적으로 나섰다. 이미 인도까지 이르는 향신료 무역로에 참여해 큰 수익을 내고 있던 네덜란드 동인도회사는 서쪽으로 방향을 잡아 중국과 인도에 다다르는 새 항로를 탐사하기 위해 1609년 영국인 허드슨(Henry Hudson)을 고용했다. 허드슨은 처음에는 노르웨이에서 시작해 아메리카 대륙을 위로 빙 돌아 아시아로 향하는 길을 개척하려고 했지만 실패하였고, 다음에는 아메리카 대륙을 관통해 태평양으로 향하는 길을 찾아내고자 했다. 맨해튼섬의 서쪽을 흐르는 큰 강을 따라 올라가면 바다를 만날 수 있다고 생각한 허드슨은 내륙지방으로 들어가 오늘날의 알버니(Albany)까지 항해했다. 현재의 아메리카 대륙의 크기를 생각한다면 그가 구상했던 항로가 얼마나 현실과 먼 것이었는지 알 수 있지만 이 항해는 네덜란드가 아메리카에 진출하기 좋은 거점을 마련해주는 계기가 되었다. 네덜란드에 돌아온 허드슨은 인도까지의 항로를 발견하지는 못했지만 대신 값나가는 모피를 제공할 비버, 수달, 여우 같은 동물이 풍부한 강과 수천 척의 배가 안전하게 머무를 좋은 항구를 찾아냈다는 것을 보고하였다. 1614년 네덜란드는 그의 탐험을 근거로 남쪽 체사피크만의 델라웨어부터 북쪽 코드 곶까지의 광범위한 지역을 자신들의 영토로 천명했다. 네덜란드는 1621년에는 서인도회사까지 설립해 아메리카 진출을 본격적으로 준비했다. 1602년 설립된 네덜란드 동인도회사의 큰 성공에 고무되어 만들어진 서인도회사는 네덜란드 정부로부터 북아메리카, 남아메리카, 서아프리카의 교역 독점권을 인정받았다. 그들은 북아메리카를 모피 교역 기지로 만들려고 했다. 모피는 매우 수익성 높은 제품이었지만 당시까지 네덜란드도 영국처럼 대부분의 물량을 프랑스에 의존하고 있었다. 서인도회사는 1624년에 아메리카 대륙에 거주할 사람들을 모집해 오늘날 허드슨강 하구의 뉴욕 지역을 비롯해 델라웨어, 코네티컷, 내륙의 알바니 등 여러 곳에 소규모 정착지를 건설했다. 당시 뉴욕 일대에는 맨해튼 앞에 있는 작은 면적(70만m²)의 거버너스섬(Governors Islands)에 50~60명 정도의 네덜란드인들이 자리를 잡았다.

피터 미노이트는 아메리카에 도착한 1626년 여러 곳에 흩어져 비효율적이던 네덜란드인 정착지를 모두 뉴욕으로 집중시키기로 하고 원주민으로부터 맨해튼 섬을 샀다. 이에 따라 분산돼 있던 정착민 270여 명은 모두 맨해튼 섬 남단으로 이동해 뉴암스테르담(New Amsterdam)을 건설했다. 그러나 이곳을 북아메리카 모피 교역의 중심지로 조성하려던 그의 의도와는 다르게 사업은 경제적으로 큰 이익을 내지 못했다. 주변 원주민들과의 관계가 원활하지 않았기 때문에 모피 확보 물량도 많지 않았고, 기지를 방어하고 유지하는 비용은 많이 들었기 때문이었다. 수익이 신통치 않자 정착지의 인구도 느리게 성장했다. 서인도회사는 50명 이상의 주민을 데리고 오는 사람에게는 일정한 땅을 주고 자치권도 허용한다는 조건까지 걸었지만 선뜻 이주하겠다는 사람은 많지 않았다. 이런 상황에서 남쪽과 북쪽에 이미 식민지를 건설한 영국이 호시탐탐 뉴암스테르담 식민지를 노리자 네덜란드 정부는 서인도회사에 기지의 방어를 더 튼튼히 하고 이주민을 더 유인할 방안을 마련하지 않으면 사업권을 회수하겠다고 경고했다. 어려움을 타개해야 했던 서인도회사는 1639년 결국 뉴암스테르담의 무역 독점권을 이주민들에게 넘겨 자유로운 교역을 허가하였다. 이때부터 거주자들이 서서히 증가하기 시작했지만 그들의 주요 교역 품목은 모피가 아니라 불행하게도 아프리카의 노예였다.

당시 뉴욕항에는 모피 외에도 목재, 담배, 농산물 등 교역 상품이 있었지만 가장 수익이 높은 거래 품목은 흑인 노예였다. 버지니아, 플리머스, 매사추세츠 등 영국 식민지가 본격적으로 성장하기 시작한 아메리카 대륙에는 땅은 넓지만 일할 사람이 절대적으로 부족했기 때문이었다. 뉴암스테르담 항으로 들어온 흑인 노예들은 대륙 곳곳으로 팔려나갔다. 이를 통해 아프리카인들이 받았던 고통은 이루 말할 수 없었다. 노예선에 빽빽하게 실린 아프리카인들은 1/6이 항해 중에 죽었고, 1/3이 아메리카 대륙에 도착해 적응하는 과정에서 죽었다. 이러한 상황은 1672년 영국이 왕립아프리카 회사를 공식 설립하면서 더욱 악화되었다. 왕립아프리카 회사는 아프리카의 노예를 아메리카로 운송하고, 아메리카의 농산물을 영국으로 수출하고, 영국의 공산품을 다시 아프리카로 보내는 또 다른 삼각무역망을 구축해 엄청난 부를 쌓았다.

노예무역을 비롯한 교역이 활발해지면서 최초 270명 남짓이었던 뉴암스테르담의 인구는 1660년대 약 9,000명까지 증가했다. 이곳의 주민들은 출신지가 매우 다양해서 당시 이들이 사용하는 언어의 수만 해도 최소 18개에 이를 정도였다. 이 시기 북아메리카와 대서양에서는 영국이 영향력을 키워가면서 다른 국가들을 압도하고 있었다. 북아메리카 전역에 대한 영유권을 주장했고 호시탐탐 더 많은 식민지를 원했던 영국은 결국 1664년 뉴암스테르담을 점령했다. 당시 뉴암스테르담의 네덜란드 총독은 영국 세력에 저항하기 위해 군대를 모집했으나 놀랍게도 뉴암스테르담 주민들은 호응하지 않았다. 이미 뉴암스테르담은 민족보다는 상업이 우선시 되는 인종의 용광로(Melting pot)였고, 그들에게는 누구의 지배를 받느냐보다 안정적으로 교역하는 것이 더욱 중요했던 것이었다. 뉴암스테르담의 주민들은 전쟁으로 자신들의 재산이 불타는 것보다 오히려 힘의 세력에서 우위에 있는 영국의 통치하에 들어가는 것을 선택했다. 자신들의 장사를 계속할 수 있다면 어느 나라에 세금을 내도 큰 관계가 없다는 생각이었다. 뉴암스테르담에 유니언잭(Union Jack)이 걸린 다음날에도 이들은 전날과 다름없이 일상생활을 계속했다.

뉴암스테르담을 점령한 직후 당시 영국의 국왕이던 찰스 2세는 이 땅을 자신의 동생이자 훗날 제임스 2세로 즉위하게 될 요크 공작(Duke of York)에게 하사했다. 특허장을 받은 요크 공작은 다시 뉴욕 남동쪽 해안가 지역을 분리해 오랜 기간 자신과 찰스 2세를 도왔던 존 버클리(John Berkeley), 조지 카터레트(George Carteret)에게 수여했다. 이들은 그곳을 뉴저지(New Jersey)라 하고 북쪽 뉴잉글랜드 지방에 비해 종교적으로 자유로운 식민지를 만들었다.

뉴욕을 차지한 영국은 이 땅의 영유권을 주장하기 위해 그동안 네덜란드인들이 자신들의 독립전쟁을 이끈 지도자의 이름을 따 마우리츠(River of the Prince Mauritius)라 부르던 강의 이름을 허드슨강(Hudson River)으로 개명했다. 1609년에 이 강을 처음 발견한 사람이 영국인임을 부각해 영유권의 정당성을 강조하기 위함이었다. 뉴욕의 영국 지배는 3년 후인 1667년 브레다 협약을 통해 네덜란드가 뉴욕을 정식으로 포기하면서 공식화됐다. 이후 1673년 한차례 다시 잠깐 네덜란드에 귀속된 적이 있었지만 뉴욕은 영국의 주요 식민지로서 꾸준히 성장했다.

미국 독립 후 뉴욕은 이민자들의 관문이 되었다.

뉴욕은 1775년부터 1783년까지 벌어진 미국의 독립전쟁 시기에 영국군의 사령부가 있던 곳이었다. 영국은 전쟁 초기에 천혜의 항구이자 상업의 중심인 이곳을 먼저 탈취해서 식민지의 '반란'을 진압하는 핵심 기지로 삼았다. 전쟁 기간 중 영국 해군의 대규모 함대가 뉴욕항으로 끊임없이 입항했고, 군수물품의 보급이 뉴욕을 중심으로 이루어졌다. 전투로 인한 일부 파괴도 있었지만 당시 세계 최강의 영국 해군이 8년 동안 인력과 물자를 집중한 곳이었기 때문에 뉴욕은 상업적으로 더욱 발전했다.

미국 독립 이후인 1785년 13개 주의 연합은 연합의회를 필라델피아에서 뉴욕으로 옮겼다. 독립선언서와 연합규약(Articles of Confederation and Perpetual Union)이 만들어진 곳은 필라델피아였으나 남부의 주들이 노예 폐지 운동(Abolition movement)의 중심인 필라델피아를 떠나 좀 더 노예제에 우호적인 곳으로 의회 소재지를 옮기기를 원했기 때문이었다. 이에 따라 뉴욕은 1785년부터 1790년까지 5년간 미국의 수도 역할을 했다. 그 후 1790년 7월 9일 포토맥강 주변에 새로운 수도를 건설하는 법안이 통과되면서 그 지위를 워싱턴DC에 내어주었다.

정치적 중심의 기능은 잃었지만 뉴욕은 이후에도 상업과 교역의 중심지로서 계속 번영했다. 특히 뉴욕은 세계 곳곳의 이민자들이 쉴 새 없이 몰려드는 도시였다. 뉴욕항은 한동안 신생국가인 미국으로 들어오기를 원하는 많은 사람이 으레 지나치는 관문과 같은 곳이었다. 대규모 이민의 행렬이 줄을 잇던 19세기 내내 천여 명씩 이주민을 태운 배가 하루에 5대 이상 뉴욕에 도착했고, 한해 중 이민자가 가장 많은 4~6월에는 하루 10대씩 배가 들어오는 일도 흔했다. 1892년 엘리스섬(Ellis Island)에 연방 입국 심사 사무소가 생길 때까지는 그들이 미국으로 입국하는 데에 사실상 아무런 조건도 필요 없었다. 이주민들은 변변한 여권이나 서류도 없이 단지 형식적인 건강 검진만 받고 뉴욕 땅에 발을 디뎠다. 1886년 완공된 자유의 여신상은 이처럼 문이 열려 있던 '이민의 나라' 미국의 개방성, 자유, 기회를 상징하는 존재와도 같았다. 이 시기 미국행 이민자들의 70%가 넘는 인원이 뉴욕항을 거쳤는데, 이들 중 맨손으로 신대륙에 막 도착했던 가난한 사람들은 횃불을 높이 들고 있는 이 거대한 조형물이 마치 가진 것 없는 자신들을 환영하고 있는 것 같다고 느꼈다. 오랜 항해 끝에 무사히 항구에 다다라 안도했던 이들은 100m에 가까운 비현실적인 크기의 동상을 바라보면서 비로소 자신의 삶에 새로운 무대와 기회가 펼쳐진 것을 실감할 수 있었다.

뉴욕은 국외에서 온 사람들뿐 아니라 미국 내에서 움직이는 이주자들에게도 인기 있는 목적지였다. 많은 미국인이 일자리를 찾아 뉴욕으로 이주했다. 1799년에 뉴욕주에서 점진적 노예해방에 관한 법안이 통과되고 1827년에 노예제가 완전히 철폐되자 남부지방의 흑인들도 대거 뉴욕에 새로운 삶의 터전을 마련했다. 그 이전에도 다민족 사회였던 뉴욕은 19세기 말이 되자 세계의 거의 모든 인종이 거주하는 축약된 지구촌이 되었다.

20세기 초 미국이 세계 초강대국으로 급부상하고 유럽 국가들이 양차 대전에 시달리면서 뉴욕으로 향하는 이주민들은 더욱 많아졌다. 이주민들이 만들어내는 역동적 에너지 덕분에 뉴욕은 세계의 중심으로 자리매김했고, 여러 분야의 기술과 문화를 선도하게 되었다. 다양한 출신의 사람들은 자신들의 지식과 재주를 뉴욕에 들고 와서 많은 혁신적인 아이디어를 고안했다. 전기, 라디오, 에어컨, ATM 기계, 신용카드, 영화관, 놀이동산처럼 산업의 흐름을 바꾸고 생활에 편의와 즐거움을 더하는 발명품들이 이 시기 뉴욕에서 탄생했다. 세계 여러 나라의 문화가 버무려진 혼합 문화가 뉴욕에서 꽃을 피운 경우도 많았다. 음식의 경우를 예로 들면, 피자, 스파게티, 미트볼, 머핀, 베이글 같은 각 나라 고유 음식들이 뉴욕에서 세계인의 입맛에 맞게 변형되었다. 핫도그, 햄버거, 포테이토칩 같이 여러 나라 음식들을 응용한 간편하고 새로운 음식들도 뉴욕에서 상품화돼 세계로 퍼져나갔다.

한편 짧은 기간에 이주자들이 폭발적으로 증가하는 혼란을 틈타 뉴욕에는 범죄가 크게 성행하기도 했다. 이 때문에 한때 뉴욕은 마피아로 대표되는 암투와 폭력의 도시라는 오명을 안고 있었다. 오늘날 뉴욕 관광의 중심인 타임스퀘어는 20세기 초까지만 해도 매음과 불법이 성행하던 공간이었고, 맨해튼 북부의 할렘가는 섬 속의 섬처럼 고립된 위험한 이미지를 갖고 있었다.

오늘날에도 세계 다양한 사람들이 한 공간에 공존한다는 뉴욕의 핵심적 성격은 변하지 않았다. 뉴욕의 도시 구석구석은 영화, 드라마, 소설의 배경으로 등장해 여러 나라 사람들을 끌어모으고 있다. 파란 하늘 아래 우뚝 솟은 자유의 여신상, 센트럴파크의 가을, 맨해튼 섬 전체에 즐비한 마천루, 월스트리트를 질주하는 황소, 메트로폴리탄·구겐하임·모마(MoMA, 뉴욕 현대 미술관) 등 최고 수준의 미술관, 브로드웨이의 화려한 뮤지컬, 뉴욕 컵케이크나 피자 같은 특유의 먹거리 등 뉴욕이 생산해 사람들을 유혹하는 이미지는 매우 다채롭다.

긍정과 부정의 다양성을 모두 품고 있는 뉴욕은 오늘날에도 이주자들의 비율이 매우 높다. 1626년 270명에서 시작한 작은 섬이 오늘날 이같이 세계 이주와 교역의 중심으로 번창한 것은 물론 혼자만의 힘이 아니라 북아메리카 내 다른 지역의 발전에 따른 과실을 향유했기 때문이었다. 영국이 1607년 버지니아, 1620년 뉴잉글랜드, 1634년 메릴랜드에 이어 1664년 뉴욕에 진출할 즈음에는 남부지방에서도 하나둘씩 식민지가 조성되기 시작했다.

7) 이주 경계의 확장 - 남부와 서부

1663년 캐롤라이나, 1733년 조지아 식민지가 만들어졌다.

1607년의 제임스타운으로부터 시작된 버지니아 식민지가 점차 자리를 잡으면서 영국인들은 농사짓기 좋은 남부의 광활한 영토에도 욕심을 내기 시작했다. 이곳은 오래전부터 유럽인들이 진출을 시도했지만 모두 실패했던 지역이었다. 오늘날 사우스캐롤라이나 해안가에 만들어졌던 스페인의 아일론(1526), 프랑스의 샤를포트(1562), 노스캐롤라이나에 있었던 영국의 로어노크 식민지(1585)는 전부 초기의 어려움을 극복하지 못하고 사라져 버렸다. 그러나 영국이 버지니아에 정착지를 마련한 이후부터는 이 지역의 농업적 가치가 부각되었고, 이주민들은 왕의 정식 허가도 받기 전에 이미 땅을 찾아 남하하기 시작했다.

1660년 영국의 찰스 2세는 청교도 혁명을 주도한 올리버 크롬웰로부터 도피한 10년간의 프랑스 망명 생활을 끝내고 왕정복고

(Restoration)를 통해 다시 영국에 돌아왔다. 찰스 2세는 복귀 과정에서 자신을 정치적, 재정적으로 후원한 8명의 귀족에게 아메리카 땅을 하사했다. 1663년에는 버지니아 식민지 남쪽 경계 너머 넓은 땅의 특허장을 이들 귀족에게 발급했고, 1664년에는 네덜란드로부터 새로 점령한 뉴욕 지역을 자신의 동생 요크 공작에게 주었다. 그는 귀족들에게 발급한 남부지방을 1649년 올리버 크롬웰에 의해 처형된 아버지 찰스 1세를 기려 캐롤라이나(Carolina)라고 이름 붙였다. 땅을 받은 귀족들은 1670년에 해안가 항구 도시 찰스턴(Charleston)을 만들어 식민지의 중심지로 삼고 이미 몇십 년 전부터 이주민들이 밀고 내려와 곳곳에 건설해 놓은 다른 정착지들을 관장하기 시작했다. 농지가 넓은 이곳은 쌀, 쪽(Indigo) 등의 농사가 활발했기 때문에 100여 년 후 미국 독립전쟁 시기 즈음에는 13개 식민지 가운데 가장 부유한 지역으로 성장했다. 이 일대에 오래전부터 거주하고 있었던 체로키족 등 원주민들은 늘어나는 유럽인들이 가져온 전염병으로 몰살되거나 그들과의 전쟁에서 희생되어 1700년대에는 수가 현격히 줄어들고 말았다.

캐롤라이나 식민지가 설치된 지 70년이나 지난 1733년에는 캐롤라이나와 그때까지 스페인이 지배하던 플로리다 사이에 조지아(Georgia) 식민지가 새로 건설됐다. 당시 영국의 의원이었던 제임스 오글소프(James Edward Oglethorpe)는 빚을 갚지 못해 감옥에 갔다가 아무 준비 없이 석방된 사람들을 아메리카 대륙으로 이주시키자고 제안하여 국왕 조지 2세의 허가를 받았다. 조지아 식민지는 스페인과 기존 영국 식민지들의 경계에 있는 탓에 여러 차례 스페인의 공격을 받았지만 따뜻한 기후 덕분에 복숭아, 견과류, 목화 등을 재배하는 대규모 농장 지역으로 번성했다. 특히 미국 독립 후인 1829년에는 대규모 금맥이 발견돼

1861년까지 골드러시가 이어진 행운을 경험한 곳이기도 했다. 경제적으로 풍요로웠던 덕분에 이 지역에는 일찍이 부유한 귀족 계층이 발달했다. 이곳은 1861년부터 1865년까지 벌어진 미국 남북전쟁의 주요 격전지였는데, 주도 애틀랜타를 무대로 부유층들의 격변하는 삶을 다룬 '바람과 함께 사라지다'는 이 시절 조지아 귀족들의 운명을 다룬 유명한 이야기가 되었다.

북미대륙 해안가의 가장 남쪽에 있는 플로리다반도는 1565년 설치된 생어거스틴(St.Augustine)을 거점으로 거의 200년간 스페인이 영향력을 행사하던 지역이었다. 그러다 18세기 이후 열강들의 힘겨루기 결과에 따라 수차례 지배권의 변화가 있었다. 1763년, 7년 전쟁(French Indian War)에서 승리한 영국은 패전국 프랑스와 연합을 맺었던 스페인으로부터 플로리다를 빼앗는 대신 스페인이 미시시피강 서쪽 루이지애나 영토와 쿠바에서 영유권을 행사하는 것을 인정해 주었다. 그러나 스페인은 미국 독립 전쟁 시 미국을 도와 승전국이 된 후 1783년 다시 이 지역을 되찾아 근거지를 마련했다. 이후 1813년에는 훗날 제7대 대통령이 된 앤드루 잭슨 장군이 지휘한 전쟁을 통해 스페인으로부터 미국이 이 땅을 할양받았다. 이런 손 바뀜 과정을 거쳐 플로리다는 동부 해안가 지역으로서는 가장 늦은 1845년 27번째 주로 미연방에 가입하였다.

미국 독립 이후 프런티어는 서쪽으로 더 확장됐다.

1783년 미국이 독립할 당시 13개 주에는 모두 약 313만 명이 거주하고 있었다. 이중에는 영국에 뿌리를 둔 사람들이 70% 정도로 대다수를 차지했고, 아프리카, 독일, 네덜란드, 아일랜드 출신 이주민들도 많았다. 이 시기 미국은 농업 중심 국가로서 인구의 90%가 농업에 종사하고 있었다.

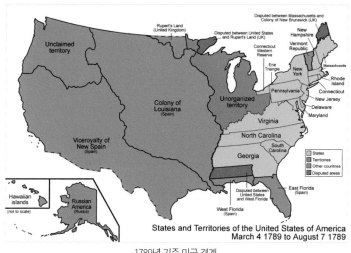

1789년 기준 미국 경계

당시 미국의 서쪽 경계인 미시시피강을 넘어선 땅은 스페인, 프랑스 등이 세력을 넓히기 위해 힘을 겨루던 곳이었다. 하지만 스페인, 프랑스 인들도 사실 몇몇 작은 전초기지에 모여 살고 있을 뿐이었고, 이 한정된 거주 구역들을 제외한 대부분의 지역에는 오직 원주민들만이 거주하고 있었다.

이제 막 독립한 미국 내부로 범위를 좁혀 보아도 당시 동부의 애팔 래치아 산맥 서쪽에 사는 사람은 많지 않았다. 버지니아와 캐롤라이나 에서 각각 산맥 건너편에 있는 오늘날의 켄터키, 테네시 지방 등에 소수 의 사람이 드문드문 정착지를 형성하고 있는 정도였다. 영국은 1763년 끝난 프랑스와의 7년 전쟁(French-Indian war)으로 애팔래치아 산맥 서쪽부터 미시시피강 동쪽 사이에 이르는 넓은 지역의 영유권을 넘겨받

앉지만 식민지인들이 이 지역까지 들어가는 것은 허락하지 않았다. 서쪽의 땅을 개간하고 싶어 하는 식민지인들과 이를 금지하는 영국의 입장 차는 결국 양 진영 간 갈등을 폭발시켜 독립전쟁을 일으키는 원인 중 하나가 되기도 했다.

미국 독립 이후 연방 정부가 이 지역으로 이주를 결국 허가하면서부터는 이주민과 원주민의 분쟁이 격화되기 시작했다. 1790년 켄터키 지역에서 1,500여 명의 주민이 원주민에게 살해당하는 등 곳곳에서 크고 작은 유혈 충돌이 벌어졌다. 그러나 1792년 켄터키주, 1796년 테네시주, 1817년 미시시피주가 차례로 만들어지고 이주민들이 크게 늘어나면서 이 지역의 원주민들도 이전 해안가 원주민들과 마찬가지로 힘에 밀려 더 먼 서쪽으로 밀려나지 않을 수 없었다.

13개 주의 북서쪽인 오대호 인근 오늘날 인디애나, 일리노이, 미시간 지역은 기후도 춥고 이로쿼이 연맹 등 원주민 세력도 강성했기 때문에 이주민들의 증가 속도가 상대적으로 더뎠다. 그러나 연방 정부는 독립 이후 바로 오늘날의 인디애나주 지역을 북서 준주(Northwest territory)로 지정하고 1810년에 군사기지까지 설치하면서 원주민들을 압박해가기 시작했다. 1816년 인디애나주, 1818년 일리노이주, 1837년 미시간주, 1848년 위스콘신주, 1858년 미네소타주가 만들어지면서 이 지역도 차례차례 이주민들의 영향력 안에 들어오기 시작했다.

• 인디언 준주(Indian Territory) 미국 정부가 할당한 인디언 정착지로, 인디언 컨트리(Indian Country), 인디안 지역, 인디언 특별 보호구역으로도 불린다. 역사상 인디언이 강제이주된 미시시피 서부에 집중되어 있다. 미 내무부 인디언국이 관리하는 인디언 보호구역(Reservation = 보류지)과는 구별된다. 준주라는 용어는 영국이 1763년 백인 정착민을 미애팔래치아 산맥 동쪽으로 제한하면서 동부 이민자들이 초기에 거주한 정착촌(organized territory)과 대비하여 사용했다. 1830년 앤드루 잭슨 대통령이 인종청소의 일환으로 '인디언 이주법'을 통과시키면서 광범위한 인디언 이주와 거주 제한이 가해졌다. 1907년 11월 인디언 준주는 공식적으로 소멸하였다. 다만 일부 인디언들이 오클라호마주 동부에 보호구역을 영유하고 있으며 연방 규정에 따라 부족 정부를 인정받고 있다.

1803년 미국이 프랑스로부터 미시시피강 서쪽의 영토를 구입했다.

미국이 영국으로부터 독립한 지 채 20년밖에 지나지 않았고, 미시시피강 동쪽 지역 대부분도 아직 미개척지였던 1803년, 미국의 제3대 대통령 토머스 제퍼슨(Thomas Jefferson)은 미국의 영토를 서부로 더 늘렸다. 프랑스의 나폴레옹으로부터 미시시피강 서쪽의 광대한 땅을 1,500만 달러(현재 가치 약 3억 5,000만 달러[**])에 구입한 것이었다.

[**] 이 책에서는 필요할 경우 과거 가격의 현재 가치를 인플레이션 환산기(https://www.officialdata.org)를 이용해 개략적으로 산정해 표기했다.

프랑스는 원래 아메리카에서 영국보다도 더 넓은 지역에서 영유권을 행사하고 있던 국가였다. 프랑스는 1608년 캐나다 동쪽 퀘벡 지역에 최초 정착지를 만든 이후 대륙 중앙부로 세력을 넓혀 미시시피강 동서쪽 전체와 캐나다 전역에 이르는 방대한 지역을 관장했다. 그러나 1763년 끝난 7년 전쟁의 패배로 미시시피강 동쪽과 캐나다는 영국에, 미시시피강 서쪽은 스페인에 양도하면서 아메리카의 지배권을 대부분 상실한 상태였다. 그렇지만 1799년 쿠데타를 일으켜 집권한 나폴레옹은 당시 세력이 약해진 스페인을 압박해 1800년 미시시피강 서쪽의 넓은 영토를 다시 되돌려 받았다. 미국이 프랑스로부터 이 땅을 매입한 1803년은 그로부터 불과 3년밖에 지나지 않은 시점이었다.

아직 신생국가였고 당시까지는 여전히 연방 정부의 힘이 미미했던 미국은 당장 이 땅이 필요한 것도 아니었고, 사실 1,500만 달러에 달하는 돈을 쉽게 마련할 여력이 있는 것도 아니었다. 미국은 이중 300만 달러만을 금으로 지급했고 나머지는 유럽 투자자들의 자금을 빌려 채권을 발행했다. 런던의 베어링(Baring)가와 호프(Hope)가의 은행이 이 채권을 매입한 후 금을 프랑스에 지급하는 역할을 맡았다. 어렵사리 끝난 루

● 알렉산더 해밀턴(Alexander Hamilton, 1755/1757~1804)
알렉산더 해밀턴은 미국의 법률가이자 정치인·재정가·사상가로 미국 건국의 아버지(Founding Fathers) 중 한 명이자, 초대 헌법의 공헌자이다. 미 독립전쟁 시절 조지 워싱턴과 뜻을 같이하였고 이후 1789년 9월 11일 초대 재무장관으로 지명된다. 그가 재임하는 5년 사이 의회 구성과 활동 내역 등 미국 정부의 뼈대가 완성되었다. 1791년 미국 제1 은행 설립 당시 라이벌 제퍼슨과 마찰을 빚었는데 대통령 워싱턴이 해밀턴의 손을 들어주어 아메리카 합중국 은행이 설립된다. 1800년 미국 대통령 선거에서는 입장을 바꾸어 토머스 제퍼슨을 지지해 대통령에 당선시켰다. 하지만 1804년 당시 부통령 에런 버와 결투를 벌이다 살해당했다. 미국 역사상 달러화 초상화 주인공 중 대통령이 아닌 인물은 알렉산더 해밀턴(10달러)과 벤저민 프랭클린(100달러) 두 명뿐이다.

이지애나 구입(Louisiana Purchase)으로 불리는 이 거래로 미국은 한반도의 10배에 이르는 5억 3천만 에이커(214만㎢)의 땅을 한 번에 확보했다. 참고로 신생국가 미국의 재정을 확립하는 데는 알렉산더 해밀턴●과 앨버트 캘러틴●●의 역할이 컸다.

땅 매입을 먼저 제의한 것은 미국이었다. 애초 제퍼슨 대통령은 미시시피강 동쪽에서 생산된 농산물 운송을 목적으로 하류 뉴올리언스항만을 2백만 달러에 매각할 것을 나폴레옹의 프랑스 정부에 제안했다. 그런데 놀랍게도 나폴레옹은 아예 미시시피강 서쪽 땅 전체를 뉴올리언스항과 같이 팔겠다고 역제안했다. 이는 당시 미국으로서는 예측하지 못했던 반응이었다. 사실 3년 전 스페인으로부터 미시시피강 서쪽을 돌려받을 때만 해도 나폴레옹은 아메리카에서 프랑스의 영향력을 재건할 계획을 하고 있었다. 이 원대한 꿈을 실현하기 위한 핵심 거점은 오늘날 도미니카공화국과 아이티가 있는 카리브해의 히스파니올라섬이었다. 나폴레옹은 프랑스 혁명의 혼란기였던 1793년 노예들이 반란을 일으켜 독립을 이루었던 이 섬에 다시 2만 명의 대규모 군대를 보내 아메리카를 공략할 군사기지를 건설했다. 그러나 열대의 섬에서 뜻하지 않게 발생한 황열병(Yellow Fever)은 프랑스 군대를 거의 궤멸시켰고, 프랑스의 아메리카 정책을 다시 원점으로 돌아가게 만들어 버렸다. 안정적인 전진 기지 없이는 영국이 호시탐탐 독립전쟁 패배의 설욕을 노리고 있고, 아직 무시 못 할 스페인 세력이 남아있던 아메리카에서 프랑스의 힘을 제대로 발휘하기가 어려웠

** 앨버트 갤러틴(Abraham Alfonse Albert Gallatin, 1761~1849)

미국의 민속학자·언어학자이자 정치가로 1814년까지 13년간 재무장관으로 재임하면서 미국 연방 예산의 기틀을 확립했다. 1803년에는 단돈 1500만 달러로 미시시피강 유역의 토지를 구입했고 이어 루이지애나를 인수했으며 영토 확장을 위해 루이스-클락 탐험대를 후원했다. 1812년 미영 전쟁이 벌어지면서 재정이 약화되자 갤러틴은 재정건전성을 높이고자 노력했고 1813년 전쟁 종식을 위한 평화 회담에 미국 대표로 파견되었다. 종전 후인 1816년 미합중국 제2 은행 설립을 지원했다. 1816년에서 1823년까지 주 프랑스 대사를 역임한 후, 미국으로 귀국하여 미국의 영토를 서부로 확장하는데 크게 기여했다. 1839년까지 뉴욕 국립 은행(이후 갤러틴 은행으로 개칭됨) 총재로 취임하였고, 은퇴한 뒤 1849년 롱아일랜드 섬 애스토리아에서 사망했다.

다. 게다가 당시 나폴레옹은 유럽 내에서 방대한 제국을 건설하는 것에 최우선 순위를 둔 상황이었다. 유럽 국가들과의 전쟁에 쓸 전비가 급했고, 북아메리카에 또 추가 병력을 파견하는 것은 여의치 않다고 판단한 나폴레옹은 차라리 신생국 미국에 미시시피강 서쪽 땅을 매각해 아메리카의 세력 균형을 이루는 것이 바람직하다고 보았다. 어차피 그 일원은 사람의 거주가 불가능한 황무지였기 때문에 히스파니올라섬을 잃은 프랑스로선 별 쓸모가 없는 곳이기도 했다. 게다가 큰 틀에서 볼 때 아메리카 대륙에서 미국의 입지를 강화시켜 주는 것은 프랑스의 전통적 라이벌인 영국을 더욱 강력하게 견제하는 일이기도 했다.

이 땅이 경제적으로 큰 가치가 없다는 것은 당시 누구나 공감하던 사실이었다. 미시시피강과 로키산맥 사이 폭 800마일(1,300km)의 평원인 이곳은 강수량이 절대적으로 부족해 정착민이 살아갈 수 없는 곳이었다. 거칠고 척박한 땅이라 사람이 농사를 짓고 생활하는 것은 물론이거니와 단순히 길을 통과하는 것조차 어려웠다. 몇몇 과감한 개척자들이 그간 몇 차례 정착을 시도하기는 했지만 주변에 먹을 것이 전혀 없었고 다른 지역과 교역도 불가능한 이곳에서 버텨낼 리 만무했다. 당시 원주민들을 제외하고 이 넓은 지역에 거주하는 사람들은 절반의 흑인 노예를 포함해 약 6만 명밖에 안 되었다. 이마저도 대부분 남쪽 미시시피강 하류 뉴올리언스항 부근에 모여 있었고, 미시시피강을 따라 띄엄띄엄 형성된 교역항들을 제외한 넓은 내륙에는 이주민들이 거의 살고 있지 않은 것과 마찬가지였다.

사정이 이러했기 때문에 미국 내에서도 이 거래에 대해 부정적인 시각이 많았다. 의회의 정치인들은 미국 헌법에는 대통령이 영토를 사들일 수 있다는 근거가 없으며, 미시시피강 서쪽의 땅은 너무 황량하고 동부에서도 멀어서 결코 합중국 일부가 될 수 없을 것이라고 단언했다. 사업가와 농장주들은 남쪽의 뉴올리언스항 편입을 그다지 달가워하지 않았다. 사업가들은 뉴올리언스로 인해 자신들이 장악한 대서양 항구 물동량이 줄어드는 것을 못마땅해했다. 농장주들은 뉴올리언스항이 활성화돼 미시시피강 동쪽 농경지가 더 개발될 경우 소작농이나 노예들이 이전해 노동력이 부족해질 것을 우려했다. 또한 동부의 정치인들은 기본적으로 서쪽이 발전해 자신들의 정치적 영향력이 줄어드는 것도 원하지 않았다.

내부의 많은 반대가 있었지만 토머스 제퍼슨 대통령의 결단으로 쓸모없어 보이는 이 광대한 땅은 결국 미국으로 편입됐다. 물론 제퍼슨 대통령도 이곳이 당장 미국의 국익에 도움이 되지 않으리라는 것은 잘 알

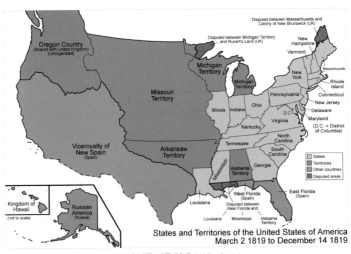

1819년 기준 미국 경계, Public domain

고 있었다. 그는 전부터 미국 농부들의 서부 진출을 장려했지만 이곳에 사람이 살 수 있으려면 앞으로 수백 년은 더 걸릴 것으로 생각했다. 예상했던 대로 땅을 사들인 지 이십여 년이 지날 때까지 1812년 연방에 가입한 루이지애나주만 20만 명 정도로 인구가 늘었을 뿐이었고, 미주리, 아칸소 준주(Territory)로 이름 붙여진 광활한 지역은 여전히 옛 모습 그대로의 황무지로 남아있었다.

8) 서부 탐사 - 루이스와 클락의 탐험과 산 사나이들

1804년 루이스와 클락의 탐험대°가 태평양으로 향하는 길을 조사했다.

토머스 제퍼슨 대통령은 땅을 구입하자마자 이 지역을 조사하기 위한 탐험대를 파견했다. 사실 프랑스에게서 영토를 매입하기 전부터 북미 대륙에서 미지의 영역이었던 이곳으로 탐험대를 보내기 위한 준비가 있었던 참이었다. 제퍼슨 대통령은 탐험 대장으로 당시 29세였던 메리웨더 루이스(Meriwether Lewis) 대위를 임명했다. 명령을 받은

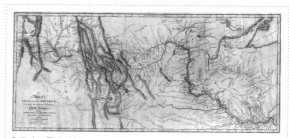

° 루이스-클락 탐험(Lewis and Clark Expedition) 미국 대통령 토머스 제퍼슨의 명령으로 메리웨더 루이스(Meriwether Lewis) 대위와 윌리엄 클락(William Clark) 소위가 진행했던 탐험으로 루이지애나 매입 이듬해인 1804년에서 1806년까지 미국 서부 경계에서 태평양에 이르는 경로를 따라 진행됐다. 탐험의 첫 번째 목적은 새로이 얻은 영토가 미주리 강 북서쪽을 따라 컬럼비아 강으로 이어지는지 또는 근접해 있는지 알아보는 것이었다. 1804년 5월 14일 오후 4시 캠프 뒤보아에서 출발한 원정대는 미주리 강 서쪽을 따라 태평양 연안으로의 여정을 시작했고, 경유중에 만난 24개의 토착 국가들과 공식 외교관계를 수립했다. 1806년 3월 23일 귀환길에 올라 7월 3일 둘로 나뉘어졌다 미주리강에서 재결합하였고 1806년 9월 23일 세인트 루이스에 도착하는 것으로 탐험을 마무리했다. 그림은 컬럼비아 강, 미주리 강, 로키 산맥을 처음으로 정확히 묘사한 루이스 클락 탐험대의 지도. 1814년 제작.

루이스는 자신의 옛 동료였던 33세인 윌리엄 클락(William Clark)과 함께 31명의 탐험대를 꾸렸다. 의회는 이들의 탐험 자금으로 2,500달러(현재 가치 60,000달러 정도)를 승인했다.

그들의 임무는 미국이 새로 확보했지만 그 안에 무엇이 있는지 거의 알지 못하는 거대한 땅의 지리, 식생, 자원들을 조사하고, 물길을 통해 태평양에 도달할 방법이 있는지 확인하는 것이었다. 그들은 1804년 5월 14일 당시로서는 문명의 세계가 끝나고 야생의 공간이 시작되는 프런티어였던 오늘날의 미주리주 동쪽 세인트루이스(St. Louis)에서 미주리강을 거슬러 오르기 시작했다. 19세기 초 세인트루이스는 미시시피강과 미주리강의 합류 지점에 위치해 서부와 북부, 남부를 연결하는 요충지로서 역할을 했다. 대원들은 17m(55ft) 정도 되는 큰 보트 하나와 작은 보트 2개에 나누어 타고 천천히 서북쪽으로 나아갔다. 주로 노를 저어 물살을 거슬러 올라갔고 그것이 여의치 않으면 강 옆 땅 위에 올라 밧줄로 배를 끌었다. 탐사에 쓸 짐과 식량을 잔뜩 실은 그들의 배는 사람이 땅을 걷는 것보다 느린 하루 14마일(22km)의 속도로 천천히 이동했다. 1804년 겨울이 되었을 때 그들은 오늘날의 노스다코다(North Dakoda) 지역의 맨단(Mandan)이라는 곳에 도착했다. 맨단은 당시 그 일대 원주민 4,500명이 거주하고 있던 겨울 정착지로서 탐험대가 떠났던 인구 2,500명의 세인트루이스보다도 오히려 더 큰 도시였다. 이 지방의 겨울은 길어서 그들은 5개월 동안 이곳에서 숙영을 했고, 맨단의 원주민들은 겨우내 그들의 생존에 큰 도움을 주었다.

탐험대는 추위가 풀린 1805년 4월 맨단을 떠나 서북쪽으로 다시 방향을 잡으면서 사카가위아(Sacagawea)라는 원주민 여성을 길 안내 겸 통역자로 삼았다. 사카가위아는 프랑스인 모피 사냥꾼의 아내로서 3

루이스-클락 탐험 경로

개월 된 젖먹이 아이를 데리고 그들의 여정에 함께했다. 맨단의 원주
민들로부터 강 상류에 대한 이야기를 듣기는 했지만 그들은 앞으로 가
야 할 땅의 특징을 거의 알지 못했다. 그들은 오늘날의 몬태나주에서 남
쪽으로 방향을 바꾸는 미주리강을 벗어나 동서로 흐르는 옐로스톤강
(Yellowstone River), 마리아스강(Marias River) 등을 차례로 거슬러
올라 8월에 로키산맥에 다다랐다. 겹겹이 이어진 로키산맥의 봉우리들
은 지금까지 배를 타고 온 강물들의 발원지가 바로 이곳이고, 강을 통해
서 한 번에 태평양에 다다를 수 없다는 사실을 의미하는 것이었다. 산맥
의 계곡 깊이 들어갈수록 강폭이 좁아져 더 이상 배를 타고 가기도 어려
웠기 때문에 그들은 배를 들고 산을 오르기 시작했다. 8월이지만 일부
에는 아직도 눈이 덮여 있는 산맥을 넘는 것은 결코 쉬운 일이 아니었
다. 결국 얼마 안가 배를 포기할 수밖에 없었던 탐험대는 13일 동안 100
마일(161km), 하루 8마일(13km)의 느린 속도로 걸으면서 몇 차례 죽을

고비도 겪었지만 결국 한 명도 낙오하지 않고 험한 로키산맥을 넘었다. 바다를 향하는 강의 방향이 달라지는 대륙 분수령(Continental Divide)을 지난 일행은 다시 보트를 만들어 서쪽으로 향하는 강줄기를 타고 내려갔고, 1806년 11월 20일 출발 1년 반 만에 드디어 태평양에 다다를 수 있었다.

루이스-클락의 탐험대가 태평양에 이르기까지의 기간은 총 554일, 이동 거리는 4,132마일(6,650km)에 달했다. 이미 두 번째 겨울이 깊었기 때문에 그들은 해안가에서 겨우내 머무를 장소를 투표로 결정했다. 당시 가장 먼 프런티어 공간에서 벌어진 이 투표에서는 관습에 따른 성별 구분과 기존 사회의 신분이 전혀 중요하지 않았기 때문에 여성인 사카가와아와 흑인노예인 욕(York)까지 모두가 투표에 참여했다. 이 결과에 따라 오늘날 오리건주와 워싱턴주의 경계인 콜롬비아강 하구 숙영지(Fort Clatsop)에서 4개월을 보낸 그들은 1806년 3월 22일 거꾸로 방향을 잡아 고향으로 돌아가는 여정을 시작했다. 이미 한번 왔던 길을 가는 것이었고, 로키산맥을 넘은 후에는 강 하류 방향으로 배를 모는 것이었기 때문에 진행은 순조로웠다. 모두가 그들이 죽었을 거라고 생각했지만 마침내 탐험대는 1806년 9월 23일 세인트루이스에 다시 도착했다. 루이스와 클락의 이 탐험은 이후 서부로 향하는 사람들에게 지대한 영향을 미쳤다. 비록 태평양까지 한 번에 이르는 물길을 발견할 수는 없었지만 그들이 남긴 기록은 이후 사람들이 서쪽으로 나갈 때 유용한 길잡이가 됐다. 무엇보다 미지의 세계로 과감하게 발을 디뎠던 그들의 도전정신은 그 이후 탐험가들을 설레게 하는 것이었다.

모피 사냥꾼들이 서부 지역으로 들어가기 시작했다.

　루이스와 클락의 탐험 이후에 일반 이주민들이 본격적으로 태평양 연안으로 이주하기까지는 30여 년의 세월이 더 필요했다. 이 30년 기간에는 모피 사냥꾼(Trapper)들이 서부로 향하는 길을 이용하는 주인공들이었다. 이들의 이주 동기는 주로 로키산맥의 여러 계곡에 서식하는 비버들이었다.

　1800년대 초를 기준으로 200여 년 전인 1600년대부터 아메리카의 비버 털은 유럽의 모자 재료로 매우 인기가 있었다. 모자는 지금은 일부 사람들의 패션 소품 정도로 쓰이고 있지만 20세기 초까지만 해도 옷과 마찬가지로 생활의 필수품이었다. 합성섬유가 없었던 시절, 모자의 가장 우수한 소재는 동물 털이었다. 특히 물에 사는 비버로 만든 모자는 젖어도 모양을 유지하고 내구성이 좋아 고가 상품으로 크게 주목받았다. 비버는 아메리카 북부나 중부 산악지역에 풍부하게 서식했다. 유럽인들이 아메리카 대륙 깊숙이 들어간 것은 바로 이 귀한 자원을 찾기 위해서였다. 아메리카의 모피 확보에 특히 공을 들였던 프랑스는 1608년 퀘벡 식민지를 설치해 근거를 마련한 후 미시시피강을 오르내리며 주변 원주민과의 교역을 통해 많은 양의 모피를 유럽에 공급했다. 프랑스 식민지 외에 1620년대부터 건설된 영국의 뉴잉글랜드, 네덜란드의 뉴암스테르담 식민지에서도 모피 교역은 가장 중요한 경제 수단이었다.

　모피 교역의 수익성이 워낙 좋았기 때문에 독립 이후 미국의 상인들은 원주민을 통하지 않고 직접 모피를 수집하는 방법을 찾기 시작했다. 루이스와 클락 탐험으로부터 얼마 지나지 않은 1808년 존 애스터(John Jacob Astor)가 만든 아메리카 모피회사(American Fur Company)

• 로키 마운틴 모피회사 1822년 윌리엄 헨리 애슐리와 앤드류 헨리가 미주리주 세인트루이스에 설립하였다. '애슐리의 일백 명'으로 알려진 초기 직원들 가운데 회사 운영에 앞장선 제데디아 스미스(Jedediah Smith), 그리고 1830년 스미스와 그의 파트너들을 매수하게 된 짐 브리저가 있었다. 이후 브리저가 주도하여 이 기업에 '로키 마운틴 모피회사'라는 이름을 붙이게 된다. 회사는 그린 리버 협곡을 중심으로 서부 탐험에 앞장섰는데 이후 모피의 인기가 높아지면서 다른 회사들이 속속 설립되어 경쟁은 갈수록 치열해졌다. 그러자 사람들은 황무지를 탐험하는가 하면 점점 더 산속 깊숙이 들어가게 되었다. 이후 오지에 대한 미국인들의 지식은 쌓여갔지만 그만큼 비버의 개체수는 크게 감소하고 말았다. 이러한 상황이 누적된 결과 비버 사냥은 어려워졌고 다른 회사들과 마찬가지로 이 회사도 몰락하고 말았다.

•• 미국 야생의 산중에 사는 탐험가들로 주로 1810년부터 1880년대까지 북미 로키 산맥 일대를 누비고 다녔다. 원래는 모피 매매로 수익을 얻었는데 점차 동부 미국인들을 도와 산길을 내 도로를 만드는 데 관계하게 되었으며 이로써 서부 개척의 새 장이 열렸다. 초기 30년 동안 전성기를 누리다 1846년 무렵 새로운 국제조약이 발효되어 미 서부 이주 붐이 일어나고 대규모 산지 개발이 진행되자 그들의 역할도 빠르게 축소되었다. 견직물 산업의 발달로 모피 무역이 붕괴된 것이 이러한 상황을 촉진했다. 이후 산사람들은 미 육군에 입대해 정찰대로 활약하거나 마차 또는 열차 안내원으로 일했다. 그림은 당대 가장 유명한 산사람 중 한 명인 짐 브리저(Jim Bridger, 1804~1881). (출처 : 노아 로저 컬렉션, 1911년)

등 여러 기업들은 오대호에서 로키산맥까지 넓은 지역에 직접 사냥꾼들을 보냈다. 1822년에는 퇴역군인이었던 윌리엄 애슐리(William Henry Ashley)와 앤드류 헨리(Andrew Henry)가 로키 마운틴 모피회사(Rocky Mountain Fur Company)•를 설립했다. 이 회사는 아예 로키산맥에 들어가 오랜 기간 살면서 모피를 수집할 100명의 젊은이를 모집했다. 이렇게 깊은 오지에 들어가 사는 사람들은 산 사나이(Mountain man)••라고 불리었는데, 이들은 각자 활동하다가 랑데부라 불리는 특정한 날 특정한 장소에서 만나 그동안 수집한 모피를 돈과 바꾸고 필요한 물품과 정보를 교환했다.

로키 마운틴 모피회사가 모집한 젊은이들은 로키산맥을 넘어 태평양까지 이르는 길을 탐험하기도 했다. 그 중 한 명이었던 제데디아 스미스(Jedediah Smith)•••는 1826년 미국인으로서는 최초로 내륙을 통해 캘리포니아까지 당도한 사람이었다. 스미스는 23세였던 1822년 로키 마운틴 모피회사에 입사해 로키산맥 동쪽, 오늘날 노스다코다주 내 옐로스톤강과 미주리강의 합류 지점에 막 건설한 포트 헨리(Fort Henry) 주변에서 활동하던 산 사나이였다. 젊은 그를 서쪽으로 이끈 이유 중 하나는 바로 루이스와 클락의 모험 이야기였다. 그는 어렸을 때 동네 의사 선생님으로부터 1804년 루이스와 클락이 쓴 탐험기를 선물 받았다. 어린 소년은 미지의 땅을 탐험하는 이 이야기에 바로 매혹되었고, 훗날 산 사나이가 되어 스스로 탐험을 다닐 때도 항상 이 책을 가지고 다니며 읽었다고 한다. 노스다코다와 몬태나 일대에서 4년을 지낸 스미스는 1826년 8월 당시 멕시코가 점유하고 있었던 캘리포니아 지역을 향해 내륙으로 길을 떠났다. 그가 회사로부터 받은 임무는 로키산맥 서쪽에 새로운 비버 사냥터가 있는지 조사하는 것과 더불어 로키산맥에서 잡은 모피를 태평양까지 직접 운송하는 큰 물줄기를 찾는 것이었다. 당시 산 사나이들 사이에서는 로키산맥 남서쪽에는 태평양까지 바로 통하는 강(Buena Ventura, 좋은 행운이라는 뜻)이 있다는 소문이 전설처럼 전해져 오고 있었다.

●●● 제데디아 스미스의 초상. 스미스의 초상은 그의 사후인 1835년에 제작된 것으로 그의 유일한 초상이다. 그는 주로 세크라멘토 강 북동쪽 일대에서 활약했는데 이 강은 현재 핏 강으로 알려져 있다.

광대한 황무지에서 당시로서는 원주민을 제외하고 아무도 가보지 않았던 길을 가는 스미스의 여정은 말 그대로 험난한 것이었다. 스미스는 로키산맥의 서쪽, 오늘날의 유타주 동부에 있는 캐시밸리(cache valley)에서 17명의 대원과 함께 출발해 황야를 횡단하기 시작했다. 어렵게 지금의 라스베가스 인근을 지난 다음에는 캘리포니아주와 네바다주에 걸쳐 있는 모하비 사막(Mojave Desert)까지 건넜다. 앞에 놓인 사막의 크기를 알 리 없었던 탐험대는 2명이 낙오하고, 절반의 말이 죽는 고초를 겪으며 간신히 모하비 원주민이 사는 마을을 발견했다. 그곳에서 도움을 얻고 2주간 휴식을 취한 그들은 다시 사막을 가로질러 오늘날의 캘리포니아 입구인 샌버나디노 계곡에 들어섰고, 길을 나선 지 3개월이 지난 1826년 11월에 로스앤젤레스 인근 샌가브리엘 수도원에 도착했다. 당시 캘리포니아를 다스리던 멕시코 입장에서 미국인이 횡단이 불가능할 것 같은 캘리포니아 동쪽의 사막을 지나 육로로 이곳까지 당도한 것은 매우 당황스러운 일이었다. 스미스는 미국의 첩자로 의심받

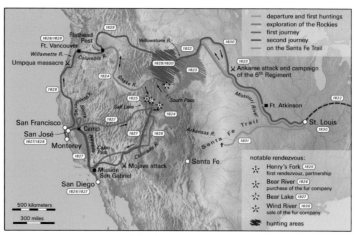

제데디아 스미스의 탐험 경로

아 붙잡혀 조사를 받다가 결국 샌디에이고와 멕시코시티까지 이송됐다. 멕시코 정부는 미국 무역선 선장의 중재로 다시는 캘리포니아에 돌아오지 않는다는 것을 조건으로 그를 풀어줬다. 하지만 그 시절 산 사나이였던 그는 애당초 통치기관의 명령이나 처벌의 위험 때문에 짜릿한 탐험을 그만둘 마음이 없었던 것 같다. 그는 감시의 눈길을 벗어나자마자 처음 왔던 길 그대로 로키산맥에 돌아가기로 한 약속을 어기고 북 캘리포니아로 방향을 잡아 태평양으로 향하는 물길 찾는 일을 계속했다. 그러나 그는 결국 로키산맥으로부터 직접 바다로 흐르는 큰 강을 만나지는 못했다. 대신 로키산맥과 태평양 사이에 거대한 시에라네바다산맥이 또 있다는 사실을 알아냈고, 태평양 해안가에서 이를 넘어 동쪽 내륙까지 접근하는 새로운 길을 개척했다. 기지로 돌아간 그는 여기서 그치지 않고 다음해에도 모하비 산맥을 넘어 북 캘리포니아를 지나는 두 번째 여행을 감행해 더욱 북쪽 오리건과 밴쿠버 지역의 물길과 접근로도 탐험하였다. 스미스는 두 번째 여행으로부터 4년이 지난 1831년 미국 중부와 뉴멕시코를 연결하는 산타페 트레일을 지나다 코만치 원주민들과의 분쟁으로 사망했다. 혼자 물을 찾아 나섰다가 죽은 것이었기 때문에 그때 같이 길을 나선 일행들은 결국 그의 시체도 수습하지 못했다. 그의 서부 탐험으로 미국인들은 그전까지 부분적으로만 알았던 극서부의 지형을 더 잘 이해하게 되었다. 1820년대 말부터 더 많은 산 사나이들과 개척자들이 그가 찾은 길을 따라 태평양 연안으로 향했고, 결국 1830년대부터는 가족까지 동반한 대규모 이주민들이 그 길을 통해 서부로 가는 여정에 올랐다.

2015년 개봉한 레오나르도 디카프리오 주연의 영화 레버넌트(Revenant, 저승에서 돌아온 자)는 이 시기 모피 사냥꾼들의 이야기이다. 영화는 제데디아 스미스가 활동했던 시기, 장소와 비슷한 1823년의 사우스다코다 지역을 배경으로 산 사나이였던 휴 글래스(Hugh Glass)의 실화를 다루었다. 영화에서 휴 글래스는 모피 사냥꾼들의 길잡이 역할을 하다가 깊은 숲 속에서 곰(Grizzly Bear)의 습격을 받아 앉지도 못할 정도로 큰 부상을 입었다. 그는 비정한 동료에 의해 버려졌지만 결국 6주간 200마일(320km)을 혼자서 걸어 기지(Fort Kiowa)에 도착했다. 말 그대로 죽음의 문턱에서 다시 돌아왔다. 이 영화는 휴 글래스의 고난을 통해 원시의 대자연에서 인간이 생존하기가 얼마나 어려운 일이었는지를 여실히 보여주고 있고, 이에 맞서는 산 사나이들의 집념이 얼마나 강인했는가를 잘 드러내고 있다.

많은 사람을 산으로 이끌었던 모피산업은 1840년대부터 사양길에 들어섰다. 18세기 말부터 시작된 영국의 산업혁명으로 방직기술이 발전했고 다양한 재질의 모자가 개발된 게 결정적인 이유였다. 영국을 중심으로 실크, 린넨 소재의 탑 햇(Top hat)이 등장하는 등 유행하는 모자의 형태도 변해 비버 가격은 폭락하고 말았다. 결국 산 사나이들은 할 일을 잃고 하나둘씩 산을 내려왔고, 이제 서부로 향하는 길은 농사를 짓기 위해 땅을 찾아 나서는 사람들이 메우게 되었다.

그런데 이러한 변화는 아메리카 원주민들에게는 의지할 마지막 땅이 사라지는 것을 의미했다. 멀리 미시시피강 서쪽 대평원 지역에서 힘겹게 마지막 전통을 지켜가던 원주민들까지도 계속 이동하는 이주민들과 맞설 수밖에 없게 된 것이었다. 아메리카 대륙에서 있었던 이주의 역사를 더 자세하게 이야기하기에 앞서 점점 거세지는 압박 속에서 고통받은 원주민들의 슬픔을 먼저 짚어보기로 하자.

9) 이주의 아픔 - 북아메리카 원주민의 고통

이주민들이 몰려들면서 원주민들은 삶의 터전에서 점점 밀려났다.

유럽인이 북아메리카에 정착하고 점점 더 많은 땅을 원하면서 원주민들의 오랜 고난은 시작되었다. 아메리카 대륙의 넓이와 자연의 풍요, 원주민들의 발달된 농업기술은 다른 대륙의 인구와 비교해도 절대 적지 않은 사람들을 부양하는 것을 가능하게 했다. 당시 원주민들은 옥수수, 감자, 호박, 토마토, 고추, 코코아 같은 다른 대륙에서 존재하지 않는 작물을 많이 재배했고, 이는 훗날 세계로 퍼져 지구 곳곳에서 구황작물과 기호식품이 되기도 했다.

원주민들은 유럽인과 접촉한 지 얼마 안 돼 자체 면역력이 없었던 각종 전염병에 감염되었다. 소, 돼지 같은 가축을 기르는 유럽인들이 면역력을 가지고 있었던 천연두, 홍역 등의 질병은 당시 원주민들에게는 재앙과도 같은 것이었다. 이런 병들이 창궐하면서 유럽인이 도래한 지 얼마 지나지 않아 원주민의 인구는 90% 가깝게 감소하였다. 유럽인들과의 전쟁에 의한 인명 피해까지 더해져서 400~1,200만 명이 있었을 것으로 추정되던 북아메리카 원주민들의 경우 유럽인들이 당도한지 200여 년이 지난 1800년도에는 그 수가 60만 명으로 줄었고, 1900년도에는 25만 명으로 감소했다.[6]

기존에 전혀 교류가 없다가 17세기 초에야 서로를 처음 접한 북아메리카의 원주민들과 이주민들은 상대방의 문화를 정확하게 이해하지 못했다. 원주민들은 자신들에겐 없는 유럽인들의 땅에 대한 강력한 소유욕을 알지 못했고, 이주민들은 원주민들이 가꿔온 문명을 존중하지 않고 그들을 수탈의 대상 또는 잔인한 적으로 간주했다.

원주민을 대하는 방식은 국가에 따라서 약간의 차이를 보였다. 1500년대 초반부터 카리브해와 중남미 등에 정착지를 건설하기 시작한 스페인은 주로 원주민들을 노예로 삼았다. 이들은 열대 기후였던 카리브해의 섬에서는 사탕수수 농장에서 일할 노동력을 조달하기 위해 주변 원주민들을 사로잡았고, 중남미 지역에서는 금과 은 광산에서 원주민을 착취했다. 반면 1600년대 초반부터 북아메리카 식민지를 만든 영국은 자신들만의 배타적인 정착촌을 만들기를 원했다. 이들은 소수의 유럽인이 다수의 원주민을 지배하고 착취했던 스페인 식민지와 달리 아예 처음부터 원주민들과 따로 살았다. 이 과정에서 이주민들과 원주민들은 서로를 적으로 간주하면서 갈등을 쌓아갔고 전쟁을 통해 대립하기 시작했다.

버지니아와 플리머스에서 이주민, 원주민 간 충돌이 일어났다.

영국 식민지와 원주민 간 최초의 대규모 전쟁은 제임스타운에서 일어났다. 1610년 델라웨어 총독이 부임하면서 시작된 이 싸움은 앵글로-포와탄(Anglo-Powhatan) 전쟁으로 불리며 1646년까지 교전과 휴전을 반복했다. 오래 이어진 이 전쟁은 결국 원주민의 패배로 끝나고 말았다. 전쟁 초기에는 포와탄(Powhatan) 동맹을 주도했던 와훈소나코크(Wahunsunacawh) 추장의 딸 포카혼타스로 인해 일시적인 평화가 있기도 했다. 하지만 1617년 포카혼타스가 영국에서 죽고 1618년 와훈소나코크마저 죽고 나자 상황이 악화되기 시작했다. 와훈소나코크의 뒤를 이어 추장이 된 동생 오페칸카누(Opechancanough)는 자꾸만 증가하는 이주민을 완전히 쫓아내야겠다고 생각하고 1622년 3월 대대적인 공격을 감행했다. 이 기습공격으로 당시 제임스타운 주민의 1/3에 달하는 350여 명이 살해당했다. 원주민들의 목적은 이주민들이 겁을 먹어 다시 영국으로 다시 돌아가게 하는 것이었지만 이들은 이미 이득을 보기 시작한 땅을 쉽게 포기하지 않았다. 제임스타운은 전열을 가다듬어 다시 포와탄 동맹을 압박했고, 결국 10년이 지난 1633년에는 그동안 제임스 강가를 중심으로 둘러놓았던 울타리마저 걷어내고 북쪽 요크 강(York river)까지 정착지를 넓히며 뉴포트 반도 전체를 차지할 정도로 힘이 세졌다.

계속된 전쟁으로 전사의 숫자와 인구가 감소해 수세에 몰린 포와탄은 1644년 마지막 반전을 꾀했다. 이미 90살이 넘은 오페칸카누 추장은 공격을 주도해 다시 한번 외곽 마을을 습격해서 500여 명의 이주민을 살해했다. 하지만 이미 이주민들과 원주민의 힘의 차이는 현격하게 기울어져 있는 상태였다. 이주민들은 이내 반격해서 1645년 오페칸카누 추장을 사로잡아 죽였다. 오페칸카누의 죽음 이후 포와탄 동맹은 와해되었고, 동맹에 속한 부족들은 멀리 있는 다른 부족 속으로 흩어졌다. 몇몇 부족원들은 이주민들에게 더 많은 땅을 할애하고 남은 영토에서 명맥을 이어갔지만 이주민들의 더욱 강력한 통제를 받으며 자신들이 살아왔던 땅에 대한 영향력을 점차 잃어갔다.

1620년 메이플라워호가 정착한 북쪽 플리머스 식민지에서도 상황은 마찬가지였다. 이 일대 왐파노아그(Wampanoag) 연맹은 처음에는 이주민들에게 은인 같은 존재였다. 영어를 할 수 있었던 사모셋의 등장으로 시작된 도움은 절박한 상황에 놓인 이주민들이 가까스로 회생할 수 있게 해 주었고, 원주민들이 공급해준 모피는 식민지가 안정적으로 성장할 기반도 마련해 주었다.

그러나 이러한 평화도 결국 오래 지속되지 못했다. 이 일대에서도 더 많은 사람이 몰려들면서 원주민과 이주민이 충돌하기 시작했다. 1630년 매사추세츠만으로 대규모 선단이 입항하자 이주민들은 이내 수만 명을 넘어섰다. 원래 이 지역은 전통적으로 다양한 부족의 원주민들이 서로의 힘을 겨루던 곳이었다. 유럽인들이 등장하고 난 다음에 모피 무역의 이익이 급증하자 이들 부족들은 영국, 네덜란드 등과 각기 연합해서 교역의 주도권을 차지하기 위해 다투고 있었다. 이러한 가운데 1636년에는 네덜란드와 모피를 거래했던 피큇(Pequot) 부족과 영국 식민지 간에 갈등이 불거졌다. 이 갈등은 서로에 대한 복수와 재복수를 이어가면서 대규모 전쟁으로 발전했고, 결국 피큇 부족은 700여 명이 죽거나 노예로 팔려나가 궤멸되고 말았다.

피큇 전쟁 이후에도 원주민과 이주민들 간의 크고 작은 싸움은 끊이지 않았다. 1675년 발발한 필립왕 전쟁(King Philip war)은 원주민들의 힘을 약화시키는 결정적인 계기가 됐다. 1620년부터 청교도들의 정착을 도와줬던 왐파노아그 연맹의 마사소잇(Massasoit) 추장이 80세에 죽고 난 후 1662년 추장이 된 아들 메타콤(Metacom, 이주민들이 부르던 명칭으로는 King Philip)은 이주민에게 적대적인 입장이었다. 양측의 긴장이 고조되는 중에 1675년 매사추세츠의 타운톤(Taunton)에서 왐파노아그인 3명이 사형을 당한 일이 일어났다. 이에 분노한 메타콤은 대대적인 공격을 감행했다. 당시 뉴잉글랜드에는 주민 6~7만 명이 110개 마을에 퍼져서 살고 있었는데 메타콤의 공격으로 전체 마을의 50%가 공격을 당하고 성인 남자의 10%가 사망할 정도의 큰 유혈사태가 벌어졌다. 메타콤이 바란 것도 30여 년 전 버지니아 지역의 오페칸카누 추장과 마찬가지로 이들이 겁을 먹고 자신들의 고향으로 돌아가는 것이었다. 하지만 이곳에서도 양측 간 힘의 균형은 이미 기울어져 있는 상황이었다. 대열을 정비한 이주민들은 반격에 나서 1676년 3월에 메타콤을 살해했고 왐파노아그 연맹 내 동맹 부족들을 괴멸시켰다. 청교도들에게 은인 같은 존재였던 마사소잇 추장의 손자와 그 어머니는 카리브해에 노예로 팔려나갔다.

원주민들은 고향을 떠나 보호구역 안으로 쫓겨 갔다.

곳곳에서 영국의 식민지가 점점 커지자 주변의 원주민들은 영국 이외의 국가들과 동맹을 맺거나 다른 부족들과 연합해 이에 맞서려고도 했다. 그러나 이러한 시도들도 결과적으로 성공하지는 못했다. 1756년에 시작한 7년 전쟁(French-Indian war)은 원주민들은 물론 아메리카를 둘러싼 국제 정세에까지 큰 영향을 미친 대표적인 싸움이었다. 당시 유럽, 아시아, 아프리카 등 세계 곳곳에서 벌어진 전쟁의 일환으로 아메리카에서도 열강 간의 세력 다툼이 일어났는데, 북동부의 원주민들은 프랑스와 동맹을 맺고 영국의 세력을 몰아내려고 했다. 그러나 결국 이들의 시도는 뜻을 이루지 못했고, 전쟁에서 승리한 영국은 당시까지 프랑스가 지배했던 미시시피강 동쪽과 캐나다까지 차지하며 영역을 넓혔다. 1775년 미국이 독립전쟁을 시작했을 때는 오대호 주변 이로쿼이 연맹이 이번에는 반대로 영국과 연합 세력을 형성해 미국에 맞섰다. 그러나 영국이 패배하면서 이로쿼이 연맹의 많은 부족이 캐나다 쪽으로 밀려나야만 했다.

미국은 1783년 독립 이후 본격적으로 애팔래치아산맥을 넘어 서부로 진출하기 시작했다. 이 과정에서 저항하는 원주민을 야만인으로 규정하고 한층 거세게 공격했다. 1811년 오대호 인근에서는 쇼니(Shawnee) 족의 추장의 이름을 딴 테쿰세 전쟁(Tecumseh war)으로 이 일대 원주민을 더 먼 곳으로 몰아냈다. 1830년에는 앤드류 잭슨 대통령이 서명한 인디언 강제이주 법률(Indian removal act)을 근거로 10만 명의 남서부 원주민들을 동시에 미시시피강 서쪽의 황무지로 쫓아냈다. 이때 노스·사우스캐롤라이나와 테네시 쪽에 거주하고 있었던 체로키 부족의 경우 오늘날의 오클라호마까지 눈물의 길(Trail of Tears) 1,000마일(1,600km)을 걸으면서 1만 7천 명 부족원 중 4천 명을 잃는 끔찍한 고통을 겪어야만 했다.

• 1830년 제정된 《인디언 이주법》에 의해 1830년에서 1850년까지 미국 내의 아메리카 원주민 부족들이 겪었던 일련의 강제 이주를 말한다. 체로키 족, 머스코지 족, 세미놀 족, 치카소 족, 촉토 족이 남동부 고향 땅을 떠나 인디언 준주로 지정된 미시시피 강 서부 지역으로 이주했다. 다만 동화되기를 선택한 원주민들은 기존 지역에 남아 미국 시민에 편입되었다. 총 16,543명의 체로키 이주민 중 약 2,000~6,000명이 이동 과정에서 사망한 것으로 알려졌다. 체로키 족은 이주법안에 찬성하지도 않았지만 당시 미 대통령 앤드루 잭슨은 강제 이주를 명했다. 이에 미국 군대가 17,000명의 체로키 인디언을 숙영지에 집결시켰는데 열악한 환경 탓에 대부분의 사망자가 여기서 나왔다. 이 사건은 후일 인디언 용어로 '우리가 울었던 길'이라 불린다.

한편 오랫동안 중부 평원에서 살아오던 원주민들은 스페인 탐험가들 무리에서 탈출해 초원에서 서식하던 말을 잡아 길들이기 시작해서 18세기부터 기마 유목 부족으로 전환해 있었다. 말을 통해 손쉽게 버팔로를 사냥할 수 있게 되면서 이들의 인구는 급격하게 증가했다. 이들은 인근 스페인의 정착지나 말을 도입하지 않은 약소 부족들을 공격하면서 무력도 키워 나갔다.

수(Sioux), 샤이엔(Cheyenne), 아라파호(Arapacho) 족 등은 오늘날의 몬태나, 다코다, 와이오밍 등 북쪽 지역에서 힘을 키운 세력이었다. 미국은 1851년과 1868년 두 차례 라라미 조약(Treaty of Fort Laramie)을 맺어 이들의 영토를 보장해주며 일시적인 공존을 모색하기도 하였다. 그러나 다코다 일대에서 대규모 금이 발견되면서 이내 약속을 파기했다. 원주민들은 무력으로라도 자신들의 땅을 지키려 했지만 1864년

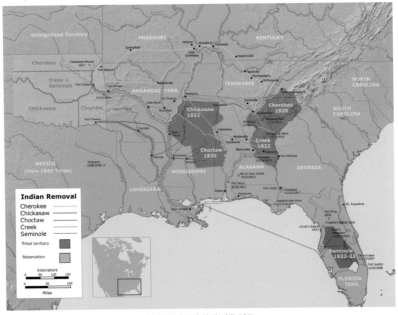

남서부 원주민 강제 이주 경로

132

샌드 크릭 학살(Sand Creek Massacre)로 샤이엔과 아라파호 부족 500여 명이 죽고, 1877년 수족의 전설적인 영웅 크레이지 호스˙가 항복하는 등 손실이 이어지자 결국 힘을 잃어버리고 말았다. 특히 대륙횡단철도의 건설 과정에서의 대규모 사냥으로 이들이 절대적으로 의존했던 버팔로 개체수가 급감하자 중부 평원을 호령하던 부족들은 결국 보호구역 안으로 이동해 생활할 수밖에 없게 되었다.

평원의 남쪽에서 활발하게 활동하던 부족은 코만치(Comanche)˙˙, 아파치(Apache)˙˙˙족 등이었다. 16세기 초부터 말을 길들였던 이들은 강력한 전투력으로 주변을 장악한 호전적인 부족들이었다. 서부영화 속에 자주 등장하는 원주민들의 모습은 이들 부족의 문화인 경우가 많다. 이들은 새의 깃털로 머리를 장식하고 버팔로 가죽으로 만든 옷을 입고 다녔으며 역시 가죽으로 만든 텐트(Tipi)를 치고 이동하며 살았다. 코만치 족은 1836년 독립한 텍사스 공화국과 격렬한 전쟁을 벌였다. 무기에서 열세였던 이들은 여러 차례 교전으로 세력이 약해졌고 1859년에 오클라호마에 설치된 보호구역으로 이전했다. 아파치 족은 가장 최후까지 저항한 원주민들로서 오랫동안 애리조나, 뉴멕시코주 일대 이주민들과 교전을 계속

˙ 타슈카 위트코(1840~1877.9.5.) 성난 말(Crazy Horse)이라고 불리운 수우족 라코타 부족장. 1840년 가을 블랙 힐스 인근 래피드 계곡에서 출생하여 백인들과 어울려 놀 만큼 평화로운 어린 시절을 보냈다. 하지만 12살 무렵 부족장이 백인의 총에 쓰러지는 광경을 목격하면서 생각을 바꾸게 된다. 성난 말은 23세가 되던 1863년 블랙 힐스에 침입한 백인들을 물리쳤다. 1876년 6월 25일 보호 약속을 무시한 미 정부가 제7 기병대를 파병해 수우족을 공격했다가 타슈카 위트코의 인디언 연합군에게 전멸되고 만다. 이에 미군은 총력을 다해 인디언 구역을 공격했고 타슈카 위트코는 1877년 9월 5일 사로잡혀 사살되었다. 동료 인디언들이 그를 블랙 힐스의 땅 '운디드니'에 묻었다. 이주민 조각가 코자크 지올코브스키가 그를 기려 블랙 힐스로부터 27킬로미터 떨어진 곳에 거대한 규모의 '크레이지 호스'조각상을 새겨나갔는데 그가 죽자 아내가 이를 이어받았고 지금은 자녀들이 조각을 계속하고 있다. 사진은 타슈카 위트코, 또는 미친 말(Crazy Horse)의 초상. 1877년.

˙˙ 코만치족(Comanche 族) 역사적으로 코만체리아(오늘날의 뉴멕시코 동부)라는 범위에 살던 미국 원주민. 그 범위는 현재 뉴멕시코주 동부, 콜로라도 남부, 캔자스 남부, 오클라호마 전역, 텍사스의 북부와 남부의 대부분에 걸쳐 있다. 한때 2만명 정도의 코만치가 있었는데, 오늘날에는 약 1만명의 코만치족이 있으며, 그 절반은 로튼을 중심으로 오클라호마에 살고 있다. 나머지 인구는 텍사스, 캘리포니아, 뉴멕시코에 집중되어 있다.

˙˙˙ 아파치족(Apache 族) 미국 남서부가 기원인 미국 내 아메리카 원주민 그룹을 포괄하여 부르는 용어. 19세기 중후반, 미국, 멕시코 아파치족은 오랜 전쟁을 치르고 있었다. 1847년, 미국-멕시코 전쟁 중 벌어진 타오스 폭동(Taos Revolt)으로 불리는 사건에서 아파치족과 미국의 전쟁은 40여년 동안 쉬지 않고 벌어졌다. 당시 아파치족의 영역은 매우 넓어서 지금 미국의 주를 기준으로 따지면 캘리포니아 남부, 텍사스 서부, 애리조나 북부에서 멕시코와 오클라호마까지 미치고 있었다. 심지어 남북전쟁 기간 중에도 북부와 남부동맹 모두 아파치족과 전투는 계속 벌였다.

Native American Reservations in the Continental United States

Source:
National Atlas
- USGS

오늘날의 미국 내 인디언 보호구역 분포도(출처 : 미 지리국(USGS))

● 제로니모(Geronimo, 1829.6.~1909.2.17.) 치리카후아(Chiricahua) 아파치 족의 주술사이자, 아파치 전쟁 중 아파치족 영토를 계속 잠식해들어오던 멕시코와 미국을 상대로 투쟁했던 아메리카 원주민의 걸출한 지도자. 그의 이름은 키리후아 어로 하품하는 사람(one who yawns)라는 뜻이다. 여러차례 체포와 탈출을 반복하며 투쟁하던 제로니모였지만, 미국 기병대가 1886년 8월에 그를 체포한 후 그의 투쟁도 막을 내렸다. 그림은 치리카후아(Chiricahua) 아파치 족의 주술사 제로니모(Geronimo), 1887년 벤 위티크(Ben Wittick).

하였지만 1886년 제로니모(Geronimo) 추장●이 항복하면서 저항력을 상실했다.

현재 미국의 연방 정부가 인정한 원주민 부족은 573개이고, 미국 전역에는 총 23만㎢ 면적에 326개의 인디언 보호구역●●7이 있다. 원주민들은 한동안 자신들의 언어와 풍습을 버리도록 강요받았지만 오늘날에 이르도록 힘들고 오랜 세월 동안 스스로의 뿌리를 찾고 지키려는 노력을 그치지 않고 있다.

●● 인디언 보호구역(Indian Reservation Area) 미국 국무부 인디언 정책국이 지정한 아메리카 토착민이 사는 지역으로 총 면적 22만5410 평방킬로미터, 미국 영토의 2.3%를 차지한다. 이 보호구역 안에서 각 부족은 한정된 주권을 행사할 수 있고, 법에 따라 인디언 보호구역 안에서는 관광객 유치를 목적으로 합법적 카지노 등을 세울 수 있다. 현재 미국에는 약 310개의 인디언 보호구역이 있는데 모든 토착 부족들에게 자신만의 인디언 보호구역이 있는 것은 아니다. 1851년 미국 의회는 오늘날 오클라호마에 있는 인디언 보호구역을 만드는 '인디언전유법'을 통과시켜 미국 개척민들에게 서부 지역을 자의로 점유할 권리를 부여했다. 그에 따라 원주민과 미국민 사이의 갈등이 고조되자 1860년대 후반 율리시스 S. 그랜트 대통령은 일명 "평화정책"(Peace Policy)을 추구하였다. 그 결과 다양한 인디언들의 주거지를 새로 마련된 땅으로 재배치하여 오늘에 이른다.

2. 이주의 확산, 이동의 속도

1) 이주민들의 증가

이주민들이 많아지면서 영국 식민지는 크게 성장했다.

아메리카에 이주민들이 불어나는 속도는 유례없이 빠른 것이었다. 1600년대 초 수백 명으로 시작한 이주민들 인구는 100여 년이 지나자 2~30만 명으로 불어나 당시 대서양 연안에 살고 있던 원주민들의 수보다 많아졌다. 미국 독립의 움직임이 막 시작되던 1770년에는 식민지인의 수가 215만 명 정도에 이르렀다. 불과 200년 만에 인구가 수만 배 증가한 것이었다.

영국 식민지 시절 대서양을 건너 북아메리카로 온 유럽인들의 숫자는 총 100만 명가량으로 추정된다. 이들 중 많은 수는 뱃삯을 지원받는 대가로 몇 년을 의무적으로 일하는 계약하인의 형태로 이주했다. 버지니아 식민지의 경우 제임스타운의 건설 이후 17세기 동안 유입된 인구의 75%가 이와 같은 계약을 맺은 사람들이었다. 고향 땅에서 경제적으로 부유하지 못했던 이들은 자신이 가진 것의 전부인 노동력만으로도 부자가 될 수 있다는 꿈을 안고 아메리카로 건너왔다. 한편 종교의 자유를 찾아 주로 뉴잉글랜드 지역으로 이주한 청교도들은 17세기 영국 이민자들의 20% 정도를 차지했다.

이주민들의 다수는 고향에서 농업에 종사하던 사람들이었다. 인클로저 운동(Enclosure movement) 등으로 농지에서 밀려나 먹고 살 길이 막막했던 많은 사람은 신대륙의 풍요로움을 다소 과장되게 홍보했던 버지니아 컴퍼니 같은 회사들과 노동 계약을 맺고 아메리카행을 선택했다. 이 시기 영국 뿐 아니라 독일, 네덜란드 등 다른 유럽국가에서도 중세 시대에 농노들을 묶어 놓았던 봉건 영지의 구속이 느슨해지기 시작했기 때문에 많은 사람이 아메리카로 새로운 기회를 찾아 움직였다. 또한 아프리카에서는 약 35만 명에 이르는 사람들이 자신들의 의사에 반해 미국으로 끌려가 농장에서 노예로 일해야 했다.

1650년대 이후 버지니아, 뉴잉글랜드 등 식민지의 환경이 점차 안정되기 시작하자 아메리카에서 태어나는 아이들도 늘어났다. 1800년대 초까지 미국 대부분의 가정은 평균 7명의 자녀를 낳아 대가족을 이루었다. 남부지방에 비해 풍토병이 별로 없었던 뉴잉글랜드 지역에서는 다른 지역에 비해 사망률도 낮고 평균수명도 길었던 덕분에 17세기 동안 자연증가만으로 인구가 4배가량 늘어났다. 1770년 215만 명이었던 이주자들의 수는 1783년 미국이 영국으로부터 독립한 이후에 더욱더 빠른 속도로 증가했다. 1790년에는 미국 건국 후 최초로 실시한 공식 인구조사에서 집계된 총인구는 393만 명이었다. 유럽에서 온 이주민 중에서는 영국인이 60%로 다수를 차지했고, 아일랜드와 스코틀랜드 출신들도 각각 10%, 8% 정도의 비율을 보였다. 당시로서는 통일되지 않았던 독일의 각 지방에서 온 사람들은 9%였고, 네덜란드인들은 3%가량이었다.

미국 건국 후 인구 증가의 흐름은 더욱 빨라졌다.

건국 후인 19세기와 20세기에는 이주자들이 더 빠르게 늘어나, 그 결과 오늘날 미국은 3억 명 이상이 살고 있는 인구 대국이 되었다. 현재 시점을 기준으로 보아도 미국에는 이민자의 비율이 높다. 오늘날 타지에서 태어나 미국에 이민 가 살고 있는 사람들은 전체 인구의 약 15%에 이른다. 사실 엄밀히 말하면 원주민을 제외한 모든 미국인은 약간의 시기 차이만 있을 뿐 최근 4백 년 사이에 아메리카에 온 이주자이거나 그들의 가까운 후손들이다.

연도에 따라 등락이 있기는 하지만 요즈음에도 매년 100만 명 정도의 사람들이 미국으로 이주하기 위해 영주권을 취득하고 있다. 영주권 거주자 중 매년 60만 명가량은 일정 기간의 거주 요건을 충족하고 소정의 언어와 역사 시험을 통과한 후 미국 시민권을 받기도(Naturalization) 한다. 또한 1868년 비준된 수정헌법 제14조*에 따라 미국에서 태어난 아이들은 출생 당시 부모의 국적과 관계없이 자동으로 미국 시민권을 선택할 자격이 주어진다. 이렇듯 외부에서 항상 인구가 계속 유입되고 이들의 자녀가 탄생해 미국 시민으로 성장하기 때문에 미국의 인구는 건국 이후 지금까지 계속 꾸준한 증가추세를 보여 왔다.

> * 미국에서 출생 또는 미국에 귀화해 미국의 관활권에 속하는 모든 사람은 미국인인 동시에 그 거주하는 주의 시민이다.

최근 수백 년 간 이주 과정에서 인간의 이동 속도는 점점 빨라졌다.

이처럼 17세기 초부터 미국으로 향하는 이주의 움직임이 점점 속도를 더해가는 동안 인간의 물리적인 이동 속도 또한 그와 영향을 주고받으면서 급속도로 빨라졌다. 거대한 대서양, 태평양, 아메리카 대륙 사이를 신속하게 오고가는 효과적인 수단들은 이미 수십 만 년 동안 이주를 계속해 왔던 인간이 결코 경험하지 못했던 완전히 새로운 세상을 열어주었다.

인류가 처음 이주를 시작하던 때부터 이동의 어려움은 길 떠나는 것을 망설이게 만드는 가장 큰 장애 요소였다. 사람과 동물의 걸음으로는 움직이는 속도가 더뎠고 힘이 들었으며 옮길 물건의 양도 많지 않았기 때문이었다. 그런데 아메리카 대륙에서의 이주가 그전까지 다른 대륙에서 무수히 많이 일어났던 대규모 이주와 크게 달랐던 점은 이주 그 자체와 이동 수단의 발전이 동시대에 일어났다는 점이었다. 어떤 때는 사람들 간의 교류가 늘어남에 따라 새로운 이동 방법이 만들어지기도 했고, 어떤 때는 혁명적인 교통 기술이 탄생하면서 더 많은 사람이 이전에는 불가능했던 이주를 감행하기도 했다.

아메리카 대륙의 서부 지역은 오랫동안 이주민들이 가까이 다가가기 어려운 곳이었다. 루이스와 클락의 탐험 이후 제데디아 스미스를 비롯한 많은 산 사나이들이 몇몇 길을 개척하기는 했지만 일반 사람들에게는 서부의 척박한 자연환경을 견디며 사는 것은 물론이고 단순히 그곳을 지나기조차도 쉽지 않은 일이었다.

그러나 1803년 미시시피강으로부터 로키산맥까지의 넓은 황무지를 미국에 매각하기로 한 프랑스의 나폴레옹도, 이 땅을 구입한 미국의 토머슨 제퍼슨 대통령도, 19세기 초 이 지역을 외롭게 누비던 산 사나이들도 꿈에도 상상하지 못했던 일이 기다리고 있었다. 지금까지 그 누구도 본 적도, 들어본 적도 없는 혁신적인 교통수단들이 연이어 탄생한 것이었다. 나폴레옹과 제퍼슨의 거래 시점을 전후해 세상에 등장하기 시작한 증기선, 기차, 자동차를 비롯해 정확히 100년 후인 1903년 고작 12초 동안 36미터를 날아오른 동력 비행기는 눈부신 발전을 거듭해 인간이 활동할 공간 범위를 불과 몇 세대 만에 수십, 수백 배 확장해 버렸다. 그 결과 루이지애나 구입으로부터 겨우 50년밖에 지나지 않은 19세기 후반부터는 그전까지 접근할 수 없는 곳이라고 여겼던 먼 서부 지역으로 새로운 이주민들이 쏟아져 들어가기 시작했다.

미국에서 일어난 이주는 이러한 교통수단의 발전과 따로 떼어서 이야기할 수 없다. 미국인들은 이주를 해 나가는 동안 이동 기계의 개발과 도입에 대해 아주 관심이 많았고, 실제로 이 기술들의 발전에 크게 기여하기도 했다. 그럼 지금부터는 우리도 어딘가의 목적지를 향해 떠나는 기분으로 빠르게 발전한 다양한 교통수단에 하나씩 몸을 실어보기로 하자.

2) 이동의 속도

걷기와 뛰기는 우리의 가장 기본적인 이동 방법이었다.

미국의 이주민들은 넓은 대륙에서 효과적으로 이동하기 위해 증기선, 기차, 자동차, 비행기 같은 새로운 교통수단들을 발전시켰다. 세계 곳곳의 창의적인 아이디어들을 끌어안아 만든 이동기술의 혁신과 적극적인 산업화는 신생국가 미국을 강대국으로 만드는 데 크게 기여했다. 빠른 속도로 일어난 교통 혁명은 현대 사회를 살고 있는 세계인의 삶도 마찬가지로 크게 변화시켰다.

인간의 전통적인 이동 수단은 물론 걷기와 뛰기이다. 인류는 먼 옛날부터 두 다리로 걸어서 먹잇감을 찾아 나섰고, 사냥감을 쫓거나 포식자에게서 도망갈 때는 순간적인 에너지를 써서 뜀박질을 했다. 걷기와 뛰기에 의존한 시간과 거리는 우리의 생활 범위 설정에도 중요한 영향을 미쳤다. 하루는 24시간이고, 해가 떠 있는 시간은 12시간 정도이기 때문에 우리의 일상생활 반경은 주로 해가 지기 전에 다녀올 거리 안에서 형성되었다.

이제부터는 걷기, 뛰기부터 시작해 우주비행에 이르기까지 이주를 하는 인간의 이동 거리와 속도가 어떻게 변화되어 왔는지 알아보도록 하겠다. 이 장에서는 정량적인 표현을 위해 숫자를 많이 사용할 텐데 거리의 경우 미국에서 사용하는 마일을 먼저 표기하되, 쉽게 감을 잡을 수 있도록 국제표준단위(SI)이자 우리가 쓰는 킬로미터(km)를 병기한다.

일반적인 성인이 걷는 속도는 보통 시간당 3마일(4.8km) 정도이다. 조금씩 쉬면서 하루 7시간 동안 부지런히 걷는다면 21마일(34km)을 갈 수 있다. 이는 직선거리로 생각한다면 서울시청에서 경기도청 정도까지 걷는 거리이다. 만약 원둘레지점에서 중심점까지 하루 안에 걸어갔다 돌아올 수 있는 반지름 17km의 둥근 땅을 생각한다면 그 넓이는 907㎢이다. 과거 걷는 것이 주된 이동 수단이었을 때에 사람들이 자주 왕래해야 하는 한 고을의 크기는 이 정도 면적을 넘기 어려웠다. 오래전부터 이어 내려온 우리나라 시군의 크기도 대부분 이 범위 안에 들어왔다. 혹여 이보다 먼 거리를 가야 할 때도 계속 걷는 수밖에 없었다. 예전에 과거 보러 가는 선비들은 몇 날 며칠을 걸어서 한양까지 갔는데, 이렇게 오늘날 부산에서 서울까지 480km 길을 걸어가면 보통 15일 정도 걸렸다.

뛰는 속도는 시간당 5마일(8km)가량이다. 이는 가볍게 조깅하는 수준의 속도로, 세계 최고 수준의 마라토너들은 26.219마일(42.195km)의 거리를 시속 12.5마일(20km) 정도로 달리고, 가장 빠른 단거리 선수는 100m를 시속 23.4마일(37.6km)의 속도로 주파한다. 장거리를 지치지 않고 뛸 수 있는 능력은 사냥하는 인간의 가장 큰 무기였다. 털이 없어

피부 전체로 호흡하는 우리 인류는 몸의 열기를 쉽게 발산할 수 있기 때문에 꾸준하게 수십 킬로미터를 뛰어갈 수 있었다. 비록 치타(시속 75마일, 120km)나 사자(시속 50마일, 80km)와 같은 폭발적인 속도는 없었지만 오래 달리고 추격할 수 있는 능력과 우수한 지능으로 우리는 훨씬 빠른 사냥감들을 제압하는 능력을 발전시켰다.

말은 빠른 이동 수단이었지만 먼 거리를 이동하는 데에는 한계가 있었다.

동물이 가진 속도를 탐냈던 인간은 오래전부터 말을 가축화했다. 정확한 시기는 알 수 없지만 인간은 아마도 6,000년 전부터 말을 이동에 사용하기 시작한 것으로 보인다.[*] 말은 빨리 달리면(Gallop) 4분여 동안 1.9마일(3km) 정도를 시속 30마일(48km)의 속도로 뛸 수 있다. 시속 12마일(19km)의 꾸준한 빠르기(Canter)로 수십 마일을 1~2시간 달리는 것도 가능하다. 그렇지만 말도 지칠 수 있기 때문에 장거리 여행을 할 때는 대략 하루 40마일(65km) 정도를 이동한다. 만약 무리를 해서라도 하루 안에 최대한 멀리까지 갈 요량이라면 50~100마일(80~160km)까지 움직이는 것도 불가능한 건 아니다. 기계가 발명되기 전 배가 닿지 않는 육지에서는 이 정도가 인간이 이동할 공간의 한계였다. 하루에 갈 수 있는 거리를 생각한다면 걸어서는 21마일(34km), 말을 타고는 보수적으로 잡아 40마일(65km) 정도였다.

17, 18세기 미국의 초기 이주민들에게도 내륙에서의 이동 수단은 걷기와 말밖에 없었다. 하지만 이 방법으로 이동하기에는 새롭게 정착

[*] 국제 말 박물관, 가축화 발생의 시기와 장소에 관한 Andrews, E. Benjamin. History of the United States이론(What We Theorize - When and Where Domestication Occurred) http://imh.org/exhibits/online/legacy-of-the-horse/what-we-theorize-when-and-where-domestication-occurred/

한 아메리카 대륙이 너무 넓었다. 게다가 주변 원주민들의 공격이 두렵기도 해서 아메리카 초기 이주민들의 행동반경은 울타리를 두른 정착지와 주변 농경지로 제한되었다. 물론 인구가 늘어남에 따라 농지에 대한 수요가 증가하여 일부 정착민들은 울타리 밖에 거주지를 만들기도 했다. 하지만 이렇게 만들어진 몇몇 타운과 플랜테이션을 제외한 대부분의 숲과 들판은 섣불리 다가갈 수 없는 곳이었다. 이 때문에 가끔 모피 사냥 등을 위해 내륙 깊은 곳까지 들어가는 몇몇 산 사나이들의 거처를 제외하면 미국 독립 시기까지 이주민들의 거주 지역은 해안가나 강가 주변에 주로 분포했다. 이들이 물가에 살았던 이유 중 하나는 당시 타의 추종을 불허했던 편리한 교통수단 때문이었다. 오늘날의 기준에서 그렇게 빠르다고 볼 수는 없지만 많은 사람과 짐을 한꺼번에 옮길 수 있는 이점이 있는 배가 그것이었다.

3) 배의 힘

배는 바람의 힘을 이용한 힘 센 교통수단이었다.

당시에 배는 얼마나 빨랐을까? 콜럼버스˙는 1492년 8월 3일 스페인의 팔로스(Palos)를 출발해서 아프리카 서쪽 카나리아(Canaria) 제도를 들렸다가 10월 21일 오늘날 바하마의 한 섬에 도착했다. 스페인에서 바하마까지 직선거리로 대략 4,100마일(6,700km)을 돌고 돌아 총 79일을 걸려 이동한 셈이다.

범선은 바람 방향에 따라 시간당 4~9노트(4.6~10mph, 7.4~17km/h)로 이동할 수 있었다. 시속 4노트(7.4km)는 24시간 내내 달리면 하루에 110마일(180km)을 가는 속도다. 이는 사람이 하루에 갈 수 있는 21마일(34km)은 물론이고 말의 하루 이동거리 40마일(65km)보다도 훨씬 먼 거리였다. 이처럼 멀리 이동할 수 있었던 이유는 지치게 마련인 사람이나 말의 근육이 아니라 24시간 내내 쉬지 않고 이용할 수 있는 바람의 힘이 배를 움직이기 때문이었다. 순풍에 돛을 달고 하루 110마일의 속도로 스페인에서 바하마까지 직선거리 4,100마일(6,700km)을 곧장 달린다면 38일 정도가 걸린다. 그렇지만 그 시절 이렇게 똑바로 배를 운행하는 건 물론 불가능했다. 바람이 반대로 불면 돛의 방향을 조절하며 지그재그로 움직여야 했고, 길을 정확히 알 수 없거나 풍향이 오락가락하는 탓에 먼 길을 돌아가기도 해야 했으며, 보급을 위해 중간 기착지에 멈추는 것도 필요했다. 게다가 배에 물이 새고, 부속이 부러지고, 중간에 폭풍우를 만나 항로에서 멀리 떠밀려 가기라도 하면 도착 시간은 속절없이 늦어지기 일쑤였다. 이런 요소들을 모두 단순화해 미지의 바다에 용감하게 나선 콜럼버스가 아메리카까지 직선거리 4,100마일(6,700km)을 하루 24시간 내내 똑바로 달려 79일 만에 도착했다고 생각하면 시속 2.2마일(3.5km)의 속도로 이동한 것과 같다고 말할 수 있다. 이는 사람이 걷는 것보다 별로 빠르다고 하기 어려운 속도였다.

이 때문에 당시 대서양을 건너던 사람들은 너나없이 괴혈병에 시달렸다. 일반적인 사람들은 한두 달 정도 몸속에 비타민C가 결핍되면 괴

* 크리스토퍼 콜럼버스(Christopher Columbus, 1451.8.~1506.5.21.) 이탈리아 제노바 출신의 탐험가이자 항해가. 1484년 포르투갈의 왕 주앙 2세에게 대서양 항해 탐험을 제안하여 거절당하자 카스티야를 지배하던 스페인 여왕 이사벨 1세를 설득하여 지원을 허락받았다. 하지만 여왕이 지원을 미루는 바람에 실제 항해는 그보다 6년이 지난 뒤에 이루어졌다. 콜럼버스는 네 차례에 걸쳐 대서양을 횡단했는데 그중 첫 번째 항해에서 아메리카 대륙에 상륙한다. 산살바도르, 쿠바와 히스파니올라에 도달한 그는 그곳을 인도의 일부라 생각해 원주민을 인디언이라 불렀다. 아메리카 인디언이라는 말이 여기에서 비롯한다. 1498년 제3차 항해에서 콜럼버스는 트리니다드 토바고와 오리노코 강 하구를 발견하였다. 콜럼버스는 그토록 염원하던 인도에는 결국 가보지 못한 채 1506년 5월 21일 에스파냐에서 눈을 감았다.

혈병에 걸린다. 당시 배에서 사람들은 주로 말린 고기, 비스킷, 술, 오래된 물을 먹었고 비타민이 들어있는 야채와 과일을 쉽게 섭취하지는 못했다. 이 때문에 두세 달을 넘는 것이 보통이었던 긴 항해를 거치면 괴혈병에 걸린 승객들은 잇몸이 퉁퉁 붓고 이빨이 빠져 음식도 못 먹을 지경이 됐다. 빈혈, 호흡 곤란, 악성 종기, 출혈, 뼈의 부식 등 다양한 증상이 나타났고 면역력이 약해져 다른 질병에도 쉽게 감염됐다. 이로 인해 항해 중 목숨까지 잃는 사람도 많았다. 이는 당시 막 활발해진 장거리 항해 전반에서 나타났던 문제점이었는데 해결방법이 나타난 것은 18세기 중반이 되어서였다. 1747년 영국의 군의관 제임스 린드(James Lind)는 레몬, 오렌지가 이 병에 효과가 있다는 것을 실험적으로 알아냈고, 1768년 제임스 쿡(James Cook)은 배에 양배추를 저장해 알래스카와 호주를 발견하는 세계 일주를 하면서도 선원들의 발병을 최소화할 수 있었다. 이런 경험들이 쌓이자 1795년에 영국 해군은 공식적으로 병사들에게 라임 주스를 공급하기 시작했다. 이렇게 경험적인 방법으로 예방하기만 했던 이 병의 원인은 20세기 비타민의 발견과 함께 비로소 정확하게 밝혀지게 되었다.

1893년 스페인에서 시카고 컬럼비아 박람회에 출품된 니나 핀타 산타마리아의 복제품. 벤자민 앤드류(E. Benjamin Andrews)의 미국사, 1912년판.

콜럼버스의 탐험(항해) 경로. 1492년에서 1504년에 해당하는 기간. 구텐베르크 프로젝트로 제작.

배에서는 괴혈병 외에 다른 전염병도 많았다. 좁은 선실에서 장시간 생활하는 환경은 여러 전염병이 돌기 쉬운 조건이었다. 요강에서 넘쳐흐르는 승객들의 구토와 배설물은 항해를 불쾌하게 했을 뿐만 아니라 질병의 바이러스를 더 빨리 전파시켰다. 당시 장거리 항해에서 10%의 승객이 사망하는 것은 흔한 일이었고, 20~30%의 승객이 사망하는 것도 드문 일은 아니었다. 그러나 아무튼 바다를 더 빨리 건널 다른 뾰족한 방법이 있는 것도 아니었기에 17~18세기 사람들은 이런 배를 타고 느리게 바다를 통과할 수밖에 없었다. 배가 중요한 상황은 이들이 아메리카에 도착한 다음에도 마찬가지였다. 당시 이동에서 배만큼 효율적인 방법은 없었다. 사람과 물자의 잦은 이동을 위해 식민지는 자연스럽게 해안가를 따라 형성됐고, 아메리카 식민지들끼리 교역을 할 때도 육로보다는 배를 많이 사용했다. 배는 느리지만 속도가 일정했고, 수백 마리의 말이 짊어질 많은 물자를 훨씬 효율적으로 옮길 수단이었다.

화석연료의 힘으로 움직이는 증기선이 등장했다.

18세기 말 증기선이 발명되면서 배는 더욱 빨라지고 힘이 세졌다. 증기선은 유럽에서 18세기 초부터 개념이 고안되기 시작했다. 그러다 프랑스의 주푸아(Marquis Claude de Jouffroy)는 오랜 세월의 시행착오를 거친 끝에 1783년 15분 동안의 증기선 운행에 최초로 성공했다. 이후 다양한 사람들이 증기선 개발에 뛰어들어 기술은 점차 발전했다. 대륙이 크고 정착지 사이의 거리가 멀어 이동 수단에 목말랐던 신생국가 미국은 이 아이디어를 빠르게 도입해 증기선을 상업적으로 이용하는 데 성공했다. 1807년 9월 미국의 풀턴(Robert Fulton)은 노스리버

호(North River)를 만들어 허드슨강을 따라 뉴욕과 알버니(Albany) 사이에서 최초의 증기선 여객 운송을 시작했다. 이 배는 사람이 말을 타고 4일 정도 걸려 당도해야 했던 150마일(240km)의 거리를 시속 4.7마일(7.6km)로 쉬지 않고 달려 32시간 만에 주파하는 능력을 보여줬다.

증기선의 상업적 성공은 그동안 내륙 깊이 이주하고 싶어 했던 미국인들에게 날개를 달아준 사건이었다. 증기선은 빠르게 퍼지기 시작해 이내 동부의 대부분의 강을 다니기 시작했다. 남부 뉴올리언스의 상인들은 1811년 증기선으로 미시시피강을 거슬러 올라 오하이오강을 통해 동부까지 이르는 길을 개척했다. 이에 따라 미국 대륙의 남과 북을 가로지르는 미시시피강은 대륙 중앙의 깊은 곳까지 연결할 거대한 수상통로가 되었다. 당시 북미의 대평원으로 접근할 수 있었던 가장 효과적인 수단이었던 미시시피강의 증기선은 이내 19세기 서부개척을 대표하는 풍경이 되었다. 19세기 중반 강에 정기적으로 떠 있는 증기선만 수천 개에 달할 정도였다. 미시시피강의 긴 물줄기를 따라 세인트루인스(St. Louis), 멤피스(Memphis), 빅스버그(Vicksburg), 나체스(Natchez) 등 많은 도시도 번성했다. 젊은 시절 증기선 운전사로 일했던 작가 마크 트웨인(1835~1910)은 당시 미시시피강의 풍경을 문학 속에서도 아름답게 묘사했다. 소설 〈톰 소여의 모험〉(1876) 속에서 장난기 많은 어린 소년이 바라보는 미시시피강의 증기선은 저 멀리 떠나고 싶고 더 많은 세상을 경험하고 싶은 많은 미국인의 감정을 대변했다.

증기선이 강을 유유히 떠다니면서 미국인들은 이 배로 대서양을 건너는 것도 꿈꾸기 시작했다. 많은 도전 끝에 1819년 사바나(Savannah)호가 최초의 증기선 대서양 횡단에 성공했다. 1819년 5월 22일 조지아주 사바나항을 떠난 이 배는 한 달도 안 된 6월 20일 영국의 리버풀

미시시피강과 유역

(Liverpool)에 도착했다. 4,000마일(6,400km)의 직선거리를 29일에 주파한 이 배의 직선거리 속도는 시속 5.7마일(9.2km)인 셈으로 돛을 단 범선의 그것에 비해 4배 이상 빨랐다. 사바나호는 항해 중 18일은 증기로 항해하고 나머지는 바람으로 움직였다. 이후 1827년에는 증기 엔진만으로 대서양을 11일 만에 건너는 배도 나타났다. 19세기 후반에는 속도가 더욱 빨라져 6일 만에 대서양을 가로지르는 단계로까지 발전했고, 이 속도는 현재까지 이어지고 있다.

SS 사바나호(SS Savannah). 1819년 헌터 우드(Hunter Wood) 작.

147

뉴욕에서 오대호에 이르는 이리운하가 완공되었다.

증기선의 속도에 매혹된 미국인들의 다음 욕심은 넓은 오대호까지 증기선을 타고 접근하는 것이었다. 만약 동부 해안가와 오대호를 운하로 이을 수 있다면 오대호 전체에 증기선이 다니면서 이 일대 내륙 운송을 획기적으로 개선하겠다는 구상이었다. 1807년 운항한 최초의 증기선이 허드슨강을 통해 이미 뉴욕에서 알버니까지 다니고 있었기 때문에 문제는 다음 구간이었다. 알버니에서 오대호까지만 운하를 판다면 뉴욕에서 곧바로 호수에 접근할 수 있게 되는 것이었다. 물론 육지의 운하 건설은 난이도가 높은 공사였기 때문에 큰 실패의 위험을 감수해야 하는 모험이었다. 1817년 허드슨강에서 가장 가까운 이리호(Erie)로 향하는 이리 운하가 착공되었고, 숱한 어려움 끝에 1825년 완공되었다. 운하의 총 길이는 363마일(584km)이었고, 물살의 흐름을 따라가는 하류 방향 속도는 4mph(6.5km/h), 역방향 속도는 2mph(3.2km/h) 이었다. 시속으로 12마일(20km) 정도인 말의 속도에 비해서는 느린 것이었지만 역시나 지치지 않고 움직일 수 있다는 것은 말이 도저히 따라올 수 없는 장점이었다. 이 운하의 건설로 그간 발길 닿기가 어려웠던 오대호 연안 깊숙한 내륙 지역의 활용 가치는 급속히 상승했다. 물자들이 배로 활발히 오가면서 오대호 주변의 도시들은 거대한 물류 네트워크를 형성했고 풍부한 수자원과 목재 등을 바탕으로 산업을 크게 발전시켰다.

이리 운하의 성공으로 중부 내륙까지 곧장 연결된 뉴욕은 상업의 중심지로서 위치를 더욱 공고하게 다졌다. 이에 자극받은 다른 도시들도 이후 운하를 많이 건설했지만 이리 운하처럼 경제적으로 성공을 거두지

이리 운하의 노선

는 못했다. 기본적으로 이 당시 운하를 만들고 유지하는 것은 무척 어려운 일이었다. 우선 지형의 고저차를 극복하는 많은 갑문을 만들어야 했고, 일정한 수심과 폭을 유지하는 수로에서 배가 다닐 수 있도록 흙을 대량으로 굴착하고 긴 제방을 쌓아야만 했다. 이는 기술적으로 까다로울 뿐만 아니라 비용도 많이 드는 작업이었다. 힘들게 운하를 만들었다고 해도 겨울철에 강물이 얼어붙으면 운행이 중단되기 일쑤였고, 눈이나 비가 올 때 속도가 느려지는 일도 잦았다. 오대호처럼 거대한 수로 네트워크에 연결되는 것이 아닌 이상 운하로 움직인 물건을 하역한 다음 다시 최종 목적지까지 옮기는 것도 만만치 않은 일이었다.

이리 운하를 제외한 다른 노선의 실패에도 불구하고 운하와 증기선이 불러온 교통 혁명은 파격적이었다. 1783년 미국 건국 때만 해도 주로 동부 해안가에 길게 자리 잡았던 이주민의 정착촌은 불과 50년 만에 오대호 연안과 미시시피강 주변으로 확장됐고, 이들 도시 간의 이동 속도와 물자 운송량이 크게 늘어났다. 그러나 이동의 혁신은 아직 끝난 것이 아니었다. 내륙의 구석구석을 연결하는 더욱 놀라운 발명품이 등장한 것이었다. 날씨에 상관없이 더 많은 양의 물건을 물길이 닿지 않는 곳까지도 빠르게 운반할 수단. 바로 기차였다.

4) 기차의 확장성

기차의 등장은 인간의 이동 역사상 획기적인 사건이었다.

기차는 수십만 년간 끊임없이 이주해 온 인류에게 완전히 새로운 시대를 열어주었다. 기차를 통해 인류의 이동 속도는 순식간에 10배 이상 빨라졌고 이동의 범위도 철도를 만들 수 있는 곳 전체로 넓어졌다. 말은 동물이기 때문에 체력의 한계가 있기 마련이어서 하루 40마일(65km) 정도만 이동할 수 있었지만 기차는 발명된 지 얼마 지나지 않은 다음에도 한 시간에 15마일(24km)씩 24시간을 쉬지 않고 달릴 수 있었다. 게다가 운반할 짐이나 사람의 무게는 말의 능력과 비교할 수도 없을 정도였다. 강이 흐르지 않는 곳도 다닐 수 있어 배가 가지지 못한 장점도 갖고 있었다. 너무 많이 내리지만 않는다면 비나 눈도 기차의 이동을 멈추게 할 수 없었다. 철길만 놓여 있다면 기차는 언제나 쉬지 않고 움직일 수 있었고, 이는 인류의 생활 범위를 엄청나게 확장했다.

기계의 힘으로 움직이는 기차는 영국에서 처음 만들어졌다. 17세기 말에 처음 등장한 증기 엔진은 18세기 동안 여러 발명가들의 아이디어가 더해진 덕분에 점점 효율성을 높여갔다. 처음에는 공장 내에서 주로 쓰이던 증기 엔진은 석탄 광산 바닥에 고이는 물을 퍼내는 용도로도 활용되다가 18세기 말부터는 증기선이나 기차 같은 운송 장치에도 도입되기 시작했다. 최초의 증기선이 등장한 지 20년 정도가 지난 1801년, 영국의 발명가 리차드 트레비식(Richard Trevithick)*은 증기 엔진으로 움직이는 육상 운송 기관을 만들어 6명의 승객을 태웠다. 연기 뿜는 악마(Puffing Devil)라는 별명이 붙은 이 차는 신기한 물건이기는 했지만 아직 안정적이지는 못했다. 첫 시험으로부터 3일 후에는 고장이 나서 엔진에 불이 붙었고, 이후 몇 차례 개량을 거쳤음에도 오랫동안 고압의 증기압을 유지하는 게 어렵다는 게 밝혀졌다. 마차에 비해 비쌌고 승차감도 좋지 않았다. 트레비식은 사람들의 흥미를 끌기 위해 1808년 레일을 따라 움직이는 서커스 열차(Catch Me Who Can)도 만들었지만 당시 큰 호응을 얻지는 못했다.

그러나 기차는 곧 광산에서 짐을 옮기는데 유용하게 쓰이기 시작했다. 이미 1760년대부터 영국의 광산 기술자들은 석탄을 나르기 위해 나무 레일이나 철 레일을 깔아 말이 끄는 수레를 이용하고 있었다. 1813년 윌리암 헤들리(William Hedeley)는 트레비식이 만든 증기 기관차를 개선해 레일 위에서 증기 엔진의 힘을 이용해 시속 5마일(8km)의 느린 속도로 움직이는 석탄 운반차를 개발했다. 1814년에 조지 스티븐슨(George Stephenson)은 8개 차를 연결해 시속 4마일(6.5km)의 속도로 30톤이나 되는 석탄을 한 번에 옮길 열차도 만들어 광산에서 사용했다.

조지 스티븐슨은 기차의 성능을 계속 향상시켜서 1825년 영국 북부 스톡턴과 달링턴 사이 25마일(40km) 구간에 세계 최초의 증기 기관차 공공 철도 노선(Stockton&Darlington Railway)을 만들기에 이르렀다. 이 철도는 처음에는 달링턴의 석탄을 스톡턴 항구의 배까지 운송하는

● 영국 콘월 출신의 발명가 겸 채굴 기술자. 채굴 선장의 아들로 콘월 광산의 중심지에서 태어나 어려서부터 채굴과 공학에 몰두했으며 자라서는 철도 수송의 초기 개척자가 되었다. 그의 가장 큰 공헌은 최초로 고압 증기 기관을 개발한 일이며, 최초의 철도 증기 기관차 발명가이기도 하다. 1804년 2월 21일 트레비식의 증기 기관차가 웨일스의 메르시르 티드필에 있는 페니다렌 철공소를 출발해 철길을 달린 일이 기관차를 이용한 세계 최초의 철도 여행으로 기록되었다. 이후 관심을 해외로 돌린 트레비식은 페루에서 채굴 컨설턴트로 일했으며 코스타리카 일부 지역을 탐사하기도 했다. 전성기 시절 그는 광공업 분야에서 존경받고 잘 알려진 인물이었으나 말년에 이르러 사업을 접고 은둔 생활에 들어갔다.
사진은 트레비식이 세운 회사 트레비식 소사이어티(Trevithick Society)에 의해 제작되어 그의 본고장 콘월에서 정기적으로 시연된 '퍼핑 데빌'의 복제품. 크리스 앨런 촬영.

용도로 개발됐다. 그러나 1833년부터는 450명의 사람이 탄 열차가 시속 15마일(24km)로 운행하기 시작했고, 나중에는 시속 36마일(58km)까지 속도가 빨라졌다.

미국은 빠른 속도로 철도를 건설해 나갔다.

이 시기 영국으로부터 독립한 지 얼마 되지 않았던 신생국가 미국에서도 철도에 대한 관심을 갖고 독자적인 발명을 시도하는 사람이 나타났다. 1825년 존 스티븐스(John Stevens)•는 미국 최초로 증기 기관차를 개발했다. 스티븐스는 이를 바로 상용화해보려고 했지만 당시 투자자들이 큰돈이 들어가는 이 모험적인 사업에 뛰어드는 것을 망설였기 때문에 상업용 철도를 만드는 데까지 나아가지는 못했다. 결국 그는 자신의 땅에 0.5마일(0.8km)의 원형 트랙을 만들어서 기차의 능력을 사람들에게 보여주는 데 만족해야 했다. 미국 최초의 철도는 1826년 10월 매사추세츠주의 남쪽 해안도시인 퀸시(Quincy)에 놓인 3마일(4.8km) 길이의 노선이었다. 아직은 증기 기관차가 아니라 말이 끄는 화물차가 다닌 이 철도는 멀리 떨어진 곳에서 채취한 무거운 화강암을 배로 운반하는 데에 요긴하게 사용되었다.

교통수단 발전에 목말랐던 미국이 증기 기관차 철도를 본격적으로 도입하는 데에는 그리 오랜 시간이 걸리지 않았다. 존 스티븐스가 투자자 모집에 실패한 지 3년밖에 지나지 않은 1828년, 메릴랜드주의 볼티모어에

• 증기 기관으로 유명한 초기 미국의 발명가. 증기선의 발명으로 풀턴과 겨루었다. 뉴욕 태생으로, 1768년 컬럼비아대학의 전신 킹스 칼리지 출신. 법률을 전공하여 법률가가 되었다. 미국의 독립전쟁 때는 혁명군 장교로 활약하였고 후에 뉴저지주의 재정을 담당하였다. 1802년에 증기선을 만들어 허드슨 강을 몇 번이고 왕복했고, 1807년에 고압 기관을 설치한 스크루선 '피닉스'호를 진수했다. 그러나 경쟁자인 풀턴이 허드슨 강 운항 독점권을 얻었기 때문에 증기선 발명가인 스티븐스의 이름은 그늘에 가려지고 말았다. 사진은 1825년 뉴저지 호보켄에서 운행한 존 스티븐스 증기 기차의 복제품. 현재 펜실베니아 철도 박물관에 있다.

서 오하이오강까지 연결하는 철도(Baltimore and Ohio Railroad) 공사가 시작되었다. 오하이오강까지는 이미 미시시피강 증기선이 다니고 있었기 때문에 이 철도 사업의 궁극적 목적은 동부 해안 도시 볼티모어를 오하이오강과 기차로 연결해 미시시피강 유역 전체에 접근하는 이동 통로를 만드는 것이었다. 이 철도는 1830년 5월 24일 볼티모어에서 서쪽으로 9마일(15km) 떨어진 엘리코트(Ellicott)까지 첫 정기 운행을 시작했고, 착공 후 25년이 지난 1853년에 드디어 오늘날의 웨스트버지니아주 윌링(Wheeling)에 당도해 오하이오강과 연결됐다. 1830년 최초로 완공된 짧은 구간을 처음 달린 기관차는 톰섬(Tom-Thumb)**이라는, 미국에서 자체 생산한 증기 기관차였다. 1830년 8월에는 당시 신기술인 톰섬과 전통적 이동 수단인 말이 경주하는 재미있는 경기가 있었다. 톰섬과 말이 서로 화물을 끌고 달리는 이 시합에서 처음에는 톰섬이 앞서기 시작했지만 중간에 증기 엔진이 고장 나서 결국 말이 승리를 거두었다. 그렇지만 이 시합 후 사람들의 더 큰 관심을 끈 건 톰섬이었다. 기차가 말보다 빠를 수도 있다는 가능성을 보여준 것만으로 당시 사람들을 놀라게 하기에 충분했다.

톰섬의 경기로부터 얼마 지나지 않은 1830년 12월 25일 크리스마스에는 남부지방에서 최초의 여객 열차가 운행하기 시작했다. 사우스캐롤라이나주에 만들어진 이 기차는 '찰스턴의 좋은 친구들'(Best friend of Charleston)***이라는 브랜드 명으로 6마일(9.7km) 구간

● 톰섬 증기기관차
미국 최초로 공용화물철도를 운행한 증기기관차. 1829년 피터 쿠퍼(Peter Cooper)가 볼티모어와 오하이오 철도(B&O, 현 CSX)의 소유주들에게 증기 엔진을 사용하도록 설득하기 위해 고안한 것이다. 마차와 벌인 즉석 경주에서 톰섬이 기계적 고장을 일으켜 승부에 지고 만 일은 유명한 사건으로 기억된다. 그럼에도 불구하고 증기기관차의 운행은 승인을 받았고 철도청은 이를 위한 엔진 개발에 박차를 가하게 되었다.
그림은 1831년 볼티모어에서 운행중인, 톰섬으로 보이는 증기기관차. R J 마쳇(R J Matchett) 작품.

●●● 사우스캐롤라이나 운하 및 철도 회사를 위해 1830년 웨스트포인트 파운드리(West Point Foundry)에서 제조된 기관차 '찰스턴의 좋은 친구들'의 삽화로, 정기 운행한 최초의 미국제 기관차였다. 1831년 1월부터 6월까지 운행되다 보일러 폭발로 운행을 멈추었다. 로버트 헨리 서스턴(Robert Henry Thurston) 작품.

에서 시속 20마일(32km)의 속도로 20분 동안 승객들을 태워 날랐다. 최초라는 이정표를 세우기는 했지만 이 기차는 그 이름만큼 편안하거나 유쾌한 시설은 아니었다. 증기 엔진의 연기는 탑승객의 옷을 시커멓게 했고 급출발과 급제동이 많아 승차감도 그리 좋지 않았으며 사고 위험도 컸다. 결국 '찰스턴의 좋은 친구들'은 운행 후 6개월이 지난 1831년 6월 17일 보일러 폭발사고를 일으켜 미국에서 최초로 사고를 기록한 기차가 되었다.

초기 다소간의 불편함과 위험이 있었지만 이미 기차가 주는 장점은 다른 교통수단을 압도하고도 남았다. 기차는 일 년 사시사철 빠르게 달릴 수 있다는 것을 제외하고 비용적인 면에서도 이점이 있었다. 처음 철도를 건설하는 비용은 많이 들었지만 이후 운송비는 배에 비해서 매우 저렴했다. 배는 가라앉으면 화물을 다 잃어버릴 위험이 있었지만 기차는 그럴 염려가 없었고, 그때문에 보험료 같은 추가 비용도 거의 들지 않았다. 게다가 철도를 놓으면 역 주변 드넓은 땅의 토지 가치를 순식간에 높일 수 있다는 부수적인 효과도 있었다. 새로운 땅을 소유하고 싶어 하는 이주자들은 철도 주변 땅으로 몰려들었고, 더 많은 이익을 원하는 개발업자들은 계속 철도를 건설해 나갔다.

1830년에 메릴랜드와 사우스캐롤라이나에 막 건설된 두 노선을 합쳐 고작 15마일(25km)이었던 철도 연장은 10년 만에 200배 가깝게 증가해 1840년 2,800마일(4,500km)이 되었다.[8] 이후에도 철도 건설 속도는 더 빨라져 1850년의 철도 연장은 8,600마일(14,000km)에 달했다. 1860년 29,000마일(47,000km)까지 다다른 철로 길이는 19세기 말 서부개척 시대에 더 늘어나 1916년 254,000마일(410,000km)로 최대치에 이르렀다. 그러나 20세기에는 그동안의 과도한 투자에 대한 구조조정이 일어나 미국의 철도 총연장은 점차 줄어들었다.

1869년 미국 대륙횡단철도가 완공되었다.

이렇게 폭발적으로 성장한 미국의 철도는 등장 30년 만인 1860년경에는 명실상부한 교통의 주역이 되었다. 동부와 중서부 주요 도시들은 모두 철도로 이어졌고, 기차가 운송하는 물류는 배의 그것을 크게 뛰어넘었다. 연방 정부와 주 정부는 철도 건설을 촉진하기 위해 당시로는 풍부한 자원이었던 땅을 이용했다. 민간업자들이 1마일(1.6km)의 철도를 건설하면 철도 주변으로 우리나라 종로구만한 10스퀘어마일(26㎢)의 땅을 공여해주는 식이었다. 이 제도에 따라 1850년에서 1871년까지 20여 년간 공여된 땅만 1억 3,100만 스퀘어마일(53만㎢)[9]에 달했다. 이 짧은 기간 우리나라 면적의 5배 정도에 달하는 땅이 말하자면 철도 건설의 비용으로 사용된 것이었다. 이 면적은 알래스카를 포함한 미국 전체 면적의 7%에 이르는 어마어마한 크기였다.

철도 건설의 백미는 1869년 대륙횡단철도 완공이었다. 동쪽 대서양에서 서쪽 태평양까지 기차로 달리는 것은 미국인들의 오랜 로망이었다. 1860년 당시 동부와 중서부에는 이미 촘촘하게 철도망이 구축되어 있었지만 미시시피강 너머 서쪽은 여전히 말과 마차가 지배하는 곳이었다. 철도 사업가들은 이미 1840년대부터 미국 정부와 의회에 대륙 횡단 철도 건설을 제안하기 시작했다. 정부도 여기에 큰 관심을 보였고 1855년에는 동서를 가로지르는 5개의 후보 노선을 측량했다. 이를 계기로 최초의 대륙횡단철도를 유치하기 위해 각지에서 치열한 경합이 벌어졌다. 남부와 북부는 큰 이권이 놓인 이 노선을 서로 욕심냈기 때문에 좀처럼 합의를 이루어내지 못했다.

최종 노선의 결정은 노예제를 둘러싼 갈등으로 1861년 남부 연합이 연방을 탈퇴한 것을 계기로 급물살을 탔다. 1862년 북부 주들만이 참여한 연방 의회는 태평양 철도법(Pacific Railway Act)을 제정해 네브래스카 오마하에서 캘리포니아 새크라멘토까지의 철도 건설을 지원하기로 했다. 이 법에 따라 철도를 부설하는 민간회사는 1마일을 건설할 때마다 16,000달러에서 48,000달러에 이르는 융자를 받을 수 있었다. 이는 오늘날의 가치로 마일당 거의 백만 달러 정도에 달하는 금액이었다. 토지 공여도 일반 철도보다 많았다. 사업자는 1마일을 놓을 때마다 종로구의 두 배에 해당하는 20스퀘어마일(52㎢)의 땅을 받았다. 철도를 유치하기 원하는 지방정부들은 여기에 추가적인 토지 공여를 제공하기도 했다. 대륙횡단철도 건설에 뛰어든 투자자들은 이처럼 파격적인 지원을 조금이라도 더 많이 받기 위해 더 긴 레일을 까는 일에 박차를 가했다.

투자자들은 두 개의 회사를 구성해 동쪽과 서쪽에서 서로 마주보며 건설을 시작했다. 유니온퍼시픽(Union Pacific)은 오늘날 네브라스카주의 오마하(Omaha)에서 시작해서 서쪽으로 전진했고, 센트럴퍼시픽(Central Pacific)은 서부 새크라멘토(Sacramento)에서 출발해 동쪽으로 나아갔다. 대륙횡단철도가 건설되는 6년 내내 더 많은 자금과 땅을 받아내기 위한 두 회사의 경쟁은 매우 치열했다. 이 과정에서 의회를 향한 과도한 로비가 일어나고 공사량을 부풀리는 눈속임이 벌어지기도 했다.

당시로는 오지 중의 오지였던 서부 평원에 철도를 건설하는 것은 처음부터 난관의 연속이었다. 동쪽 유니온퍼시픽 구간에서는 물자 공급이 원활하지 않았다. 시작점인 오마하에는 그때까지만 해도 철도가 연결돼 있지 않았기 때문에 건설에 쓰이는 모든 자재는 미주리강을 따라 증기선으로 옮기거나 육로 구간에서 말을 이용해 가져와야 했다. 철도 건설에 많이 쓰이는 나무, 돌, 철 등을 공사 현장 주변에서 조달하기도 어려워서 사실상 모든 물자를 이런 방식으로 후방에서 실어 날라야 했다. 인근에 마을이 없어 공사 현장의 작업 인력을 구하는 것도 곤란한 일이었다. 이 때문에 산과 계곡이 거의 없는 평지에 철도를 까는 비교적 쉬운 공정이었음에도 불구하고 물자와 인력 조달 체계가 제대로 갖추어질 때까지 공사는 한없이 지연되었다. 공사를 시작한 지 1년 반이나 지난 1865년 9월이 되어도 완공된 구간은 11마일(18km)에 불과한 지경이었다. 이런 상황은 1865년 말부터 점차 나아지기 시작했다. 마침 남북전쟁이 끝났기 때문에 퇴역 군인들, 노예에서 해방된 흑인들을 비롯해 아일랜드, 스웨덴 등 유럽에서 온 이민자들이 건설현장에 풍부하게 유입되기 시작했다. 오마하에 모인 물자를 이미 건설된 철로 구간을 통해 공사 지점까지 옮기는 물자 공급망도 자리를 잡아서 1866년 말에는 305마일, 1867년 말에는 516마일의 철도를 완공하였다.

한편 현장 주변 벌판 한가운데에는 노동자들이 거주하는 임시 정착촌이 들어서서 공사 진행에 따라 서쪽으로 이동을 계속했다. 이곳에 거주하는 많은 수의 노동자에게 충분한 식량을 공급하는 것도 쉬운 일이 아니었다. 이를 해결하기 위해 철도 회사가 고안한 방법은 당시 평원에 6,000만 마리 가깝게 서식하던 버팔로를 사냥하는 것이었다. 이 방법을 통해 노동자들의 식량 사정은 다소 나아졌지만 아메리카 대륙의 버팔로 생태계는 완전히 붕괴됐고, 오랜 시간 버팔로와 공생하며 중부 평원에서 살아오던 원주민 부족은 삶의 기반을 송두리째 잃고 말았다.

센트럴퍼시픽의 서쪽 구간 공사도 시작이 어려운 것은 마찬가지였다. 이들이 맞닥뜨린 장애물은 새크라멘토를 지나서 바로 만나게 되는 시에라네바다산맥(Sierra Nevada Mountains)이었다. 200만 년 전 조성되고 만년설이 덮여 있는 이 산맥은 지금도 일 년에 4mm씩 융기하고 있는 거대한 화강암 덩어리이다. 곡괭이와 조악한 폭약이 전부인 당시의 굴착 수단으로는 이 단단한 산맥을 뚫고 나가기가 여간 어려운 것이 아니었다. 전진 속도도 느렸고, 현장에 투입된 노동자들도 이내 지쳐 나가떨어졌다. 동쪽 유니온퍼시픽의 건설 속도보다 턱없이 느린 진도에 초조해진 센트럴퍼시픽의 투자자들은 해결책으로 중국인 노동자들을 투입해 보기로 했다. '만리장성을 건설한 민족'이기 때문에 어려운 공사를 해낼 수 있을 것이라는 기대로 한 달 동안 시험적으로 영입한 중국인 노동자들은 과연 괄목할 성과를 보여주었다. 이들은 산속의 열악한 작업 환경에 굴하지 않고 집단으로 생활하면서 하루 8인치(20cm)씩 성실하게 터널을 굴착해갔다. 이들의 성과에 만족한 회사는 더욱 많은 중국인들을 불러들였고, 종국에는 전체 현장 인원의 80%를 넘는 15,000명의 중국인들이 공사에 투입됐다. 센트럴퍼시픽은 결국 건설 시작 5년 만인 1868년 5월에 시에라네바다산맥을 넘어섰다. 산맥을 뚫고 나자 이후의 진행은 일사천리였다. 산악지역에는 나무가 풍부했기 때문에 센트럴퍼시픽은 쉽게 침목을 깔아가며 빠른 속도로 동진했다.

1869년 5월 유타주 프로몬토리(Promontory)에서 최종적으로 두 철도가 만나기 전 몇 달 동안 건설 경쟁은 한층 더 달아올랐다. 두 회사는 서로 한

● **프로몬토리 포인트** 유타 주 박스 엘더 카운티의 고지대로, 브리검 시 서쪽으로 51km), 솔트 레이크 시 북서쪽으로 106km에 위치한다. 해발 1,494m 고지대인 이곳은 프로몬토리 산맥과 그레이트 솔트 호수의 북쪽에 자리잡고 있다. 1869년 5월 10일 미국 새크라멘토에서 오마하까지 제1차 대륙횡단철도가 공식적으로 완공된 것을 알린 지점으로 유명하다. 이를 위해 1868년 여름까지 중앙 태평양(CP) 회사는 시에라 네바다 산맥을 통과하는 첫 번째 철도 노선을 완성했고, 이후 내륙 평야와 유니언 퍼시픽(UP) 회사 노선으로 내려가고 있었다. 1869년 5월, 유니온 퍼시픽과 중앙 퍼시픽 철도의 철도 책임자들이 마침내 유타 준주 프로몬토리 서밋(Promontory Summit)에서 만났다. 사진은 '최후의 철로에서 악수하는 동서 회사 대표들'. 1869년 5월 10일 제1차 대륙횡단철도 완공을 기념해 유타주 프로몬토리 서밋에서 열린 황금 스파이크 운행 기념식. 앤드류 J. 러셀(1829-1902)의 제1차 대륙횡단철도 회의록 사진에 수록.

치의 땅과 일 달러의 돈이라도 더 많이 차지하기 위해 공사 속도에 열을 올렸다. 시에라네바다산맥에서 하루 20cm씩 전진하던 센트럴퍼시픽은 평지에서 하루 동안 10마일(16km)의 철도를 건설하는 기록을 세우기도 했다. 두 회사가 접속 지점에 대해서 좀처럼 합의하지 못하고 건설을 계속하고 있을 때 연방 정부가 개입하여 유타주의 프리몬토리에서 레일을 결합하기로 마침내 타협이 이루어졌다. 5월 10일 드디어 양 쪽 기관차의 역사적인 조우가 이루어졌다. 왼쪽 센트럴퍼시픽의 대표 몬타그 (Montague)와 오른쪽 유니온퍼시픽의 대표 다지(Dodge)가 악수하고 서쪽과 동쪽의 기관차에 올라간 사람들이 서로에게 술병을 건네는 이 기념사진은 시대의 전환을 알리는 상징적인 장면이 되었다. 남북전쟁이 끝난 지 4년 밖에 되지 않아 분열의 앙금이 아직 남아 있던 이 시기, 동서 대륙횡단철도의 연결은 미국의 새로운 통합과 가능성을 선포하는 상징적인 사건이 되었다.

대륙횡단 철도 건설 이후 폭발적 성장과 과잉투자에 따른 경기침체 등으로 부침을 거듭하던 철도는 자동차의 등장으로 1920년대부터 점차 쇠퇴하기 시작했다. 새롭게 발명된 자동차는 철도의 여객 수요를 빠르게 잠식해 들어갔다. 석탄, 철강 같은 벌크 화물을 운반하는 철도의 역할은 계속됐지만 탑승객의 감소로 전반적인 수익성은 점차 악화됐다. 급기야 1970년에는 뉴욕 기반의 주요 철도 기업이었던 펜센트럴(Penn Central Transportation Company)이 도산하는 일이 발생했다. 이는 당시 최대 규모의 기업 파산으로 시장에 큰 충격을 안겨 주었다. 펜센트럴의 도산을 계기로 미국 의회는 주로 여객 운송만을 담당하는 국영 철도 회사(Amtrak)를 설립했고 경제성 있는 노선 중심으로 철도 산업을 구조조정 하였다. 오늘날 미국의 철도는 유니온퍼시픽(Union Pacific),

CSX, 벌링턴노던산타페(BNSF), 암트랙(Amtrak) 등 몇몇 큰 회사를 중심으로 전체 육상 화물 운송의 절반 정도 물량 및 워싱턴-뉴욕-보스턴 구간(Northeast Corridor) 등 경쟁력이 있는 노선에서의 여객 운송을 담당하고 있다.

2018년 4월 30일, 우리나라에서는 일일생활권의 상징적인 존재였던 새마을호 열차가 퇴역하는 일이 있었다. 1969년 관광호라는 명칭으로 운행을 시작해 1974년 새마을호로 명칭이 변경된 이 기차는 최대 속도 시속140km로 달려 서울과 부산을 4시간 10분에 주파했다. 불과 100년 전까지만 해도 15일을 걸어가야만 했던 길을 반나절에 달릴 수 있다는 것은 당시로는 획기적인 일이었다. 아침은 서울에서 먹고, 점심에는 부산에 가서 일을 보고, 저녁은 다시 서울로 돌아와서 먹는 '일일생활권' 개념은 국토에 대한 우리나라 사람들의 생각을 새롭게 변화시켰다. 전국을 하루에 돌아다닐 수 있다는 사실은 내가 사는 곳이 아닌 다른 지역들도 한층 더 가깝고 친밀하게 느껴지도록 해 주었다. 새마을호는 더 빠른 고속철도의 등장으로 임무를 마치고 사라졌지만 아날로그 식의 느린 기차는 많은 사람에게 깊은 추억으로 남아있다. 봄이면 피어나는 꽃과 새 잎을 보러 기차에 오르고 역에서 초조한 마음으로 누군가를 기다리는 일들은 모두 철로가 보고 싶은 장소와 사람에 이미 연결돼 있기 때문에 가능한 일이었다. 산 너머까지 멀리 뻗어있는 기찻길은 그것을 바라보는 사람이 어디에 살고 있던 간에 더 큰 세상으로 나아갈 수 있다는 가능성이자 희망이었다. 기차는 이처럼 그 효용성 못지않게 정서적 측면에서도 많은 사람에게 큰 영향을 미쳤다.

새마을호가 KTX에 임무를 넘겨주고 퇴장한 것처럼 대륙이 넓은 미국에서도 기차는 더 빠른 교통수단에 그 역할을 넘겨 줄 수밖에 없었다. 1869년 대륙횡단철도에 대한 열광도 잠시, 사람들은 이내 뉴욕에서 새크라멘토까지 도달하는 3일 반의 시간도 길게 느끼기 시작했다. 결국 기차가 등장한 지 100년도 지나지 않아 3,000마일(4,800km)의 거리를 단 6시간 만에 주파할 전혀 새로운 교통수단이 등장했다. 인간이 하늘을 날 수 있게 된 것이다.

5) 비행기의 빠르기

1783년 몽골피에의 열기구가 날아오른 이후 많은 사람이 비행에 도전했다.

창공을 가르고 날아오르는 비행기는 어딘가로 떠나고 싶은 우리의 마음을 강하게 자극한다. 비행기는 다른 곳으로 이주하고 싶어 하는 인류의 욕구를 충족시켜주는 기계중에 가장 빠르게 멀리까지 갈 수단이다. 오늘날의 우리는 비행기를 타면 24시간 이내에 지구상 어느 곳이라도 갈 수 있다. 하늘을 난다는 것은 이처럼 세상을 자유롭게 누빌 수 있다는 가능성을 의미하기 때문에 비행기는 많은 사람에게 가슴 뛰는 열정과 낭만을 선물해 주었다. 비행사가 되고 싶은 어린이, 드론을 띄우는 것이 취미인 젊은이, 해외여행을 기대하는 사람들의 마음속에는 종류는 다르지만 제각각 하늘을 날아 새로운 세상으로 가고 싶은 설렘과 꿈이 담겨 있다. 가장 발전된 이주의 형태인 비행기는 오늘날을 사는 우리의 이주 본능을 가장 강하게 불러일으키는 존재이다.

날고 싶어 하는 꿈은 인류에게 '처음부터' 있었다고 해도 과언이 아닐 것이다. 새라고 하는 명백한 증거가 있었기 때문에 나는 것은 결코 공상이 아니었다. 사람들은 우리도 날개가 있으면 새처럼 훨훨 날아 어디든 갈 수 있을 것이고, 혹은 땅에서 말을 타는 것처럼 날아다니는 무엇인가를 타고 다닐 수도 있을 것이라고 상상했다. 날개달린 요정과 천사나 하늘을 나는 용과 양탄자는 무수한 그림, 조각, 이야기에 등장했다. 그렇지만 인간은 아무리 날개를 만들어 움직여도 날 수가 없었다. 중력의 힘은 너무나 강력해서 오랫동안 우리가 떠오르는 것을 허락하지 않았다.

하늘에 오르고 싶어 하는 인류의 오랜 꿈은 라이트형제가 12초 동안 36미터의 조종 비행을 성공한 때보다 120년 앞선 1783년 10월 15일 프랑스의 몽골피에 형제(Montgolfier brothers)가 처음으로 실현했다. 동생인 자크 몽골피에가 밧줄에 묶인 열기구를 타고 24m 공중에 떠 오른 것이 그 시작이었다. 항공학에 관심이 있어 지붕에서 뛰어내리는 낙하산을 연구하기도 했던 형 조제프 몽골리에는 세탁물을 말릴 때 가벼운 천이 열에 의해 일시적으로 위로 올라가는 것을 보고 1775년부터 동생 자크와 함께 열기구를 구상하기 시작했다. 당시의 첨단산업이었던 종이제조업에 종사했던 두 형제는 충분한 강도를 지닌 지름 11.5m 정도의 열기구를 만들었다. 오랜 시도 끝에 형제는 1783년 6월 4일 파리 근교에서 군중을 모아 놓고 사람이 타지 않은 열기구를 10분 동안 2km 날리는데 성공했다.

그들의 성공에 사람들이 관심을 보였고, 그해 9월 19일 베르사유 궁전에서 루이 16세와 마리 앙뚜아네뜨 왕비가 지켜보는 가운데 이번에는 양, 오리, 닭을 태워서 460m의 고도에서 8분 동안 3km를 날아가게 했다. 이처럼 높이 올라가도 생명체의 몸에 지장이 없다는 것을 확인한 그들은 10월 15일 드디어 직접 공중에 올라갔다. 이날은 동생 자크가 밧줄을 묶은 상태에서 떠올랐는데, 그해 11월 21일에는 밧줄 없이 고도 910m로 올라가서 25분 동안 9km 이동하는 데 성공했다. 그렇지만 이것은 열을 가해 가벼워진 공기의 부력(Lighter than air)으로 하늘에 올라가 바람 부는 방향대로 이동한 것이었기 때문에 현대적 의미에서의 조종 비행은 아니었다.

1799년 영국의 조지 케일리(George Cayley)는 새로운 개념의 비행 방법을 구상했다. 그는 새처럼 날개를 펄럭이는 방법이 아니라 고정된 날개의 글라이더 비행기를 이용하여 하늘을 날 수 있다고 생각했다. 날개를 아래에서 받쳐 올리는 공기의 힘인 양력(Lift)이 사람 몸무게 이상의 무거운 물체를 들어 올릴 수 있다는 아이디어는 혁신적이었다. 몽골피에 형제의 성공에 자극받아 비행기를 연구하던 그는 적절한 추력(Thrust)으로 항력(Drag)을 이겨내면 양력(Lift)이 발생해 중력(Weight)을 극복할 수 있다고 주장했다.

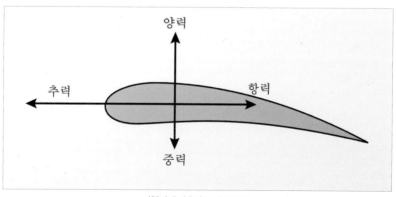

비행기에 작용하는 네 개의 힘

새처럼 날개를 위아래로 움직여 날아오르는 것이 당연하게 여겨졌던 시절 그는 "새가 날개를 펄럭이는 힘은 몸무게를 감안할 때 사람의 팔과 다리의 힘보다 세기 때문에 사람은 날개를 퍼덕여서는 하늘을 날 수 없다. 새가 날개를 움직이는 것은 공중에 뜨기 위한 것뿐만 아니라 앞으로 나아가기 위해서다"라고 주장했다. 이런 생각으로 그는 1803년 글라이더의 모델을 만들었고 1809년에는 실물 크기의 무인 글라이더를 제작했다. 몇십 년의 노력 끝에 1853년 사람을 태운 최초의 글라이더를 만들어 바람에 날리기도 했다. 그러나 그는 동력을 이용해 원하는 대로 조종하는 글라이더를 만들지는 못했다. 그는 적당한 추력(Thrust)을 만들어내는 가벼운 엔진이 나타나지 않으면 지속적인 비행은 불가능하다고 예측했는데, 실제로 이후 50여 년 동안 아무도 그 숙제를 해결해 내지 못했다.

이 시기 가능성 측면에서 보면 궁극적인 비행 수단으로 발전하기에는 열기구가 좀 더 유리해 보였다. 1852년 9월 24일 프랑스의 앙리 지파르(Henri Giffard)는 3마력의 증기기관 엔진을 열기구에 탑재해 최초의 열기구 동력 비행에 성공했다. 그는 길이 44m, 높이 12m의 커다란 럭비공 모양 비행선을 만들어서 파리에서 엘란코트까지 무려 27km를 비행했다. 직경 4m의 큰 프로펠러가 추력을 만들어냈고, 속도는 시속 8~10km에 달했다. 그 반면 글라이더의 추력을 확보하는 것은 여전히 여의치 않았다. 1856년 프랑스의 잔 마리(Jean-Marie Le Bris)는 사람이 탄 글라이더를 줄에 매단 채 말이 끄

• 최초로 동력 비행선을 제작한 프랑스 발명가. 1852년 9월 24일 지파르는 파리에서 엘란코트(Élancourt)까지 총 연장 27km를 동력으로 여행하는 최초의 제어 가능한 비행기구를 만들었다. 이 비행선은 길이 44m, 직경 12m인 럭비공 모양의 비행체 밑에 길이 20m의 나무 막대기를 매달고 무게 160kg의 증기 엔진과 직경 4m의 프로펠러, 그리고 사람이 타는 곤돌라를 매달았다. 동력은 증기 엔진으로부터 공급받았고 무게는 180kg을 넘었으며 선체는 수소 가스로 채웠으며 3마력의 증기엔진으로 프로펠러를 돌렸다. 이 비행선은 약 8~10km/h의 속도를 냈는데 실제 비행 당시에 바람 때문에 왔던 방향으로 되돌아 갈 수가 없었다. 하지만 그는 선회 비행에 성공하여 이 비행선이 적절하게 조종되고 통제될 수 있음을 증명했다. 만년에 실명을 비관하여 스스로 목숨을 끊었다. 사진은 파리 상공을 나는 지파르의 증기 비행선, 1878년.

는 힘으로 일정 시간 날리는 데 성공했다. 말의 근육을 비행기의 동력으로 쓴 셈이었는데 역시 궁극적인 해결책은 아니었다. 1871년에는 프랑스의 알퐁스 페노(Alphonse Penaud)가 고무줄의 탄성을 동력으로 모형 비행기를 만들었다. 오늘날 학생들이 만드는 고무 동력기를 떠올리면 되는 51cm 길이의 플라노포어(planophore)는 11초 동안 40m를 날 수 있었다. 알폰소는 30세의 젊은 나이에 결핵으로 사망했지만 그의 비행기는 장난감으로 만들어져 큰 인기를 끌었다. 훗날 어린 라이트 형제가 비행기에 대한 관심을 키우게 된 것도 아버지가 선물한 고무줄 동력 비행기 때문이었다. 1890년에는 프랑스의 아데르(Clement Ader)^{••}가 박쥐 모양의 비행기에 20마력의 증기 엔진을 달아 20cm 가량 낮게 떠올라 50m를 비행하는 것에 성공했다. 비록 조종을 하는 단계까지 이르지는 못했지만 그는 엔진을 이용해 동력비행에 성공한 첫 번째 인물로서 프랑스에서 '항공의 아버지'(The father of aviation)로 추앙받고 있다. 이 시기 독일의 릴리안텔(Otto Lilienthal)은 날개를 떠받히는 양력에 대해 더욱 깊이 연구했다. 그는 1867년부터 비행 사고로 사망한 1896년까지 약 30년의 기간 여러 형태의 글라이더를 만들었고 이에 대해 많은 기록을 남겼다. 1893년에는 무게 20kg의 글라이더에 탄 상태에서 250m 무동력 비행에 성공하기도 했다. 그의 연구와 기록은 이후 라이트 형제의 비행기 개발에도 많은 영향을 미쳤다.

1896년에는 미국의 새뮤얼 피어폰트 랭글리(Samuel Pierpont Langley)^{•••}가 증기 엔진을 장착한 무인 비행기를

• 클레망 아데르(Clément Ader, 1841.4.2.~1925.5.3.) 프랑스의 발명가이자 기술자이며, 항공학의 선구자 가운데 한 명. 오트가론주 뮈레에서 태어나 툴루즈에서 사망했다. 사진은 클레망 아데르의 박쥐 모양 비행기.

•• 새뮤얼 피어폰트 랭글리(Samuel Pierpont Langley, 1834.8.22.~1906.2.27.) 미국의 천문학자이자 물리학자. 매사추세츠의 록스버리에서 출생하였다. 처음에는 건축학·토목 공학을 배웠으나, 뒤에 천문학·물리학 등을 연구하였다. 1867년 알레게니 천문대장, 펜실베이니아의 웨스턴 대학 물리학·천문학 교수를 거쳐, 1887년 스미스소니언 협회 회장이 되었다. 태양의 적외선 스펙트럼을 연구하기 위하여 볼로미터를 발명하였으며, 태양 정수의 변화, 지구 대기에 의한 열복사의 선택 흡수도 연구하였다. 또 항공에도 관심을 가지고 많은 연구를 하여, 1896년 최초로 동력에 의한 비행기를 제작하는 데 성공하였다. 사진은 새뮤얼 피어몬트 랭글리가 비행에 성공시킨 증기 엔진을 장착한 무인 비행기.

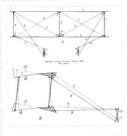

날리는 데에 성공했다. 이 일은 사람이 타는 비행기가 곧 탄생할 수 있을 것이라는 대중들의 폭발적인 기대를 불러일으켰다. 많은 언론이 그의 개발과 실험에 관심을 기울이면서 경쟁적으로 보도했고, 미국 정부는 그의 비행기 개발에 5만 달러(현재 가치 160만 달러 정도)를 지원했다. 당시 이 분야의 전문가들이 참여한 최고의 팀까지 구성한 그의 성공은 목전에 있는 것처럼 보였지만 좀처럼 결과물은 나오지 않았다. 워싱턴의 포토맥강에서 대형 바지선까지 만들어 유인 비행을 시도했지만 비행체는 번번이 강으로 추락했고, 언론이 그의 실패를 대대적으로 보도하면서 기대는 점차 실망으로 바뀌어 갔다.

1903년 라이트형제가 세계 최초의 조종 동력 비행에 성공했다.

세계 최초의 유인 조종 동력 비행기는 뜻하지 않은 곳에서 탄생했다. 아무도 주목하지 않았던 아마추어 발명가 팀이 100년 넘게 이어온 선배들의 노력에 종지부를 찍은 것이다. 1903년 12월 17일, 36살의 형 월버(Wilbur)와 32살의 동생 오빌(Orville) 라이트(Wright) 형제●는 노스캐롤라이나주 키티호크(Kitty Hawk)에서 12마력의 가솔린 엔진을 탑재한 비행기로 3m 정도를 날아올라 12초 동안 36m를 비행하는 것에 성공했다. 동생 오빌이 엎드린 자세로 날아오르는 순간은 사진으로 찍혀 오늘날까지 남아있다. 당시 지역 신문에서 작게 보도했을 뿐인 이 사진 속 비행기의 작은 도약에서는 이후 전 인류의 삶을 바꾼 사건이 주는 흥분을 충분히 느낄 수 있다.

　　탑승자 포함 무게 350kg짜리 플라이어(Flyer I) 비행기가 바람의 힘이 아닌 엔진의 힘으로 공중에 떠 시속10km로 날면서 조종사의 의지에 따라 움직인 이 순간부터 인간은 새로운 능력을 갖게 되었다. 이제 사람들도 새처럼 어느 곳이든 날아서 이주하는 시대가 열린 것이다. 이날의 성공을 위해 라이트형제는 7년 동안 연구하고 실험했다. 오하이오주의 데이튼(Dayton)에서 당시 미국에서 유행하기 시작했던 자전거 수리점을 운영하던 두 형제는 학교에서 체계적으로 공부한 것은 아니었지만 기계에 대한 경험적 지식을 가지고 있었다. 독일 릴리안텔의 앞선 연구와 기록을 참고했던 그들은 날아오르기 좋은 최적 형태의 날개를 만들기 위해 모형실험만도 2,000번을 거쳤다. 그들이 개발한 풍동(Wind tunnel)의 개념은 오늘날 비행 실험에서도 널리 활용되고 있다. 그들은 여러 번의 시행착오 끝에 폭이 좁고, 위로 볼록한 형태의 날개가 양력(Lift)을 받는 데에 가장 효율적이라는 것이라는 것을 알아냈지만, 추력(Thrust)을 만들 엔진이 문제였다. 많은 곳에 의뢰했으나 그들이 원하는 작은 무게의 엔진을 만들겠다는 회사는 선뜻 나타나지 않았다. 결국 형제가 운영하는 자전거 수리점의 기술자였던 찰리 테일러(Charlie Taylor)가 6주에 걸쳐 82kg의 12마력 엔진을 만들어냈다. 엔진에서 프로펠러로 힘을 전달하는 벨트도 자전거에서 응용한 체인으로 제작했다. 이렇게 만들어진 그들 비행기의 가격은 1,000달러(현재 가치 30,000달러)에도 미치지 못했다. 인력도, 자금도, 교육수준도 남들보다 특별할 것이 없었지만 그들은 열정과 노력으로 세계사를 바꾸어냈다.

라이트형제의 비행기는 그 후 발전을 계속해서 1904년에는 앉은 자세의 조종도 가능하게 했고, 1905년에는 원을 그리며 도는 선회비행, 좌우 회전을 반복하는 8자 비행까지 성공하며 30분 이상 체공하는 수준까지 도달했다. 라이트형제는 1906년에 정식 특허를 획득했고 1909년에는 회사를 설립해 미 육군과 비행기 공급 계약을 체결했다. 1910년에는 100km 떨어진 지점까지 물건을 배달하는 상업용 운송 서비스도 개시하였는데, 최초 배달한 화물이 드레스용 실크라는 것은 고부가가치 상품을 빨리 배달할 수 있는 비행기의 장점을 잘 드러내는 기회가 됐다.

라이트 형제의 성공에 고무된 유럽에서도 동력 조종 비행기가 연이어 나타났다. 1906년 프랑스의 알베르토 산토스 뒤몽(Alberto Santos Dumont)•은 유럽 최초로 동력 비행에 성공했다. 1908년에 루이 블레로(Louis Bleriot)는 라이트형제의 비행기처럼 위아래 2층 날개의 비행기가 아닌 한층 날개로 날아오르는 단엽 비행기(Monoplane)를 만들었다. 이 비행기는 그 이후 비행기 형태의 표준을 정립했다. 본체에 단단하게 고정된 한층 날개, 조종사 전면에 달려 비행기 기체를 끌어당기는 프로펠러, 뒷날개를 움직여 좌우상하 방향을 바꿀(Yaw and Pitch) 때 사용하는 조종간 등은 이후 비행기에서도 널리 쓰인 장치가 됐다. 1909년에는 프랑스의 루이 블레리오(Louis Bleriot)••가 단엽비행기로 영국과 프랑스 사이 40km의 도버 해협을 건너 최초의 국제비행에 성공했다. 1914년 1차 세계대전이 발발하기 전까지 비행기는 1,024km의 거리, 6,120m의 고도를 시속 204km로 날아가는 수준으로까지 빠르게 발전했다. 라이트 형제의

• 알베르토 산토스뒤몽(Alberto Santos-Dumont, 1873.7.20.~ 1932.7.23.) 아우베르투 산투스 뒤몽(Alberto Santos-Dumont) 으로도 불리는 브라질 출신의 비행사다. 18세 때 프랑스로 건너가 인생의 대부분을 그곳에서 지냈다. 라이트형제와 더불어 비행술의 선구자로 꼽힌다. 유명 시계공 루이 까르띠에의 친구이기도 하다. 까르띠에는 산토스뒤몽의 이름을 딴 시계 브랜드를 제작하기도 했다. 사진 : 뒤몽의 벌룬. 1898년 7월 4일 프랑스 파리의 보이스 드 불로뉴(Bois de Boulogne) 구역 자르딘 다클림(Jardin d'Acclimatation) 지대에서 산토스뒤몽이 하이드로겐 벌룬을 타고 비행하는 모습.

발명으로부터 불과 10년도 안 되는 기간에 비행기가 이와 같이 눈부시게 진화할 수 있었던 것은 그간 오랜 세월 축적돼 온 기술이 있었고, 비행이라는 것이 많은 사람의 꿈과 열정을 불러일으켰기에 가능한 일이었다.

라이트 형제 이후로 눈부신 발전을 거듭한 비행기는 우리의 시야를 지구 전체로 확장시켰고 장거리 이주를 보편적인 것으로 만들어 주었다. 그렇지만 결국 우리는 땅에 발을 딛고 살고 있기 때문에 일상생활에서 수시로 벌어지는 이주를 바로 가까운 위치에서 도와줄 수단이 필요했다. 이 역할은 비행기와 거의 비슷한 시기에 발전하기 시작해 오늘날 우리의 발이 되어주고 있는 자동차가 맡았다.

** 루이 샤를 요셉 블레리오(Louis Charles Joseph Blériot) 초기 비행기 모델을 개척한 프랑스의 항공기술자. 1907년 처음으로 단엽기(單葉機)를 발명 제작하였고, 1909년 25마력의 블레리오 11호기(Blériot XI)를 조종하여 37분의 비행 끝에 세계 최초로 영국 해협 횡단에 성공하였다. 이후 항공기의 설계 및 제작에 전념하여 에어버스와 에어프랑스의 시초가 된 주요기업 중 하나인 Blériot Aéronautique (비행기 제조회사) 및 Compagnie des Messageries Aériennes (항공사)를 창립하여 항공계에 크게 이바지하였다. 사진은 루이 샤를 요셉 블레리오가 자신이 발명한 단엽기를 띄우려는 모습. 1907년.

6) 자동차의 편리함

자동차의 등장은 인간의 이동을 더욱 자유롭게 했다.

인간이 스스로의 의지로 움직일 수 있도록 돕는 여러 이동수단 중 가장 편리한 것은 단연 자동차이다. 비행기와 기차는 자동차보다 속도 면에서 빠를 수 있지만 약속된 시간에 여러 사람을 태우고 정해진 구간만을 다닌다는 단점이 있다. 반면 자동차는 길이 있는 곳이라면 '내'가 원하는 어디든 데려다 줄 수 있다는 점에서 가장 편하고 유연한 이동 수단이다.

　1895년 미국 전체에 겨우 4대가 등록돼 있었던 자동차는 오늘날 미국인의 생활 속에서 떼려야 뗄 수 없는 존재가 되었다. 아메리카 대륙에 정착하기 시작한 초기부터 활동 반경을 넓히는 이동성(Mobility)을 좋아했던 미국인은 자동차의 발명에 열광했고, 자동차를 사랑했다. 오늘날에도 독립된 공간에 넓게 퍼져서 남한테 구애받지 않고 살아가는 주거 문화, 개인의 자유를 선호하는 국민성, 넓은 국토와 옆으로 넓게 퍼진 도시 구조 등 여러 가지 이유로 미국인들은 대중교통보다 자가용을 훨씬 많이 이용한다.

　미국의 자동차 산업도 증기선, 철도, 항공 산업과 마찬가지로 유럽에서 처음 탄생한 기술을 바탕으로 성장했다. 자동차라는 개념은 프랑스와 영국에서 먼저 등장하기 시작했다. 초기 발명 단계에서 자동차의 가장 강력한 경쟁 상대는 기차와 마차였다. 증기기관과 기차를 가장 먼저 발명하고 상용화한 영국에서는 이 같은 경쟁이 너무 첨예해서 기이한 규제를 만들어내기에 이르렀다. 많은 발명가들이 각종 모습의 자동차를 실험하던 1861년에 영국은 적기(赤旗) 조례(Locomotive Act)라는 치명적인 통제 법규를 만들었다. 당시 철도와 마차 산업 종사자들의 압력에 못 이겨 만들어진 이 규정에 따라 말이 끌지 않는 자동 운송 장치는 길에 나올 때 반드시 안내원을 동행해야 했다. 누군가가 자동차 앞에 서서 걸으면서 빨간 깃발을 흔들고 호각을 불어 행인들에게 위험을 경고해야 했다. 이 법은 몇 차례 완화를 거쳐 1896년 결국 폐지되었지만 30여 년간 기술자들의 손발을 묶어 산업혁명의 주역이었던 영국을 새롭게 태동하는 자동차 산업에서는 뒤처지도록 만들었다.

　영국이 적기조례를 제정하던 당시는 자동차라는 개념이 등장한 지는 100년 가깝게 흘렀지만 자동차라는 게 과연 무엇인지도 아직 정해져 있지 않은 때였다. 많은 혁신가가 18세기 말부터 말이 끌지 않아도 움직이는 기계를 고안했으나 그 형태를 어떻게 만들어야 하는지, 연료로 무엇을 써야 하는지 만든 사람마다 제각각 생각이 달랐다.

자동차의 초기 발명가 중 한 명이었던 프랑스의 공병 장교 퀴뇨(Nicolas-Joseph Cugnot)는 1769년 증기 엔진을 이용해 대포를 견인하는 운송 장치를 만들었다. 그러나 이 기계는 사람보다도 느린 시속 2마일(3.2km)의 속도로 움직였고 조작하는 것도 어려웠으므로 마차를 대신해 널리 쓰일 정도는 아니었다. 퀴뇨는 이 차를 운전하다가 담벼락에 부딪혀 최초의 자동차 교통사고를 낸 사람이 되기도 했다. 1801년 영국의 트레비식(Richard Trevithick)은 고압의 증기 엔진으로 움직이는 기계(Puffing Devil)를 만들어 사람을 태우기도 했지만 역시 실용화에 이르지 못했다.

여러 나라에서 선구자들이 자동차 개발에 열을 올리던 중 1807년 스위스의 리바츠(Francois Isaac de Rivaz)는 내연기관(Internal combustion engine)이라는 독특한 개념의 엔진을 만들었다. 한참이 지난 60여 년 후 자동차 동력의 주역이 될 내연기관은 당시 대세였던 증기 외연기관에 대비되는 새로운 기술이었다. 외연기관에서는 말 그대로 에너지를 만들어내는 연료의 연소가 엔진 밖에서 이루어진다. 별도의 용기에서 석탄 같은 고체 연료를 태워 물을 끓이고, 이때 생긴 높은 압력의 증기로 엔진을 움직이는 것이다. 이와 반대로 리바츠가 만든 내연기관에서는 엔진 내부에서 연소가 일어났다. 기체 분사 연료가 채워진 엔진 내부 실린더에서 스파크를 일으켜 연료를 태운 다음, 연소로 팽창된 기체의 힘을 이용해 피스톤을 움직이는 원리였다. 내연기관은 닫힌 공간에서 열에너지를 운동 에너지로 바로 전환하기 때문에 에너지의 손실이 적었다. 이 때문에 외연기관에 비해 엔진 효율이 높고, 연소가 일어나는 실린더의 온도는 낮고, 동력 전달 장치도 단순하다는 등 많은 장점이 있었다. 하지만 문제는 이렇게 태울 연료가 마땅치 않다는 점이었다. 당시 쉽게 구할 수 있었던 석탄, 나무, 물을 쓰지 못하고 고가의 기체 연료만을 사용해야 했기 때문이었다. 또한 좁은 내부 공간에서 반복적으로 빠른 폭발과 배기(기체의 배출)가 일어나기 때문에 이를 감당할 내구성 있는 재료를 찾는 것도 큰 문제였다. 리바츠의 내연기관은 수소와 산소 기체를 혼합해서 연료로 썼는데 이 혼합 기체 연료를 구하고 다루는 것은 매우 까다로운 일이었다. 이 때문에 여러 장점에도 불구하고 이 엔진을 선호하는 사람이 적었고, 결국 당시의 내연기관 자동차는 상업적으로 실패하고 말았다.

이 시기 영국, 프랑스, 독일 등에 생겨난 수많은 소규모 자동차 작업장들에서는 브레이크(자동차의 속도를 줄이는 장치), 트랜스미션(엔진의 힘을 바퀴의 회전으로 전환하는 장치), 스티어링(핸들로 바퀴 방향을 조작하는 장치) 등과 같은 기술을 꾸준히 개발했다. 자동차에 대한 발명가들의 열정은 실로 대단한 것이었다. 사실상 수익성 있는 제품으로 이어진 사례가 없었음에도 불구하고 수십 년간 수많은 기술자들과 투자자들은 엄청난 땀과 돈을 자동차 개발에 투입했다. 하지만 효과적인 엔진과 연료의 부재는 오랫동안 자동차 산업 성장의 발목을 잡았고, 레일이 없는 곳을 자유롭게 운전해 달리는 것은 여전히 몇몇 사람들의 꿈으로만 남아 있었다.

그러나 기차 운송이 최전성기를 구가하던 1870년대 이후 자동차 산업에서 괄목할 만한 발전이 일어났다. 1870년 오스트리아의 지그프리트

마르쿠스(Siegfried Marcus)[*], 1885년 독일의 칼 벤츠(Karl Benz)[**], 고틀리프 다임러(Gottlieb Daimler)가 각각 독자적으로 가솔린으로 움직이는 실용적인 내연기관 자동차를 개발한 것이었다. 이들의 엔진은 이후 내연기관의 기본이 된 흡입-압축-폭발-배기의 4행정(Stroke) 실린더 방식으로 움직였다. 빨아들인 공기를 분사된 가솔린과 섞은 다음 빠르게 압축시켜 펑 하고 터뜨려 힘을 내는 작업을 일 분에 수백 회씩 반복하는 엔진을 만든다는 것은 매우 까다롭고 정교한 작업이었다. 칼 벤츠는 1886년 자신이 만든 엔진의 특허를 내고 말이 천천히 뛰는(Canter) 것과 비슷한 속도(시속 12마일)인 시속 10마일(16km/h)로 움직이는 세 바퀴 자동차를 만들었다. 벤츠의 부인(Bertha Benz)은 이 자동차를 타고 백 킬로미터가 넘는 거리를 왕래하면서 말이 끌 필요가 없는 기계의 편리함과 우수성을 홍보하기도 했다.

가솔린 엔진은 점차 자동차의 표준이 되어갔다. 처음에는 다른 에너지원과의 경쟁이 만만치 않았다. 오랜 역사의 증기 엔진 외에도 여러 가지 대안이 있었다. 1888년 독일의 안드레아스 플로켄(Andreas Flocken)은 최초의 전기차를 만들었고, 1894년 독일의 루돌프 디젤(Rudolf

[*] 지그프리트 자무엘 마르쿠스(Siegfried Samuel Marcus, 1831.9.18.~1898.7.1.) 독일의 자동차 발명가로 1864년 최초의 휘발유 차량 가운데 한 종을 만들었다. 마르쿠스는 메클렌 부르크-슈베린 대공국에서 태어나 12세 때부터 견습공으로 일하다 1852년 빈으로 이주하여 의과대학 물리연구소에서 기술자가 되었고, 1860년 자신의 첫 기계 및 전기 장비 제품을 선보였다. 초기에는 전신 시스템, 발파기 같은 점화 장치에 관심을 두었으나 곧 자동차 제작에 뛰어들었다. 1879년 마르쿠스는 간단한 손수레를 바탕으로 한 휘발유 자동차를 만들어냈다. 하지만 작품이 마음에 들지 않은 그는 이 차를 곧 분해해 버린 뒤 1883년 새로운 휘발유 엔진을 장착한 자동차를 만들었다. 그가 만든 엔진은 매우 혁신적이어서 이후 몇 년 동안 사용되었으며 독일 해군 어뢰정에도 채택되었다.
사진은 마르쿠스가 발명한 차. 1888~1889년 경. 비엔나 기술 박물관 소장.

[**] 칼 프리드리히 벤츠(Karl Friedrich Benz, 1844.11.26.~1929.4.4.) 독일의 자동차 기술자이자 기업인이며 메르세데스 벤츠의 설립자. 일찍이 작은 모형의 고속 엔진을 연구하다 1878년 가스 고속 엔진을 발명하고, 1885년 최초의 가솔린 엔진을 이용한 3륜차 모토바겐(motorwagen)을 만들었다. 독일 바덴뷔르템베르크주 만하임에 벤츠 공장을 세웠는데 1926년 다임러의 공장과 합쳐 다임러 벤츠 공장이 되었다. 당시 만들어진 차종이 메르세데스 벤츠다. 뒤에 다임러 벤츠와 크라이슬러가 합쳐져 '다임러 크라이슬러'가 탄생했는데 2007년에 다시 다임러 벤츠와 크라이슬러로 분리되었다. 오늘날 다임러 벤츠는 회사명을 '다임러 AG'라는 회사명으로 불린다. 벤츠의 자동차는 사실상 현대 자동차의 효시로 평가된다.
사진은 칼 프리드리히 벤츠가 만든 역사상 최초의 내연기관 자동차 '벤츠 옴니버스(Benz Omnibus)'. 1895년 제품.

Diesel)은 디젤 엔진을 탑재한 자동차를 출시했다. 하지만 당시 다른 동력원들은 각각의 장점에도 불구하고 가솔린의 연료 효율성을 따라가기 어려웠다. 개발 초기 불이나기 쉬워 위험한 면이 있었던 가솔린 엔진의 안전성이 점차 높아지자 자동차 에너지원의 왕좌를 차지하기 위한 한판 대결은 가솔린 쪽으로 점차 기울어졌다. 특히 1911년 미국의 찰스 커터링(Charles Kettering)이 전기 자동 시동장치를 만들어 열쇠만 돌려도 가솔린 차의 시동을 걸 수 있게 한 것이 결정적이었다. 이제 레버를 힘차게 움직여 엔진을 가동한 다음 시동이 꺼지기 전에 운전석으로 달려갈 필요가 없어진 것이었다. 누구나 손을 까딱하는 것만으로 쉽게 자동차를 출발할 수 있게 되면서 상류층 중심으로 형성돼 있던 비싼 전기차의 수요도 빠르게 사라졌다. 그때까지만 해도 원유를 정유한 후 남는 불필요한 부산물이었던 가솔린의 수요도 엄청나게 증가하기 시작했다. 당시 석유는 1859년 미국의 펜실베니아에서 세계 최초로 채굴(Drilling)을 시작한 이후 고래기름 대신 가정의 조명용으로 널리 쓰이고 있었다. 1882년 시장에 나온 에디슨의 전구 때문에 석유의 수요가 서서히 줄어가고 있을 때 등장한 가솔린 내연기관은 석유를 단번에 인류의 핵심 에너지원으로 부상시켰다.

미국은 기존에 석유를 시추하던 펜실베이니아 외에도 1892년 캘리포니아, 1900년 텍사스 유전 등을 추가로 발견해 풍부한 원유를 보유하고 있었기 때문에 가솔린 엔진 자동차의 개발과 보급에 더욱 열성적이었다. 이미 1895년 자동차 관련 특허만 500건에 달할 정도로 미국의 기술자들은 앞다투어 자동차를 연구하기 시작했다. 1895년 미국에 등록된 자동차는 겨우 4대였는데, 5년이 지난 1900년에는 1만 3,824대의 자동차가 등록을 마쳤다. 이때는 장거리 교통은 기차, 근거리 교통은 말, 마차, 전차가 지배하고 있던 시기였다. 20세기 초까지만 해도 미국의 거리에는 여전히 약 1,400만 마리의 말이 돌아다니고 있었다. 또한 1885년 발명돼 1888년 버지니아주의 리치먼드에서 처음 시내 교통에 쓰인 전차(Trolley car)는 보스턴, 뉴욕, 필라델피아, 뉴올리언스 등 대도시를 중심으로 이미 활발히 운영되고 있었다. 그렇지만 전차는 운행 구간과 운행 횟수가 한정적이라는 점에서 연일 발전하는 도시의 운송수단으로 쓰기에는 아무래도 아쉬운 면이 있었다. 말은 운행이 자유롭긴 하지만 부수적으로 유발하는 문제가 너무 많았다. 예를 들어 당시 뉴욕시의 6만 마리의 말들은 매일 1,250톤의 대변과 23만 리터의 소변을 배출해 도시에 심각한 악취와 오염을 유발했다. 거리에서 죽는 말도 한해 1만 5천 마리에 달해 처리 못 한 말 시체가 방치되는 경우도 흔했다. 이 때문에 위생, 안전 문제도 심각해서 뉴욕시 유아사망률의 주요한 원인으로 말이 지목되기도 했고, 말 관련 사고로 목숨을 잃는 사람도 한해 200명에 이르렀다. 이런 상황에서 등장한 자동차는 배설물도 없고 쓰러지지도 않아 빠르게 말의 자리를 대신하기 시작했다.

자동차 기술은 여러 단계를 거치면서 점차 발전했다.

말이 여전히 핵심 교통수단이었던 20세기 이전 시기(1769~1900년)를 자동차의 역사에서는 베테랑기(Veteran Era)라고 부른다. 전쟁터같이 혼란스러운 변혁의 시대에 역전의 용사들처럼 활발하게 앞길을 개척한 초기 자동차들을 나타내는 말이었다. 1900년대부터 1918년 1차 대전 종전까지는 자동차가 본격적으로 거리를 지배하기 시작한 시기로 브래스기(Brass Era, 황동기)라고 불린다. 이 용어는 이 시기 자동차 차체에 많이 쓰였던 황동(Brass)의 느낌처럼 반짝반짝 빛나는 화려함과 당당함을 표현한 말이었다. 브래스기에 마차의 시대는 완전히 저물었고 20세기의 밝은 미래를 대표하는 자동차의 시대가 새롭게 열렸다.

브래스기는 자동차의 구조에 대한 세부 기준이 하나씩 정립되는 시기이기도 했다. 엔진과 디자인이 정형화되면서 부품이 표준화되고 대체 가능해졌다. 그전까지는 사치품이었던 자동차의 가격이 내려가면서 점차 사람들이 차를 생활에 사용하기 시작했다. 마차(Coach)의 모양을 본뜬 베테랑기의 디자인은 구식이 되었고, 자동차만의 고유한 형태가 등장했다. 유럽과 미국에서는 수많은 자동차 회사들이 등장해 서로 경쟁하면서 자동차 조작을 편하게 해 주는 추가 기능들을 개발했다. 엔진 전기점화 플러그, 안전유리창, 바퀴가 따로 움직여 승차감을 좋게 해주는 독립현가식 장치(Independent suspension), 4륜 브레이크 같은 기술이 이 시기에 탄생했다.

브라스기 초창기였던 1903년 호라티오 넬슨 잭슨(Horatio Nelson Jackson)은 최초로 자동차를 타고 미국 대륙을 횡단하여 자동차가 단거리 뿐 아니라 장거리 운송 수단도 될 수 있음을 입증했다. 당시 의사였던 그는 샌프란시스코에서 술을 먹던 중 자동차로 대륙 횡단이 가능할지 내기를 했다. 술자리에서의 호언장담이 계기가 되어 샌프란시스코를 출발한 그는 자동차 전문가였던 파트너 크로커(Sewall K. Crocker)와 함께 '버드'라는 강아지를 태우고 두 달이 넘는 63일 12시간 30분 만에 뉴욕에 도착했다. 당시 그의 자동차는 속도도 느렸고 비포장의 울퉁불퉁한 마차 트레일을 달리면서 고장 나기 일쑤였다. 대도시가 아닌 곳에는 자동차 상점이 있을 리도 만무해서, 한번 차가 멈추면 그들은 부품과 연료가 도착하기를 기다리며 가까운 기차역에서 며칠이고 지체하기도 했다. 그들의 자동차가 동쪽으로 전진을 계속하자 그 사실이 입소문으로 퍼져 나갔고, 언론은 그들의 여행을 대대적으로 보도하기 시작했다. 그러자 최초의 대륙 횡단자의 영광을 먼저 차지하기 위해 곳곳에서 다른 운전자들이 속속 레이스에 가세했다. 잭슨은 대중의 관심과 경쟁자들의 추격에 압박감을 느끼면서도 결국 5,600마일(9,000km)을 무사히 달려 1903년 7월 26일 뉴욕에 도착했다. 그는 이 여행으로 당시 돈 8,000달러(현재 가치 24만 달러)와 800갤런의 가솔린을 썼는데 이를 연비로 계산하면 1갤런당 0.7마일을 달린 셈이었다. 오늘날의 일반적인 차량의 연비 20~50마일에 비교해 보면 지난 100여 년간 자동차와 도로가 얼마나 발전했는지 실감할 수 있다. 그는 내기에서 이긴 대가로 50달러(현재 가치 1,500달러)를 받았다. 금전적으로는 큰 손해를 본 셈이었지만 이 여행을 통해 그는 다가오는 자동차 시대를 상징하는 유명인사가 되었다.

호라티오 넬슨 잭슨의 대륙 횡단 자동차와 강아지 버드

자동차 대량생산 시대가 시작됐다.

이동을 사랑하는 미국인들은 잭슨의 모험담을 들으며 언젠가 저런 자동차를 타고 달리는 자신의 모습을 상상했다. 잭슨이 대륙을 횡단한 때로부터 10년 뒤인 1903년은 헨리 포드(Henry Ford)가 작은 자동차 공장을 처음 설립한 해이기도 했다. 당시 최대 자동차 생산국은 프랑스였다. 프랑스는 연간 3만 대의 자동차를 제조해 전 세계 생산량의 50%를 점유하고 있었다. 미국산 자동차의 생산량이 많지 않던 상황에서 포드사는 1908년 모델T라는 제품을 출시해 시장에서 큰 인기를 끌기 시작했다. 22마력의 엔진으로 40mph(65km/h) 속도를 내는 이 차는 오늘날로 치면 '가성비'가 매우 우수한 차였다. 다른 차들의 가격이 2,000달러에 달할 때 모델 T의 가격은 850달러(현재 가치 24,000달러)에 불과해 절반에도 미치지 않았던 것이었다. 이 차의 생산량은 출시 초기에 하루 25대 정도였는데 이는 밀려드는 주문을 감당하기에는 턱없이 부족한 숫자였다. 공정을 개선해 점차 생산량을 늘려가던 포드는 1913년 12월 1일, 이후 자동차 뿐 아니라 전체 제조 산업의 흐름을 바꾸게 될 창의적인 발상을 내놓았다. 모델T를 생산하기 위한 컨베이어 벨트 라인을 최초로 가동

● 헨리 포드(Henry Ford, 1863.7.30.~1947.4.7.) 미국의 자동차 발명가이자 경영자이며 오늘날 포드사의 설립자. 미국 미시간주 디트로이트 서쪽의 농촌에서 농부의 아들로 태어났다. 디트로이트의 작은 기계 공장에서 일하다 고향에 돌아가 농사를 돌보면서 공작실을 만들어 연구를 계속하였다. 1890년 에디슨 조명 회사 기사로 초청되어 근무하던 중 내연 기관을 완성하여 1892년 자동차를 만들었다. 1908년 세계 최초의 양산 대중차 '포드 모델 T'를 제작했다. 대량생산의 선구자 중 한 사람으로서 현대 경영의 원리 중 하나인 포디즘을 제창했다. 포드는 또한 현대적인 대량생산 시스템 구현에도 앞장섰는데 컨베이어벨트 생산을 중심으로 하는 포드 시스템이 그것이다. 하지만 타협을 모르는 고집으로 인해 여러 차례 재정 적자를 겪었고 말년에는 파탄지경에 내몰렸다.

한 것이었다. 그는 당시 축산업에서 고기를 다듬을 때 쓰는 라인 개념을 자동차 생산 과정에 적용해 모델T의 제작과정을 7,882개의 동작으로 세분화했고, 이를 84개의 공정으로 대분류했다. 각 노동자는 컨베이어 벨트 앞에 서서 이중 단 1가지 작업만을 반복적으로 수행했다. 이 시스템을 통해서 기존에 12시간 반 걸리던 차 한 대의 생산시간은 30분으로 단축됐고, 대당 생산비도 300달러대로 떨어졌다. 컨베이어 벨트 공장에서

포드 모델 T. 1910년 해리 쉬플러(Harry Shipler) 촬영.

쏟아져 나오기 시작한 모델T의 인기는 가히 폭발적이었다. 10년이 지난 1923년, 한 해 동안 만들어진 이 차는 모두 200만대였는데, 이는 이 시기 전 세계 차 생산량의 절반을 차지하는 양이었다. 모델T는 1927년까지 총 1,500만 대가 생산되다가 다른 모델로 교체됐다. 이 차는 자동차의 표준화, 대중화를 알린 기념비적인 제품으로 역사에 남게 되었다. 한편 1914년 발발해서 1918년 끝난 1차 세계대전 중의 군사용 차량 수요는 내연기관을 비롯한 차량의 각종 장치들을 더욱 간단하고 효율적으로 발전시키는 계기가 됐다.

미래의 자동차는 계속 발전해갈 것이다.

대량생산의 기반을 마련한 자동차는 이제 거칠 것 없이 성장하기 시작했다. 많은 도시들은 그때까지 교통망을 구성했던 전차, 마차를 폐기하고 자동차라는 미래 교통수단을 적극적으로 받아들이기 시작했다. 1918년 1차 대전 종전부터 경제호황이 극에 달했던 1929년까지는 자동차 생산량이 매해 신기록을 경신했다. 빈티지기(Vintage)라고 불리는 이 시기에는 차의 외관이 더욱 화려해졌고, 오늘날과 같은 밀폐형 차체가 표준으로 자리 잡았다. 대공황기인 1930년대부터 2차 대전의 프리워기(Pre War)에는 오늘날 자동차에도 그대로 쓰이는 대부분의 기계 기술이 개발되고 정립되었다. 바퀴 덮개인 펜더(Fender), 트렁크 같은 장치도 생겨서 차는 더욱 견고해지고 편리해졌다. 이 시기에는 경제 불황의 영향으로 많은 자동차 회사들이 합병되었기 때문에 세계 자동차 업계는 오늘날에도 시장을 장악하고 있는 몇몇 대형 기업을 중심으로 재편되었다.

1945년 2차 세계대전이 끝나고 전후 경기 호황이 이어지면서 미국에서는 1인 1차의 마이카 시대가 본격적으로 열렸다. 이때부터 시작된 포스트워기(Post War)에는 자동차가 미국인 생활에 더 깊숙하게 들어왔다. 전후 연방 정부는 주 간 고속도로(Interstate Highway)를 만들어 장거리도 자동차로 이동할 수 있는 환경을 조성했다. 자동차는 도시 교외에 신주거지역도 속속 만들어냈다. 경기호황 속에서 새롭게 형성된 중산층들은 도시를 떠나 널찍한 땅에 정원이 딸린 주택을 짓고 여유롭게 생활하기를 원했다. 이들이 차를 타고 출퇴근과 등하교를 하고 쇼핑을 다니면서 한 집에 한 대가 아니라 한 사람에 한 대씩 차를 구입하기 시작했고, 미국의 자동차 시장은 더 크게 성장했다.

시장이 성숙해지자 자동차의 외관과 성능은 더욱 발전했다. 차량의 디자인은 점점 세련되고 다양해졌으며, 엔진은 훨씬 강력하고 튼튼해졌다. 편안한 좌석과 쾌적한 실내, 고품질 음향 장치 등이 강조되면서 차가 개인을 위한 독립 공간의 역할도 해내게 되었다. 교역이 세계화되면서 각 국의 자동차 브랜드 경쟁도 치열해졌다. 미국에서는 1960년대에 이르러 빅3 제조업체가 일본, 독일의 수입차들과 맞붙기 시작했다. 이 시기 우리나라도 1976년 최초의 고유 자동차 모델을 중남미에 수출하면서 오늘날 자동차 주요 제조국으로서 첫발을 내디뎠다. 1970년대에는 오일 파동에 따른 유가 상승, 대기 오염을 줄이기 위한 배기 기준 강화 등의 이유로 연비가 좋은 자동차들이 인기를 끌기 시작했다. 이에 따라 그 분야에 강점을 보이던 일본, 유럽의 작은 차량들이 세계 시장에서 점유율을 높여 나갔다. 한편 차량의 쓰임새는 더욱 다양해져서 레저용 SUV, 화물 적재 픽업 트럭, 고급 럭셔리 세단, 가족 친화적 미니밴, 도심형 소형 승용차 등 소비자의 요구에 맞는 다양한 형태로 자동차 시장이 세분화되었다.

자동차의 변화는 지금도 계속되고 있고 앞으로도 감히 상상하지 못하는 더 많은 혁신이 등장해 자동차를 이용한 인류의 이동은 더욱 편해지고 저렴해지고 활발해질 것이다. 우리는 이러한 대이동의 시대를 어떻게 맞이해야 할까. 우리 안에 있는 이주의 본능을 더욱 쉽게 실현할 수 있는 세상은 서로의 소통을 훨씬 자유롭게 하는 반면, 제한된 도로와 연료를 더 효율적으로 활용해야만 하는 숙제를 안겨줄 것이다.

그런데 인류는 이동이 자유로운 세상을 보이지 않는 곳에서 먼저 경험했다. 이는 우리가 정보를 효과적으로 움직이는 방법을 알아냈기 때문이었다. 인간의 생각과 감정을 실은 전자와 전파는 엄청난 속도로 우리 주변의 케이블과 공간 속을 활보하고 있다. 아무 때나 휴대폰을 들어 대륙 건너편에 있는 사람과 통화하거나 문자, 사진, 영상 등을 주고받을 수 있는 시대에 우리는 이미 살고 있다. 이동이 굴레를 벗을 때 생겨나는 빛나는 가능성을 우리는 통신에서 먼저 만나볼 수 있다.

7) 통신의 탈공간

전기가 사람들 간의 소통에 이용되기 시작했다.

우리 주변의 공간에는 보이지 않는 에너지가 끊임없이 이동하고 있다. 인류는 이 에너지의 흐름을 알고 이용하게 되면서 시공간을 초월한 새로운 세상을 열게 되었다. 오늘날 우리는 음성과 영상을 빛의 속도로 다른 사람에게 보낼 수 있다. 수만 년 동안 인류가 쌓아온 지혜 중 우리에게 필요한 것을 바로 지금 이 순간 눈앞에 불러올 수도 있고, 주변에서 일어나는 중요한 일을 수많은 사람에게 동시에 전달할 수도 있다.

직접 만나서 얘기하는 것보다 더 빨리 우리의 생각을 전달하는 방법은 오래전부터 존재했다. 사람들은 무슨 상황이 일어났다는 것을 서로 간에 알려주기 위해 옛날부터 횃불, 연기, 깃발, 빛 등을 이용했다. 때로는 약속된 패턴의 북소리, 나팔소리, 호각소리로 신호를 전달하기도 했다. 릴레이 지점에서 글자판이나 부호를 보여 가며 먼 거리로 복잡한 정보를 보내는 방법을 시도하기도 했다. 사람보다 빠르고 장애물도 쉽게 넘을 수 있는 비둘기에 편지를 묶어 소식을 전하는 아이디어도 냈다. 이처럼 인류는 시각, 청각, 동물을 다각도로 활용해 오래전부터 먼 거리의 통신을 시도해왔다.

그런데 19세기 들어 인류는 두 가지의 완전히 새로운 정보 전달 수단을 발견하였다. 모두 눈에 보이지 않는 것으로서 하나는 도체를 흐르는 전류였고, 다른 하나는 공간을 퍼져나가는 전자기파였다.

전류를 이용한 통신은 유럽에서 먼저 개발되었다. 1820년 덴마크의 외르스테드(Hans Christian Órsted), 프랑스의 앙페르(Andre-Marie Ampere)는 전류가 옆에 있는 자침을 회전시키는 현상을 발견했다. 움직이는 전기와 자기가 서로 영향을 주는 이 현상은 더 깊이 연구되기 시작했다. 1837년 영국의 쿡(William Fothergill Cooke)은 이것을 이용해 텔레그래프라고 불리는 정보 전달 기계를 만들었다. 긴 전선의 시작점에서 보낸 전류가 끝점의 자침을 움직이는 원리를 통신에 이용할 수 있다고 착안한 것이었다. 만약 정보를 보내는 사람이 사전에 약속된 패턴에 따라 전기 신호에 변화를 주면 받는 사람은 끝 점 자침의 움직임 변화를 관찰하면서 그 내용을 파악할 수 있다는 원리였다. 쿡의 텔레그래프는 1825년 이래 빠르게 성장하고 있었던 영국의 철도 시스템에 적용되어 기차의 출도착 신호를 주고받는 데에 유용하게 쓰였다.

미국인들은 증기선, 기차, 비행기, 자동차의 사례들처럼 이번에도 외부의 혁신적인 발명을 적극적으로 받아들여 새롭게 응용해 나가기 시작했다. 영토가 넓은 미국에서도 정보의 원활한 이동은 사람과 물자의 운송만큼이나 갈급한 문제였다. 쿡의 발명으로부터 몇 달이 지난 1837년 9월, 미국의 모스(Samuel Morse)는 전기 신호의 길고 짧음 자체를 정형화해 정보를 표현하는 방식을 생각했다. 알파벳 각각을 독립된 신호 부호로 만들어 송신하고 수신하는 방식이었다. 모스의 끈질긴 요청을 받은 미국 의회는 이 방법의 가능성을 인정하고 시험 노선을 가설할 자금을 지원했다. 그 결과 1844년 5월 24일, 워싱턴과 볼티모어(35마일, 55km) 사이에 모스 부호를 이용한 미국 최초의 전신이 가설되었다. 14년 전 처음 놓인 볼티모어-오하이오 철도선을 따라 개설된 전신선이었다. 이로써 예전에 걸어서 11시간, 말을 타고 3시간, 기차를 이용해도 1시간 정도 걸려 도달해야 했던 정보가 순식간에 양 지점 사이를 오고가게 되었다. 초기에는 전기 신호의 길고 짧음이 수신기의 종이테이프에 기록된 다음 의미 해독이 이루어졌지만, 1850년에는 음향기가 이를 대체하게 되었다. 이렇게 되자 숙련된 기술자가 뚜..뚜.. 하는 소리를 듣고 바로 정보를 인지할 수 있었기 때문에 실시간으로 신호를 주고받는 것도 가능해졌다.

모스 부호를 통한 전신 기술은 영국에서와 마찬가지로 처음에는 당시 폭발적으로 늘어나던 미국 철도 교통을 제어하는 데에 주로 쓰였다. 전신의 이용으로 시시각각 변하는 상황을 서로 전달할 수가 있게 되자 빈번하던 철도 사고도 많이 줄어들었고 운영의 효율성도 높아졌다. 전신의 위력이 입증되자 철도 외에 다른 곳에서도 정보 전달 수요가 생겨났다. 마을의 우체국에 전신기가 설치되고 곳곳에 전신선이 놓여졌다. 그러나 당시의 전신은 전선 하나로 하나의 정보밖에 전달하지 못한다는 한계가 있었다. 그렇다고 비싼 전선을 통신 수요만큼 계속 설치할 수도 없는 노릇이었다. 이 때문에 하나의 선으로 여러 개의 정보를 전달하는 다중 전신의 개발이 중요해졌고 한 동안 그 방면으로 연구가 집중되었다. 1858년 8월 16일에는 유럽과 미국 사이 대서양을 횡단하는 전신선도 설치되었다. 40년 전인 1819년 최초의 대서양 횡단 증기선인 사바나호가 출항한 이후에도 며칠씩 걸려야 했던 양 대륙 간의 정보 전달 시간이 말 그대로 순간으로 단축된 역사적 사건이었다. 1861년 10월 24일에는 미국 대륙을 횡단하는 전신이 개설되어 대륙횡단철도보다 8년 먼저 정보가 동쪽과 서쪽을 하나로 연결하였다.

한편 첫 전신이 발명된 지 40년 정도 지난 1876년에는 전선을 통해 사람의 목소리까지 보내는 또 다른 혁신이 등장했다. 소리를 전달하는 매개체인 공기의 진동이 고체에 부딪히면 물질 내부에서 미세한 전자의 흐름을 만드는데, 소리마다 독특한 이 흐름을 전기 신호에 실어서 이동시키는 방법이 개발된 것이다. 이렇게 이동한 전류는 물론 끝점에서 자기장을 생성했다. 이 자기장에 반응한 철판이 진동해 주변 공기를 움직여 진동을 발생시키면 처음과 똑같은 소리가 재생되는 마술과 같은 일이 일어났다.

1876년 2월 14일 미국의 벨(Alexander Graham Bell)●은 이러한 원리로 전화의 특허를 신청했다. 벨은 그날 마찬가지로 비슷한 특허를 신청한 엘리샤 그레이(Elisha Gray)보다 몇 시간 빨리 서류를 제출해 훗날 '전화의 아버지'라는 타이틀을 얻었다. 그렇지만 당시 그레이는 자신이 특허권을 놓친 이 발명품이 미래 사람들의 삶을 통째로 바꿀 정도의 물건이라고 생각하지는 않았다. 그레이는 전화가 통신 수단보다는 장난감 쪽으로 발전할 것으로 예상했고, 다른 발명가들처럼 하나의 전선을 통해 여러 개의 신호를 전달하는 다중 전신 개발에 더 몰두해 있었다.

그러나 전화의 시대는 그레이의 생각보다

● 알렉산더 그레이엄 벨(Alexander Graham Bell, 1847.3.3.~1922.8.2.) 스코틀랜드에서 태어난 미국인 과학자이자 발명가. 벨이 최초의 '실용적인' 전화기의 발명가로 알려져 있지만 실은 전화를 최초로 발명한 사람은 벨보다 21년 앞선 이탈리아의 안토니오 메우치라고 한다. 벨은 스코틀랜드의 에든버러에서 태어나 영국 왕립 고등학교를 졸업한 뒤, 런던에서 발음에 관한 연구를 하고 대학 졸업 이후 발성법 교사로 지내다 교육자인 아버지를 도와 청각 장애인의 발음 교정에 종사하였다. 런던 대학교에서 생리 해부학 강의를 들은 후, 캐나다를 거쳐 1871년 미국으로 이주한 뒤 1882년 귀화했다. 이주 초기 화술(話術) 교육가인 아버지를 이어 보스턴에서 농아학교를 경영하다 1873년 보스턴 대학교의 음성생리학 교수가 되었다. 이처럼 벨은 초기에는 음성의 메커니즘에 흥미를 느끼다가 전기를 통한 소리 전달에 관해 연구하게 되었다. 1875년 마침내 자신의 말을 전기로 전달하는 데에 성공하여 이듬해 전화에 관한 특허를 따냈으며 이를 토대로 1877년 벨 전화회사를 만들었다. 1880년에는 과학 전문지인 '사이언스'를 창간하였고 그해 전화를 발명한 공로로 프랑스 정부로부터 볼타상을 받았는데, 이 상금으로 볼타 연구소를 만들어 청각 장애인을 위한 연구를 지원했다. 청각 장애인과 발성 문제, 축음기, 광선 전화 등을 평생 연구했고 만년에는 항공기 연구에 전념하였다.

훨씬 빠르게 열렸다. 첫 번째 전화 통화는 벨이 자신의 특허를 이용해 출시할 제품을 개발하면서 1876년 3월 10일 동료에게 건넨 말이었다. "왓슨 씨. 이리로 와보세요. 당신이 필요합니다"(Mr. Watson, come here! I want you.)라는 이 첫 대화는 당시 언론에 보도되어 미국 사람들의 큰 관심을 끌었다. 이 몇 문장이 사람들의 귀에 쏙 박힌 것은 우연히도 앞으로 전화를 통해 열릴 새로운 세상의 의미가 많이 담겨져 있기 때문이었을 것이다. 이 말 속에서 벨은 '왓슨'이라는 사람을 특정해서 불렀고, 그의 행동(Come)을 요청했으며, 자신의 마음속에 있는 생각(Want)을 말했다. 오늘날에도 우리는 전화를 통해 끊임없이 누군가를 부르고, 무언가를 해달라고 하고, 내 마음과 생각을 얘기하고, 상대방의 반응 하나하나에 울고 웃고 설레고 분노하고 있으니 사람 간을 직접 연결하는 전화의 특징이 벨의 첫 통화 속에 묘하게도 잘 나타나 있다.

여러 차례 실험을 거쳐 상업화의 가능성을 확인한 벨은 1877년 7월 최초의 전화 회사를 설립했다.[•] 1878년에는 에디슨[••]이 탄소저항을 이용한 송화기를 발명해 통화품질을 개선하면서 상업전화 가설 수요가 점점 늘어났다. 전화는 세계적으로도 급속히 퍼져 나갔다. 우리나라에도 1882년 전화가 소개되었고, 1896년 덕수궁에 전화가 가설되어 통화가 이루어졌다. 1893년 벨의 특허가 만료되자 전화보급은 더욱 빨라지고 보편화됐다. 20세기 초의 사람들은 서로 안부를 전달하고 잡담을 나누는 용도로도 전화를 사용하기 시작할 정도였다. 1915년에는 뉴욕과 샌프란시스코 간 대륙을 횡단하는

• 1885년 벨 전화회사는 다른 여러 개 기업들을 합병해 AT&T라는 기업으로 확대되어 현재까지도 이어지고 있다.

•• 토머스 앨바 에디슨(Thomas Alva Edison, 1847.2.11.~.1931.10.18.) 미국의 발명왕이자 사업가로 제너럴 일렉트릭의 설립자. 미국 특허 1,093개가 그의 이름으로 등록되어 있다. 정규 교육은 겨우 3개월을 받았지만 교사로 일했던 어머니의 교육에 힘입어 재능을 키우게 되었다. 20세가 되기 전 전신기 특허로 큰돈을 벌자 1876년 세계 최초의 민간연구소로 알려진 멘로파크연구소를 세워 발명을 계속하였다. 주요한 발명 이력으로 1874년 자동 발신기, 1877년 축음기, 1879년 전화 송신기, 1880년 신식 발전기와 전등 부속품 등이 있다. 발명 외에도 1881년 전차 실험을 했고, 1882년 발전소를 건설했으며, 1888년 영화 제작법을 개발했다. 무엇보다 인류에게 크게 공헌한 점으로 전구를 발명해 밤을 밝힌 일을 들 수 있다. 조선에는 경복궁 향원정에서 처음으로 전구가 밝혀졌다. GE 즉 제너럴 일렉트릭은 에디슨이 세운 전기조명회사를 모태로 성장했다.

전화도 개설됐다. 직선거리로 2,600마일(4,200km) 떨어진 사람들이 서로의 목소리를 가깝게 들으며 편안하게 대화하게 해준 전화는 미국 대륙을 한층 더 좁아지게 만들었다.

마법처럼 허공을 이동하는 무선 통신이 등장했다.

전신과 전화는 정보 전달의 획기적 발전을 의미했지만 언제나 전선을 통해야 한다는 문제점은 여전했다. 연결하고 싶은 지점이 생길 때마다 전선을 새로 까는 것은 매우 비용이 많이 드는 일이었다.

과학과 산업이 비약적으로 발전하던 19세기의 혁신적 과학자들은 이 문제를 해결하고 미래 사회를 크게 바꿀 전자기파의 존재를 발견했다. 미국에서 대륙횡단 전신선이 설치된 1861년, 영국의 맥스웰(James Clerk Maxwell)은 수학적으로 전자기파의 존재를 예언했다. 그는 이전 과학자들의 성과를 집약하여 전기장과 자기장이 공간 속에서 파동을 이루어 빛의 속도로 이동한다는 방정식을 제시했다. 1887년 독일의 헤르츠(Heinrich Hertz)는 공식 속의 이 전자기파가 실재한다는 것을 실험으로 증명했다. 이들의 이론과 실험은 우리 주변에 전기와 자기가 힘을 합쳐 만들어내는 파동이 존재한다는 새롭고도 놀라운 개념을 제시하였다. 인류는 먼 옛날부터 이러한 파동 중의 하나인 빛을 보고 느꼈지만 그 원리를 깨닫기까지는 실로 오랜 시간이 걸린 것이었다. 그렇지만 당시에는 이 파동을 누군가의 의도대로 생성한 다음 정보를 실어서 이곳저곳으로 보낸다는 것은 감히 상상하기 어려운 일이었다. 하나의 생각이 공간 속을 이동해서 수천 킬로미터 떨어진 다른 지점에 도달하는 '텔레파시'는 그때까지만 해도 인간이 갖지 못한 초능력이었다.

• 니콜라 테슬라(Nikola Tesla, 1856.7.10.~1943.1.7.) 오스트리아-헝가리 제국 출신인 미국의 발명가, 물리학자, 기계공학자이자 전기공학자. 상업 전기의 도입과 전자기학의 발전에 크게 기여했으며 나아가 전기 배전의 다상시스템과 현대적 교류 시스템의 기초를 확립했다. 전자기혁명으로 불리는 2차 산업혁명에서 그의 공헌은 지대한 것이다. 1894년 최초로 라디오를 통한 무선통신을 실현하여 무선통신의 아버지로 불리며, 당대 최고의 전기공학자로 불렸다. 동시대를 산 토머스 에디슨과는 이른바 '직류전쟁'을 치른 평생의 라이벌이었다. 현대 전기공학을 개척했으며 이를 뒷받침하듯 무선 에너지 통신부터 전력 장치에 이르기까지 수많은 발명품을 만들어 냈다. 자기장의 국제단위인 테슬라는 그의 이름을 딴 것이다. 일론 머스크가 세운 세계적인 기업 '테슬라'도 니콜라 테슬라를 흠모한 데서 따왔다고 한다.
사진은 1891년 컬럼비아 칼리지에서 두 개의 긴 가이슬러 튜브를 손에 든 채 '정전기 유도' 방식으로 무선 조명을 시연하는 니콜라 테슬라. 출처: '일렉트리컬 월드'지, 1891년 5월 20일.

헤르츠의 전자기파 실험 후 얼마 지나지 않아 헝가리 출신 미국 이민자인 테슬라(Nikola Tesla)•와 이탈리아의 마르코니(Guglielmo Marconi)•• 등 젊은 과학자들은 전선이 없는 전신 시스템을 구상하기 시작했다. 테슬라는 1893년 강의실 사이 빈 공간에서 무선 신호를 주고받는 마술 같은 장면을 대중에게 처음 선보였고, 마르코니는 1895년 2.4km 떨어진 지점으로 전파를 보내는 데 성공했다. 마르코니는 이것을 상업적으로 발전시키려 하였으나 당시 이탈리아에서는 이 실현 가능성 낮아 보이는 이 기술에 관심을 갖는 사람이 많지 않았다. 반면에 19세기 후반 세계 곳곳의 식민지를 보유했던 영국에서는 그의 발명에 호기심을 보이는 사람들이 있었다. 당시 영국은 방대한 식민지와의 통신 문제가 심각한 상황이었다. 호주나 인도 등에서 무슨 일이 생기면 본국까지 소식이 오가는 몇 달 사이 상황이 종료되거나 다른 방향으로 발전하는 경우가 비일비재했다. 무선 통신이 이러한 상황을 해결할 수만 있다면 충분한 상업성이 있을 것이라고 본 영국의 투자자들은 마르코니의 연구를 지원했다. 자금을 모집한 마르코니는 1896년 영국에서 특허를

•• 조반니 마리아 마르코니(Giovanni Maria Marconi, 1874.4.25.~1937.7.20.) 무선 전신을 실용화한 이탈리아의 전기공학자. 1895년 헤르츠의 전자기파 이론에 기초하여 현대 장거리 무선통신의 기초를 이루었다. 1895년 아버지의 간단한 도구로 실험을 시작하여 무선 전신 장치를 발명, 9마일 떨어진 지점 사이의 무선 송수신에 성공하였다. 이어 영국 해군에서 약 120km 거리 사이의 통신에 성공하고, 1899년 무선 통신기를 적용한 등대선 조난 구제에 성공하였으며, 1901년 대서양 횡단 통신에 성공하였다. 1907년 그의 주도 하에 유럽과 미국 사이의 공공 통신 사업이 시작되었다. 1909년 독일의 칼 페르디난트 브라운과 노벨 물리학상을 공동수상하였다. 하지만 1943년에 미국 대법원은 니콜라 테슬라의 무선전신 특허가 시기적으로 앞선 것이라 판결하여 마르코니에게 좌절을 안겼다. 사진은 단극 안테나를 내장한 마르코니의 최초 송신기. 모스 부호로 문자 메시지를 표시하기 위한 인덕션 코일(가운데)로 구동하며 리히 스파크 갭(왼쪽)과 구리판(위)으로 구성되어 있었다.

받았고, 1897년 세계 최초의 무선전신회사를 설립했다. 마르코니의 회사는 계속 송신 거리를 늘려나가 1899년에는 영국과 프랑스 사이 도버 해협을 넘어 전파를 전달했다. 1901년 12월 12일에는 알파벳 'S' 신호를 3,000마일(4,800km) 거리의 대서양을 넘어 유럽에서 아메리카로 전송하는 실험에도 성공했다.

이 일은 눈에 보이지 않는 파동을 이용해 정보를 매우 멀리까지 전달할 수 있다는 것을 입증해 오늘날 우리가 경험하는 무선 통신 세상을 연 작은 출발이 되었다. 1901년 당시 820kHz의 주파수로 발신한 마르코니 파동이 대서양을 건넜을 때 모두 놀라움을 금할 수 없었지만, 그 놀라움은 빙산의 일각에 지나지 않았다. 전자기파의 감춰진 능력은 실로 무궁무진했다. 비유해서 마르코니가 전자기파의 세상에서 820으로 이름 붙여진 신기한 정보의 고속도로를 하나 발견해서 'S'라는 상자를 처음으로 실어 날랐다고 한다면, 그를 뒤따른 사람들은 그곳에는 820 외에도 엄청나게 많은 고속도로가 있고 그 길을 통해 무수히 많은 물건을 옮길 수 있다는 것을 점차 깨닫게 되었다. 우리가 원하면 이 고속도로들을 언제, 어느 방향으로든지 놓은 다음 순식간에 해체할 수 있었다. 뿐만 아니라 도로 옆에 사는 수많은 사람에게 이르는 작은 길도 얼마든지 만들었다 없앨 수 있었다. 전자기파의 특성을 달리하는 것만으로 놓을 수 있는 이동 경로의 수와 나를 수 있는 정보의 양이 무궁무진했다.

마르코니가 이용한 820kHz의 전파는 MF(Medium frequency)라 불리는 중파 대역의 전파였다. 요즘에도 AM 라디오에 쓰이는 이 대역대의 주파수는 파장이 수백 미터에 달할 정도로 길어서 장애물에 큰 간섭을 받지 않고 통신이 가능한 특징이 있다. 마르코니 이후 사람들은 주파수가 더 높아 파장이 짧은 탓에 다루기가 까다로운 전파들을 이

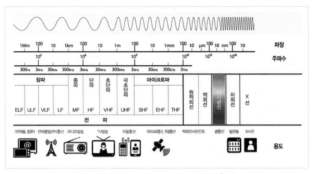

전자기파의 분류, 한국방송통신전파진흥원

용하는 방법을 하나씩 찾아냈다. 1933년에는 50~150MHz 근처 초단파를 이용하는 FM 라디오가 발명되었으며, 1960년대부터 오늘날까지는 800MHz~3GHz의 부근 극초단파(UHF)를 이용한 이동통신이 활발히 개발되었다. 5G 시대로 접어들면서는 3GHz 이상의 마이크로파를 이용한 통신도 등장했다. 통신 이외에 사진, 의료 등 분야에서는 파장이 극도로 짧은 전자기파인 원적외선, 적외선, X선을 이용하는 기술도 차츰 발전했다. 전자기파는 다양한 분야에서 인류의 삶을 바꾸어 놓았고, 앞으로도 우리가 상상할 수 없는 방향으로 세상을 변화시킬 것이다.

1901년 마르코니가 유럽에서 대서양을 넘어 알파벳을 전송한 일은 당시 미국 사회도 크게 뒤흔들어 놓았다. 그 시절 미국은 비싼 구리로 제작한 해저 케이블을 대서양 바닥에 가설해 유럽과 통신을 하고 있었다. 주식, 상품 거래를 비롯한 많은 양의 메시지가 양 대륙을 오가고 있었지만 통신비는 매우 비쌌다. 물론 마르코니의 실험이 이런 상황을 단번에 개선한 것은 아니었다. 사실 마르코니가 아메리카에서 알파벳 신호를 수신한 곳은 미국이 아니라 런던에서 가장 가까운 캐나다 뉴펀들랜드 지방이었다. 그는 그곳에 높은 안테나 탑을 설치하는 것이 여의치 않자연을 띄워 간신히 전파를 잡아냈다. 모스부호에서 'S'를 나타내는 짧은 점 3개의 신호를 희미하게 들었을 뿐이었기 때문에 초기에는 실험의 신빙성에 대해서 많은 사람이 의구심을 제기하기도 했다. 그러나 아무튼 그때까지 고작 앞바다의 배하고만 주고받던 무선 통신 신호가 대서양도 뛰어넘을 수 있다는 가능성을 보여준 것은 사람들의 기대를 불러 모으기에 충분한 것이었다. 20세기 초의 미국도 영국과 마찬가지로 장거리 무선 통신이 절실히 필요한 상황이었다. 대서양을 넘는 유선 전신 비용 문제 말고 국내 통신 문제도 심각했다. 철도 덕분에 서부의 개척지에 사람이 점점 많이 살게 되었지만 일일이 전선을 놓기 어려운 수많은 마을들은 바깥 세계와 고립된 외딴 섬 같은 곳이었기 때문이었다. 미국인들은 이번에도 외부의 혁신적인 아이디어를 과감하게 끌어안아 참신한 응용 방법을 고안해내는 장기를 발휘했다. 무선 통신에서 먼저 두드러지게 발전한 분야는 라디오였다.

라디오의 발달로 매스미디어의 시대가 열렸다.

여러 천재들이 혁신적인 아이디어를 내놓고, 사업가들이 이를 상업화한 결과 라디오는 매스미디어라는 신산업을 만들어냈다. 라디오는 한 곳에서 발신한 말과 음악을 수신기를 가진 사람이면 그 수에 상관없이 모두가 들을 수 있다는 면에서 기존의 전신이나 전화와는 전혀 다른 기구였다. 라디오의 등장은 정보 전달의 성격을 바꾼 일대 사건이었다. 라디오만 켜면 사람들은 뉴욕이든, 시카고든, 샌프란시스코든 거리와 관계없이 전파가 발송되는 그곳으로 순식간에 도달할 수 있게 된 것이었다.

초기 라디오가 발전하는 데는 독보적인 선구자들이 두드러진 활약을 했다. 이제 막 인류가 발견한 전파의 세계에 매료된 이들은 보이지 않는 에너지의 흐름을 파헤쳐 세상에 없었던 발명품들을 계속 만들어냈다. 이 과정에서 라디오 발명의 큰 공헌자였던 디포리스트, 암스트롱, 사노프 등은 특허권과 시장 선점을 둘러싼 치열한 싸움을 벌이면서 서로에게 지울 수 없는 상처를 주기도 했다.

그러나 이들이 일군 라디오의 최전성기는 사실 그렇게 길지 않았다. 라디오는 1920년대에 빠른 속도로 보급되기 시작해 1930년대에는 독보적인 매스미디어로서 거실의 한 가운데 놓여 사람들의 귀를 사로잡았으나 1940년대부터는 기술이 궤도에 오른 텔레비전에 조금씩 그 자리를 내어줄 수밖에 없었다. 하지만 라디오가 가진 강력한 힘은 오늘날까지도 여전히 우리를 매혹하고 있다. 이는 아마도 라디오가 거리를 순식간에 압축시켜 친밀한 공간을 만드는 독특한 능력이 있기 때문일 것이다. 우리는 텔레비전이나 스마트폰 화면을 바라볼 때는 화면 너머에 있는 무엇인가를 관찰하는 입장이 되지만 라디오를 들을 때는 전파를 보내는 그 사람 바로 옆에 앉아 있는 것 같은 느낌을 받는다. 청각은 본래 1대 1 대화의 속성을 많이 갖기 때문에 먼 곳의 소리를 가깝게 듣는 라디오의 속삭임은 다른 어떤 매체보다 내밀하고 친숙하다. 1930년대 대공황 당시 미국 대통령 루즈벨트는 라디오를 통해 30번의 노변한담(Fireside chat)을 방송했다. 당시 미국인들은 대통령의 얼굴을 모르는 사람도 많았지만 라디오 옆에 앉아서 그의 목소리를 들으면서 어려운 시대를 견뎌내는 위안을 받고 미래를 준비하는 힘을 얻었다. 이는 듣는 사람을 말하는 사람 바로 옆으로 이동시키는 라디오가 가진 매력을 잘 나타내는 사례였다.

텔레비전의 등장으로 먼 곳을 볼 수 있게 되었다.

라디오 덕분에 인류의 오랜 역사 속에서 가장 활발하게 이동하기 시작한 정보는 텔레비전이라는 매개체를 통해 더욱 생생해졌다. 소리뿐 아니라 영상까지 무선으로 전송하는 꿈같은 기술은 오랫동안 발명가들이 야심차게 도전한 영역이었다. 텔레비전 탄생의 기반이 된 것은 1897년 독일의 칼 브라운(Karl Braun)*이 개발한 브라운관(Braun tube, 정식명칭은 Cathode-ray tube: CRT)이었다. 전자총에서 음극 전자를 쏘아 형광물질이 칠해진 화면을 때려 빛을 내는 이 기술은 30년 후 텔레비전의 개발에 이용됐다. 1926년 영국의 존 로지 베어드(John Logie Baird)는 사람의 얼굴을 찍어 최초로 브라운관에 표출하는 것에 성공했다. 하지만 베어드의 발명은 구멍이 뚫린 판(Scanning disk)을 빠르게 돌려 물체에서 나오는 빛의 명암을 감지해 전자 신호로 변환하는 기계식 장치였기 때문에 정교한 영상을 만드는 데에는 근본적인 한계가 있었다. 촬영, 송출, 수신, 표출이 모두 전자식으로 이루어지는 텔레비전은 일 년 후인 1927년 9월 7일 당시 21세 젊은이였던 필로 판즈워스(Philo Farnsworth)**의 샌프란시스코 연구실에서 탄생했다. 아이다호주와 유타주의 농장에서 자라면서 홀로 텔레비전 아이디어를 구상한 판즈워스는 개인 투자

* 칼 페르디난트 브라운(Karl Ferdinand Braun, 1850.6.6.~1918.4.20.) 전파를 받아 영상으로 바꾸는 '브라운관'을 발명한 독일의 물리학자. 전자기학의 발전을 이끌었으며 열역학 연구로 '르 샤틀리에·브라운의 법칙'을 세웠다. 특히 그가 발명한 브라운관은 TV의 발전으로 이어져 현대 사회의 생활 방식을 크게 바꾸어 놓았다. 브라운 최초의 연구는 현(string)이나 탄성체의 진동에 관한 것이었으며, 최대의 업적은 전기 공학에 관련된 것이었고, 전위계나 음극선, 오실로그래프를 발명했다. 1898년 수중에서 고주파 전류로 모르스부호를 보내는 실험에 성공했고, 전파에 지향성을 갖게 하여 발신과 수신 실험을 실시했다. 무선통신 개발에 기여한 공적을 인정받아 1909년에 마르코니와 함께 노벨 물리학상을 받았다. 사진은 1900년 9월 24일, 칼 브라운 교수가 헬리고랜드(Heligoland)에 있는 자신의 무선방송 연구실에서 바그만(Bargman) 등과 포즈를 취한 모습.

** 필로 테일러 판즈워스(Philo Taylor Farnsworth, 1906.8.19.~1971.3.11.) 세계 최초로 텔레비전을 발명한 미국의 발명가. 고등학교 졸업 무렵 스승이었던 저스틴 톨먼(Justin Tolman)에게 전자식 텔레비전의 스케치를 보여주었고, 졸업 이후에 투자자를 모아 연구에 전념하여 1927년에 시제품을 발명하였다. 1년 뒤인 1928년 9월 3일 샌프란시스코 신문은 "SF맨이 텔레비전 혁명을 일으켰다"고 대대적으로 보도하였다.

자와 지역 은행의 자금 지원을 받아 사람들의 오랜 상상을 실현했다. 그는 화질이 매우 낮았던 발명품의 초기 문제점들을 보완해 1928년 9월 1일에는 언론을 대상으로 텔레비전 영상 송출을 시연했다.

1939년에는 미국 최초로 정규 텔레비전 방송이 송출되면서 공식적으로 텔레비전 시대가 열렸다.˙ 그러나 이제 막 세상에 나온 텔레비전은 화질이 그렇게 좋지 않았고 방송 콘텐츠도 풍부하지 않았기 때문에 라디오의 인기를 단숨에 누르지는 못했다. 텔레비전이 각 가정에 본격적으로 보급되기 시작한 것은 2차 세계대전이 끝나고 전후 호황이 시작되면서부터였다. 특히, 1950년대에 컬러텔레비전까지 등장하자 다른 모든 매체를 압도하기 시작했다. 1960년대에는 미국 대부분의 가정이 텔레비전을 구입했고, 사람들은 여가시간을 주로 텔레비전이라는 신기한 물건을 쳐다보며 보냈다. 텔레비전은 뉴스와 문화가 퍼지는 방식에 큰 변화를 일으켰다. 멀리 떨어진 곳에서 일어나는 일들이 텔레비전 전파를 타고 빠르면서도 생생하게 전달되면서 그동안 분리되어 각자 방식으로 살아오던 여러 지역들이 같은 문화를 누릴 수 있게 되었다. 텔레비전의 광고, 드라마, 쇼 등을 통해서 시각적으로 화려한 대중문화도 급속히 발전했으며, 상품 광고 시장도 한결 다채로와지고 거대해졌다. 세계 곳곳의 뉴스가 실시간으로 텔레비전에 비춰지면서 지구촌 사회도 한층 더 가까워졌고, 여러 나라의 문화적인 교류도 훨씬 활발해졌다.

●●● 영국에서는 1929년 기계식 텔레비전의 방송이 있었으며, 독일에서는 1935년 1주일 3회 정규방송이 시작되었다. 우리나라는 1956년에 최초로 방송을 송출하였다. 사진은 자신이 발명한 텔레비전 수상기를 들여다보고 있는 필로 판즈워스. 1920경. 유타대 제이 윌러드 매리엇(J. Willard Marriott) 도서관

인터넷은 개개인을 문화의 소비자이자 생산자로 만들었다.

전기와 전자기파를 이용한 전화, 라디오, 텔레비전은 사람들 사이의 물리적인 거리를 많이 좁혔지만 아직 정보 이동이 완전히 자유로워진 것은 아니었다. 이 모든 기술에서 정보는 1대 1 또는 1대 다수로 퍼져나갔다. 이 때문에 대부분의 사람들은 특정한 한 사람과 대화하거나 어딘가에서 송출되는 전파를 수동적으로 받는 것에 만족해야만 했다.

20세기 후반에 등장한 인터넷은 개개인을 문화의 소비자임과 동시에 생산자로 탈바꿈시켰다. 인터넷의 발명은 무수한 지점이 정보의 발신자이자 수신자로서 촘촘히 연결된 완전히 새로운 공간을 창조했다. 데이터를 작은 블록으로 나누어 여러 개의 송신기와 수신기로 연결된 거대한 네트워크에서 교환하는 패킷 스위칭(Packet switching)에 관한 연구는 이미 1960년대부터 시작되었다. 1965년에는 군사용으로 몇 개 지점이 상호 연결되었고, 1969년에는 연구소와 대학 간 네트워크 (Advanced Research Projects Agency Network: ARPANET)가 만들어졌다. 처음 캘리포니아의 UCLA와 SRI(Stanford Research Institute) 두 곳에서 시작한 연결망은 1971년에는 15개 지점, 1981년에는 231개 지점으로 점차 확대됐다. 1989년에는 월드 와이드 웹(www)˙이라는 서비스가 등장했고, 1995년 기존의 기간망이 상업용으로 개방된 이후 오늘날 연결 지점은 셀 수 도 없이 늘어났다.

• 월드와이드웹의 탄생과 팀 버너스-리 팀 버너스-리 경(Sir Tim Berners-Lee, OM, KBE, FRS, 1955.6.8일~)은 영국의 컴퓨터 과학자이다. 1989년 월드 와이드 웹의 하이퍼텍스트 시스템을 고안하여 개발했다. 인터넷의 기반을 닦은 여러 공로로 웹의 아버지라고 불리는 인물 중 하나이다. URL, HTTP, HTML 최초 설계도 그가 한 것이다. 차세대 웹 기술인 시맨틱 웹 기술의 표준화에 힘쓰고 있다.

웹의 아버지 팀 버너스-리, 인터넷 시대를 열다.

인터넷 시대가 열리면서 세계의 정보는 방대한 시스템 속에서 서로 이어졌다. 대중들은 한 점에서 나오는 정보를 받기만 하는 게 아니라 새로 생산해 발신할 수 있게 되었고, 이렇게 만들어진 정보는 자유로이 떠돌면서 끊임없이 소비, 재생산되고 있다. 인터넷은 물건을 구하고 사람을 만나기 위해 많은 시간을 이동해야 했던 인류의 삶의 방식까지 송두리째 바꿔 놓았다. 오늘날의 우리는 인터넷의 세계 속에서 그 이전 인류의 누구보다도 더 활발하게 이주하고 있다.

휴대전화는 언제 어디서나 정보에 접근하고 송신할 권한을 주었다.

한편 1973년 만들어져 일부 부유층들 사이에서 쓰였던 휴대용 전화기는 1992년 2G 통신 기능을 도입하면서 대중에게 확산되기 시작했다. 이전까지의 무선 통신은 라디오와 같은 진폭과 주파수 변조 방식의 아날로그였지만 2G를 통해 새로 개발된 디지털 방식은 제한된 주파수 범위 내에서 더 많은 사람이 통신을 이용할 수 있게 해 주었다. 2G 시대에는 휴대용 전화기로 텍스트 메시지까지 보낼 수 있게 되면서 전화기가 기호를 전달하는 부가적인 기능도 갖기 시작했다. 당시 우리나라도 CDMA(코드분할 다중 접속) 기술을 발 빠르게 세계 최초로 상용화해서 다가올 무선 통신 시대의 중요한 주역으로 등장했다. 2007년에는 2G보다 10배 이상 빨라진 3G 기술이 등장하면서 인류의 통신 능력은 더욱 강력해졌다. 이제 사람들은 이동하면서 인터넷에 접속할 수 있게 되었고, 제한적이나마 미디어를 즉흥적으로 소비할 수 있게 되었다. 때마침 등장한 스마트폰은 3G 통신 기술과 만나 그 이후 우리의 생활을 엄청나게 변화시켰다. 2010년대에는 4G 기술이 등장하면서 스마트폰이 더 다재다능해졌다. 기존 유선망을 통한 인터넷 접속 속도와 큰 차이가 없는 100Mbps에 이르는 속도는 고용량 정보를 즐기는데 존재했던 유무선의 제약마저 없애 버렸다. 사람들은 스스로 생산한 영상 콘텐츠를 실시간으로 발신하고, 다른 사람이 만든 콘텐츠도 즉시 접할 수 있게 되었다. 이제 세상은 더욱 가까워졌고, 물리적인 거리는 더더욱 중요치 않게 되었다. 2019년 우리나라가 최초로 개막한 5G 시대에는 사물인터넷(Internet of things)과 맞물려 가전제품, 자동차, 공공시설 등 더 많은 것들이 서로 연결되었다. 이런 기술들을 통해 인류의 삶은 더욱 획기적으로 변화했고, 공간의 제약을 뛰어넘고자 하는 욕구는 더 강하고 더 빠르게 충족되었다. 앞으로 지구상의 수많은 사람과 물건이 서로 연결되어 만들어나갈 새로운 생각과 정보의 가치는 지금 우리의 상상을 훨씬 뛰어넘을 것이다.

이러한 교류들을 통해 더 많은 아이디어가 쌓이고 더 많은 기술이 개발되면 언젠가 우리는 아직 가보지 못한 미지의 공간으로까지 실제 이주하게 될지도 모른다. 저 너머에 있고, 겨우 한 발짝 정도 내디뎠지만 너무 광대하여 쉽게 다가갈 수 없는 그곳. 바로 우주이다.

8) 그 다음은 우주

인류는 우주로의 이동을 시작했다.

1968년 12월 24일. 인간의 몸은 처음으로 지구의 중력을 벗어났다. 3일 전인 12월 21일 지구에서 발사된 아폴로 8호(Apollo 8)가 사람을 태우고 다른 천체의 궤도에 진입한 최초의 우주선이 된 것이다. 인류가 탄생한 이래로 우리 모든 인간을 구속하고 있는 지구의 중력은 지구로부터의 거리에 반비례하는 힘으로 우리를 끌어당기고 있다. 이론적으로는 우주 멀리에 있더라도 우리는 아주 미소한 지구의 중력을 받게 되는 셈인데, 지구로부터 점점 멀어지다 보면 어느 순간 지구의 중력보다 다른 천체의 중력이 강해지는 지점이 있다. 지구에서 달로 향하는 여행에서는 두 천체 사이 239,000마일(384,000km)의 거리 중 대략 22만 마일(35만km) 지점을 넘어서면 달의 중력이 지구의 그것보다 강해지게 된다. 아폴로 8호는 이날 이 지점을 넘어 달 중력의 지배를 받으면서 20시간 동안 달 궤도를 10바퀴 돌았다. 그리고 달 주변의 모습을 촬영한 텔레비전 이미지를 지구에 전송했다. 제임스 로벨, 윌리엄 앤더스, 프랭크 보만(Lovell, Anders, Borman) 세 명의 비행사는 두 번째 텔레비전 이미지가 방송되던 크리스마스 이브에 지구에 있는 사람들에게 전할 메시지가 있다고 얘기하고 성경의 창세기를 번갈아 읽기 시작했다.

"태초에 하나님이 천지를 창조하시니라. 땅이 혼돈하고 공허하며 흑암이 깊음 위에 있고, 하나님의 영은 수면 위에 운행하시니라. 하나님이 이르시되 빛이 있으

• **아폴로 8호(Apollo 8)** 지구 바깥의 천체를 탐사한 최초의 유인 우주선. 나사(NASA) 아폴로 계획 중 두 번째 작품으로 미국 유인 우주선 계획의 첫 성공작이었다. 원래 아폴로 8호 미션은 지구 저궤도 달 착륙선 및 사령선의 시험 비행을 목적으로 계획되었지만 비행 계획이 연기된 뒤 달 주위를 공전하는, 더 대담한 방향으로 전환되었다. 아폴로 8호는 발사 후 사흘 만인 1968년 12월 21일 달에 도착하였다. 궤도를 도는 20시간 중 승무원들은 크리스마스 이브 텔레비전 방송을 하였다. 이후 미국은 CIA의 첩보 위성에 의해 소련이 신형 로켓을 준비하고 있었던 것을 알아낸 뒤 예정을 변경해 아폴로 8호를 달의 주 궤도를 도는 임무로 변경했다. 아래 사진은 윌리엄 앤더스가 찍은, 달에서 촬영한 최초의 지구 사진 중 하나이다. 지구로부터 3만 킬로미터 거리에서 찍은 것으로 가운데 위쪽이 남미대륙, 하단 오른쪽이 북미 대륙이다. 1968년 12월, 나사(NASA) 소장.

라 하시니 빛이 있었고…… 하나님이 뭍을 땅(Earths)이라 부르시고 •• 성경 창세기 1장 1절~10절
모인 물을 바다(Seas)라 부르시니 하나님이 보시기에 좋았더라"••

    달의 지평선 너머 암흑의 우주 공간에서 유독 파랗게 빛나는 지구의
모습이 화면이 비쳐지고 비행사들이 좋은 지구(Good earth)에 있는 모
든 사람의 축복을 기원했을 때, 텔레비전을 지켜보던 사람들은 우리가
사는 지구를 제3자의 시각에서 바라보는 것이 무엇인지 실감할 수 있었
다. 인간은 움직임을 멈추면 지구로부터 점점 멀어지는 위치에 처음 들
어섰고, 지구를 자칫하면 잃어버릴 수도 있는 우주 속의 작고 소중한 고
향으로 바라볼 수 있었다.

    인류가 앞으로 지구 아닌 우주의 다른 곳으로 실제로 이주할 수 있
을지는 아무도 알 수 없다. 아폴로 8호 비행사들을 포함해 지구의 중력
을 벗어난 사람은 몇 명 되지 않고, 다른 천체를 직접 밟아본 사람은 그
보다 더 적다. 우리는 오늘날에도 계속 우주로 나아가는 중이다. 우주는

아폴로 8호가 전송한 지구의 모습(1968), NASA

저 너머에 있는 무엇인가를 궁금해하며 이주를 계속해 온 인류의 다음 목적지이다. 약 19~18만 년 전 처음 아프리카를 벗어나고자 한 인류는 5~4만 년 전쯤에야 전 지구에 퍼져서 살아갈 수 있었다. 우주를 향한 우리의 여정이 앞으로 얼마나 걸릴지는 알 수 없다. 어쩌면 지구 밖 우주는 영영 우리 인간이 살아갈 수 없는 공간일 수도 있다. 혹은 꽤 가까운 시일 내에 그곳에서 놀라운 문명을 만들게 될 수도 있다. 아무 것도 결정된 것은 없지만 새로운 세계를 향한 이주의 본능은 우리 마음 깊은 곳의 꿈과 소망을 자극한다. 인류는 미지의 세계를 모험하는 어린아이의 흥분과 설렘으로 우주를 향한 탐험을 계속하고 있다.

지금은 우리가 우주의 어느 곳으로 갈 지 모르지만, 우주 탐사 초기의 목적지는 간결하고 명확했다. 태양과 함께 태초부터 친숙한 존재였던 달에 가는 것이었다. 이 꿈은 1961년 미국 케네디 대통령의 연설로 두드러졌다. 1961년 5월 25일 의회 연설에서 케네디 대통령은 60년대 중에 달에 사람을 보내겠다고 선언했다.* 그는 1년이 지난 1962년 9월 12일 텍사스 휴스턴의 라이스 대학에서 35,000명의 군중에게 이 목표를 더욱 명확히 설명했다. 20세기가 이루어낸 과학과 기술의 발전을 설명한 후 왜 달에 가느냐는 질문을 던지고 그 답을 말한 것이다. 그는 '우리는 달에 가기를 선택했다'(We choose to go to the moon)고 하며 '그것이 쉬워서가 아니고 어렵기 때문이며, 우리의 에너지와 기술의 최고치를 만들어내고 측정할 수 있기 때문'이라고 했다.** 그는

• "나는 우리나라가 10년 이내에 인류를 달에 착륙시킨 뒤 그를 무사귀환시킨다는 목표를 달성하고자 매진할 것이라 믿습니다. 오늘날 다른 어떤 우주 프로젝트도 이보다 인류에게 더 인상적이거나, 장거리 우주 탐사에 더 중요하거나, 더 어렵고 더 많은 비용이 드는 일이 아닐 것입니다."(존 F. 케네디 대통령의 1961년 5월 25일 의회 연설 중.)

•• 우리는 달에 가기로 결정했습니다. 우리는 이 목표를 10년 안에 달성하고자 합니다. 우리는 그 일이 쉽기 때문이 아니라 어렵기 때문에 반드시 해내려 하는데, 왜냐하면 그 목표야말로 우리의 열정과 기술을 조직하고 측정하는데 이바지할 것이기 때문이며, 우리가 기꺼이 수용할 수 있고 결코 미루고 싶지 않은 도전이기 때문이며, 반드시 성취하고자 하는 일이기 때문입니다. 그리하여 한때 서구의 옛 개척지 가운데서도 가장 멀리 떨어진 곳이, 바야흐로 과학과 우주의 새로운 개척지에서 가장 멀리 떨어진 전초기지가 될 것입니다."(1962년 9월 12일, 케네디 대통령의 라이스 대학 연설 중에서)

휴스턴이 '서부 개척 시대에 가장 먼 프런티어 전진기지였듯이 미래에는 과학과 우주의 새로운 프런티어 전진기지'가 될 것이라고 얘기했다. 그 말대로 휴스턴 우주센터는 오늘날에도 지구를 멀리 벗어난 우주 탐험가들과 전자기파를 이용해 대화하는 우주 개척의 최전선 관제탑 역할을 하고 있다. 10년 안에 달에 간다는 케네디의 비전은 분명하고 간단했으며, 미국인들은 그 꿈을 같이 꾸었다. 1963년 11월 22일 그가 암살당하자 그것은 반드시 이루어야 할 신념이 되어 많은 어려움에도 불구하고 사람들을 나아가게 했다.

　그러나 달에 간다는 것은 당시의 기술로 쉬운 일이 아니었다. 2차 대전 후 미국과 소련의 경쟁 속에서 우주 기술이 발전하고 있었지만 사람들은 아직 지구 궤도에 간신히 올라가는 기술만을 보유하고 있었다. 연료를 분사하여 수직으로 오르는 로켓의 원리는 1915년 미국의 가다드 (Robert Goddard)에 의해 처음 개발되었다. 오랜 기간 홀로 로켓을 구상한 그는 외부의 자금 지원을 받으려 자신의 이론을 발표했다. 하지만 당시 신문들은 가다드의 이론이 터무니없다고 조롱하며 공상 과학 영화●●●에나 나올 법한 얘기로 간주했다. 그는 비판에 굴하지 않고 연구를 계속했다. 액체연료의 혼합으로 로켓을 발사할 수 있다고 결론을 내린 그는 1926년 3월 26일 41피트(12m)를 날아가는 첫 번째 로켓 발사에 마침내 성공했다. 하지만 이것은 하늘에 수직으로 날아오를 수 있다는 그의 생각이 실현 가능하다는 것을 보여준 것이지 아직 우주로 가기에는 턱없이 부족한 것이었다. 2차 대전 중 독일은 강력한 무기를 개발할 목적으로 로켓에 관심을 갖기 시작했다. 독일군은 가다드의 이론을 참고하여 1942년 12.5t 중량의 V2 로켓을 만들어 206km 고도까지 발사하는 데 성공했다. 인류 최초로 지구 대

●●● 1902년 세계최초 공상과학 영화 달나라 여행(Le voyage dans le lune)에서는 지구에서 대포를 발사해서 달 표면에 명중하는 형태로 달 탐험을 상상하였다.

기를 벗어난 인공물이 만들어진 것이었다. 2차 대전에서 독일이 패배한 이후 독일의 로켓 기술자들은 소련과 미국으로 망명하였다. 이후 특히 소련은 가까운 곳에 자국의 비행장이 없는 미국과 서유럽의 영토를 효과적으로 공격할 수단으로 대륙 횡단 미사일에 관심을 갖고 로켓 기술을 점차 발전시켰다.

1957년 소련이 최초의 인공위성을 쏘아 올렸다.

● 소련이 1957년 10월 4일에 타원형의 지구 저궤도로 발사한 최초의 인공위성. 1955년 8월 30일 R-7 로켓 시험 발사 회의에서 달 궤도상의 우주비행을 계산한 데이터가 제시된 뒤 소련 정부는 R-7 로켓의 3단계 버전, 스푸트니크(러시아어로 여행의 동반자란 뜻) 개발에 돌입했다. 1957년 10월 4일 카자흐 공화국의 바이코누르 우주 기지에서 발사가 행해졌다. 위성은 시속 29,000km 속도로 비행했으며, 궤도를 도는데 96.2분 소요되었다. 위성은 3개월 동안 약 6천만km를 비행한 뒤, 1958년 1월 4일 대기권에 재진입하여 불타버렸다. 이후 과학계는 위성의 궤도에 영향을 미치는 공기저항으로 지구 대기권의 밀도를 추정할 수 있게 되었고, 무선신호의 전파는 전리층에 대한 정보를 가져다주었다. 사진은 나사가 촬영한 스푸트니크 1호의 복제품. 미 국립 항공우주박물관 소장.

1957년 10월 4일. 소련은 자체 개발한 R-7로켓을 이용하여 스푸트니크 1호(Sputnik 1)● 위성을 지구 궤도에 올리는데 성공했다. 83kg의 소형 위성이었던 스푸트니크는 160마일(250km)의 고도에서 하루 16회 지구를 회전하며 20MHz, 40MHz의 라디오 신호를 발신했다. 스푸트니크가 미국 상공을 지날 때에 미국인들도 라디오 주파수를 맞추면 우주에서 전송하는 삐-삐- 소리를 들을 수 있었다. 자신들의 머리 위 닿을 수 없는 곳에서 경쟁국 소련의 위성이 회전하고 있고 이 기계는 언제든지 무기로 바뀔 수 있다는 생각은 미국인들을 두렵게 만들었다. 그해 11월 3일 소련은 스푸트니크 2호(Sputnik 2)에 라이카(Laika)라는 이름의 개를 태워서 7일간 궤도에 머무르게 했다. 지구로 다시 돌아오게 하지는 못했지만 우주 공간에서 생물이 생존할 수 있다는 가능성을 보여준 것이었다. 한 달 뒤인 12월 6일 미 해군 연구소(Naval Research Laboratory)가 발사한 미국 첫 번째 위성(Vanguard TV3)이 공중에 뜨지도 못하고 폭발했을 때 미국인들은 자존심에 큰 상처를 입었을 뿐만 아니라 소련이 우주에서 자신들을 계속 능가할지 모른다는 생각을 하기 시작했다.

우주 경쟁에서 선수를 빼앗긴 미국은 다음 해인 1958년 1월 29일 미국항공우주국 즉 나사(NASA, National Aeronauti cs and Space Administration)**를 출범시켰다. 그리고 1월 31일에는 독일에서 망명한 로켓 기술자 폰 브라운(Von Braun) 등이 참여해 만든 로켓(Juno 1)을 이용해 13.4kg의 위성(Explorer 1) 발사에 성공함으로써 비로소 우주 개발의 첫 발을 내디뎠다. 새롭게 출범한 나사는 인간을 지구궤도에 올린다는 목표를 세우고 그 해 10월 7일 머큐리 프로젝트(Mercury Project)를 개시했다. 그리스 신화 속 헤르메스의 이름을 빌린 머큐리 프로젝트는 이후 1963년까지 5년간 20개의 무인 우주선과 6개의 유인 우주선을 발사했다. 달까지 가는 것은 당연히 생각도 할 수 없었던 이 당시 프로젝트의 목표는 유인 우주선을 지구 주위로 궤도 비행하게 하고, 우주에서 인간의 활동 능력을 조사하

** 미국의 국가 기관으로서 우주 계획 및 장기적인 일반 항공 연구 등을 실행한다. 1957년 10월 4일 소련이 쏘아올린 인공위성 스푸트니크 1호의 발사 성공에 충격을 받은 미국은 1958년 7월 29일 나사(NASA)를 발족시켰다. 산하 시설로 케네디 우주센터, 고다드 우주 비행 센터, 제트 추진 연구소, 존슨 우주 센터, 랭글리 연구 센터, 마셜 우주 비행 센터 등이 있다. 미국 항공 우주국은 인데버 우주왕복선을 성공적으로 발사했다.

고, 비행사를 안전하게 지구로 귀환시키는 것이었다. 이때는 우주에 관한 모든 것이 미지수였다. 사람이 탄 대형 로켓을 폭발 없이 무사히 발사할 수 있을지, 발사 시 엄청난 속도로 인한 중력을 인간이 감당할 수 있을지, 대기권으로 다시 진입할 때 공기와의 마찰로 발생하는 수천 도에 이르는 높은 온도를 어떻게 처리할지, 우주의 방사선과 운석으로부터 우주선을 지켜낼 수 있을지, 무중력 상태에서 인간이 생존할 수 있을지 등은 모두 알 수 없는 것들이었다.

머큐리 프로젝트가 진행되는 중에도 소련은 계속해서 미국을 앞서

나갔다. 급기야 1961년 4월 12일에는 유리 가가린(Yuri Gagarin)이 보스토크 1호(Vostok 1)를 타고 인간으로서는 처음으로 지구 궤도에 다다랐다. 당시 27세였던 가가린은 고도 203마일(327km)까지 올라가 우주 공간에서 지구를 한 바퀴 돌고 108분 만에 지구로 다시 내려왔다. 이에 충격을 받은 미국도 한 달 후인 5월 5일 머큐리 프로젝트의 첫 번째 유인 우주선(Mercury-Redstone 3, Freedom 7)을 발사하여 알랜 셰퍼드(Alan Shepard)를 117마일(188km) 상공•에 올렸다. 이날 비행으로 미국 최초의 우주인이 된 셰퍼드는 가가린처럼 완전한 진공 상태인 지구 궤도를 한 바퀴 돈 것은 아니었고 준우주(Suborbit)에 도달했다가 포물선을 그리며 다시 내려왔을 뿐이었다. 그렇지만 우주 탐험에 대한 대중의 관심은 대단해서 모두 4,500만 명이 이날 텔레비전으로 방송된 셰퍼드의 15분 22초간의 비행을 지켜보았다.

• 국제항공연맹(FAI)는 대기농도가 감소하여 항공기 부양이 불가능한 고도 62마일(100km, 카르마라인를 우주의 기준으로 삼았으며, NASA의 전신인 NACA는 일반적으로 비행이 불가능한 50마일(81km)를 기준으로 삼았다. NASA는 훗날 우주왕복선이 지구에 진입할 때 공기저항을 받기 시작하는 지점인 76마일(122km)을 우주의 기준으로 잡기도 했다.

케네디의 의회 연설이 있었던 것은 바로 이러한 시점이었다. 미국은 이제 막 첫 번째 우주인이 117마일의 준우주 고도까지 곧장 올라갔다가 바로 내려오는 탄도비행을 마친 단계였다. 24만 마일이나 떨어진 달에 착륙한다는 것은 언감생심 꿈도 꾸기 어려운 일이었다. 이미 달의 뒤편 사진을 촬영할 정도인 소련에 비해 무인 비행 기술도 뒤떨어져 있는 상황이었다. 그렇지만 케네디는 언제(10년 안에), 어디서(달에), 어떻게(착륙하여 무사히 돌아온다) 한다는 비전을 명확하게 제시하였고 꿈같은 이 일의 실현을 위해 국가적 자원을 투입했다. 17세기 초 대서양 연안에 도착한 이래 끊임없이 이주를 계속해온 미국인들도 큰 관심으로 우주를 향한 다음 탐험에 호응했다.

케네디의 발표 이후 양측의 레이스는 한층 속도가 붙었다. 1661년 8

월 6일 소련의 티토프(Titov)는 보스토크 2호를 타고 25시간 동안 지구 궤도를 17.5바퀴나 돌았다. 인간이 오랫동안 우주에 체류할 수 있다는 것을 보여준 것이다. 미국도 유인 우주 기술을 발전시키기 위한 노력을 계속했다. 머큐리 프로젝트를 계속 진행하는 한편 12월 7일에는 제미니 (Gemini) 프로젝트를 최종 승인하고 개발에 착수했다. 제미니 프로젝트는 1962년부터 1967년 사이에 2개의 무인 우주선과 10개의 유인 우주선을 발사했다. 제미니의 목적은 2인 1조의 비행사가 달에 갔다 돌아오는데 필요한 정도로 장기간(최대 2주) 동안 우주에 체류하는 기술을 연구하고, 우주 랑데부(Rendezvous)[••], 도킹(Docking), 우주유영(Space walking) 등 달 탐사에 중요한 기술을 검증하고, 달에서 지구로 다시 돌아오는 방법을 찾아내는 것이었다. 이후 8년 동안 제미니 프로젝트는 많은 실험을 거치면서 달 착륙 기술을 점점 발전시켰다.

[••] 랑데부는 두 비행체가 근접 거리에서 똑같은 궤도 속도를 맞추는 것을 의미하고, 도킹은 실제로 물리적으로 연결되는 것을 말한다. 랑데부가 도킹의 필요조건으로서, 도킹을 하기 위해서는 반드시 랑데부를 해야 하지만, 랑데부를 한다고 모두 도킹을 하는 것은 아니다.

아폴로 프로젝트가 시작됐다.

케네디 대통령이 의회 연설 직후 승인한 아폴로(Apollo) 프로젝트도 준비를 거쳐 이 시기 실행 단계에 들어섰다. 36층 건물과 비슷한 110m(363ft)의 높이에 1단계에서만 3,400톤(750만 파운드)의 추력을 내는 강력한 로켓인 새턴 5(Saturn 5)도 개발되었다. 그러나 아폴로 프로젝트는 첫 번째 단계부터 큰 사고로 시작했다. 1967년 1월 27일 우주 비행사들이 타는 캐빈을 실험실에서 테스트 하는 중에 내부에서 화재가 발생해 조종사 3명이 전부 사망한 것이다. 산소로 가득 찬 캐빈 안의 뒤얽힌 전선에서 작은 스파크가 발생하자 순식간에 불이 붙어 화씨 2,400

도까지 온도가 상승했고, 90초 후 해치를 열었을 때는 모두가 숨진 상태였다. 이 사고로 의회의 청문회가 열렸고, 아폴로 프로젝트 자체에 대한 위기감이 고조되었다. 60년대가 끝나기까지 불과 3년도 안 남은 상태에서 달 착륙이 과연 성공할 것인지는 누구도 확신할 수가 없었다.

아폴로 1의 사고로 충격을 받은 나사는 1967년 11월 아폴로 4를 시작으로(아폴로 2와 3으로 이름 붙은 발사는 없었다) 다음해 4월까지 3개의 무인 우주선만 쏘아 올리면서 달 착륙 장비 전반을 다시 점검했다. 아폴로 4에서는 새턴 5 로켓의 전 과정을 처음으로 시험하였고, 아폴로 5에서는 달착륙선(Lunar Module)을 부착한 로켓을 발사해 우주 공간에서 착륙선의 상승 하강 기능이 정상적으로 작동하는지를 검사했다. 1968년 4월 4일 발사한 아폴로 6에서는 마지막으로 모든 과정을 점검하면서 발사 시 과도한 진동이 발생하고 일부 엔진의 일찍 꺼지는 등의 문제점들을 찾아내 개선했다. 1968년 10월 11일 쏘아 올린 아폴로 7은 아폴로 1 사고 이후 첫 번째 유인 우주선이었다. 3명의 비행사가 탑승하는 첫 번째 우주선이라는 의미도 있었다. 제미니 12가 임무를 마친 이후 무려 2년 만에 발사된 아폴로 7의 목표는 달 궤도로 향하는 것을 제외한 모든 사항을 점검하는 것이었다. 아폴로 7의 발사 장면은 최초로 텔레비전을 통해 실황 중계되었다. 아폴로 7이 큰 문제 없이 11일간의 임무를 마침으로써 나사는 데드라인이 1년 밖에 남지 않은 달 착륙에 다시 자신감을 가졌다.

마침내 그해 12월 21일에는 아폴로 8이 처음으로 사람을 태우고 달 궤도로 출발했다. 아폴로 8에 탑승한 세 명의 조종사는 달 표면 60마일(100km) 상공에서 CSM(Command/Service Module)을 타고 20시간 동안 달 궤도를 10바퀴 돌며 실제 착륙을 제외한 모든 탐사 단계를 시험했다. 이들은 지구 궤도 밖에서 지구를 바라본 최초의 인류가 되었으며, 암흑 속에서 파랗고 하얗게 빛나는 동그란 지구의 전체 모습을 텔레비전 화면으로 처음 전송했다. 크리스마스 이브에 달의 모습을 생중계할 때 뭔가 의미 있는 메시지를 전할 방법을 찾던 그들은 조종 매뉴얼의 뒤 화재예방 교본에서 창세기 구절을 찾아 읽었다고 한다. 조종사 세 명은 우주가 만들어진 장면을 표현한 이 문장들을 번갈아 낭송하며 지구에 있는 사람들에게 인사를 건넨 후 탐사를 마친 12월 27일 무사히 낙하산을 펴고 아름다운 지구의 바다에 다시 도착했다.

1960년대의 마지막 해인 1969년에는 달 착륙을 위한 마지막 점검이 시작되었다. 3월 3일 아폴로 9는 달착륙선의 작동을 시험했고, 5월 18일 아폴로 10은 두 번째로 달 궤도에 진입해 달 표면 8마일(15km) 상공까지 접근했다. 이때도 달 표면의 모습이 텔레비전에 방송되어 다가오는 최종 착륙에 대한 기대감을 더욱 높였다.

1969년 7월 20일. 인류는 마침내 달에 착륙했다. 마이클 콜린스(Michael Collins)가 상공에서 지원하는 동안 닐 암스트롱(Neil Armstrong)•과 버즈 알드린(Buzz Aldrin)이 달에 발을 디뎠고, 이 과정은 전 세계 사람들이 텔레비전으로 지켜봤다. 10년에 걸쳐 모든 테스트를 마쳤지만 이날 달 착륙의 성공은 누구도 장담할 수 없는 것이었다. 지구에서 시뮬레이션을 할 때도 달착륙선이 100% 안착에 성공한 것은 아니었고, 달에서는 더 많은 변수가 있을 수밖에 없었다. 달착륙선이 비스듬하게 하강해 내려가는 지점에 달의 크레이터나 둔덕이 나타날 경우 비행사는 순간적으로 궤도를 조종해야 했는데 이 과정에서 작은 실수도 치명적 사고로 이어질 수 있었다. 전 세

• 인류 최초로 달에 착륙한 닐 암스트롱 닐 암스트롱(Neil Armstrong)이 인류 최초로 달 표면에 착륙한 모습. 나사가 촬영하여 미국 전역에 방영되었다.

계 사람들이 숨죽여 지켜보는 가운데 착륙선은 다행히 큰 충격 없이 달에 내려앉았다. 캡슐 내부에서 준비를 마친 암스트롱은 해치를 연 후 사다리를 타고 내려가 검고 입자가 고운 흙으로 덮인 달 표면에 첫 발을 내디뎠다. 이 순간 지구의 사람들은 하나 된 성취감을 느꼈다. 암스트롱의 말대로 한 인간의 작은 발걸음이 인류의 큰 도약(Giant leap for mankind)이 된 것이었다. 인류는 수십만 년간 이주를 계속한 끝에 드디어 다른 천체에 첫 발을 떼었으며, 다음 목적지에 대한 무궁한 가능성을 다시 한번 펼쳐 보였다.

아폴로 프로젝트는 이 날을 포함해 6번 달 착륙에 성공하고 1972년 12월 17일 17호를 끝으로 막을 내렸다. 달에 발을 디딘 사람은 6번 비행에 동승한 12명이었으며, 착륙이 없었던 비행까지 포함하면 총 9번의 비행에서 27명의 사람이 달 궤도에 진입했다. 오늘날까지도 이 12명이 다른 천체를 밟은 유일한 사람들이고, 27명이 지구의 중력을 벗어난 극소수의 정예멤버들이다. 아폴로 프로젝트는 오랫동안 인류가 꿈으로만 상상하던 목표를 달성하고 새로운 가능성을 연 다음 성공적으로 종료됐다. 많은 사람이 힘을 합쳐 개발 과정의 여러 난관과 불신을 이겨냈고 어려움 속에서 인간 의지의 강인함을 보여줬다. 특히 1970년 4월 아폴로 13을 타고 간 3명의 비행사들이 기기 고장으로 우주 미아가 될지도 모르는 상황에서 무사히 귀환한 일은 프로젝트의 가장 극적인 순간 중 하나였다. 그들은 캐빈의 온도가 영하로 내려가고 전력, 산소, 수분이 부족한 극한의 환경에서도 희망을 잃지 않고 문제를 해결해가면서 6일 만에 결국 집으로 돌아왔다. 오늘날의 우리가 비행기를 타고 대서양을 횡단하는 것을 아무렇지도 않게 생각하듯이 언젠가 달에 가는 것이 자연스러워질 때가 되면 이런 이야기들은 그 이후의 무수한 이주를 이끌어 낸 먼 옛날의 이야기로 기억될 것이다.

인류는 더 먼 우주여행을 준비하고 있다.

아폴로 프로젝트의 종료 이후 인간은 다른 천체를 밟지 않았다. 우주는 너무나 광대하여 천천히 준비해 한 발씩 다가갈 수밖에 없었다. 지구에서 달까지의 거리는 239,000마일(384,000km)이다. 이 거리는 우리나라에서 미국 LA까지 태평양을 건너 비행하는 거리 6,000마일(9,600km)의 40배가량이고, 지구 둘레 길이 24,900마일(40,100km)의 10배에 달한다. 달까지 만약 시속 500마일(800km)의 제트기를 타고 간다면 꼬박 478시간(20일) 동안 날아가야 한다. 음속의 3배 내외(시속 2,300마일 또는 3,700km)로 비행하는 일반적 우주선 속도로도 100시간(4일) 정도 걸린다. 실제로 지구에서부터 출발해 달 궤도에 진입하기까지 아폴로 8은 69시간, 아폴로 11은 76시간 정도가 걸렸다. 만약 아폴로 10이 세운, 인간이 탄 우주선 최고 순간 속도 기록인 시속 24,791마일(39,897km)로 처음부터 끝까지 간다고 해도 10시간이나 소요된다.•

지구의 위성인 달까지의 거리가 이렇게 멀 정도니, 다른 행성까지는 정말 먼 길을 가야 한다. 태양계의 행성 중에 지구와 가장 환경이 비슷한 화성까지의 거리는 대략 48,340,000마일(77,790,000km)••이다. 달까지 거리의 무려 200배이다. 과학책에서는 태양, 지구, 행성들을 보기 좋게 한 페이지에 나열하지만 실제로 이는 굉장히 과장된 그림이다.

이 그림만 보면 이웃 행성인 화성(Mars)은 지구에서 가

• 아폴로 10이 지구로 돌아올 때 기록한 시속 24,791마일(39,897km)은 음속(시속 1,224km 정도)의 33배에 이르는 속도였으며, 인간이 탄 기계의 최고 속도로 2002년 기네스북에 등재되었다. 비록 사람이 탄 건 아니지만 인간이 만든 기계의 최고 속도는 2006년 명왕성을 향해 출발한 뉴호라이즌(New Horizon)이 기록한 시속 36,000마일(58,000km)이다. 이는 빛의 속도의 대략 2만 분의 1에 해당하는 수치이다.

•• 두 행성이 태양 주위를 공전하기 때문에 이 거리는 계속 바뀐다. 2003년 가장 가까웠을 때는 5,600만km 정도 떨어졌었고, 태양을 사이에 두고 반대편에 있으면 4억km 떨어지기도 한다.

태양계의 행성

장 가깝고 쉽게 갈 수 있을 것 같지만 결코 그렇지 않다. 인간이 세운 최고 기록인 시속 2.5만 마일(4.0만km)로 처음부터 끝까지 날아가도 대략 2,000시간(82일, 3개월가량)을 꼬박 비행해야 한다. 이건 어디까지나 최대 속도이기 때문에 만약 평균 시속 1만km 정도로 날아간다고 가정하면 7,800시간(324일, 11개월가량)을 비행해야 한다는 계산이 나온다.[*] 우주선 무게의 제한 때문에 지구로 돌아올 연료까지 싣고 가기가 어렵기에 왕복 비행은 훨씬 더 골치 아픈 일이다. 게다가 화성 다음 행성들은 더더욱 멀리 떨어져 있다. 이 그림의 오른쪽 방향으로 거리의 왜곡이 점점 더 심해지는 것이다. 빌 브라이슨[10]은 이를 '만약 상대적인 크기와 거리를 고려해서 이 그림을 다시 그려서 지구를 팥알 정도 크기로 표현한다면 목성(Jupiter)은 300m 정도 떨어져 있어야 한다. 명왕성(Pluto)은 세균 크기로 2.4km 정도 떨어뜨려서 그려야 한다. 태양에서 가장 가까운 별인 켄타우루스를 그림에 나타내려면 1만 6,000킬로미터 떨어진 곳에 그려야 한다'라고 설명했다. 태양계를 명왕성까지만이라도 그리려면 반지름 2.5km의 종로구 면적(24㎢)만한 도화지가 필요한 것이고, 그런 도화지가 있다 해도 지구는

[*] 실제 화성까지 무인우주선의 비행시간을 보면, 1965년 마리너 4호는 228일, 1975년 바이킹 1호는 333일, 1996년 패스파인더는 212일, 2011년 사이언스 래버러토리는 254일 정도 걸렸다.

거기에 팥알만한 크기로밖에 표현하지 못하는 것이다.

아폴로 프로젝트의 달 착륙 전후로 이런 태양계의 행성들을 탐사하려는 노력은 꾸준히 이어졌다. 주로 무인 탐사선을 발사해서 조사하는 방식이었다. 1965년 마리너 4호(Mariner 4)가 첫 번째로 화성의 표면 이미지를 지구로 전송했고, 1971년에는 마즈 3호(Mars 3)가 화성에 소프트랜딩을 해서 23초간 데이터를 보냈다. 1972년 목성으로 발사된 파이어니어 10호(Pioneer 10)는 1973년 근접 촬영에 성공했고, 인류의 존재를 알리는 간단한 알류미늄 판을 탑재해 더 먼 우주로 갔다. 1975년과 1976년 발사된 바이킹 1, 2호는 화성 표면 사진을 전송한 후 화성에 착륙하기도 했다. 1977년 발사된 보이저 1, 2호는 지구의 소리를 담은 골든레코드를 싣고 떠났다. 보이저는 태양계의 행성 탐사를 모두 마쳤고 지금은 태양계의 끝자락에 도달해 있다. 1996년 패스파인더(Pathfinder), 1996년 소저너(Sojourner), 2003년 스피릿(Spirit), 오퍼츄너티(Opportunity) 등은 화성에 착륙해 활동하는 탐사 로봇을 보냈다.

우주를 향한 탐험은 오늘날에도 계속되고 있다. 많은 것이 불확실하지만 분명한 것은 인간은 미지의 공간으로 계속 나아갈 것이라는 점일 것이다. 미래의 그 어느 순간 우리가 실제 우주로 이주를 하게 된다면 우

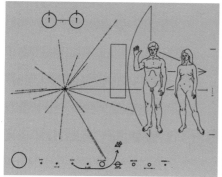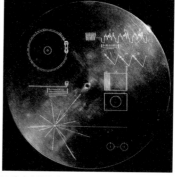

파이어니어의 알류미늄 판(1972) 그림과 보이저의 골든레코드(1977)

리는 지구에서 무엇을 가져가고 그곳에 어떤 공간을 건설하게 될까. 아마도 지구에서의 지난 경험을 돌이켜 보면 이 질문에 대해 더 깊이 생각해 볼 수 있을 것이다. 그동안의 이주에서도 인류는 항상 운송수단과 자원의 제약 속에서 생존에 꼭 필요한 물건만 챙겨 먼 곳까지 이동해 힘써 삶의 터전을 가꾸었다. 많은 것이 턱없이 부족한 상황에서 자연과 싸우고 필요한 것들을 스스로 조달해 가며 새로운 문화와 제도를 만들어 왔다. 우리가 이 책에서 살펴보고 있는 아메리카 대륙에서의 이주도 부족함과의 싸움이었던 것은 마찬가지였다. 지금부터는 다시 지구로 눈을 돌려 400여 년 전 미국에 처음 이사 온 사람들이 어떻게 새 삶을 가꾸어 갔는지 자세히 들여다보기로 하자.

3. 새로운 환경, 생활의 변화

1) 하나부터 열까지 다시 맞춰야 한다

이사는 오늘날에도 어렵다.

오늘날에도 삶의 터전을 바꾸는 이사를 한다는 것은 쉬운 일이 아니다. 설령 포장이사로 모든 집기들을 그대로 옮긴다 해도 신경 써야 할 게 한둘이 아니다. 여러 조건들을 따져 앞으로 살 집을 결정하고, 전기, 가스, 수도, 통신 같은 필수 서비스들을 빠지지 않게 챙기고, 그때그때 필요한 많은 물건들을 장만하고, 낯선 주변 지리를 익히고, 주변 이웃들을 새로 사귀고, 아이들이 잘 적응하도록 도와주는 일 등 크고 작은 삶의 모습을 다시 정립하는 데에는 생각보다 많은 품이 들어간다. 모든 것이 편리해지고 연결된 현대의 이사에서도 이렇게 신경 써야 할 게 많은데 그 옛날에 살고 있는 곳을 떠나 먼 곳으로 이주하는 것은 정말 쉬운 일이 아니었다.

아메리카 대륙의 초기 정착민들과 서부 개척자들은 전혀 모르는 땅으로 이주를 하면서 하나부터 열까지 생활양식을 송두리째 바꿔야만 했다. 원주민들을 배척했던 그들은 아메리카 대륙의 환경에 맞게 다듬어진 생존 기반을 갖추고 있지 못했다. 모든 게 부족한 상태에서 거의 대부분을 새로 만들고 맞춰나가야 했다. 이 과정에서 어려움을 감내하고 극복해 낸 그들의 강인한 자세는 오랜 세월동안 미국의 프런티어 정신이라는 진취적인 문화를 만들어냈다. 한편 땅과 자원을 향한 과도한 탐욕,

원주민들을 대상으로 한 수탈, 무질서 속에서 만연했던 폭력 등은 그들의 이주 과정에서 발생한 부끄러운 측면들이었다.

우리는 이런 점들을 평가하고 반성할 수 있는 미래 사람들의 입장에서 이들 이주의 과정을 균형 있게 살펴볼 수 있는 유리한 위치에 서 있다. 거의 처음부터 맨손으로 모든 것을 일궈야 했던 미국 초기 개척자들의 이사에는 몇 가지 주요한 특징이 있었다. 첫째, 물자가 절대적으로 부족했고, 둘째, 이주를 하면서 거친 자연과 맞닥뜨려야 했고, 셋째, 그 무엇보다도 자신의 땅을 간절히 원했다는 점이었다.

2) 물자의 부족

먼 거리를 이동하는 사람들은 물질적으로 궁핍했다.

개척자들의 이사에서는 물자가 절대적으로 부족했다. 이는 아메리카 대륙과 대서양은 광대한 반면 당시 교통수단은 아주 열악했기 때문이었다. 17세기 유럽인들이 미국으로 이주할 당시 배로 대서양을 건너는 데에는 2~3개월이 걸렸고, 19세기 초 미국 내에서 서부진출이 본격화되었을 때 당시 철도 종점인 중부 미주리주에서 태평양 연안의 오리건이나 캘리포니아까지는 우마차(Wagon)로 5~6개월이나 소요됐다. 이처럼 이동 시간이 길었기 때문에 이들이 이사를 갈 때는 짐을 싸는 것이 항상 어려운 문제였다. 배나 우마차에 싣고 갈 물건의 양에는 늘 한계가 있었고, 특히 긴 기간을 버틸 식량을 싣고 가는 것이 곤란한 일이었다.

1810년대부터 모피사냥꾼들은 미시시피강 서쪽으로 나가는 길을 개척하기 시작했다. 이들은 이내 중부 미주리주에서 태평양 연안까지 이르는 2,200마일(3,500km)의 오리건 가도(Oregon Trail)•를 가다듬었다. 먼저 경험한 사람들이 오리건 지역은 겨울철에도 기후가 온화하고 아직 소유권이 정해지지 않은 넓은 땅이 있다고 소문내자 1830년대부터는 새로운 기회를 노리는 더 많은 사람이 이 길을 걸어 오리건으로 이주하기 시작했다. 1836년에는 미주리주 서쪽 변경의 인디펜던스(Independence)시에서 오리건으로 향하는 대규모의 우마차 행렬(Wagon trail)이 동시에 서쪽을 향해 출발했다. 수십 명에서 수백 명에 달했던 이들 무리는 보통 4~5월에 인디펜던스를 출발해 9~10월 눈이 쌓이기 전 시에라네바다산맥을 넘는 6개월의 여정으로 길을 나섰다. 이주 절정기였던 1843년 대이동(The Great Migration of 1843) 때는 무려 1천여 명이 120개의 우마차를 끌고 오리건으로 향했다. 가축까지 끌고 길을 나서는 행렬은 그 폭만 1마일(1.6km)에 이르는 경우도 있었다. 이 대열은 1869년 대륙횡단철도가 완공되기까지 매년 꾸준히 이어졌고, 30여 년간 총 40만 명의 사람들이 오리건 가도를 따라서 서부 해안가로 이주했다.

아이들까지 데리고 우마차로 전진하는 이 행렬의 속도는 매우 느렸다. 이들은 보통 하루 15마일(25km)을 천천히 이동했다. 속도에 가장 큰 영향을 미치는 것은 강이

• 오리건 가도(Oregon Trail) 미합중국 서부 이주자들의 이동로. '오리건 트레일'이라고도 하며 미주리주에서 오리건주에 이르는 약 3200km의 산길을 지칭한다. 미주리주 인디펜던스 부근에서 플래트강을 지나 윈드리버산맥의 남측 산마루를 넘고 스네이크강을 따라 컬럼비아 강가의 와라와라 성채까지 뻗어 있었으며 19세기에 몇 년이나 걸려 완성되었다. 이 오리건 가도는 1820년대에는 올가미 사냥꾼, 교역상인, 선교사만이 통행하는 길이었으나 1840년대 초 골드러시 때 금에 눈을 뜨게 된 사람들이 금을 캐러 집단으로 이동하면서 이 가도를 이용하였고 서부 이주에 크게 기여한다. 이밖에 캘리포니아 이주자, 유타 주로 가려는 모르몬교도, 목장주, 카우보이는 모두 오리건 가도를 이용했다. 지도는 1852~1906년 사이에 이용된 유지된 오리건 가도(Oregon Trail). 에즈라 미이커(Ezra Meeker) 제작, 텍사스 대학 소장본.

었다. 강을 만나면 모든 우마차들이 좁은 여울을 하나씩 건널 때까지 행렬 전체가 멈춰서야 했다. 때로는 원주민들이 뗏목을 이용해 횡단을 도와주기도 했지만 이때도 모두 다 강을 넘기까지 한참의 시간이 걸리긴 마찬가지였다. 몇 년에 걸쳐서 점점 많은 사람이 다니자 길이 넓어지고, 길에 있던 나무와 돌도 치워지고, 큰 강에는 한시적인 나룻배도 생기면서 이동은 조금씩 편해졌다. 하지만 아무리 그래도 태평양까지 가는 길이 힘들고 오래 걸리는 것은 본질적으로 어쩔 수 없는 일이었다.

이 먼 길을 출발하는 가족들은 6개월간 먹을 음식과 필요한 물건들을 한꺼번에 챙겨서 떠나야 했다. 당시 여행자를 위한 가이드북들은 한 사람당 200파운드(90kg)의 밀가루, 150파운드(68kg)의 말린 고기, 40파운드(18kg)의 건빵, 20파운드(9kg)의 설탕, 10파운드(4.5kg)의 소금 등을 가지고 떠날 것을 추천했다. 여행자들은 이 외에도 오랫동안 먹을 말린 과일, 커피 콩, 차, 양념 등을 챙겨 길을 나섰다. 이렇게 하면 거의 한 사람분의 식량 무게만 200kg에 달했다. 당시 우마차(Wagon)는 6마리 정도의 황소나 노새가 끌었는데 빈 상태에서 무게는 1,300파운드(590kg) 정도였고, 짐을 2,500파운드(1,100kg) 정도 싣는 것이 보통이었다. 이 때문에 한 사람당 200kg 정도 되는 음식들을 채우면 다른 짐을 실을 여유가 그리 많은 것은 아니었다. 이주자들은 도착해서 필요할 물건 중 최소한만을 선택해서 짐을 꾸려야 했고, 그마저도 가는 길에 소가 지쳐 강과 산을 넘기 힘들어지면 물건을 하나씩 길가에 버려야만 했다.

오리건 가도를 따라 길을 나선 사람들이 겪었던 많은 시련 중에 1846년 도너 일행(Donner party)**이 겪었던 고초는 가장 극심한 것이었다. 도너(62세) 가족, 리드(45세) 가족, 머피(37세) 가족 등이 같이 행렬을 이룬 87명의 일행 중에서 무사히 살아남아 목적지인 태평양 연안에 도착한 사람은 48명에 불과했다. 이들은 1840년대에 막 개척된 캘리포니아 가도를 따라 길을 나선 사람들이었다. 캘리포니아 가도는 1830년대부터 조성됐던 오리건 가도와 같은 길을 공유하다가 오늘날 유타주 솔트레이크 북쪽을 지난 다음 남쪽 방향으로 갈라지는 길이었다. 많은 여행자들이 선택하는 정상적인 이동 일정은 오리건행 이주자들처럼 4~5월에 미주리주 서쪽 인디펜던스시를 출발해서 눈이 내리기 전인 10월 초 시에라네바다산맥을 넘어 오늘날의 새크라멘토에 위치했던 미국인 정착

지인 서터 기지(Sutter's fort)에 도착하는 것이었다. 1846년에도 5월 한 달 동안만 500개의 우마차가 이런 목표로 서쪽을 향해서 출발했고, 도너 일행은 대열 말미에서 길을 나섰다.

당시 62세였던 조지 도너(George Donner)는 일생 동안 켄터키, 인디애나, 일리노이의 프런티어를 따라 계속 서쪽으로 이사하며 땅을 개척했던 부농이었다. 그는 그 시절 막 인기를 끌고 있었던 캘리포니아로 이주해 다시 또 넓은 농지를 확보할 생각으로 각각 5명의 아이들을 키우는 자신과 동생의 가족들을 모두 이끌고 긴 여행을 시작하기로 결심했다. 대열에 함께 했던 리드(Reed)는 아일랜드에서 태어나 미국으로 온 이민 1세대로서 오하이오의 스프링스필드에서 장사를 해 성공한 부유한 상인이었다. 리드는 건강이 안 좋았던 아내의 회복을 위해 날씨가 온화하다고 소문이 난 캘리포니아로 이사하기로 결정했다. 오하이오의 전 재산을 처분한 그의 가족들은 3명의 소몰이꾼도 별도로 고용하고, 우마

차들을 고치는 기술자, 가족 요리사까지 대동해서 길을 나설 정도로 여유가 있었다. 1846년 5월 길을 나선 도너와 리드 가족은 여행 중 캘리포니아로 향하는 농부, 상인 출신의 다른 가족들과 같이 대열을 이루었다. 1~3살짜리 아이들만 10여 명인 이 이사 일행은 캘리포니아를 향해 느리게 이동했다.

여행 초반에 지나게 되는 오늘날의 캔자스주, 네브라스카주, 와이오밍주의 가도는 상대적으로 이동하기 용이한 길이었다. 대평원이 펼쳐져 있는 탓에 급한 경사가 없었고, 오랜 기간 사람들이 오고간 덕분에 도로면도 평탄하고 폭도 매우 넓었다. 처음 한두 달 이들의 이동은 큰 문제없이 순조로웠지만 속도는 느렸다. 7월 12일 여행의 중간지점 쯤 되는 오늘날 와이오밍주 중앙부의 인디펜던스락(Independence Rock)에 도달했을 때는 정상적인 일정보다 8일 정도가 늦어져 있었다. 원래 이곳이 인디펜던스락으로 불린 이유는 미국의 독립기념일인 7월 4일까지 도착해야 눈이 내리기 전에 시에라네바다산맥을 넘을 수 있기 때문이었다. 다소간의 일정 지연에 걱정하면서 부지런히 서쪽으로 이동하기 시작한 이들은 늦어진 시간을 만회하기 위해 솔트레이크 근처에서 남쪽 지름길(Hastings Cutoff)로 방향을 잡는 모험을 택했다. 원래 캘리포니아 가도는 솔트레이크 호수의 북쪽을 한참 돌다가 오리건 가도와 헤어져 남쪽으로 갈라지게 되는데 이는 호수 남쪽에 있는 거대한 사막을 건너기 어렵기 때문이었다. 그런데 1846년에는 랜스포드 해스팅스(Lansford W. Hastings)라는 길 안내자가 남쪽 지름길을 막 새로 개척했다고 선전하고 있었다. 그는 사막 구간 40마일(64km)을 이틀에 걸쳐 통과하는 고생만 감수하면 호수 북쪽을 빙 돌아가지 않아도 되기 때문에 전체적으로 350마일(560km)에 달하는 이동 거리를 줄일 수 있다고 새 가도의 장점을 홍보했다. 이는 거의 20일 이상 이동해야 하는 거리로서 늦어진 일정을 걱정하는 도너 일행에게는 굉장히 매력적인 얘기였다. 그들은 결국 7월 31일 오늘날 와이오밍 남서부의 블랙스포크(Blacks Fork)를 떠나 기존에 잘 알려진 길을 벗어나는 모험을 감행했다.

캘리포니아 트레일(초록색) 및 도너 일행이 택한 지름길(주황색)

도너 일행이 선택한 지름길은 결과적으로 재앙과 같은 것이었다. 그들은 이 길을 두 달 정도 걸으면서 이루 말할 수 없는 고초를 겪었고 대부분의 짐을 잃어 버렸다. 9월 26일 간신히 기존 캘리포니아 가도에 다시 올라섰을 때는 이미 정상적인 일정보다 한 달이 늦어져 버렸다. 우선 이 길은 당시 거의 아무도 지나지 않았던 자연 상태 그대로나 마찬가지였기 때문에 덩치 큰 우마차가 이곳을 통과하는 것은 애초부터 어려운 일이었다. 일행은 얼마 지나지 않아 그 사실을 깨달았지만 그렇다고 돌아가기도 곤란한 상황이어서 길에 있는 나무를 자르고, 돌을 깨고, 장애물을 들어 옮기느라 꽤 많은 시간을 소모해 버렸다. 몇 주 동안 정상적인 속도보다 10배 느린 하루 1.5마일(2.4km)의 속도로밖에 이동하지 못했다. 게다가 고생 끝에 접어든 솔트레이크 사막은 그들이 들었던 것보다 훨씬 넓고, 가혹했다. 8월 말~9월 초의 내리쬐는 태양 아래에서 우마차의 바퀴는 사막의 염분에 눌어붙어 움직이지 않았고, 상상을 초월하는 더위에 우직한 소들도 지쳐 쓰려져 나갔다. 40마일에 이틀 정도 걸릴 것이라고 예상했던 사막 구간은 실제 80마일에 6일이 걸렸다. 리드 가족의 경우 이 사막을 건너면서 원래 가져왔던 10마리의 소 가운데 9마리를 포기해야만 했다.

일행은 10월 20일에야 지칠 대로 지쳐 시에라네바다산맥 앞에 다다랐다. 원래대로라면 10월 초에 이 산맥을 넘어 이미 캘리포니아에 도착해 있어야 했지만 10월 말에야 간신히 동쪽 기슭에 당도한 것이었다. 그들은 이제 이 산을 건널지 말지 결정해야 했다. 도저히 황야에서 겨울을 날 수 없다고 생각한 그들은 다시 한번 모험을 선택했다. 11월 중순까지는 산에 눈이 안 온다고 들었기 때문에 어떻게든 빨리 도착해서 고생을 끝내고 싶었던 게 당시 그들의 생각이었다. 그러나 10월 말에 시에라네바다산맥을 넘는 이 결정은 더욱 끔찍한 일을 불러 일으켰다.

다음 해인 1847년 2월 18일 첫 번째 구조대가 도착할 때까지 도너 일행은 4달간 눈 덮인 산맥 속 트러키 호수(Trukee Lake, 오늘날의 Donner Lake) 근처 산 사나이들이 만든 오두막에 갇혀 있었다. 그들이 산에 들어서자마자 다른 해보다 일찍 내리기 시작한 눈은 하루 밤새 1.5~3m(5~10ft)나 쌓여 버렸다. 눈은 길 뿐만 아니라 식량과 짐도 모두 뒤덮어 버렸다. 간신히 눈을 파서 일부 식량을 찾아낸 그들은 몇 차례 눈을 뚫고 빠져 나가보려고 시도했지만 모두 실패하고 말았다. 어쩔 수 없이 눈 속에 고립된 그들은 남아 있던 소와 나귀를 죽여서 먹고, 그 뼈를 조직이 흐물흐물해질 때까지 고아 먹으면서 허기를 견뎠다. 얼마 안 가 그것마저 불가능해지자 우마차 덮개, 깔개로 썼던 소가죽을 끓여 먹기도 하고, 눈을 피해 집 안으로 들어온 쥐를 잡아먹기도 했다. 하지만 이런 방법으로 4달 간 80여 명의 가족들이 생존할 수는 없는 노릇이었다. 하나둘씩 사람들이 죽어가기 시작했고, 극심한 기아에 시달리던 남은 사람들은 결국 죽은 이들의 시체를 먹는 극단적인 선택까지 하고 말았다.

이듬해 다섯 차례의 구조를 통해 생존자 48명은 걸을 수 있는 사람부터 차례로 산에서 내려왔다. 1846년 5월에 시작해 1847년 3월 끝나기까지 무려 10개월이 걸린 도너 일행의 이사는 당시 서부로 향하는 길이 얼마나 어려웠는지 보여주는 대표적인 사례였다. 짐을 꼼꼼히 준비해서 많은 소와 우마차에 단단히 싣고 길을 출발해도 그 시절의 서부 이사는 이와 같은 여러 가지 변수로 어그러져 버리는 힘든 여정이었다. 당시 오리건, 캘리포니아 가도를 따라 서부로 이동한 사람들 중 3~10%는 각종 질병, 사고로 결국 뜻한 바를 이루지 못하고 길에서 사망했다고 추정되고 있다.

3) 거친 자연

이주지에서 맞닥뜨린 자연은 매우 낯설고 거칠었다.

개척자들의 이주와 정착을 이처럼 어렵게 만든 가장 큰 이유는 역시 거친 자연이었다. 아메리카 대륙은 면적이 큰 만큼 사람이 살기 어려운 기후를 가진 지역도 많고, 자연재해의 종류도 다양했다. 허리케인, 폭설, 한파, 폭염 등 극단적 자연 현상은 이들이 이동 과정에서부터 겪어야 하는 난관이었다. 1620년 10월 바다를 건넌 메이플라워호를 침몰 위기까지 몰고 갔던 것도 매년 여름에서 가을에 불어 닥치는 대서양 허리케인이었다. 풍랑의 충격으로 배의 대들보가 파손되었을 때에 청교도들은 아메리카에서 집을 만들 때 쓰려고 했던 스크류잭으로 부러진 보를 들어 받쳐야만 했고, 이 일은 도착 후 그들이 집을 짓고 마을을 형성하는 데에도 계속 영향을 미친 큰 손실이었다. 1846년 도너 일행의 이사를 그토록 길고 힘들게 한 것도 결국은 자연조건이었다. 여름의 솔트레이크 사막은 섭씨 50도까지 올라가는 가혹한 곳이었고, 겨울의 시에라네바다산맥은 하룻밤 사이 3m의 눈이 내려 쌓이는 극한의 장소였다.

고생 끝에 이사를 마치고 정착한 후에도 자연이 혹독하기는 마찬가지였다. 이주자들은 새로운 정착지에서 풍토병, 자연재난 등과 싸워나가야 했다. 1607년 버지니아 제임스타운에 영국의 정착민들이 첫 발을 내디뎠을 때는 마침 가뭄이 한창이어서 이 지역의 원주민들도 먹을 것이 부족하던 시기였다. 늪지대인 탓에 모기가 매개하는 말라리아도 기승을 부렸고, 우물로 퍼 올리는 식수의 수질도 좋지 않았다. 이런 환경에서 제임스타운의 초기 이주민들의 80%는 몇 달 내에 사망하고 말았다. 담배 농사가 자리를 잡으면서 제임스타운의 경제 사정이 나아진 이후에도 자연조건이 생존을 방해하는 것은 여전했다. 말라리아, 나쁜 수질, 뙤약볕 아래의 가혹한 노동조건 등으로 이 일대 사람들의 절반은 40세 전에 죽었고, 자녀들의 1/4은 유아기에 사망했다.

한편 이주한 사람들의 욕심이 오랫동안 안정을 이루고 있던 자연환경을 변화시켜 재앙을 만들기도 했다. 1930년대 중서부 일대를 괴롭혔던 모래바람(Dust Bowl)은 그 대표적인 사례였다. 이 지역으로 철도가 놓여진 19세기 말 수많은 이주자들이 오늘날의 캔자스주, 오클라호마주 서부의 대평원으로 이주했다. 그들은 오랫동안 그곳에 형성되어 온 초원을 파괴하고 새 농토를 개간했다. 땅을 붙잡고 있었던 풀이 없어지자 이내 토양 침식이 일어났다. 깎여진 흙은 서쪽에서 동쪽으로 부는 바람에 실려 중부지역의 농작물과 집을 덮치기 시작했다. 한번 모래 바람이 불면 바로 앞도 볼 수 없을 지경이 되었고, 자고 일어나면 침대와 베게까지 뽀얀 모래에 덮여 버렸다. 때마침 미국의 대공황 시기와 맞물려서 중부 평원에서 농사를 짓던 수많은 사람은 생존에 위협을 받았고, 살던 곳을 떠나 먼 곳으로 이동해야만 했다.

4) 땅에 대한 열망

개척자들은 자신의 땅을 갖기를 원했다.

아메리카 대륙으로 이주한 사람들에게는 낯선 땅에서 당장 먹고 살 방법을 찾는 것도 큰 문제였다. 최초 이주민들의 생존 수단은 주로 농업, 어업, 벌목, 모피 교역 등이었고, 기반 시설이 만들어지고 사람들이 모이기 시작하면서는 상업과 무역도 발달하기 시작했다. 19세기 철도가 활발히 부설되던 시기에는 서부를 중심으로 광산업과 목축업이 부상했다. 금, 은처럼 가치 있는 광물이 나오면 그 주변으로 사람들이 갑자기 모여들어 순식간에 마을이 만들어졌다가(Boom town) 생산량이 줄어들면 다시 유령도시(Ghost town)로 돌아가는 일들이 빈번했다. 19세기 말부터는 소비가 폭발적으로 늘어나기 시작한 석유가 곳곳에서 발견돼 이주자들을 불러 모았다. 20세기 초 대량생산 산업 체계가 구축된 이후에는 도시의 공장들이 사람들을 끌어들이는 역할을 했다. 인구가 밀집하면서 서비스와 교역을 위한 새로운 일자리들이 많이 만들어지자 도시가 크게 성장했다.

미국이 영국으로부터 독립한 1783년 무렵 신생국가 미국의 주된 일자리는 단연 농업이었다. 이 때문에 당시 유럽에서 아메리카 대륙으로 이주하던 사람들의 가장 큰 소망 중 하나도 신대륙에서 자신의 땅을 소유하는 것이었다. 유럽의 영세한 농민들, 영주의 장원에서 일하던 소작농들은 본인만의 넓은 땅을 일군다는 꿈을 꾸며 아메리카로 향하는 배에 올랐다. 몇 년 동안 계약 하인으로 일해서 비싼 뱃삯을 갚는다는 조건에 동의하면서도 이들은 언젠가 의무를 마치면 땅을 얻어 '나의' 부를 일굴 수 있기를 바랐다. 이런 생각을 가진 사람들이 계속 유입되었기 때문에 토지를 분배하는 것은 초기 미국 사회의 가장 중요한 문제 중 하나였다.

1785년, 아직 헌법을 제정하기 전의 미국 연합의회(United States Congress of the Confederation)●는 기존 13개 식민지의 경계 역할을 했던 애팔래치아산맥을 넘어 서부 지역으로 진출하고자 하는 이주민들의 요구에 부응하기 위해 토지 측량을 표준화한 토지 조례(Land ordinance)를 만들었다. 독립 이전부터 13개 주들은 애팔래치아산맥부터 미시시피강까지 이르는 넓은 토지 중 자신의 주와 동일 위도 범위에 있는 지역에 대해서 각각의 권리를 주장하고 있었다. 독립 이후 이들은 그 전까지 주장하던 영유권을 연합의회에 양도했고, 이에 따라 의회는 새로운 땅을 분배하는 강력한 권한을 갖게 되었다. 의회는 1785년 제정된 토지 조례에 따라 서쪽 지역 미개척지의 땅을 네모반듯하게 잘라 우리나라 하남시 면적(93.0

● 연합의회 혹은 미국 소집회의(Congress of the Confederation, United States in Congress Assembled) 1781년 3월 1일부터 1789년 3월 4일까지 미국의 수뇌부 역할을 한 정치조직. 연합의회는 미국 13개 식민지 각 연방 의회에 의해 임명된 대의원으로 구성되었으며, 제2차 대륙 회의의 뒤를 잇는 조직이었다. 미국 독립 전쟁의 의사 결정 주체로서 기능해 온 대륙회의가 제안한 연합규약이 비준 완료되자 제2차 대륙회의를 그대로 이어받았다. 연합의회는 또한 미국 연방의회의 전신이다.

k㎡)과 비슷한 36mi2(93.2㎢)의 타운십(Town ship)이라는 정사각형 단위로 구획했다.

이 타운십은 다시 36개의 동일 섹션들로 나누어졌다. 섹션 하나당 면적은 우리나라 여의도 면적(2.9㎢)과 비슷한 1제곱마일(2.6㎢, 640에이커)의 크기였다. 연방 정부는 이중 4개 섹션을 매각하지 않고 공공용지로 남겼고, 그 외 1개 섹션의 판매 대금을 공립학교 설립 용도로 따로 배정했다. 이주를 원하는 사람들에게는 1섹션을 에이커당 1달러에 매각했다. 땅을 사 이주하고 싶은 사람은 1섹션을 당시 돈 640달러(현재 가치 17,000달러 정도)에 살 수 있었다. 오늘날 우리나라의 기준으로 2천만 원 정도에 여의도만한 땅을 소유할 수 있던 것이었다.

이처럼 넓은 땅에 네모 모양의 타운십을 만들고 이를 다시 바둑판 형태의 섹션 단위로 구획하는 1785년 토지조례는 1800년대 중반까지 60~70년간 새로 개척되는 서부 땅의 모습을 결정했다. 이 법은 토지 소유를 간단하고 명확하게 해서 땅을 원하는 더 많은 사람과 자본을 서부로 끌어들였다. 또한 균일한 격자형으로 형성된 미국 도시들의 모습과 큰 구역을 차지하고 멀리 뚝뚝 떨어져서 살아가는 미국인들의 주거 문화 형성에 많은 영향을 미치기도 했다.

홈스테드법은 많은 사람을 서부로 향하게 했다.

미국인들의 땅에 대한 동경을 이야기할 때 홈스테드법(Homestead Act)**을 빼 놓을 수 없다. 홈스테드법의 내용은 누구든지 소유권 없는 땅에 가서 신고를 하고 5년 동안 그 땅을 경작하면 160에이커(65만㎡)를 무상으로 받을 수 있다는 것이었다. 돈을 주고 부지를 사는 기존의 토

지법에 비해 분배 면적은 작았지만 '누구'나 '공짜'로 땅을 가질 수 있다는 사실이 이 법의 핵심이었다. 아직 땅 주인이 결정되지 않은 서부 지역에 가서 5년 동안 '고생'하면 우리나라 여의도 공원 면적(23만m²)의 거의 3배에 달하는 땅을 무료로 얻을 수 있었다. 이를 위해서 이주자는 소정의 요건을 충족해야 했다. 우선 가로 12ft(3.66m), 세로 14ft(4.27m)가 넘는 크기의 주택을 지어서 5년 동안 실제 거주를 해야 했고, 제3자를 통해 거주 사실을 증명해야 했다. 이 법은 당시 미국 시민뿐만 아니라 귀화를 희망하는 이민자들(Intended citizen)에게도 동일한 혜택을 약속했고, 남북전쟁 중 북부군 소속이었던 군인들에게는 복무 기간을 거주 기간으로 산정해 주기도 했다.

이 법에 대한 반응은 매우 뜨거웠다. 많은 사람이 자기 땅을 얻기 위해 서부로 몰려들었고, 1862년부터 시작해 대부분의 토지가 분배된 1934년까지 70여 년 간 42만 제곱마일(110만km²)의 땅이 160만 명의 개척자들에게 분배됐다. 이는 미국 면적의 10%, 우리나라 면적의 10배에 달하는 매우 넓은 땅이었다. 홈스테드법은 누구나 건강한 몸과 강한 정신만 있으면 기회를 얻을 수 있다는 아메리카 드림을 상징하는 법처럼 여겨졌다.

홈스테드법은 1976년 연방 토지 정책 및 관리법(The Federal Land Policy and Management Act)이 통과되면서 공식적으로 폐지되었다. 이제 서부의 땅을 개인에게 무상으로 나누어주는 시대는 끝났고, 모든 공유지는 연방 정부가 보존에 더 중점을 두고 관리하게 되었다. 다만 알래스카주에 한해서는 홈스테드가 몇 년 연장되어 1988년 케네스 디아도프(Kenneth Deardorff)가 80에이커(32만㎡)의 토지를 불하받으면서 마지막 홈스테드의 수혜자가 되었다. 이 법에 부작용이 없는 것은 아니었다. 농사를 짓고 정착하기 위해서가 아니라 수자원, 광물, 목재 등을 차지해 이익을 극대화하기 위해 제도를 악용하는 사람들도 있었고, 5년간 살고 개간했다는 것을 허위로 증명하기 위해서 주변 증인들을 뇌물로 매수하는 경우도 있었다. 때로는 큰 회사와 대가족이 부당한 카르텔을 맺고 일대 토지를 전부 독점하는 일도 발생했다. 그렇지만 서쪽에 땅이 널려 있고, 누구나 그곳으로 이사해서 열심히 노력하면 내 땅을 소유할 수 있다는 가능성이 프런티어 정신의 일정 부분을 형성하는 데에 기여했다는 점은 부인할 수 없다. 정직하게 열심히 일하고 용기와 인내를 가지면 내 몫을 차지할 수 있다는 개척자(Pioneer)의 희망은 미국인들이 지금도 소중하게 생각하는 가치가 되고 있다.•••

••• "Those values upon which our success depends - honesty and hard work, courage and fair play, tolerance and curiosity, loyalty and patriotism - these things are old. These things are true. They have been the quiet force of progress through out our history." 2013년 오바마 미 대통령 취임사 중에서.

개척자들은 어려운 여건을 이겨내고 새로운 가치들을 만들어냈다.

지금까지 우리는 세 가지 측면에서 간략하게 과거 미국 이주민들의 삶을 바라봤다. 물자가 부족했고, 때로는 혹독한 자연환경을 마주해야 했고, 땅에 대한 열망이 뜨거웠다는 점들이었다. 물론 프런티어에서의 생활은 지금까지 언급한 단 몇 가지 특징으로는 모두 설명할 수 없는 매우 다채로운 세계였다. 우리가 다만 이 세 가지 사항만을 살펴본 것은 이것들이 오늘날 초강대국으로 올라선 미국이란 나라의 긍정적 측면을 형성하는 데에 많은 영향을 미쳤던 요소이기 때문이다. 미국인들은 짧은 시간에 대륙의 넓은 공간으로 이주하면서 이런 어려움들을 극복하고 다음과 같은 가치들을 만들어냈다.

첫째, 물자 이동의 거대한 네트워크를 만들어서 물질적 풍요를 달성했다. 물건을 필요로 하는 사람들에게 빠르게 전달하는 물류의 혁신은 오늘날 전 세계로도 확장돼 많은 사람의 생활을 보다 풍족하게 만들고 있다. 둘째, 특유의 진취적 정신으로 거친 자연을 개척해 왔다. 자연의 불리함을 어쩔 수 없는 일로 받아들인 채 낙담하지 않고 어떻게든 이를 개선할 방법을 찾아내는 능동적 자세는 미국 정신의 중요한 부분이다. 셋째, 아이디어의 혁신으로 기존에 없었던 새로운 가치를 만들어냈다. 아메리카 이주민들은 처음에는 눈에 보이는 땅을 가장 중요하게 생각했지만 곧 무형의 아이디어가 더 값어치 있고 무궁무진하다는 것을 깨달았다. 독립정신과 민주주의의 발전도 빼놓을 수 없다. 다른 사람들의 도움을 기대할 수 없는 외로운 환경 속에서 개척자들은 스스로의 운명을 스스로 결정하는 강한 정신을 단련시켜 나갔다.

3억 명이 넘는 사람들이 사는 미국을 단지 이런 몇 가지 특징으로 전부 얘기할 수는 없을 것이다. 또한 미국 사회는 이런 긍정적 측면 외에 엄청나게 많은 문제점을 내포하고 있기도 하다. 이를 염두에 두고 이제부터 우리는 이 세 가지 측면을 '이주'의 관점에서 좀 더 자세하게 살펴보기로 하겠다.

4. 도전과 창조

1) 풍요의 달성

미국의 개척민들은 물자의 풍부함을 달성했다.

새로운 땅으로 이주한 미국의 초기 개척자들은 굶주림과 영양 부족에 시달리고 그로 인해 가족과 동료까지 잃는 등 큰 슬픔을 겪었지만, 그들의 자손들이 살아가는 지금의 미국은 지구상에서 가장 풍요로운 나라 중 하나다. 우마차에 간신히 실을 것만 싣고 길을 떠났던 이주민 대열의 궁핍함은 이제는 찾아보기 어렵다.

곳곳에 물건이 넘치는 세계 최대 내수시장 미국을 만드는 이유는 물론 여러 가지가 있다. 기축통화로서 달러가 가진 구매력, 이민자들의 꾸준한 유입으로 인해 만들어진 세계 3위 수준의 거대한 인구 규모, 인구에 비해 여전히 넓은 땅에서 나오는 지속적인 부가가치, 풍부한 농업·임업·광업 자원, 발달된 과학기술, 세계의 투자자와 방문객들이 끊임없이 유발하는 부의 이전 등 풍요의 원인은 복합적이다. 그런데 이 모든 원인들의 뒤에서 물질적 풍요를 뒷받침하고 있는 중요한 요소는 바로 거대한 물자 공급의 네트워크이다. 아무리 달러가 많고 자원이 풍부하다 해도 그것이 한 곳에 쌓여만 있다면 소용이 없다. 이곳에서 남는 물건을 빠르게 다른 곳으로 보내는 효율적인 물류 시스템은 물건을 더욱 싸고 풍부하게 만들어주었고, 외떨어진 곳의 궁핍함을 해소해 주었다. 교통수단이 발달하면서 물자의 이동을 위한 방법들은 계속 탄생하고 진화해왔다. 물류의 발전은 지금도 진행형이고, 오늘날 그 범위는 국경의 한계를 넘어선다.

컨테이너선은 곳곳의 물건들을 실어 나르고 있다.

LA항과 뉴욕항에 가보면 전 세계에서 미국으로 많은 물자가 매일같이 들어오는 것을 볼 수 있다. 대부분의 물건은 컨테이너라고 불리는 똑같은 크기의 상자에 담겨서 들어온다. 컨테이너 하나는 일반적으로 높이 2.6m(8.5ft), 길이 6.1m(20ft), 너비 2.4m(8ft)의 크기로 돼 있고, 단위로서 1TEU(Twenty-foot Equivalent Unit)라고 불린다. 1TEU에 담을 수 있는 부피는 33㎥이다. 물건에 따라 다르겠지만 컨테이너 하나를 꽉꽉 채우면 무게가 대략 30톤 가깝게 되는 셈이다. 이 강철 상자들에는 별의별 물건이 다 들어있다. 아이들의 장난감부터 옷, 가전제품, 인테리어 상품, 산업용 제품에 이르기까지 일단 들어갈 수 있는 크기의 물건이면 이 안에 넣어서 들여오는 게 일반적이다. 냉장 컨테이너도 있어서 신선 농산물과 식품도 컨테이너로 수입한다. 이렇게 다양한 물건들을 굳이 컨테이너에 넣어서 옮기는 이유는 물론 싸고 빠르고 편리하기 때문이다. 컨테이너 항만의 부두에는 크레인이 줄지어 늘어서서 배가 접안하기를 기다리고 있는데, 한 명이 운전하는 크레인 하나로 하루에 30톤짜리 컨테이너 약 5,000여 개를 들었다 내릴 수 있다. 내려진 컨테이너는 그대로 트럭이나 기차에 실려서 빠르게 최종 목적지까지 운반된다.

컨테이너가 활성화되기 이전에 배로 짐을 나르는 것은 모두 사람이 해야 했다. 배에 오르고 내리는 것은 말이나 소 같은 동물이 하기 어려운 일이었기 때문이다. 인부들은 부둣가에 한가득 쌓여진 짐을 일일이 지고 날라 배에 쌓았고, 파도에 흔들리지 않도록 단단하게 밧줄로 묶었다. 이 과정에서 당연히 일부 제품의 파손, 분실이 발생했고 물건을 싣는 속도도 느렸다. 물건을 큰 박스에 넣어 옮겨 보자는 아이디어는 이 문제점들을 해결한 일대 혁신이었다.

컨테이너선은 2차 대전 후 미국 경기의 호황으로 물동량이 늘어나는 시점에 등장했다. 1956년 말콤 맥린(Malcom McLean)이 뉴욕 인근 뉴어크항(Newark)과 텍사스 휴스턴(Houston)간 4일 걸리는 항해에 컨테이너선(Ideal X)을 최초로 도입해 상업적인 성공을 거둔 것이 그 시작이었다. 1966년에는 미국에서 유럽 최대 무역항인 네덜란드 로테르담(Rotterdam)까지 가는 국제 컨테이너선도 취항을 했다. 그러나 컨테이너선이 즉각 전 노선에 확산된 것은 아니었다. 항구와 철도 회사들은 큰 초기투자 비용 때문에 컨테이너 시스템 도입을 꺼려했고, 항만 노동자들도 일자리를 잃을 것이라는 우려로 반대했기 때문이었다.

컨테이너선이 폭발적으로 성장해 오늘날 세계 무역을 장악한 데에는 베트남 전쟁이 큰 영향을 미쳤다. 1965년 베트남전에 지상군을 투입한 미군은 초기 보급에 큰 어려움을 겪었다. 그 당시 남베트남에 대규모 물자를 실어 나를 항구는 수도 사이공(오늘날의 호치민)밖에 없었는데 당시 이곳의 항구 시설은 열악하기 이를 데 없었다. 사이공이 자리 잡은 메콩강 삼각주에는 섬이 많고 수심이 얕아 큰 배가 접안하기 어려웠다. 이 때문에 먼바다에 배가 정박하면 바닥이 얕은 바지선이 배까지 이동해서 물자를 받아 다시 항구로 돌아오는 식으로 물건을 옮겨야만 했다. 이런 방법으로 배 하나를 하역하는데 거의 열흘이 넘는 기간이 소요되었다. 하역 정체가 빚어져 군수 물자를 가득 담은 배들은 물건을 그대로 실은 채 메콩강의 상류 쪽까지 올라가 물에 떠서 대기해야만 했다. 베트남전의 초기 전황이 뜻 같지 않자 미국 정부는 계속 물자를 투입했지만 물건이 이처럼 바다에 떠 있을 뿐 일선 부대로 바로 전달되지 않아 곳곳에서 보급품 부족 문제가 심각했다. 이를 타개하기 위해 1965년 11월 미군은 하역 속도가 빠른 컨테이너선의 도입을 제안했고, 1966년 1월 민간에게 운영을 위탁하는 방침을 발표했다. 항만 노동자들이 이에 반대해 파업을 했고 초기 투자금도 많이 들었지만 전시라는 특수한 상황에서 일은 빠르게 추진됐다. 1966년 10월에는 그간 미국 내에서 컨테이너선을 운영했던 말콤 맥린의 시랜드서비스가 계약을 따냈다. 이내 부두 하나에 대형 컨테이너 크레인이 설치되고 항로 바닥이 준설되었다. 이 시설이 가동되자 2주에 한번씩 60개의 컨테이너가 내려졌다. 군수품, 농산물, 냉동육류 등이 컨테이너에 실려 베트남에 도착했고, 작업의 효율성이 입증되어 곧 정기적으로 7대의 배가 운행하게 되었다.

컨테이너선이 운항하면서 전쟁의 보급 문제는 크게 개선되었지만 배를 운영하는 말콤 맥린 입장에서는 이 배들이 미국까지 빈 채로 돌아오는 게 문제였다. 더 많은 수익을 노렸던 그는 당시 성장기에 있던 아시아 시장으로 눈길을 돌렸다. 남베트남에서 미국으로 돌아오는 길에 일본에 들러 미국행 수출품을 싣고 간다면 회사의 수익을 극대화할 수 있다는 아이디어였다. 마침 일본은 도쿄, 오사카 인근의 요코하마, 고베항에 대형 컨테이너 터미널을 짓고 활성화하려던 참이었기 있었기 때문에 이에 대한 양자의 이해관계가 일치했다. 이렇게 되자 아시아와 북미의 교역은 가파르게 증가하기 시작했고, 이후 태평양 항로는 컨테이너선의 주요 무대로 자리 잡았다. 우리나라도 이 시기 경부고속도로 건설(1970년)과 부산항 최초 컨테이너 전용 부두 개장(1978년) 등으로 늦지 않게 이 항로에 가세했고, 교역의 증가를 통한 폭발적인 경제 성장을 경험할 수 있었다.

물건을 소비자에게 전달하는 유통망이 발달했다.

한편 미국에 들어온 수많은 강철 상자들은 트럭이나 기차에 실려서 넓은 대륙의 구석구석으로 이동한다. 트럭들은 전국을 뒤덮은 고속도로를 이용해 밤낮을 가리지 않고 쉴 새 없이 물자를 수송한다. 컨테이너를 2층으로 쌓아서 연결한 화물 기차는 그 길이만 최대 4마일(6.5km)까지 이르러 다 지나가는 데에 몇 분이 걸리는 경우도 있다. 이렇게 트럭과 기차에 컨테이너를 실어 최종 목적지 근처 어딘가로 이동해서 짐을 풀게 되면 그다음부터 최종 소비자에게 그 물자를 전달하는 것은 소매상 (Retailer)들의 몫이다.

과거 서부 지역 신규 도시에 문을 열었던 상점들은 뚝뚝 떨어져 사는 개척자들이 필요한 물건을 전부 다 팔아야 경쟁에서 이길 수 있었기 때문에 일찌감치 대형화 전략을 추구했다. 상인들은 주로 다운타운에 대형 잡화점을 만들었고, 멀리 농장이나 작은 마을에서 살던 사람들은 마차를 끌고 가끔 이곳에 와서 생활에 필요한 물건을 한 번에 다 사갔다. 오늘날 미국 소매시장을 장악하고 있는 대형 할인점의 상당수도 19~20세기에 걸쳐 이런 잡화점 형태로 사업을 시작했다. 이들은 동부 대형 도시들이 아니라 중서부의 작은 도시들에서 출발한 경우가 많았다. 유명 마트 체인인 크로거(Kroger)는 1883년 중부 오하이오 신시내티의 식료품점으로 시작했고, 타겟(Target)은 1902년 중부 미네소타의 미니애폴리스, 알버슨(Albertson)은 1939년 서부 아이다호의 보이시, 월마트(Walmart)는 1962년 남부 아칸소의 로저스, 코스트코(Costco)

는 1976년 서부 캘리포니아의 샌디에이고에서 식료품점, 잡화점, 창고형 상점 등 형태로 영업을 개시했다. 후발주자였지만 현재는 전 세계적인 유통체인이 된 월마트는 가장 낮은 가격에 믿고 살 질 좋은 상품을 공급한다는 박리다매의 전략을 추구하며 인구 5만 명가량의 중소도시를 집중적으로 공략해 초기 성공을 거두었다. 이런 사업 방식은 1990년대 즈음해서 우리나라를 비롯한 다른 나라에 대형 할인점을 유행시키는 데도 큰 영향을 주었다. 대규모 소매상점들이 많아지면서 대량구매는 미국 소비문화를 대표하는 모습이 되었다. 큰 차를 끌고 마트에 가서 진열장에 줄지어 쌓인 물건을 카트에 잔뜩 담고, 이를 실어 날라 집 안의 냉장고에 꽉꽉 채워 넣는 일은 오늘날 미국인의 일상생활이 되었다. 각각의 특색이 있는 마트마다 수북이 쌓인 물건들은 최초 이주자들이 겪었던 물자의 궁핍을 말 그대로 그 옛날의 일로 만들었다.

항공기는 아주 먼 거리로의 배송도 가능하게 만들었다.

물류의 이동거리가 매우 길거나 속도가 크게 중요한 경우에는 비행기가 동원되기도 한다. 비행기를 통한 물자 이동 네트워크는 20세기 후반에 완성되어 국제 무역이 발전한 오늘날 점점 더 활발해지고 있다. 1962년 예일대 학생이던 프레드릭 스미스(Frederick Wallace Smith)는 당시 첨단 기술로 만들어지기 시작한 트랜지스터와 같은 고부가가치 상품을 비행기로 빠르게 배달하고자 하는 수요가 더 커질 것이라고 예상했다. 작은 제품을 꽉 채워서 신속하게 운송하면 비행기의 비싼 운송료를 감당할 사업이 될 것이라고 본 것이었다. 그는 소형화물 특급운송 비즈니스를 위해 허브&스포크라는 개념을 생각했다. 배달 의뢰받은 물건을 일단 모두 중심 공항(허브)으로 보내고 그곳에서 분류해 자전거 바퀴살(스포크)처럼 펼쳐진 목적지별로 분산하는 방식이었다. 우리나라를 예로 들면 서울에서 인천으로 보내는 택배를 서울에서 바로 인천으로 옮기는 게 아니라 대전으로 우선 모았다가 다시 인천으로 운송하는 셈이었다. 모든 물건을 이런 식으로 보내면 이동거리가 길어져서 불리할 것 같지만 항공기의 경우 물건을 꽉 채워서 정기적으로 운송하는 것이 제일 중요하기 때문에 각각의 지점들을 그때그때 잇는 것보다 훨씬 효율적일 것이라는 게 스미스의 생각이었다. 당시 지도교수는 이런 아이디어는 실용 가능성이 없다고 논문에 C학점을 줬지만 스미스는 1973년 실제 회사 페덱스(FedEx, Federal Express)를 설립했다. 그의 패기어린 도전은 초기 많은 어려움에 부딪혔으나 주문받은 물건을 다음날 반드시 배송한다는 기업 가치는 여러 난관을 극복하면서 또 다른 형태의 물류 시장을 개척해 내게 했다.

비행기 배송은 비행기가 이륙하는 시간을 놓치면 안 되는 정시성 때문에 이후 물자 운송에 널리 쓰이는 많은 첨단 기법들을 만들어냈다. 특히 물류 자동화 시스템은 개별적으로 바코드를 부여한 물건들을 바로 컨베이어 벨트에 올려 목적지별로 향하는 비행기에 빠르게 선적할 수 있게 해주었다. 물건마다 붙여진 고유 코드는 고객이 배송 중에도 언제든 위치를 추적하는 것을 가능하게 했고, 운반의 오류도 크게 줄여 주었다.

오늘날 유통 시장을 둘러싼 경쟁은 더욱 치열해지고, 물류 이동의 혁신은 계속되고 있다. 큰 바다를 누비는 배와 길게 늘어선 철도, 구석구석을 실핏줄처럼 연결하는 트럭, 물건을 빠르게 모았다가 퍼트리는 비행기는 끊임없이 움직이면서 물자들을 사람들에게 전달한다. 1850년대 미주리주 인디펜던스시에서 자신이 앞으로 써야 할 모든 물건을 우마차에 싣고 서쪽으로 향했던 사람들은 물자들이 이렇게 스스로 움직이는 세계를 감히 상상도 할 수 없었을 것이다. 오늘날의 우리도 물건들의 이주가 앞으로 어떻게 진화할지, 우리 삶이 얼마나 더 변화할지 쉽게 짐작할 수 없다. 적극적인 자세로 변화를 주도하고 수용하는 사람들이 놀랍고 흥미로운 새로운 혁신을 먼저 만나게 될 것이다.

2) 자연과의 싸움

추운 지역에 정착한 사람들은 겨울 눈 폭풍을 견뎌내야 했다.

초기 이주자들에게 있어 정착한 땅의 낯선 자연에 적응하는 것은 물자를 구하는 것 못지않게 어려운 일이었다. 그들은 이전에 경험한 적이 없는 환경에 맞는 생활방식을 만들기 위해 많은 노력을 기울이고 무수한 시행착오를 겪어야 했다. 예를 들어 뉴잉글랜드의 북부 지역에 정착한 사람들은 엄청난 추위와 싸워야 했다. 1600년대 초 유럽에서 온 이주민들은 이곳 겨울의 혹독함에 놀랐다. 아메리카 대륙의 추위는 그들이 전에 고향에서 알던 것과는 너무 달랐다. 특히 눈과 바람과 추위가 한꺼번에 몰아닥치는 겨울 폭풍은 난생처음 보는 풍경이었다. 블리자드(Blizzard)가 한번 불면 시속 35마일(56km)이 넘는 바람이 눈 폭풍을 동반해 3시간 이상 방대한 지역에 몰아쳤다. 가시거리는 0.25마일(400m)밖에 되지 않았고, 기온은 섭씨 영하 30도에 가깝게 떨어지기도 했다. 이 상황은 물자와 식량이 부족했던 초기 이주민들에게는 더 견디기 어려운 것이었다. 강풍과 풍랑이 불면 배들이 한동안 바다로 나가지 못했을 뿐 아니라 사람이 외출하는 것조차 힘들었다. 나무, 연료, 식량이 떨어져서 최소한의 난방과 식사도 곤란한 일이 겨울마다 반복됐다.

오늘날의 대도시인 뉴욕, 워싱턴, 시카고, 보스턴, 디트로이트, 밀워키 등의 주민들은 겨울이면 여전히 눈 폭탄에 시달리고 있다. 수백 년 동안 이에 대응하면서 이제는 경험이 많이 쌓였지만 해마다 눈 때문에 많은 인명과 재산 피해가 발생하는 것은 여전하다. 그동안의 경험으로 이들이 터득한 최고의 대처 방법은 '절대 집에서 나오지 말라'이다. 일단 눈이 온다는 예보가 있으면 이곳에 사는 사람들은 마트에 가서 물과 비상식량을 잔뜩 구입한다. 학교, 행정기관, 회사도 강제로 며칠간 문을 닫는다. 이 기간에는 항공편과 배편도 모두 취소되어 외부와의 왕래도 끊긴다. 심한 경우 행정기관에서 강제 통행금지 명령을 내려서 비상차량을 제외하고는 누구도 밖으로 나올 수 없게 만들기도 한다. 수 미터의 눈이 내리는 동안 겨울잠을 자는 동물처럼 모두 이렇게 집 안에서 며칠을 보내는 것이다. 이 기간에 모든 경제활동이 멈추는 피해를 감수해야 하지만 사람들의 목숨을 지키기 위해서는 이 방법이 가장 낫다는 사회적 합의가 만들어낸 진풍경이다.

북쪽의 이주민들이 눈과 싸워온 방법을 더욱 생생하게 알아보기 위해 대도시 뉴욕의 사례를 자세히 살펴보기로 하자. 세계의 금융, 상업, 문화의 중심인 맨해튼은 대체로 도시가 발전하기 좋은 자연환경을 갖고 있다. 기반암이 단단해서 고층 빌딩을 건축하기 좋고, 여름철 강수량도 월 100mm 안팎으로 일정해서 큰 홍수도 없는 편이다. 여름 최고 기온도 26~30도(80~85°F) 정도로 크게 높지 않아 사람이 생활하기에 적당하다. 특히 맨해튼 서쪽에서 바다와 만나는 허드슨강은 315마일(507km)을 흐르는 중에도 연중 일정한 유량을 유지하기 때문에 일찌감치 안정적인 식수원 및 내륙으로 들어가는 중요 교통로 역할을 했다. 그러나 이처럼 여러 가지 좋은 여건을 가진 뉴욕도 겨울철 폭설만큼은 피해갈 수가 없다. 눈 폭탄이 떨어지면 번잡했던 뉴욕의 거리는 일순 조용해진다.

뉴욕에서도 눈이 오면 일단 모두가 집에 들어가는데, 17, 18세기만 해도 사람들은 집에서 거리의 눈이 모두 녹을 때까지 기다렸다. 아직 영국의 식민지이던 1717년 뉴욕에는 1m가 넘는 눈(Great snow 1717)이 내렸다. 바람에 눈이 쏠리는 현상(Drift)으로 어떤 곳에는 7m가 넘는 눈 언덕이 쌓이기도 했다. 강과 항구가 얼었고, 길에 쌓인 눈 때문에 한동안 마차가 이동하지 못했다. 그런데 독립 이후인 1800년대부터 뉴욕이 점점 더 커지고 도시화되면서 폭설이 왔을 때의 이러한 상황은 심각한 문제를 만들어냈다. 우선 맨해튼에 사는 사람들이 많아지면서 외부로 통하는 길이 끊겼을 때 식량이 부족해지는 것이 문제였다. 물이 얼어버려 집집마다 설치된 난로에서 불이 났을 때 빨리 끄지 못하는 일도 빈번했다. 1882년 전기를 이용하면서부터는 눈이 내리면 감전사고와 스파크에 의한 화재도 자주 발생했다.

이런 문제 때문에 제설작업과 안전관리는 점차 뉴욕시의 중요한 임무가 되었다. 뉴욕시는 겨울철에 일시적으로 수천 명을 고용해 제설 업무를 맡겼고, 말이 끄는 제설 장비(Snow plow)를 만들어서 눈을 치우는 방법도 도입했다. 하지만 길가로 밀어내 상점 앞에 수북이 쌓인 단단한 눈이 오랫동안 장사를 방해하고, 제설용으로 뿌린 소금이 시민들의 신발과 옷을 망치는 등 여러 가지 말썽이 끊이질 않았다.

뉴욕 사람들은 눈이 쌓여도 움직일 교통수단을 고안하기 시작했다.

마차 운전사들은 눈이 쌓이면 바퀴를 떼어내고 스키를 달아 운행을 하였다. 눈이 와서 기차가 못 다니는 것을 방지하기 위해 1870년에는 고도를 높인 철도(Elevated steam railway)도 만들어졌다. 고가 철도 위를 달리는 기차는 그 자체로도 명물이었고 눈이 많이 내리면 시내의 거의 유일한 교통수단이 되었다.

그러던 중 1888년 폭설(Great White Hurricane, Great Blizzard of 1888)이 맨해튼을 완전히 멈추게 하는 일이 일어났다. 그 해 3월 12일부터 14일까지 뉴욕에는 최고 1.5m에 이르는 눈이 내렸고, 바람에 날려 6m 넘게 쌓이기도 했다. 곳곳에서 사고가 발생해 사망자가 200여 명에 이르렀다. 고도를 높여 설치한 철도조차도 운행을 중단했고, 건물 일층이 완전히 눈에 잠기는 경우도 있었다. 문제는 당시 전기가 보급되면서 도시 전체에 설치되어 있었던 전신주였다. 전신주들이 눈 하중을 견디지 못하고 쓰러지는 바람에 전신, 전화선이 끊겨 맨해튼과 외부와의 연락이 완전히 두절되고 말았다. 초단위로 바쁘게 움직이던 증권 거래소도 이틀간 문을 닫았다. 외부와의 교통, 통신이 단절된 경제 중심지는 완전히 고립되어 말 그대로 바다 위의 섬처럼 변해버렸다.

1888년 폭설을 계기로 뉴욕시 정부는 폭설 대응에 더욱 박차를 가했다. 특히 시는 도시의 시설을 모두 지하화하는, 당시로서는 획기적인 시도를 하였다. 전기와 전신 선로를 모두 땅에 묻고, 철도까지 지하로 만드는 안이었다. 마찬가지로 큰 피해를

1888년 뉴욕의 폭설

봤던 보스턴이 1897년에 먼저 미국 최초로 지하철을 개통했고, 1904년에는 뉴욕도 지하철 건설에 착수했다. 이들 두 도시는 눈에 의한 피해를 극복하기 위해 엄청난 비용과 불편을 감수하고 전선, 철도 지중화의 선구자가 되었다.

시 당국은 제설 기술도 한층 발전시켰다. 1888년 폭설을 계기로 아예 눈발이 날리기 시작할 때부터 눈을 치우는 것이 보다 효과적이라는 공감대가 생겼다. 큰 눈이 내릴 때는 다 내린 다음 제설작업을 하면 이미 늦어져 버리는 것이었다. 1900년대에 자동차가 보급된 후에는 눈을 치우는 것이 더욱 중요해졌다. 차가 다니고 나서부터는 눈만 오면 도시가 아수라장으로 변했다. 1920년대에 뉴욕에 고층건물이 속속 올라가고 등록된 차량만 50만 대를 넘어서자 눈이 오고 난 다음에는 도로 한가운데에 방치돼 묻혀버린 차를 빼느라고 한바탕 소동이 벌어질 지경이었다. 그런데 자동차의 등장은 제설장비의 기계화를 촉진해 시의 제설 능력을 한층 향상시키는 긍정적인 역할도 했다. 자동 제설장비(Motorized snow plow)가 마차를 대체했고, 1913년에는 처음으로 치운 눈을 바로 덤프트럭에 쏟는 장비(Dump truck/motorized snow plow)도 나타나 눈을 길거리에 쌓아두지 않고 외부로 반출해서 버릴 수 있게 되었다.

뉴욕의 폭설은 현재에도 겨울마다 찾아와 도시를 마비시킨다. 제설 기술도 더욱 발전했고, 차량과 시설물 관리에 대한 조례도 엄격해졌지만 눈이 내리면 북적이던 뉴욕 거리가 쥐 죽은 듯이 조용해지는 것은 예나 지금이나 마찬가지다. 인간은 자연을 꺾을 수는 없고 그에 최대한 맞추고 대응하는 방법을 찾아갈 수밖에 없는 것이다.

남서부 지역에 정착한 사람들은 물 부족 문제를 해결해야 했다.

북동부 해안의 정착민들이 폭설을 극복하는 방법을 찾아가야 했다면, 캘리포니아, 네바다, 애리조나, 뉴멕시코 같은 남서부로 이주한 사람들은 물이 없는 땅에서 살아갈 방법을 마련해야 했다. 이 지역은 연간 강수량이 400mm 정도밖에 안 되고, 여름인 6~9월에는 몇 달 동안 비가 한 방울도 오지 않는 극히 건조한 지역이다. 워낙 넓은 면적에 비가 내리지 않다 보니 강다운 강도 별로 없었다. 예를 들어 캘리포니아 초기 이주자들의 경우 로스앤젤레스강(77km, 6.4m³/s), 샌디에이고강(84km, 1m³/s) 같은 빈약한 물줄기에 의존해서 새 정착지를 꾸려야 했다.

이 지역에 흐르는 강 중 규모가 가장 큰 것은 콜로라도강이다. 로키산맥에서 발원해 무려 1,450마일(2,330km)이라는 긴 거리를 흐르면서 600만 년 동안 그랜드캐년이라는 대협곡을 만들어 낸 이 강은 유역면적만 627,000㎢에 이르고 유량도 637m³/s에 달하는 이 지역의 젖줄 같은 강이다. 한강의 유역면적이 36,000㎢이고 평균 유량이 613m³/s 것과 비교해서 살펴보면, 한강으로 물이 흘러드는 면적보다 17배 정도 넓은 땅의 물이 모두 모여 한강과 비슷한 양으로 흐르는 것이라고 가늠할 수 있다. 유역면적만 우리나라 전체 크기의 6배에 이르고, 미국 대륙의 1/12에 달하는 것만 보아도 얼마나 많은 지역이 이 강에 의존하고 있을지 능히 짐작할 수 있다. 이처럼 거대한 면적의 물이 전부 콜로라도강으로 흘러들기 때문에 남서부 지역에서 콜로라도강을 이용하지 않고 물 문제를 해결하는 것은 불가능했다.

콜로라도강을 용수에 이용하자는 논의는 1890년대부터 계속 있었다. 1922년 미국 내무부의 개척국(Reclamation Service)은 이 지역에 수자원 확보, 홍수 방지, 전력 생산을 위한 다목적 댐을 건설해야 할 필요성을 제기하였다. 이에 따라 캘리포니아, 네바다, 유타, 애리조나, 와이오밍, 콜로라도, 뉴멕시코의 7개 주가 댐 건설을 통해 연간 1,500만 acre-ft(185억 톤)의 물을 공동으로 이용하기로 합의(Colorado river compact)했다. 오늘날 우리나라의 연간 총 상수도 급수 수량이 64억 톤

● 환경부, 상수도 통계, 2016년 기준 우리나라 연간 총 급수수량 6,419백만㎥, 1인 1일당 급수량 339리터.

인 것을 감안하면 콜로라도강에서 공급하는 물의 양이 얼마나 큰 것인지 어림잡을 수 있다. 계획 과정에서는 각 주 간에 물 배분량을 둘러싸고 오랜 기간 다툼과 소송이 있었다. 긴 논의를 거쳐 간신히 합의를 이룬 끝에 1931년 콜로라도강의 댐 건설이 시작되었다. 이 시기는 미국에서 대공황이 한창 기승을 부리고 있던 때였다. 1929년 뉴욕증시의 폭락으로 촉발된 경제위기로 1931년 한 해 동안만 은행 2,300개가 문을 닫았고 실업률은 30%에 육박했다. 당시 프랭클린 루즈벨트 대통령은 대공황의 타개책으로 뉴딜 정책을 시행했는데, 때마침 공사를 개시한 콜로라도강의 댐은 뉴딜의 상징과도 같은 존재가 되었다. 1935년 완공 당시 볼더댐(Boulder Dam)으로도 불렸고 1947년 후버댐(Hoover Dam)으로 다시 개명된 이 댐은 공황으로 침체된 분위기를 진취적으로 전환해 사회 전체적으로 할 수 있다는 자신감을 불러일으키는 데에 큰 역할을 했다.

후버댐은 기반암으로부터 높이가 726.4ft(221.4m)[11]이고 기초의 앞뒤 방향 폭이 660ft(200m)인 당시로는 세계 최대 규모의 콘크리트 건축물이었다. 하류 쪽 수면 위에 드러나 눈에 보이는 댐 구조체의 높이만도 632ft(193m)이고 보이지 않는 땅 아래에도 10층 건물 높이에 해당하는 94ft(29m)의 콘크리트가 묻혀 있다. 상부의 좌우 길이는 1,244ft(379m)이고 그 위에는 폭 45ft(14m)의 도로도 놓여 있어 차량도 지나다닐 수

있다. 댐의 부피는 248만㎥이고 사용된 콘크리트 무게는 660만 톤이나 된다. 여의도에 있는 63빌딩의 높이가 249m이고, 부피가 72만㎡정도 되니, 대략 63빌딩 세 채 반이 나란히 서 있는 정도의 규모라고 보면 그 크기를 가늠할 수 있다. 댐의 무게에 대한 감을 얻기 위해 항공기 무게와 비교해 보면, 콘크리트 무게 660만 톤은 사람이 타지 않은 보잉747 점보 제트기 무게 175톤의 37,000배에 해당하는 엄청난 크기이다

이 정도의 콘크리트를 사용해 댐을 만드는 것은 매우 난이도가 높은 일이었다. 1933년 6월 첫 번째 콘크리트를 쏟기 시작해서 1935년 5월 마지막 콘크리트를 부을 때까지 작업자들은 장장 2년여에 걸쳐서 쉬지 않고 콘크리트를 타설했다. 콘크리트는 양생이라는 과정을 거쳐 내부의 열을 발산하며 굳어져야 하는데 만약 660만 톤의 콘크리트가 한 번에 부어진다 가정하면 양생에만 125년이 걸린다. 이때 열이 식고 콘크리트가 수축하면서 생기는 응력은 댐을 무너뜨릴 수도 있을 정도로 강력하다. 이런 문제를 고민한 후버댐의 기술자들은 평균 15m 크기의 격자로 공간을 구획하고 부분별로 나누어서 콘크리트를 타설하는 공정을 개발했다. 빠른 양생을 위해서 직경 25mm짜리 철 파이프를 촘촘하게 매설해서 냉장된 강물을 사이사이로 흘려 콘크리트를 식히는 방법을 고안했다. 이 파이프들은 나중에 그라우팅으로 채워져서 콘크리트랑 같이 묻혔는데 매장된 파이프의 길이만 자그마치 582마일(937km)에 달할 정도였다. 기초를 만들기 위해 땅을 굴착한 부피는 110만㎥(150만 cubic yard)로 63빌딩의 1.5배가량이었고, 여수로 터널, 가물막이 댐, 발전설비, 취수탑 등을 위해 굴착한 부피를 모두 합치면 420만㎥(550만 cubic yard)나 됐다. 이를 실감하기 위해서 만약 하루에 일반적인 크기의 단독주택 스무 채만한 부피(300㎥)를 굴착하는 속도로 작업한다고 가정하면

자그마치 39년이라는 시간이 걸린다는 계산이 나온다. 이처럼 작업량이 많은 것만 문제는 아니었다. 이곳의 사막은 낮 최고 기온이 49도(120°F)에 이를 정도로 더운 곳이어서 5년여 동안 계속된 대규모 공사는 기간 내내 힘들고 어려운 과정의 연속이었다.

우여곡절을 거쳐 1935년 9월 30일 준공식이 개최됐고, 1936년 말부터 댐 뒤의 물을 이용해 전기 생산도 시작했다. 유역면적이 큰 만큼 댐이 만들어낸 메드호(Lake Mead)의 크기도 대단했다. 세로방향 길이는 그랜드캐년이 있는 상류 방향을 향해 115마일(185km)까지 이어졌고, 최대 폭은 8마일(13km)에 달했다. 최대 깊이 180m, 면적 247mi2(640㎢)의 이 호수는 꽉 채워지면 2,900만acre-ft(358억 톤)의 물을 저장할 수 있다. 604㎢인 서울시 전체의 면적이 대략 60m 깊이의 물로 덮여 있다고 상상하면 그 어마어마한 양을 유추해 볼 수 있다.

후버댐은 미국 서남부 지역의 발전에 지대한 역할을 했다. 강 상류 4개 주(유타, 와이오밍, 콜로라도, 뉴멕시코)와 하류 3개 주(캘리포니아, 네바다, 애리조나)에 귀중한 용수를 공급할 뿐만 아니라 협곡 사이를 흘러 강폭이 좁은 탓에 겨울철 집중 호우 시 범람이 잦았던 콜로라도강의 자연재해를 방지해 주었다. 건설 이후 멕시코 등에 배분하는 물이 더해져 현재는 연간 1,750만 에이커-풋(216억 톤)을 주변 지역에 공급하고 있다. 이 물은 서남부 지역 4천만 명의 사람들의 식수원이 되고 있고, 수많은 주변 도시와 우리나라 면적의 20%에 달하는 거대한 농지(20,000㎢)를 지탱하고 있다. 남부 네바다는 90%, 남부 캘리포니아는 25%, 애리조나는 40%의 물 공급을 이 댐에 의존하고 있다. 후버댐이 완공되기 전 라스베가스는 인구 5,000명의 작은 사막 도시에 불과했고, 지금 1,000만 명이 사는 LA카운티도 200만 명 정도가 사는 곳이었다. 당시 샌디에이고도 인구 15만의 중소도시였으며, 애리조나의 주도 피닉스도 인구 5만 명에 미치지 못하는 곳이었다. 댐으로 인해 공급되는 물은 이러한 도시들이 2차 대전 이후 폭발적으로 성장할 수 있도록 뒷받침했다.

물을 다스리는 일이라면 우리나라도 좋은 경험을 가지고 있다. 1967년 공사를 시작해 1973년 완공된 소양강댐은 여름철 잦은 홍수에 시달렸던 한강을 안정화시켰으며 당시 급속히 성장하던 많은 도시들에 풍부한 물을 공급해 주었다. 자갈과 흙을 섞어 만든 사력댐인 소양강댐은 협곡 사이의 콘크리트 댐인 후버댐보다 체적이 크다. 댐 높이는 123m이지만 상부 제방길이가 530m에 달해, 부피는 후버댐의 4배가량인 960만㎥에 이른다. 이처럼 소양강댐 구조물 자체는 후버댐보다 크지만 한강 상류의 유역 면적이 콜로라도강보다 작기 때문에 가두는 물의 양은 적다. 소양강댐의 저수용량은 29억 톤으로 후버댐의 8% 정도이고, 담수 면적은 64㎢로 10%, 용수 공급량은 12억 톤으로 6% 정도이다. 우리나라는 소양강댐 건설 이후에도 많은 댐과 제방을 만들어 물을 관리하여 왔고, 여름철 집중호우와 태풍의 피해를 겪으면서 쌓은 수자원 관리의 기술과 역량은 세계 최고의 수준에 이르고 있다.

미국과 우리나라의 이와 같은 경험에서 배울 것은 자연에 대응하는 인간의 지혜와 의지이다. 인간은 자연을 원하는 방향으로 바꾸지는 못하지만 지혜를 모아 그 현상을 이해하려 했고 강력한 의지로 자연에 대응할 방법을 찾아 왔다.

자연을 향한 도전과 응전은 미국 개척정신의 근간을 이루는 중요한 요소이다. 이주자로서 미국인들이 가진 장점은 문제에 맞서 끊임없이 해결 방법을 찾아 나가는 자세였다. 아메리카 대륙의 자연은 때로 광포하고 잔인하기도 했지만 이들은 거기에 적응하면서 많은 기술과 문화를 발전시켜 왔다. 최근의 기후 변화는 우리 인류가 마주해야 할 새로운 자연의 모습일 것이다. 우리는 최대한 자연의 균형을 유지하기 위해 노력하는 한편, 그 변화의 원인과 방향을 이해하고 바뀐 환경에 적응하기 위해 힘써야 한다. 우리의 지혜를 모아 진취적이고 효과적인 방법을 고안하고 끊임없이 실험해 본다면 우리가 앞으로 당면할 수많은 도전도 지혜롭게 감당해 갈 수 있을 것이다.

3) 새로운 가치 창조

땅 이외에 무형의 가치를 발견한 것은 아이디어의 힘이었다.

낯선 땅에서 이주민들이 맞닥뜨린 또 다른 문제는 먹고 살아갈 방법을 되도록 빨리 마련해야 한다는 것이었다. 영국의 식민지였던 17, 18세기 200여 년 동안 농업 국가였던 미국은 농업의 생산량과 이익을 꾸준히 증대시켜 가면서 19세기부터는 2차 산업혁명을 주도하며 철강, 기차, 석유, 화학, 전기, 자동차 등 많은 신산업을 새롭게 일으켰다. 20세기 후반에는 컴퓨터와 인터넷으로 대표되는 3차 산업혁명도 앞장서서 이끌며 또 다른 부가가치를 만들어 내었다.

먼 길을 떠나 늘 낯선 환경을 마주하는 개척자들의 진취적인 모습은 새로운 기술과 산업의 아이디어를 떠올리고 실현하는 혁신에서도 나타났다. 기존의 익숙함에 안주하지 않는 적극성, 또 다른 목적지를 향해 과감하게 도전하는 용기, 끊임없이 발생하는 예상치 못한 상황에 유연하게 대처하는 능동성 등은 많은 분야에서 괄목할 만한 혁신을 이루어냈다. 미국인이 이주하고 확장해 온 과정은 제국주의, 패권주의의 측면에서 많은 비판도 받고 있지만, 특유의 개척 정신과 맞물린 각 분야의 혁신은 오늘의 최강대국을 있게 한 미국의 핵심적인 에너지였다.

생활 속의 문제를 해결하는 물건들을 스스로 만들어냈다.

이주라는 측면에서 바라봤을 때 미국의 많은 혁신을 이끌어냈던 중요한 요소는 미국인들 스스로가 무엇을 직접 만드는 데 익숙한 사람들이었다는 점이었다. 프런티어의 개척민들은 거의 대부분의 일들을 자기가 손수 해야 했다. 도와줄 사람도 없었을뿐더러 누군가의 손을 빌리는 것은 비용과 시간이 너무 많이 소요되는 일이었다. 이 때문에 혼자 무엇을 만들고 고치는 일은 자연스럽게 미국인들의 생존 기술이자 취미 생활이 되었다. 19세기 2차 산업혁명 당시 미국에 그토록 많은 개인 발명가가 탄생했던 것은 건국 시부터 잘 갖춰진 특허 제도, 역동적으로 발전하던 시대 분위기, 효율적인 투자 시스템 등 여러 가지 원인이 있지만 내 손으로 직접 물건을 만드는 DIY(Do It Yourself) 문화와 결코 무관하지 않았다. 많은 발명가들은 불편한 것을 직접 고쳐보려고 노력하는 과정에서 세상에 없던 참신한 물건들을 만들어냈다. 1907년 오하이오의 백화점 청소부였던 제임스 스팽글러(James Murray Spangler)는 매일 밤 먼지가 잔뜩 묻은 백화점 카펫을 터는 일을 반복해야 했다. 그는 이것을 어떻게 좀 더 편하게 할 수 있을까 고민하다가 모터로 먼지를 빨아들여 자루에 모아 버리는 진공청소기를 개발해냈다. 1919년 미네소타의 찰스스트라이트(Charles Strite)는 레스토랑의 토스트가 어떤 날은 많이 타고 다른 날은 덜 구워지는 것이 불만이었다. 어떻게 하면 빵을 항상 일정하게 구울 수 있을까 궁리하던 그는 정해진 시간이 되면 자동으로 빵이 튀어 오르는 팝업 토스터기를 제작했다. 1928년 미주리의 오토 로웨더(Otto Rohwedder)는 사람들이 아침마다 두툼한 빵을 자르고 부스러기를 치우는 게 큰 시간 낭비라고 생각했다. 이를 해결할 방법을 고심하던 그는 공장에서 아예 미리 일정 크기로 잘라서 파는 식빵을 생각해냈다. 같은 해 아이오와의 퇴역 대령 제이콥 쉬크(Jacop Schick)는 알래스카에서 군 생활을 할 때 추위 속에서 면도하던 고통을 떠올리고 이런 불편을 없앨 방법이 없을까 고민하다가 면도 거품을 묻힐 필요 없이 수염을 깎는 전기면도기를 개발했다. 이들 아마추어 발명가들은 모두 생활 속에서 불편한 점을 개선하기 위해 스스로 제품을 구상하고 시행착오를 거쳐 가면서 손수 물건을 만들어 낸 사람들이었다.

미래는 새로울 것이라는 낙관주의는 많은 도전을 만들어냈다.

혁신을 이끌어내기 위해서는 미래는 반드시 새로울 것이고 지금보다 나을 것이라는 낙관주의가 꼭 필요하다. 언제 어느 시대나 비관할 이유는 낙관할 이유보다 훨씬 많지만 낙관주의는 변화의 움직임을 생성해내고 힘든 과정을 밀고 나가는 강력한 에너지가 되어 왔다. 신기하게도 실낱같은 희망에도 도전하려는 사람들은 어느 시대, 어느 곳에나 있다.

그들은 자원, 자본, 사람들의 호응 등이 다소 부족해도 크게 개의치 않고 기회가 있으면 앞으로 나아가려고 한다.

　독립 이후 19세기 미국이 경험한 빠른 이주의 환경은 이런 낙관주의가 자라나기에 아주 좋은 조건이었다. 그들 스스로의 입장에서 봤을 때 미국인은 새로운 대륙을 발견했고, 세계에서 가장 강력한 국가와 싸워 독립을 쟁취한 진취적인 사람들이었다. 서부로 가면 개척하지 않은 넓은 땅을 아직 만날 수 있었고, 실제 그 땅으로 이주한 사람들은 주기적으로 귀한 자원들을 발견해 냈다. 먼 거리도 쉽게 도달할 기차가 어느 날 돌연 만들어지는가 싶더니 얼마 되지 않아 사방이 철길로 이어지는 천지개벽이 일어났다. 사람들의 메시지를 실은 전신은 말 그대로 빛의 속도로 대륙의 구석구석을 활보하기 시작했다. 이 모든 놀라운 일이 갑자기 눈앞에 벌어지는 상황에서 미래가 현재보다 나을 것이라는 희망을 그다지 의심할 이유가 없었다.

　적극적인 사회 분위기 속에서 미국에서는 많은 혁신가들이 등장해 세상에 없었던 것들을 만들어냈다. 그 중 대표적인 인물은 에디슨이다. 그는 아예 발명만을 목적으로 하는 최초의 전문 연구소(Menlo Park)**까지 만들어 미래를 개척해갔다. 그의 연구소는 당장에는 쓸모없어 보이는 여러 개의 연구를 동시에 진행하면서 각 연구들이 서로 영향을 미치게 해 머릿속 아이디어들을 하나둘씩 현실에서 구현하는 어려운 과정을 추진해 갔다. 당장 무엇을 생산하지 않은 채 발명에만 집중하는 연구소라는 개념이 성공할 수 있다고 생각한 에디슨은 새로운 것을 끊이지 않고 찾아낼 수 있다고 믿는 강한 낙관주의자였다. 그의 생

● 멘로파크 미국 뉴저지 주 미들섹스 카운티 에디슨 타운쉽에 소재를 둔 비법인 공동체. 1876년 토마스 에디슨이 이곳에 자신의 집과 연구실을 세우고 1887년까지 머물었는데 사람들은 그를 '멘로 공원의 마법사'라는 애칭을 붙여 주었다. 에디슨은 멘로파크 연구소에서 다양한 발명을 이루어냈고 이를 상업적으로 응용하는 데도 수완을 보였다. 대표적으로 축음기와 백열전구 필라멘트는 그에게 부와 명성을 모두 안겨주었다. 에디슨 사후 연구소 근방에 토마스 알바 에디슨 기념탑과 박물관이 건립되었고, 이 모두가 현재 에디슨 주립공원의 일부가 되었다. 애초 멘로파크가 있던 지역은 '래리탄 타운쉽'이라 불렸지만 1954년 11월 10일 에디슨을 기려 '에디슨 타운쉽'으로 변경되었다.

각대로 그와 동료들은 축음기(1877), 탄소송화기(1878), 전구(1879), 영사기(1894), 축전지(1900) 등 이후 시대를 바꿀 엄청나게 혁신적인 제품들을 만들었다.

에디슨의 발명 이외에도 19세기부터 20세기에 이르는 기간 미국에서는 많은 획기적 제품들이 등장해 인간의 삶을 크게 바꾸어 놓았다. 냉장고(1844), 전동해머(1849), 식기세척기(1850), 엘리베이터(1857), 세탁기(1858), 에스컬레이터(1859), 모터사이클(1867), 전화(1876), 고층빌딩(1884), 롤필름(1881), 리모컨(1898), 에어컨(1902), 비행기(1903), 진공관(1906), 신호등(1912), 액체연료 로켓(1915), 마이크(1916), 즉석카메라(1923), 전자계산기(1937), 복사기(1938), 합성섬유(1938), ATM(1939), 전자레인지(1945), 진공관 컴퓨터(1945), 트랜지스터(1947), 집적회로(1961), 마이크로프로세서(1971), 비디오 게임기(1972), GPS(1972), 휴대폰(1973), 퍼스널컴퓨터(1974), 인터넷(1983), 스마트폰(1992) 등 새로움의 행진은 실로 거침이 없었다. 현대 사회에서도 환경오염, 정치사회적 갈등, 자원의 고갈, 기후 변화, 빈부의 격차, 인간성의 파괴 등 다양한 문제점들이 비관적 전망을 깊게 드리우고 있지만 지금 이 순간에도 어느 곳의 누군가는 강력한 낙관주의로 미래를 바꿀 무언가를 만들고 있을 것이다.

위험을 함께 짊어지는 시스템을 개발했다.

그러나 혁신을 이루는 길은 잘 될 거라는 믿음 하나로 가기에는 너무 험하다. 단지 낙관주의만으로는 충분하지가 않은 것이다. 낙관주의자들이 적재적소에서 움직일 용기를 주는 것은 그 사회가 갖는 시스템의 힘이다. 실패의 위험을 분산하고, 혁신을 위한 효과적인 조직을 만들고, 그 안에서 여러 사람이 유기적으로 역할을 분담하는 것 등은 모두 시스템의 역할이다.

유럽의 대항해 시대에 탐험가들이 바다로 나갈 수 있도록 뒷받침했던 시스템은 당시 막 생겨난 주식회사 제도였다. 비용이 많이 들어가고 침몰 시 모든 것을 잃을 장거리 항해를 왕이나 부유한 상인 등 개인이 전적으로 책임진다는 것은 너무 위험성이 큰 일이었다. 탐험가 개인이 이것을 직접 감당한다는 것은 더군다나 어려웠다. 이런 여건에서 17세기 초 네덜란드의 동인도회사는 항해의 위험을 여러 주주들이 나누어지는 개념을 고안했다. 설령 안 좋은 일이 생기더라도 각 주주들이 입는 피해는 딱 그 주식에 투자한 만큼이었다. 이렇게 실패의 위험을 여럿이 공유하자 항해와 이주에 뛰어드는 사람들은 크게 늘어났고 험난해 보이던 바다는 점점 좁아졌다.

오늘날에도 혁신을 이루기 위해서는 많은 위험을 감수해야 한다. 이러한 위험은 혁신을 주저하게 만드는 이유가 된다. 잘못하면 귀중한 돈, 시간, 인생을 헛되게 낭비해 버릴 수 있다는 두려움이 도전의 발목을 잡는 것이다. 스티브 잡스는 이것을 "훌륭한 아이디어와 훌륭한 제품 사이에는 엄청난 장인정신(Craftsmanship)이 놓여 있다"는 말로 표현했다. 나아가 그는 "아이디어를 발전시키다 보면 새로 배우는 것이 있어서 처음 생각이 계속 바뀐다. 전자(Electrons), 플라스틱, 유리, 공장 등에는 항상 제약 사항들이 있다. 결국 무언가 디자인한다는 것은 원하는 것을 얻기 위해 5천 가지 개념들을 머릿속에 넣고 새롭고 다른 방법 안에서 그것들을 모두 맞추는 일을 계속 밀고 나가는 것이다."라고 말했다. 직관적으로 방향을 설정하는 것이 혁신의

• 이 말은 2012년 상영된 영화 '스티브 잡스: 더 로스트 인터뷰'에서 발췌했으며 이는 1995년 로버트 크링글리(Robert X. Cringely)와 잡스 사이에서 이루어진 인터뷰를 바탕으로 했다.

가장 멋진 능력이지만 아이디어와 최종 결과물 사이에는 엄청난 시행착오가 들어가 있다는 말일 것이다. 세상에 없는 것을 만들어내는 혁신의 과정이 얼마나 고되고 많은 시간이 걸리는 일인지는 굳이 부연할 필요도 없을 정도이다.

미국인들이 이런 혁신을 지원하기 위해 만든 위험 분산 시스템은 재미있게도 그 옛날 미지의 세계를 향한 항해를 촉진했던 방식과 매우 흡사하다. 배를 타고 나선 탐험가를 뒤에서 밀어주는 많은 사람이 존재한다는 점이 그것이다. 초기에는 은행가, 벤처캐피털 같은 자본가들이 모험가들의 전진을 도와주는 역할을 하고, 주식시장에 상장된 이후에는 시장이 혁신의 지속을 응원한다. 과거 투자자들이 동방의 물건을 싣고 무사히 돌아올지 알 수 없는 배를 지원했던 것처럼 실현 여부가 불투명한 아이디어에 각자의 귀중한 자본을 투입하여 위험과 수익을 나누어 갖는 것이다. 그 옛날, 완전히 새로운 항로를 개척하는 것처럼 극도로 위험한 일은 야심찬 왕이나 부유한 상인이 도맡아 원조하기도 했는데 오늘날 이 일은 정부가 담당하는 경우가 많다. 미국 정부와 군은 기초 과학, 우주 탐사, 최첨단 기술 등 대규모 자본이 투입되어야 하고 단기간에 성공이 보장되지 않는 분야의 혁신을 지원하는 중요한 촉진자이다. 미국의 대중들이 가진 호기심 또한 혁신가들의 위험을 분산해주는 귀중한 장치이다. 새로운 것을 적극적으로 받아들이고, 그를 통해 자기 삶을 더 재미있고 편하고 생산성 높게 만들려고 하며, 거기에 기꺼이 비용을 지불하는 미국인들의 성향은 혁신가들이 기댈 든든한 언덕이다.

우리 모두는 조금씩 저마다 혁신의 아이디어를 가지고 있고, 정도의 차이만 있을 뿐 각자의 일과 생활에서 조금씩 이를 실천하고 있다. 우리는 혁신하는 과정에 들어가는 비용과 성공했을 때의 이익을 비교하는 것에 능숙하다. 어떨 때는 실패할 위험을 짊어지기보다 확실한 성과가 보장되는 작은 변화만을 택하기도 하고, 어떤 때는 조금 더 급진적인 도전을 감행해 많은 시간과 노력을 투자하기도 한다. 이런 상황에서 어떤 시대, 어떤 사회에서나 평균적인 사람들보다 훨씬 과감한 도전을 하는 낙관주의자가 존재한다는 것은 신기하면서도 한편으로는 즐거운 일이다. 새로운 곳으로 용기 있게 전진하는 이들은 더 큰 세상을 볼 수 있다. 이들의 등을 힘차게 밀어 주는 든든한 시스템이 있을 때 우리는 앞으로도 더 많은 혁신들을 만날 수 있을 것이다.

미국적 혁신은 누구나 편하고 쉽고 편하게 쓸 수 방향으로 발전했다.

도전적인 사람들이 만들어내는 혁신의 방향은 시대와 장소마다 다르다. 미국에서 일어난 다수의 혁신은 '더 많은 사람이' '간편하고 쉽게' 즐길 방법을 찾는 큰 흐름으로 나아갔다. 구세계의 사회 구조 속에서 벗어난 미국의 이주민들은 복잡하고 난해한 것을 걷어낸 다음 쉽고 단순하게 사물을 바라보는 것을 좋아했다. 그런 경향 속에서 고급문화보다는 대중문화, 소수보다는 다수, 논리보다는 직관을 더 선호했다. 이런 분위기 탓에 미국의 많은 혁신도 다수가 더 간편하게 다양한 것을 누리는 방향으로 나타나고 발전해 온 경우가 많다. 처음에는 몇 명만 쓰는 비싸고 귀한 물건이었지만 점차 대중을 대상으로 보급된 라디오·텔레비전·컴퓨터·핸드폰 같은 전자제품, 누구나 저렴하게 이동할 수 있게 변모해 간 자동차·기차·비행기 같은 운송 기관. 생활을 쉽게 만들어 주는 세탁기·냉장고·청소기 같은 가전제품 등은 모두 그러한 예들이었다.

단순하고 간편하게 즐기는 것을 지향하는 미국적 혁신의 흐름은 문화 현상에서도 예외가 아니었다. 오늘날 우리가 즐겨 먹는 패스트푸드도 그중 하나일 것이다. 1921년 중부 캔자스주의 빌리 인그램과 월터 앤더슨(Billy Ingram&Walter Anderson)은 화이트 캐슬(White Castle)이라는 가게를 만들어 빨리 나오면서도 양이 많고 가격이 저렴한 개념의 햄버거를 팔기 시작했다. 깔끔하고 통일된 모양의 가게에서 깨끗한 유니폼을 입은 점원들이 빠르게 제공하는 어디서나 똑같은 간편한 음식은 대중들의 큰 호응을 얻었고, 이후 많은 브랜드가 잇따라 등장했다. 자동차가 보급되면서부터는 더 편리하게 아예 사람들이 차에서 내리지도 않은 채 음식을 받아가는 드라이브인 방식까지 유행했다. 1960년대부터 등장해 한동안 외식 문화를 주도한 패밀리 레스토랑도 누구나 맘 편하고 쉽게 접근할 수 있다는 장점을 표방한 곳이었다. 이 레스토랑에서는 아이들까지 포함한 온 가족이 함께 와서 비교적 잘 만들어진 음식을 적당한 가격으로 간단하게 사 먹을 수 있었다. 아예 아이들을 위한 메뉴도 따로 있었고, 아이들이 떠들어도 뭐라고 하는 사람이 없을 정도로 딱딱한 격식을 제거했다. 일하는 엄마 아빠들이 늘어나는 시대에 언제든 온 가족이 방문해서 근사한 한 끼를 먹을 수 있다는 개념은 기존의 품격 있는 레스토랑이 미처 갖지 못한 편안함으로 인식돼 큰 호응을 얻었다. 쉽고 간편한 것을 추구하는 현상은 패션 분야에서도 나타났다. 청바지는 그런 미국 의류 문화의 대표적 예였다. 1873년 샌프란시스코의 레비 스트라우스(Levi Strauss)는 같이 거래하던 상인인 제이콥 데이비스(Jacob Davis)의 아이디어에 자금을 지원해 청바지의 특허를 냈다. 공장의 노동자들, 광부, 농부, 카우보이들은 편하고 부담 없는 이 옷을 즐

• 1921년 창업한 미국의 패스트푸드 체인점. 미 중서부와 뉴욕 대도시 지역에서 햄버거 식당을 운영하고 있다. 사각형으로 생긴 작은 사이즈의 '슬라이더'라고 불리는 햄버거로 유명하다. 이 가게의 슬라이더는 2014년 1월 14일 타임지에 의해 역대 가장 영향력 있는 버거로 규정되었다.

겨 입기 시작했고, 1950년대에는 제임스딘의 영화 '이유 없는 반항'이 큰 인기를 누리면서 젊은이들의 문화로까지 발전해 오늘날까지 세계인이 즐겨 입는 패션 아이템이 되었다. 이러한 경향은 오늘날 미디어와 영상을 즐기는 방식으로도 이어진다. 번거로운 과정 없이 스마트폰만 들면 언제 어디서나 간편하게 영상을 볼 수 있는 유튜브(YouTube), 넷플릭스(Netflix) 등의 영상 플랫폼들은 마치 차에 앉아 햄버거를 사 먹는 것처럼 쉽고 빠르게 온갖 콘텐츠들을 소비할 수 있게 해 주었다.

미국적 혁신의 요소들은 지금까지 언급한 몇 가지 외에도 여러 가지가 있다. 이미 잘 갖춰진 지식과 기술을 가지고 세계 곳곳에서 이주하는 우수 인재들, 서로에게 정보를 개방하면서 같이 협력하는 열린 문화(Openness), 대기업이 작은 기업의 아이디어를 베끼기보다 필요하면 제값을 주고 구입하는 페어플레이 정신, 시대의 의미를 읽고 기존의 룰을 깬 방향을 제시했던 훌륭한 리더들, 우수한 대학과 연구소 시스템, 권위와 중앙 집중을 물리치고 개인과 지역의 자유를 존중하는 다양성, 쉽고 직관적으로 이해할 수 있는 브랜드나 스토리를 만드는 문화적 역량, 유연한 기업 조직, 혁신 경영 기법과 파격적 보상 체계, 아메리칸 드림을 통한 자발적 동기 부여의 분위기 등은 지금까지 미국에서 많은 혁신 성공 사례들을 만들어낸 비결이었다.

빠른 이주의 환경 속에서 미국인들이 창조한 아이디어의 혁신은 이주민들이 그토록 욕심냈던 땅이나 금은보다 훨씬 값지고 중요한 것이었다. 그것은 무한했고, 지속적인 부를 창출했으며, 인간의 삶 전체를 변화시키는 것이었다. 혁신은 이주와 닮았다. 과감히 앞으로 나아가는 탐험가와 낙관주의자들은 다른 사람들이 가보지 못한 놀라운 신대륙을 발견하고 먼저 즐길 수 있다. 우리 인간의 정신세계 속에는 좁은 곳에 안주해 살아가는 사람들이 결코 맛 볼 수 없는 넓은 신대륙이 무궁무진하게 펼쳐져 있을 것이다.

개척자들은 자기 운명을 스스로 개척해야 했다.

물자를 확보하고, 거친 자연을 극복하고, 아이디어의 혁신을 통해 새로운 가치들을 찾아냈던 이주민들이 맞닥뜨린 또 하나의 현실은 결국 이 모든 것들을 해낼 사람은 자기 자신 밖에 없다는 점이었다. 낯선 곳으로 이주해서 외떨어져 살아가는 사람들 주변에는 이들을 도와줄 사람도, 간섭할 사람도 없었다. 이런 상황에서 '내 운명은 내가 결정한다'는 독립 정신은 이들의 의식 속에 강하게 자리 잡았다. 이것은 어딘가에 속박받기를 싫어하고 스스로 다스리는(Self-governing) 것을 바람직하고 자연스럽게 여기는 문화를 만들어냈다.

미국의 독립혁명은 식민지인들의 자치 욕구가 폭발하는 과정이었다. 아메리카 대륙에서 본국의 힘을 빌리지 않고 힘들게 생활 터전을 만들어 왔던 식민지인들은 이미 독립혁명 한참 전부터 독립적인 사람들이었다. 17세기 초 매사추세츠 지방으로 이주했던 사람들은 영국의 힘 있는 누군가에게 고용된 사람이 아니라 왕으로부터 받은 특허장(Charter)을 직접 들고 아메리카로 온 사람들이었다. 프로테스탄트들이었던 이들 이주민은 교회에서도 복잡한 단계의 성직자 계급에 의지하기보다는 평신도 스스로가 중심이 되어 하나님을 바로 대면하는 것이 성경의 가르침에 더욱 부합한다고 생각했다. 마찬가지로 사회 시스템 상에서도 귀족과 정치인이 아니라 구성원 스스로 의사를 결정하는 것이 건강하다고 여겼다.

　당시 그들이 새롭게 이주한 곳은 이런 자립 능력을 키우기 아주 좋은 공간이었다. 그들이 정착한 마을은 영국의 국왕과 귀족들로부터 배로 2~3달 이동해야 하는 먼 거리에 떨어져 있었다. 게다가 주민들의 수 자체도 많지 않았고, 혈통에 의해 타고난 높은 신분도 거의 없었으며, 함께 멀리까지 온 사람으로서 구성원 간의 공동체 의식도 강했다. 이들은 작은 지역 단위로 타운미팅(Town meeting)을 통해 일 년에 한두 번 씩 만나 마을의 중요한 일들을 결정했다. 이 타운 미팅은 오늘날까지도 운영되면서 지역의 주요한 입법, 예산 사항들을 논의하는 직접 민주주의의 장이 되고 있다. 보다 넓은 지역 단위에서는 식민지 의회(Assembly)가 큰 권한을 행사했다. 주민들은 식민지 의회가 영국 본국의 의회(Parliament)와 동일한 권한을 갖고 있다고 생각했고, 의회의 대표자를 통해 총독, 국왕, 영국 의회에 전하는 목소리를 내는 것은 똑같은 영국 시민의 일원으로서 자신들이 누린 당연한 권리라고 생각했다.

　1763년 아메리카 대륙에서 프랑스와의 7년 전쟁을 끝내고 캐나다 및 미시시피강 동쪽의 넓은 영토를 새로 차지한 영국은 식민지와의 관계를 재정립할 필요성을 느꼈다. 큰 전쟁을 치르고 아메리카에서 영국이 다스려야 할 땅이 순식간에 4배나 늘어난 상황에서 더 많은 돈과 큰 조직이 필요했는데 이를 응당 식민지인들이 부담해야 한다고 생각한 것이었다. 이로써 지난 70여 년 동안 식민지 의회(Assembly)에 자율성을 부여하고 식민지인들의 자치(Self-Governing)를 허용해 불필요한 갈등을 예방했던 영국의 '유익한 방치'(Salutary neglect) 전략은 막을 내렸다. 영국은 식민지 통치에 들어가는 비용을 식민지인에게서 거두어들이는 일련의 조치에 착수했다. 영국 의회는 짧은 기간 설탕법(Sugar

Act, 1764), 화폐법(Current Act, 1764), 인지세법(Stamp Act, 1765), 군대숙영법(The Quartering Act, 1765), 종이·유리·차·흑연·페인트법(Townshend Acts, 1767) 등을 제정해 식민지에 광범위한 세금과 의무를 부과하기 시작했다.

오랫동안 스스로의 일을 스스로 결정하는 것에 이미 익숙해져 있던 아메리카인들은 신설된 조세에 강하게 저항했다. 1766년 영국 의회는 의회가 식민지와 주민들에게 제약을 가할 권리가 있다는 법률(Declaratory act)까지 제정해 이런 조치들을 정당화했지만, 식민지인들은 이에 동의하지 않았다. 그들은 영국 의회의 권한이 식민지인 개인의 자유를 간섭하는 데까지 미친다는 견해를 받아들일 수 없었고, 특히 자신들의 대표자도 없는 곳에서 결정된 영국 의회의 결정을 그대로 따르는 것은 부당하다고 여겼다. 이 부분에서 영국인들과 식민지인들의 인식 차이는 뚜렷했다. 영국인들은 명예혁명(1688)으로 탄생해 각 계층의 이익을 충분히 대변하고 있는 민주적인 의회와 이를 존중하는 국왕이 이미 식민지인들을 포함해 영국 국민 전체의 이익을 보장하고 있다고 보았다. 몇 년 전 끝난 프랑스와의 전쟁에서 식민지인들을 보호하기 위해 사용한 비용을 충당하는 목적으로 의회가 바로 그 식민지인들에게 과세하는 것은 영국 입장에서 지극히 합당한 일처럼 여겨졌다. 식민지인들은 본국의 의회에 의해서 자신들의 이익이 대변될 수 있다는 것에 동의하지 않았으며, 세금을 부과하는 것처럼 중요한 문제는 당연히 영국 의회와 동일한 권한을 가지고 있는 식민지 의회가 결정해야 할 일이라고 보았다.

'대표 없이 과세 없다(No taxation without representation)'라는 조세 저항의 슬로건은 식민지인들 사이에 큰 공감대를 형성해 갔다. 매사추세츠에서는 저항의 강도가 점점 거세져 급기야 1770년 식민지인과 영국군 사이에 유혈 충돌(Boston Massacre)도 일어났다. 1773년에는 보스턴 시민들이 영국의 동인도회사가 들여온 차를 몰래 바다에 던져 버리는 사건(Boston Tea Party)도 발생했다. 영국은 이를 계기로 1774년 강압법(Coercive Act)을 제정했고, 3월에는 보스턴 항구를 봉쇄하고 매사추세츠 의회의 모든 권한을 박탈하는 강력한 처벌을 단행했다. 이런 갈등 속에서 1774년 9월 식민지 대표자가 모이는 제1차 대륙회의(Continental Congress)가 열렸지만 문제가 해결되지는 못했다. 도리어 1775년 4월에는 매사추세츠의 렉싱턴, 콩코드에서 식민지인과 영국군 간 최초의 무력 교전이 일어날 정도로 위기는 증폭됐다. 상황이 이렇게까지 전개되자 1775년 5월에 열린 제2차 대륙회의의 분위기는 급박하게 돌아갔다. 조지 워싱턴(George Washington)을 총 지휘관으로 임명해 대륙군을 조직했지만 여전히 영국에 대항해 전면전을 벌인다는 것은 무모한 일이라는 우려가 팽배했다. 대륙회의는 영국 국왕에게 마지막 화해의 시도로서 올리브 가지 청원서(Olive Branch Petition)를 보냈지만 영국 국왕 조지 3세는 이의 수령을 거부했다. 영국 의회는 13개 식민지의 대표자들을 폭도로 규정했고 1775년 10월 식민지에 대해 공식적으로 전쟁을 선포했다. 이렇게 되자 결국 혁명은 거스를 수 없는 상황이 되고 말았다. 대륙회의는 1776년 7월 4일 독립선언서를 채택해 "인간은 창조주로부터 생명, 자유, 행복 추구에 관한 양도할 수 없는 권리를 부여받았다"•고 선언하고 미국 연방의 독립을 선포했다.

양측의 큰 희생을 치르고 1783년 비로소 마무리된 독립혁명은 단지 미국이라는 한 나라가 탄생했다는 것을 넘

• 아래는 독립선언서에 적힌 원문.
"That they are endowed by their Creator with certain unalienable Rights, that among these are Life, Liberty and the pursuit of Happiness."

어선 의미를 지니는 것이었다. 미국 독립혁명은 당시까지 대부분의 나라에서 채택하고 있었던 왕과 귀족, 혈통에 의한 지배를 종결했고, 평범한 사람들이 중심이 되는 시민 정부를 수립한 시초가 되었다. 그러나 미국 독립이 꼭 그 고고한 이상에 완벽히 부합했던 것은 아니었다. 당시까지만 해도 자유와 독립의 열매는 여전히 소수 백인 남성들만의 것이었다. 독립선언서에 서명한 건국의 아버지들 중 많은 수가 당시 노예를 소유했던 모순을 안고 있었고, 아메리카 원주민들은 미국 독립 이후 그때까지보다 더 큰 고통을 겪어야만 했다. 독립의 이유로 선포한 '모든' 인간의 천부적인(Unalienable) 권리가 무엇이고, 이를 어떻게 구현할 것이며, 국민이 다스리는 정부를 어떤 방식으로 실현해 갈 것이냐의 문제는 이후 미국 정치의 핵심적 주제가 되어 왔다. 국민 한 명 한 명이 깨어서 자신의 의견을 자유롭게 말하고 이를 사회의 통합 속에서 조화시켜 나가는 일은 여전히 미국 사회가 풀어나가야 하는 큰 숙제이다.

미국 독립 선언문 (1776)

변방으로부터의 변화는 민주주의를 확대하는 동력이었다.

한편 독립 이후 미국의 민주주의 발전 과정에서 변방으로부터 시작된 변화의 움직임들은 기존의 사회적 관성을 깨는 중요한 동력의 역할을 했다. 중심지에서 멀리 떨어진 변방은 본래 중앙의 구심력에 지배당하기 쉬운 곳이다. 기존 세력과 질서가 강력할 경우 변방은 중심지의 배후기지나 울타리로 전락하는 경우가 많다. 중앙에서 필요로 하는 물자를 조달하거나 인접한 다른 세력의 침입을 막는 보조 공간에 불과한 것이다. 이런 상황일 때 변방의 사람들은 한시 빨리 변두리를 벗어나서 핵심에 들어가 기존 질서에 편입될 수 있기를 소망하는 것이 자연스럽다.

그런데 미국에서는 독특하게도 변방이 변화의 중심이 되어 오히려 기존 구세계의 미래에 영향을 미치는 경우가 많았다. 이는 프런티어로의 이주 욕구가 워낙 거세고 속도도 빨라서 기존 중심지들과 프런티어가 사람들을 끌어들이기 위해 서로 경쟁을 벌여야 했기 때문에 일어난 일이었다.

선거권이 확대되는 과정은 그 대표적인 예였다. 독립혁명에 영향을 미친 18세기 계몽사상 속 공화정(Republic) 체제에서 자기 스스로 대표자를 뽑아 정치적 목소리를 내는 것은 사회 구성원이 가진 핵심적인 권리였다. 건국 이후 1787년 제정된 미국의 헌법에서는 이런 선거권을 결정하는 권한을 각 주에 부여했다. 초기 13개 주는 대부분 일정한 토지를 소유한 백인 남성의 선거권만을 인정했고, 이는 전체 인구의 10%에도 미치지 못하는 숫자였다.

여기에 변화를 준 것은 건국 이후 변방에서 탄생한 신생 주들이었다. 이들 주들은 우선 경제적 여유가 있는 사람만이 정치를 논할 수 있고 대표자를 뽑을 수 있다는 완고한 고정 관념을 변화시켰다. 19세기 초 연방에 막 가입하기 시작한 주들에게는 소수 부유층들의 정치권력을 유지하는 것보다는 더 많은 주민을 영입하는 것이 우선 중요한 문제였다. 이러한 주들은 새로운 이주민들을 유인하는 방안으로서 막 정착해 토지 소유권이 없는 개척자들에게도 선거권을 허용하는 당시로서는 파격적인 정책을 채택했다. 몇몇 주들의 이런 움직임들은 결국 변화를 만들어냈다. 1850년대 중반에 이르자 재산의 유무에 따른 선거권 제약이 사라졌고 일단 모든 백인 남성들에게까지 권리가 확대됐다.

이렇게 시작된 변화를 더 큰 발전으로 이끌어 간 것은 평범한 사람들이 가진 상식의 힘이었다. 모든 사람이 자연으로부터 받은 양도할 수 없는 권리를 지니고 있다고 선언한 독립선언서의 명제는 현실 속에서는 여전히 모순이 많았지만 그것을 듣고 자란 미국인들의 의식 속에서 이미 자명한 것이었다. 미국의 대중들은 각자가 생각하는 아메리카의 바람직한 모습, 선언문 속 문구의 진정한 의미를 말하고 실천하면서 변화의 큰 물결을 만들어냈다. 결국 남북전쟁 후 1870년 개정된 수정헌법 제15조에서는 인종과 피부색에 따른 선거권 차별이 공식적으로 금지되었다. 여성에 대한 선거권 차별은 1869년 와이오밍, 1893년 콜로라도 등 서부 지역에서부터 사라지기 시작했고, 1920년 수정헌법 제19조를 통해 비로소 폐지되었다. 오늘날 누구나 자신을 대변할 사람을 뽑을 권리를 누리기까지 그 과정은 느리고 힘들었지만 상식의 힘은 결국 이를 실현해냈다.

이후에도 인권, 평화, 공정을 강조하는 평범한 사람들의 목소리가 전국을 울리는 힘으로 발전하는 일들은 계속 이어졌다. 1963년 인권운동 과정에서 마틴 루터 킹(Martin Luther King) 목사는 자유를 위해서 함께 힘을 모으자고 웅변*했다. 그의 말처럼 옳다고 믿는 것을 위해 단결한 여러 명의 보통 사람들의 힘은 단단해 보이던 편견을 무너뜨리고 인간 자유의 폭을 한층 더 넓

* 아래는 마틴 루터 킹 목사의 연설 중 주요 부분 원문과 번역문.
With this faith we will be able to work together, to pray together, to struggle together, to go to jail together, to stand up for freedom together, knowing that we will be free one day.
(우리가 언젠가는 반드시 자유로워질 것이라는 믿음으로, 함께 일하고, 함께 기도하고, 함께 투쟁하고, 함께 감옥에 갇힐 것이며, 함께 자유를 위해 일어설 것입니다.)
- 마틴 루터 킹 목사의 연설 '나에게는 꿈이 있습니다' 중에서, 1963년 8월 28일.

게 만들어 주었다.

자유와 독립을 사랑하는 미국인들의 성향은 많은 문화 생산물에서
도 관찰할 수 있다. 프런티어를 배경으로 하는 많은 작품에서는 정해진
거처 없이 사는 사람들의 해방감이 매우 낭만적으로 그려진다. 석양 속
에서 말을 타고 달리고, 모닥불을 피워놓고 기타를 튕기는 서부영화의
한 장면처럼 프런티어에서의 생활은 대중문화 속에서 고독하고, 멋지
고, 때로는 아늑하게 그려졌다. 프런티어를 소재로 만든 많은 창작물들
을 살펴보면 이주라는 것이 인간의 본능에 얼마나 강하게 잠재되어 있
는지 더욱 실감할 수 있다.

4) 이주 소재 문화

서부의 이주 과정에서 많은 문화가 탄생했다.

미국 문화 속에서 서부(Western)는 중요한 공간적 배경이었다. 서
부는 미술, 음악, 의상, 영화 등 다양한 문화 분야에서 사람들을 사로잡
았다. 서부 문화의 특징은 '확장'이라는 단어로 요약할 수 있다. 광대한
스케일의 자연, 탁 트인 넓은 공간감, 용기와 자신감 같은 강한 인간성,
가본 적 없는 먼 곳으로 질주하고 싶은 욕구가 이들 문화 속에 담겨 있
고 이것은 사람들의 자아가 크게 확장되는 느낌을 주었다.

미술 분야에서는 1820년대부터 1870년대까지 유행한 허드슨 리버

화단(Hudson River School)*이 서부의 공간을 많이 묘사하였다. 19세기 초 신생국가였던 미국의 미술은 여전히 유럽의 영향을 받고 있었다.

당시에는 주로 고전주의 화풍을 빌린 유명인들의 초상화가 회화의 대세를 이루었고 유럽의 새로운 유행에 영향을 받아 개인의 감정과 상상력을 강조한 낭만주의도 유행했다. 이러한 분위기 속에서 허드슨 리버 화파라 불리는 일련의 화가들은 아메리카 대륙의 자연을 낭만주의적 시각으로 그려내려고 시도했다. 광활한 땅과 웅대한 지형의 전체적인 윤곽은 개인의 감상을 담아 이상화하고, 그 안의 세부적 풍경은 사실적으로 묘사하는 독특한 기법이었다. 1820년대 토머스 콜(Thomas Cole)**은 뉴욕을 흐르는 허드슨강 상류에 원시 상태로 남아 있는 지역을 탐험하면서 장엄한 풍경화를 그려 이러한 작업을 주도했다. 2세대에 해당하는 로키산맥 화단(Rocky Mountain School)의 알버트 비어슈타트(Albert Bierstadt)***는 로키산맥이나 시에라네바다산맥과 같은 더 깊숙한 서부의 원시 자연과 그 속에 사는 개척자, 원주민들의 모습을 그림에 담았다. 토머스 모런(Thomas Moran)은 미국 지질조사국(USGS)의 의뢰로 옐로스톤 일대를 탐사한 것을 계기로 그곳의 풍경에 매료돼 서부 전역을 돌아다니면서 거친 자연의 모습을 그렸다. 이렇게 서부를 소재로 한 그림들은 당시 대중들의 뜨거운 관심을 받았다. 동쪽에 사는 미국인들은 1830년대의 오리건 가도 행렬, 1845년 텍사스 합병,

* 허드슨 리버 화파(Hudson River School) 허드슨 리버파는 1825년 트럼벌John Trumbull(1756~1843)과 던랩William Dunlap(1766~1839), 듀랜드Asher B. Durand(1796~1886)가 낭만적인 화풍으로 자연을 격렬하고 웅장하게 묘사한 콜Thomas Cole(1801~1848)의 작품에서 영향을 받아 탄생하였다. 이들은 야외에서 직접 그림을 그렸으며 허드슨강 유역과 뉴 잉글랜드 근교에 있는 인적이 드문 황무지를 경건한 마음으로 꼼꼼하게 그렸다. 섬세한 명암법을 사용하여 사실적인 기법으로 낭만적이고 서정적인 내용을 추구하였다. 이 그룹의 화가들이 대부분 유럽에서 공부하였고 낭만주의에서 발전하였지만, 미국 풍경의 아름다움을 찬양하였다는 점에서 국수주의적인 경향을 강하게 띠었다. 1875년경까지 지속되었으며 미국 풍경화의 주요 유파로 남았다.

** 토머스 콜(Thomas Cole, 1801.2.1.~1848.2.11.) 풍경화와 역사 그림으로 유명한 영국 태생의 미국 화가. 19세기 중엽 미국 화단을 이끈 미술 운동인 허드슨 리버 화파의 창시자로 여겨진다. 콜은 많은 그림을 남겼는데 그중에서도 미국 황야를 낭만적으로 묘사한 그림들이 특히 유명하다.
그림은 '옥스보우(노샘프턴 근처의 코네티컷 강)', 토머스 콜, 1836, 메트로폴리탄 미술관.

1848년 멕시코 전쟁의 승리 및 캘리포니아 금광의 발견, 1869년의 대륙횡단철도 완공과 같은 소식을 들으며 저마다의 방식으로 서부를 상상했고 쉽게 가볼 수 없는 그곳의 풍경을 담은 작품들을 큰 관심을 갖고 즐겼다.

19세기 후반에는 자연 뿐만 아니라 원주민, 군인, 카우보이들 같은 서부의 사람들 자체도 작품의 소재가 되었다. 제임스 얼 프레이저(James Earle Fraser)는 길의 끝(The End of the Trail)이라는 조각상으로 유럽의 이주자들에 의해 태평양 해안까지 밀려난 원주민들의 고단함을 표현했다. 프레더릭 레밍턴(Frederic Remington)****은 광활한 대지에서 말을 타고 달리는 서부 사람들의 모습을 담은 그림과 조각을 많이 선보였다. 찰스 슈레이보겔(Charles Schreyvogel)은 원주민과 군인들 간의 전쟁, 떨어지는 동료를 구하는 순간의 긴박함 등 말을 타고 있는 사람들의 역동적인 모습을 담은 그림을 즐겨 그렸다.

• 알버트 비어슈타트(Albert Bierstadt, 1830.1.7.~1902.2.18.) 독일계 미국인 화가로 화려한 미국 서부 풍경화로 유명하다. 그의 부모는 독일 프로이센에서 태어난 그가 한 살일 때 미국으로 이주했다. 뉴욕 허드슨 강 학교 2세대의 일원인 그는 이후 서부 개척을 자처해 여러 여정을 거치며 다양한 모습을 화폭에 담았으며 이후 로키산맥 학교의 일원이 되기도 했다. 빛을 활용한 화려한 색채로 서부의 수많은 유적지와 장관을 그려낸 그는 19세기 이 분야에서 단연 뛰어난 화가였다.
그림은 '로키산 풍경', 알버트 비에르슈타트, 1870년, 백악관 소장.

**** '버팔로 건', 프레데릭 레밍턴(Frederic Remington), 1909년 작. 휴스턴 미술관 소장.

'로키마운틴', 비어슈타트, 1863년 작, 메트로폴리탄 미술관 소장.

'내무반 동료를 구하다', 슈레이보겔, 나의 동료, 1899년 작, 메트로폴리탄 미술관 소장.

20세기에 들어서 안셀 애덤스(Ansel Adams)는 새롭게 발전되기 시작한 매체인 사진으로 서부의 모습을 표현했다. 존시스템(Zone systme)•이라는 정량적인 방법으로 빛을 측정해 풍부하게 색조를 담은 그의 작품들은 서부의 자연이 가진 깊이를 색다르게 담아냈다.

카우보이의 의상은 실용과 멋이 결합된 것이었다.

한편 광활한 대지에서 말을 타고 달리는 카우보이들이나 사냥감을 찾아 산과 계곡을 누비는 산 사나이 등 프런티어 사람들의 생활방식 자체도 많은 문화 현상을 만들어 냈다. 자연을 탐닉하는 여가 문화도 그중 하나였다. 무거운 백팩을 메고 낮에는 길을 걷다가 밤에는 모닥불을 피워놓고 텐트에서 잠을 자는 트레킹(Trekking)부터 캠핑카를 몰고 몇 달씩 대륙을 일주하는 자동차 여행까지 깊숙한 자연을 경험하는 아웃도어 문화는 사람들을 사로잡았다. 음식에서도 그 옛날의 사람들이 그랬듯 고기를 그대로 가져와 야외에서 구워 먹는 요리법(Barbeque)이 유행했다. 대중음악 분야에서는 카우보이들이 기타를 들고 불가에 둘러앉아 노래하던 애환과 정서가 남부의 컨츄리 장르에 녹아들어 그 풍부함을 더하기도 했다. 개척자들의 거친 생활은 신체활동을 중시하는 전반적인 사회 분위기를 만들기도 했다. 오늘날에도 미국인들은 다른 나라 사람들보다 더 활발하게 스포츠를 취미로 즐긴다. 승마·트레킹·카약 같이 개척자들의 활동을 그대로 재현한 운동의 저변도 넓은 편이고, 미식축구·야구처럼 전진과 정복이라는 프런티어적 요소가 녹아들어간 경기

• 존 시스템 1930년대 후반 프레드 아처(Fred Archer)가 안셀 애덤스(Ansel Adams)가 주창하고 체계화한 사진 용어. 존 시스템은 과학에서 사용하는 '감광측정법(sensitometry)'을 사진에 응용한 것이라고 할 수 있다. 사진가가 현장에서 실제로 접하게 되는 여러 가지 빛의 상황에서 얼마만큼 노출을 주어야 할지, 어느 정도 현상을 해야 적절한 결과물을 얻을 수 있을지, 등등의 문제 해결에 도움을 준다. 자연계에 존재하는 밝음과 어둠을 필름이나 인화지로 표현할 색조를 10단계로 압축하여 표본을 만든 것이라 할 수 있다. 존 시스템은 밝기와 어둡기의 농도에 따라서 만들어진 각각의 톤을 존(JONE)이라 하고, 그 범위를 존 스케일(ZONE SCALE)이라고 한다. 가장 어두운 부분은 ZONE 0, 가장 밝은 부분은 ZONE 10으로 나타냈다.

들의 인기는 특히 높다.

한편 자연 속에서 끊임없이 움직이며 살아야 했던 카우보이들의 의상은 다른 곳에서 볼 수 없는 독특한 패션 스타일도 만들어냈다. 카우보이들은 텍사스 등에서 출발해 당시 기찻길이 끝나는 중부 캔자스주의 애빌린(Abilene), 닷지시티(Dodge City) 같은 캐틀타운(Cattle town)까지 두세 달씩 소를 몰고 다니던 사람들이었다. 그들의 생활방식이 전성기를 누렸던 기간은 1870년대부터 1890년대까지의 짧은 기간이었지만, 그 모습은 소설과 영화로 몇십 년 이상 재생산되면서 강렬한 문화적 영향을 만들어냈다. 챙이 넓은 모자, 목에 두른 두건, 가죽 재킷, 재킷 끝에 달린 술, 천이 질기고 바느질이 그대로 드러난 셔츠, 다리에 딱 붙는 청바지, 허리춤의 큼직한 버클, 긴 장화, 장화 뒤꿈치의 박차 등은 모두 카우보이들의 강인함을 강조하려는 의도와 더불어 실용적인 성격도 가지고 있다. 우선 그들의 모자는 비버 같은 동물의 털을 압축해서 만든 천(Fur felt)으로 되어 있어 가볍고 모양을 잡기에 좋았다. 카우보이들은 햇빛을 잘 가리도록 모자챙을 유독 크게 만들었고, 정수리 부분이 시원하도록 머리 위에 빈 공간을 많이 두었다. 모자 위에는 멋을 내는 한편 손으로 쉽게 잡을 수 있도록 깊은 홈도 만들었다. 다리를 의자에 올린 채 모자를 비스듬히 내려 눈을 덮고 잠을 청하는 카우보이들의 모습은 예전 서부영화에서 많이 볼 수 있었던 아주 익숙한 장면이었다.

목에는 반다나(Bandannas)라고 불리는 스카프를 둘렀는데 이것도 멋과 함께 실용성을 추구하기 위함이었다. 반다나는 강렬한 태양으로부터 목을 보호하거나 소 떼가 일으키는 먼지를 코를 덮어 가리는 데에 유용했다. 일하다가 땀을 닦거나 세수 후 얼굴을 닦을 때 쓰기도 좋았다. 항상 목에 걸려있는 반다나는 자연 속에서 생활할 때도 이모저모로 쓸모가 많았다. 요리 시 냄비를 잡는 데에 쓰기도 했고, 다리미를 잡을 때도 유용했다. 말의 눈가리개로 써먹기도 했고, 사냥한 요릿감을 거꾸로 매달아 다리를 묶는데 사용하기도 했다. 말이나 사람이 다쳤을 때 붕대로 사용하거나 부목을 대기에도 편리했다. 겨울에 눈이 많이 내리는 콜로라도 산악지역 같은 데에서는 눈보라가 몰아칠 때 얼굴 보호개나 귀마개로 이용하기도 했다.

비상상황에서 요긴하게 쓰기에는 옷에 달린 술(Fringe)도 좋았다. 술은 옷을 만들다 남은 자투리 가죽을 재킷에 달아 놓은 것으로서 우선 멋이 있었다. 말을 탈 때 휘날리던 술은 움직임을 크게 보이게도 했고, 총잡이들을 위협적으로 보이게 만들어주었다. 그리고 술은 갑작스러운 상황에서 유용한 가죽 끈이 되는 실용적인 역할도 있었다. 말을 오래 타다가 말의 재갈이나 안장 끈에 문제가 생기면 술 하나를 끊어서 묶으면 그만이었고, 야외에서 숙박을 하거나 가림막을 만들 때도 이것저것 얽어맬 수 있는 좋은 도구가 되었다. 소를 잡는 밧줄 끝이 헤지지 않게 끄트머리를 여미는 데에도 유용했다. 사냥할 때 수풀 속에 있으면 술이 불규칙한 선을 만들어서 동물들의 눈에도 덜 띄게 해 주었다.

단단하고 헤지지 않는 가죽 재킷과 조끼, 활동하기 편한 통이 넓고 질긴 셔츠, 좀처럼 찢어지지 않는 데님 청바지, 자신과 가족의 이름은 물론이고 로데오 수상경력까지 새겨 넣어 이력서이자 트로피와 같은 역할을 하는 큼직한 벨트 버클, 말을 다루는 용도였지만 카우보이의 민첩함을 강조하는 장식품이 되기도 했던 긴 장화 뒤의 박차(Spur) 같은 도구들 모두는 실용성과 멋이 교모하게 결합된 독특한 카우보이의 복장이었다. 카우보이의 복장은 험한 야생 속 구속받지 않는 자유를 상징하는 재미있는 패션 아이템으로 여전히 사랑받고 있다.

서부영화는 사람들의 환상을 자극하며 많은 사랑을 받았다.

미술, 음악, 의상 외에 프런티어 정서가 강하게 녹아 있는 대중문화로서 서부영화를 빼 놓을 수 없다. 지금은 인기가 시들해졌지만 서부영화는 한때 할리우드의 황금기를 이끌며 세계 시장을 휩쓸었던 장르였다. 서부영화가 한창 인기 있었던 1950년대에는 할리우드에서 제작되는 연간 600편가량 영화의 절반 이상이 서부영화일 정도였다. 기실 20세기 초반 할리우드가 세계 영화의 중심으로 떠오른 데에도 서부영화와 로맨스 영화가 가진 매혹적인 이야기의 힘이 컸다. 서부 사나이들의 거친 이야기는 이미 19세기 말부터 저가 소설책(Dime novel)이나 신문을 통해 많은 미국인들에게 사랑을 받고 있었다. 판매부수를 늘리기 위한 신문사의 이해관계와 경쟁 도시를 더욱 위험하게 묘사해 자신의 지역으로 더 많은 카우보이들과 상인들을 유치해야 했던 서부 도시들의 바람이 딱 맞아떨어졌기 때문에 서부의 총잡이들 이야기는 실제보다도 훨씬 더 과장되게 부풀려져 독자들에게 전해졌다. 이에 따라 실제 이권 경쟁이 치열했던 몇몇 광산 마을(Mining town)을 제외하면 당시 뉴욕이나 시카고 같은 대도시보다 오히려 범죄율이 낮았던 프런티어 마을들은 잔인한 무법자가 활개를 치는 폭력과 무질서의 장소로 그려졌고, 그곳에서 악에 맞서는 정의롭고 자유로운 의인들은 동부 도시민들에게 동경의 대상이 되었다. 이런 이야기들을 새롭게 등장한 필름이라는 매체에 담은 서부영화는 1920년대와 1950년대에 특히 사랑을 받았는데, 이 시기는 공교롭게도 모두 미국이라는 나라의 자신감이 극에 달했던 때였다. 1차 대전 이후인 1920년대에 미국은 유럽의 강국들과 어깨를 나란히 하며 국제사회의 핵심 국가로 부상하기 시작했으며, 끝나지 않을 것 같았던 호황과 사회 전반의 흥분을 경험하고 있었다. 또한 2차 대전 후인 1950년대에는 세계 초강대국으로 올라서서 정치, 경제, 문화 전반에서 독보적인 위치를 굳혀가고 있었다. 이러한 사회 분위기 속에서 서부영화는 미국이라는 국가의 성취와 새로운 역할을 표현하는 소재로 더없이 적합했다.

　서부영화의 주인공은 총 솜씨와 용기로 무장하고 무법천지를 누비면서 야성과 완력을 과시했다. 악당들을 상대하면서도 위기 상황에서 흔들리지 않는 여유가 있었고, 익살스러웠지만 사랑하는 여인 앞에서는 정중한 매너를 보일 줄도 알았다. 사회의 정해진 규범이 아니라 자기 스스로 확립한 원칙에 따라 행동하면서도 필요할 때는 운명을 운에 맡길 줄도 알았고, 죽음에도 크게 연연해하지 않았다. 사랑하는 친구, 연인, 가족, 마을을 위해 자신이 가진 모든 것을 버릴 준비가 돼 있었고, 실제로 결투가 필요한 순간이 되면 무법자들과 대적하기 위해 모두가 숨어버린 마을길을 총 한 자루 매어들고 혼자 걸어갔다. 이는 마치 중세 유럽의 기사가 19세기 미국 서부의 흙먼지 속으로 시간 이동한 것만 같았다.

　경제호황과 사회의 성장, 제국주의 및 공산주의와의 대결 속에서 이런 서부영화 주인공의 모습은 미국이라는 국가의 강인함과 책임감을 상징하는 것처럼 느껴졌다. 악당이 아무리 강하고 길이 아무리 험하더라도 두려워하지 않고 스스로를 믿으며 가야할 길을 나아가는 비장함은 당시 서부영화 곳곳에 가득했다. 서부영화는 이처럼 멋진 주인공, 비열한 악당, 아름다운 여인, 손에 땀을 쥐는 총격전, 말과 기차가 달리는 추격전, 여닫이문이 조용히 흔들리는 어두운 살롱, 넓은 흙길에 네모난 나무 건물이 늘어선 프런티어 마을의 거리, 마을이 외부와 이어져 있는 통로인 기차역, 서부의 광대한 자연, 그 속에서 역경을 이겨내는 개척자 등을 계속 버무리고 변주하면서 다양한 작품들을 생산해냈다. 지금의 시각으로 보면 남성 중심의 서부영화 속 세계관은 다소 억지스럽고 우스꽝스러운 면도 있지만 이들 순정마초의 사랑과 고독은 당시의 많은 영화팬들을 매료시켰다.

　　최초의 서부영화는 1903년 에디슨 컴퍼니(Edison Manufacturing Company)•가 제작한 대열차강도(The Great Train Robbery)였다. 대사 없는 무성영화였던 이 작품에서는 기차, 무법자, 총싸움, 말 추격 등 앞으로 20세기 서부영화에 단골로 등장할 많은 장치들이 처음 시도됐다. 영화 말미에 강도가 관객을 향하여 총을 겨누고 탕탕 발사하는 장면 때문에 당시 극장에서 놀라는 사람들도 많았다고 한다. 1910년대에는 많은 스튜디오가 할리우드로 이전하면서 본격적으로 서부영화를 만들기 시작했다. 하지만 그때까지 서부영화는 진지한 영화 장르라기보다는 저예산의 오락물이라는 성격이 강했다. 서부영화를 당당한 메이저 장르의 영화로 등극시킨 것은 1923년 제임스 크루즈 감독이 제작한 포장마차(The Covered Wagon)였다. 이 영화는 1830년대 오리건 가도를 통해 서부로 떠나는 이주자들의 기나긴 여정을 꼼꼼하면서도 유려하게 그려낸 것이었다. 영화 장면과 대사 자막이 번갈아 나오는 이 무성영화는 그동안 소설과 이야기 속에 수없이 등장했던 오리건 가도의 많은 장면들을 영상으로 표현해 관객들을 매혹시켰다. 끝도 없이 이어지는 포장마차의 행렬, 물에 빠진 채 허둥거리며 강을 건너는 마차와 소떼들, 거센 강물과 험한 절벽 때문에 소중하게 싸왔던 아기는 살림을 버려야만 하는 순

• 에디슨사 1889년 토마스 에디슨이 배터리, 기계, 장비 등을 제조할 목적으로 설립한 회사. 주로 에디슨의 발명품을 상품화하였는데, 여기에는 전보, 음소폰, 전화 시스템, 축음기, 치과 장비, 의료기기, 기타 기계에 사용될 배터리 등이 있고 후일 운동경, 축음기 실린더 왁스, 엑스레이 장비, 의료기기, 선풍기 등이 추가 생산되었다. 특히 에디슨은 영화에 깊은 관심을 보여 이 회사에 키네토그래프(Kinetograph) 부서를 만들었다. 키네토그래프 자체가 1888년에 에디슨과 딕슨(Dickson)이 발명한 세계최초의 영화용 촬영기다. 이 부서는 이후 에디슨 스튜디오로 발전하여 본격 영화 제작에 뛰어들었지만 에디슨이 더 많은 발명과 고수익 투자에 정신을 팔면서 점차 쇠락, 1926년 11월 9일 정식으로 해산되었다. 사진은 에디슨사의 영화 '프랑켄슈타인'에서 배우 찰스 오글(Charles Stanton Ogle)이 프랑켄슈타인으로 분장해 연기하는 모습. 1910년 3월 15일.

간에 비춰지는 어머니의 표정, 포장마차를 빙 둘러놓고 벌이는 흥거운 캠프파이어 장면을 마치 진짜처럼 눈앞에 생생하게 보여줬다. 1924년에는 이후 서부영화의 거장이 될 존 포드 감독이 서부 개척에서 중요한 사건이었던 대륙횡단철도 건설 과정을 담은 영화 철마(The iron horse)[•]

• 존 포드 감독 영화 '철마(The Iron Horse)'의 한 장면 1924년.

를 제작했다. 서부의 광활한 풍경을 현장에서 직접 담아낸 이 영화가 크게 인기를 끌면서 이후 대규모 서부영화의 제작이 줄을 이었다. 1928년에는 유성영화가 나타나 영화의 표현력을 더욱 넓혔고 1931년에는 영화 시머론(Cimarron)이 서부영화로서는 최초로 아카데미 최고영화상을 받기도 했다.

그러나 1930년대의 대공황기를 거치면서 서부영화의 인기는 점차 사그라들었다. 거친 땅을 개척한 영웅을 이야기하기에는 시대의 분위기가 너무 어울리지 않았다. 한동안 침체기였던 서부영화는 1939년 다시 존 포드 감독이 서부로 향하는 마차에 동행하게 된 독특한 승객들의 저마다 사연들을 그려낸 역마차(Stagecoach)를 그해 최고 흥행작으로 만들면서 화려하게 부활했다. 할리우드 메이저 영화사들은 서부영화 제작에 다시 뛰어들기 시작했고, 그간 발달된 촬영기술로 더 스펙터클한 야외 촬영이 가능해지면서 서부영화는 예전의 명성을 되찾았다. 1939년에는 유니언 퍼시픽(Union Pacific), 닷지시티(Dodge City) 등도 크게 인기를 끌었고, 1946년 개봉한 황야의 결투(My Darling Clementine)에서는 1881년 애리조나 툼스톤에서 벌어졌던 OK목장의 결투를 소재로 해서 와이어트 어프와 닥 할러데이 같은 전설적 서부 사나이들의 이야기를 부활시켰다.

1948년 붉은 강(Red River), 1949년 노란 리본(She Wore a Yellow

Ribbon), 1950년 건파이터(The Gunfighter) 등 흥행작들이 연이어 등장했고, 그 인기는 1952년 하이눈(High Noon)에서 정점을 이루었다. 악당이 정오(High Noon)에 도착하는 기차를 타고 온다는 얘기를 듣고 모두가 꼬리를 감출 때, 오직 주인공 보안관만이 고독하게 텅 빈 마을의 거리를 걸으며 땀을 흘리는 장면은 운명을 감당할 준비가 돼 있던 서부영화의 주인공도 어쩔 수 없이 겪어야 하는 내면의 고뇌를 잘 표현해냈다.

1957년 OK목장의 결투(Gunfight At The O.K. Corral)는 우정과 가족을 위해서라면 어떤 희생을 치르더라도 악당들과 대결하는 주인공 와이어트 어프의 모습을 다시 그려 인기를 끌었다. 1960년 황야의 7인 (The Magnificent Seven)은 당시 인기 있던 남자 배우들을 총출동시켜 서부영화 속 남성미를 한껏 과시한 영화였다. 1962년 서부개척사(How the West Was Won)는 그간 서부영화에서 다뤄왔던 개척지로의 이주, 남북전쟁, 무법자와 보안관의 대결 등의 주요 소재들을 3대에 걸친 가족사에 연결시켜 집대성해 낸 종합판 같은 것이었다. 당시에는 컬러텔레비전이 본격적으로 보급되면서 매버릭, 보난자 등 서부 드라마 시리즈들도 안방에서 많은 인기를 끌었다.

1960년대 중반이 되자 서부영화는 약간 다른 방향으로 변신을 시도했다. 1950년대 말부터 벤허, 아라비아의 로렌스, 닥터 지바고 등 다양한 장르의 대작이 만들어지면서 같은 패턴을 반복하는 서부영화의 인기가 시들해진 까닭도 있었고, 미국의 서부 개척에 대한 다른 해석이 힘을 얻었기 때문이기도 했다. 특히 이탈리아 감독과 제작사들이 참여해서 만든 스파게티 웨스턴(Spaghetti Western)은 예전 서부영화들과 사뭇 달랐다. 이 영화 속 주인공들은 더 이상 정의, 사랑, 가족, 우정, 이웃, 호기심 같은 자신만의 소중한 가치를 추구하는 존재가 아니라 전적으로 돈에 의해서 움직이는 사람들이었다. 세르지오 레오네 감독은 1964년 황야의 무법자(A Fistful of Dollars), 1965년 석양의 건맨(For a Few Dollars More), 1966년 석양의 무법자(The Good, the Bad and the Ugly) 시리즈를 통해서 청부살인이나 현상금 사냥도 서슴지 않는 세속적인 서부영화 주인공을 만들어냈다. 이런 영화들은 아메리카에서 서부라는 곳은 문명의 위대한 전진이 벌어진 공간이 아니라 사실은 폭력과 수탈이 횡행했던 현장이었다는 점을 암시적으로 표현했다. 존 포드 감독은 1962년 리버티 밸런스를 쏜 사나이(The Man Who Shot Liberty Valance)에서 당시 서부영화 최대 스타인 존 웨인(John Wayne)●을 여전히 실력 있지만 이제는 늙어버린 총잡이로 등장시켰다. 이 영화가 이제는 총이 사라져가고 법과 시스템이 지배하기 시작하는 19세기 말 서부의 모습을 표현한 것처럼 이 시기를 즈음해 전통적 의미의 서부영화는 서서히 사라졌다.

● 닉슨 미 대통령과 헨리 키신저 국무장관을 만나는 존 웨인. 캘리포니아 샌 클레멘테, 1972년 7월 로버트 크누센(Robert L. Knudsen) 촬영. 닉슨 대통령 도서관 및 박물관 소장.

　　1964년 샤이안(Cheyenne Autumn)이 서부개척 과정에서 원주민의 고통을 진지하게 다루고, 1969년 내일을 향해 쏴라(Butch Cassidy and the Sundance Kid)가 젊은 감각의 경쾌한 유머를 시도하는 등 다른 시각의 접근도 있었지만, 서부영화는 1970년대로 들어서면서 차츰 인기가 줄어들어 한 장르로서의 규모를 잃었다. 당시 미국은 베트남 전쟁의 패배, 워터게이트 사건, 오일쇼크 등을 거치면서 자신감을 잃어갔고, 서부영화 속 영웅 이야기는 사람들의 큰 호응을 얻지 못했다. 할리우드에서도 스티븐 스필버그, 조지 루카스, 프란시스 코폴라, 마틴 스콜세지 등 젊은 감독들이 등장해 더욱 다양한 소재로 세계적인 블록버스터를 만들어내기 시작하면서 서부영화의 퇴장을 더 빠르게 했다.

그러나 물론 서부를 배경으로 한 이야기 자체가 사라진 것은 아니었다. 영화의 주요 장르로서의 힘은 잃었지만 1990년 늑대와 춤을(Dace with Wolves), 1992년 흐르는 강물처럼(A River Runs Through It), 1994년 가을의 전설(Legends of The Fall) 등 작품들은 서부의 대자연 속에서 살아갔던 사람들의 이야기를 보다 다양한 시각에서 섬세하게 그려냈다. 아마도 낭만, 고독, 자연이 어우러진 그 시절 서부의 이야기들은 앞으로도 계속 만들어져 사람들을 매혹시킬 것이다.

우주로의 이주를 그린 영화도 상상의 나래를 펼치고 있다.

쉽게 가기 어려운 먼 곳에서 미지의 세계를 개척한다는 서부영화의 주제의식은 20세기 중반부터 우주를 소재로 한 SF영화가 이어받았다. 그때쯤 되면 서부는 이미 많은 사람이 살아가는 일상의 공간이 된 지 오래여서 탐험의 무대로 다루기에는 너무 친숙해져 버렸다. 하지만 우주는 그 끝을 알 수 없고 고작 몇 사람만 다녀온 공간이기 때문에 영화의 상상력을 펼치기에 더 없이 좋은 소재였다.

첫 번째 우주 SF 영화는 서부영화보다 1년 앞서 탄생했다. 1902년에 프랑스에서 만든 달나라 여행(A Trip to the Moon)이 그 시작이었다. 하지만 우주 영화는 오랫동안 영화의 주요 장르로 올라서지 못했다. 우주를 표현하기에는 당시 촬영 기술이 충분하지 못했고, 지구에서 벌어진 로맨스와 모험만으로도 할 이야기가 무궁무진했기 때문이었다. 1950년대에 미국과 소련이 우주 경쟁을 벌일 때는 우주라는 매력적인 주제에 대한 사람들이 관심이 폭발했지만 현실이 오히려 영화 같은 게 문제였다. 누가 먼저 인공위성을 쏘고, 성능 좋은 우주선을 만들고, 달에 사람을 보내냐를 놓고 펼쳐지는 경합은 영화보다 더 흥미진진했다. 당시 우주 SF 영화가 본격적으로 늘어나긴 했지만 과학적 현실과 동떨어진 경우가 많았고 아직은 B급 오락영화 수준에 머물러 있었다. 그러나 우주에 대한 관객의 열망이 매우 높았기 때문에 달 착륙이 가시화되고 컬러 영상이 활성화되는 시기를 즈음해 우주 SF는 영화의 굵직한 갈래로 자리매김하기 시작했다.

1966년 드라마로 방영되기 시작해 오늘날까지 이어지는 스테디셀러가 된 스타트렉(Star Trek)은 우주 공간에서 표현할 수 있는 다양한 이야기의 가능성을 보여준 작품이었다. 인종, 성별, 출신 지역(지구인이든 우주인이든)에 관계없이 승무원들이 한 팀을 이루어 우주 문명을 탐험하는 모습은 흡사 자유로운 프런티어 공간과도 비슷했다. 개인이 기존 관습을 벗어나 자신의 능력과 개성만으로 인정받는 스타트렉의 세계관은 당시 인권운동 정신과 어우러져 사람들의 공감을 얻었다. 아폴로 11호의 달 착륙 1년 전인 1968년에 제작된 2001년 스페이스 오디세이(2001: A Space Odyssey)는 인간이 인공지능 컴퓨터와 함께 목성으로 떠나는 여정을 그렸다. 이 영화는 목적을 위해 사람까지 희생시키는 인공지능의 무시무시함을 실감 나게 묘사했을 뿐 아니라 시공간을 초월한 이동, 인류 진화의 비밀, 꿈같은 미래 기술 등 앞으로 SF 영화가 반복해서 탐구하게 될 많은 소재들을 제시했다. 같은 해 개봉한 혹성탈출(Planet of the Apes)은 원숭이가 지배하는 낯선 행성이 사실 자유의 여신상이 반쯤 파묻힌 먼 미래의 지구라는 충격적인 결말로 사람들에게 문명의 멸망과 기원에 대한 흥미로운 화두를 던졌다.

이렇듯 우주 SF 장르는 인간 문명의 과거와 미래, 시공간의 이동 등 다른 곳에서는 다루기 어려운 굵직한 재료들을 솜씨 좋게 가공하며 독특한 위상을 정립해갔다. 1977년 스타워즈(Star Wars), 1979년 에일리언(Alien), 1982년 ET, 1997년 컨택트(Contact) 등 다양한 형태의 상상이 줄을 이었다. 외계 문명과의 조우, 행성 간의 교류와 전쟁, 발전된 기계기술과 인공지능이 동원된 우주선 등 무궁무진한 이야기의 공통분모 중 하나는 '우리 인류는 새로운 공간으로 확장할 수 있을 것인가'에 대한 의문이었다. 먼 훗날 만약 다른 행성에 살고 있는 외계인을 만나면 친구가 될 수 있을지, 우리가 우주의 다른 행성을 발견하고 그곳에서 실제 살아갈 수 있을지, 전쟁과 환경오염으로 우리 지구가 파괴되면 과연 어떻게 될지 등의 의문은 영화 속에서 다양하게 다루어졌다.

우주 공간으로의 이주는 최근의 SF 영화들에도 자주 등장하는 단골 주제들이다. 2000년의 미션 투 마스(Mission to Mars), 2015년의 마션(The Martian)에서는 우리가 실제로 이주할 가능성이 가장 높은 화성을 탐사하면서 벌어질 일들을 상상해 표현했다. 1998년 로스트 인 스페이스(Lost in Space), 2014년 인터스텔라(Interstellar), 2016년 패신저스(Passengers) 등에서는 인간이 지구를 떠나 아주 멀리 떨어진 어딘가 다른 행성으로 이주하는 상황을 가정해서 영화적 상상력을 발휘했다. 1995년 아폴로 13(Apollo 13), 2013년 그래비티(Gravity) 등에서는 누구도 도와줄 사람이 없는 우주 공간에서 위험을 맞닥뜨렸을 때의 막막함과 그것을 헤쳐나가는 인간의 정신의 강인함을 표현해 냈다.

저 산 너머, 저 바다 건너에 무엇이 있을까 궁금해하는 마음은 인간의 본성이다. 그리고 실제로 그 길을 떠났을 때 느끼는 흥분과 설렘은 오랜 세월을 거치면서 우리 인류의 DNA 속에 깊이 각인되어 있다. 그 감정은 서부영화 속 보안관의 용기로 나타나기도 하며, SF 영화 속 우주비행사의 지적 호기심으로 표현되기도 한다.

서부로 향한 사람들이 새로운 땅에서 정착한 모습을 살펴보자.

프런티어 정신은 개인의 자유, 기존의 신분이 아닌 능력과 노력으로 평가받는 평등함, 끊임없이 세상에 없는 것을 실험하고 만들어내는 창의력 등 긍정적이고 진취적인 면을 많이 가지고 있었다. 19세기 100년간 서부로 이주를 계속하며 성장한 미국의 발전에도 이와 같은 힘이 큰 역할을 했다. 그러나 이런 밝은 측면에도 불구하고 땅을 향한 욕망과 약육강식의 경쟁은 많은 병폐도 쌓아온 것이 사실이었다. 이 폐단들은 한참 성장하고 있을 때는 그리 심각하게 느껴지지 않았지만 어느 순간 무시 못 할 큰 문제가 돼 버리고 말았다. 미국이라는 나라는 부의 불평등, 만연한 마약과 폭력, 막대한 국가 부채, 높은 부동산 가격과 의료비·교육비, 여전히 남아있는 인종·민족 간 갈등 등 많은 문제점들을 안고 있다. 이것을 얼마나 잘 극복해 나가느냐가 앞으로 그들이 올바른 가치를 향한 새로운 이주를 계속해 나갈 수 있느냐를 결정하는 가늠자가 될 것이다.

아마도 이런 문제점을 해결하기 위한 여러 방법 중의 하나는 과거 개척민들이 탐험과 이주를 떠났던 설렘을 되찾는 일일 것이다. 미래는 반드시 나아질 수 있다는 낙관적인 자세로 문제를 해결하기 위해 조금씩 전진하는 것이다. 어떤 길이 올바른 길인가에 대해서는 제각각 생각이 다를 수 있지만 사회의 진지한 논의를 통해 앞이 안 보이는 안개를 헤치고 누구도 가본 적 없는 길을 찾아 나서야 하는 것은 언제 어느 시대나 마찬가지다.

지금까지 우리가 살펴본 것처럼 미국인들은 오랫동안 기존 사회의 모순을 떠나 새로운 희망을 찾는 가장 좋은 방법으로서 서부로 향하는 것을 선택했다. 1830년대 가족 단위의 정착민들이 주축이 돼 태평양으로 걷기 시작했던 오리건 가도에는 30년간 무려 40만 명가량의 사람들이 몸을 실었다. 1848년 캘리포니아에서 금이 발견되었을 때는 10여 년 동안 30만 명이나 되는 사람들이 밝은 미래를 꿈꾸며 무작정 서쪽으로 몰려갔다.

당시 온갖 고난을 무릅쓰고 서부로 이주한 사람들은 최종적으로 다 다른 종착점에서 어떻게 살아갔을까? 그들은 그곳에서 필요한 물건을 어떻게 구했고, 자연을 어떻게 극복했고, 혁신을 어떻게 이루어 나갔을까? 앞으로 남은 장에서는 그들이 이주해 만든 새로운 공간의 모습을 좀 더 자세히 살펴보도록 하겠다. 당시 서부로 향했던 수많은 사람이 당도한 목적지는 물론 여러 곳이었다. 그들이 그곳에서 살아갔던 모습도 전부 제각각이었다. 그 많은 장소, 많은 생활 방식 중에서도 우리는 이 책의 남은 장을 캘리포니아주의 주민들이 만들어간 역사를 들여다보는 데 할애하기로 하겠다.

캘리포니아는 오늘날 미국인 여덟 명 중 한 명이 거주하고 있는, 인구가 가장 많은 주이다. 1848년까지만 해도 원주민들을 포함해 4만여 명이 살고 있던 이곳에는 현재 그 천 배에 이르는 4천만 명의 사람들이 살아가고 있다. 잘 알려진 실리콘밸리와 할리우드를 중심으로 세계적인 혁신 기업들은 오늘날 엄청난 부가가치를 만들어내고 있다. 태평양을 사이로 마주 보고 있기 때문에 우리나라와도 많은 교역을 하고 있고, 수십 만 명의 우리 교민들이 살고 있는 곳이기도 하다.

우리는 지금부터 이런 캘리포니아를 향했던 이주자들의 여정과 정착 이야기를 자세히 관찰하도록 하겠다. 그 과정을 통해서 우리는 그들의 성공 비결은 물론이고 현재 그들이 마주한 문제점들도 조금 더 깊게 알 수 있을 것이다. 또한 서쪽의 끝을 향해 과감하게 떠났던 그들의 도전을 통해 우리의 미래를 설계해 나갈 쓸모 있는 단서들을 찾아낼 수 있을지도 모른다.

1. Captivating history, 2018, "Native American History: A Captivating Guide to the Long History of Native Americans", Captivating history.

2. Department of the Interior - Bureau of Indian Affairs, "What is a federally recognized tribe?", https://www.bia.gov/frequently-asked-questions

3. Dates and events, "English Immigration to America Timeline", http://www.datesandevents.org/us-immigration-timelines/english-immigration-america-timeline.htm

4. Davis, Andrea., 2011-10-17, "A hard, queasy look inside the historic wells of Jamestown Island", William&Mary, https://www.wm.edu/research/news/arts-and-humanities/they-really-drank-this-stuff6752.php

5. nited States Census Bureau. 1975, "Historical Statistics of the United States, Colonial Times to 1970" , Chapter Z. Colonial and Pre-Federal Statistics, pp 1168.

6. Thornton, Russel., 1990, "American Indian holocaust and survival: a population history since 1492", University of Oklahoma Press.

7. Department of the Interior - Bureau of Indian Affairs, "What is a federal Indian reservation?", https://www.bia.gov/frequently-asked-questions

8. United States Census Bureau, 1890, "Report on Transportation Business in the United States at the Eleventh Census" (1890년 이전), Bureau of Transportation Statics, "System Mileage Within the United States" (1990년 이후)

9. Encyclopedia.com, "RAILROADS, FEDERAL LAND GRANTS TO". https://www.encyclopedia.com/history/encyclopedias-almanacs-transcripts-and-maps/railroads-federal-land-grants-issue

10. Bryson, Bill., 2003, "A Short History of Nearly Everything", Broadway Books.

11. Department of the Interior - Bereau of Reclamation, "Hoover Dam - Frequently asked questions and answers the dam", https://www.usbr.gov/lc/hooverdam/faqs/damfaqs.html, 이하 제원도 본 문헌을 참고함.

III

태평양에 다다른 이주자들

1. 대륙속의 또 다른 대륙 캘리포니아

1) 캘리포니아 탐험

캘리포니아는 오랫동안 외부에 알려지지 않았던 땅이었다.

산과 바다와 사막으로 둘러싸인 오늘날의 캘리포니아는 오랫동안 고립된 곳이었다. 캘리포니아는 북동쪽의 시에라네바다산맥, 남동쪽의 모하비 사막, 남쪽의 소노라 사막과 테하차피 산맥으로 가로막혀 있어 외부에서는 쉽사리 접근하기 어려운 지역이다. 북쪽의 캐스케이드산맥, 서쪽의 태평양까지 치면 사방이 자연의 장애물로 에워싸여 있는 천연 요새라 해도 과언이 아니다. 이런 캘리포니아에는 유럽인들이 당도하기 전 약 30만 명의 원주민이 살고 있었다. 이들은 22개의 언어군, 135개의 방언을 사용하면서 소규모 부족 단위로 흩어져 살았다. 지형 조건 탓에 이들은 오랜 세월 동안 아메리카 대륙 내의 다른 원주민들과 분리되어 살아왔다.

1492년 콜럼버스의 아메리카 발견 이후 유럽인들의 발길이 캘리포니아까지 이르는 데에는 꽤 오랜 시간이 걸렸다. 탐험이 어려웠던 캘리포니아는 전설 같은 이야기를 통해 먼저 주목을 받았다. 1510년 스페인에서는 에스플란디안(Esplandián)의 모험°이라는 로맨스 소설이 발간되어 인기를 끌었다. 이 소설에는 멕시코 서쪽 바다에 있다고 전해 내려

● 스페인 시인 가르시 몬탈보(Garci Rodriguez de Montalvo)가 쓴, '에스플란디안의 모험(The Adventures of Esplandián) 표지, 1510년 7월.

오는 환상의 섬이 등장했다. 그곳은 강력한 여왕이 다스리는 여성들만 사는 나라로서 그리핀(Griffin)이라고 하는 사자의 몸에 독수리의 날개를 단 기이한 동물을 기르는 신비한 곳이었다. 무엇보다도 중요한 것은 그곳에는 금과 보석이 넘친다는 점이었다. 스페인 사람들은 이 소설 속 여왕의 이름인 Calafia를 따서 태평양에 있다고 여겨지는 그 섬의 이름을 California 라고 불렀다. 물론 이 소설은 그때까지는 스페인 사람들을 포함해 어느 유럽인도 가보지 않은 땅을 순전히 상상해서 쓴 것이었다. 오늘날의 캘리포니아에 스페인이 첫발을 디딘 것은 30여 년이 지난 1542년의 일이었다.

1492년부터 1542년에 이르는 50년 동안은 스페인이 중남미 지역의 놀라운 문명들을 발견하고 차례차례 정복하던 기간이었다. 이곳에서 쏟아져 나오는 금과 은에 고무된 스페인은 아메리카의 다른 지역도 부지런히 탐험했다. 그러나 유독 멕시코의 북서쪽 지역으로는 쉽사리 진출하지 못했다. 오늘날 미국의 애리조나, 뉴멕시코 지역은 넓은 사막으로 가로막혀 있었고, 캘리포니아 남부는 높은 산맥으로 둘러싸여 있어 육로로 다다를 방법이 마땅치 않기 때문이었다. 이렇게 쉽게 접근할 수 없는 상황에서 소설 속 상상에 매료된 탐험가들은 캘리포니아에 아즈텍이나 잉카 같은 풍요로운 제국이 있을 것이라는 기대를 버리지 않았다.

스페인의 탐험가들이 캘리포니아 해안가를 탐험했다.

1539년 스페인의 울로아(Francisco de Ulloa)는 아즈텍을 정복한 코르테스의 후원을 받아 멕시코 서쪽 해안의 오늘날 아카풀코(Acapulco)에서 배를 만들어 태평양 탐험에 나섰다. 그의 임무는 캘리포니아 '섬'에 있는 황금의 도시를 찾고, 대서양에서 아메리카 대륙을 관통해 태평양에 다다른 후 중국과 인도까지 이를 전설 속 아니안 해협 (Strait of Anián)을 발견하는 것이었다. 섬의 일부분이라 여겼던 오늘날 멕시코 영토인 캘리포니아 아래쪽 반도(Baja California: 이하 바하 캘리포니아)와 멕시코 본토 사이의 바다(Mar de Cortés, 코르테스해)에서 북쪽으로 방향을 잡고 항해하던 그는 곧 앞이 가로막힌 지형을 만났다. 그는 그곳을 면밀히 조사한 후에야 비로소 캘리포니아는 섬이 아니라는 사실을 알아챘다. 그의 함대는 바하 캘리포니아를 다시 빙 돌아 남하하며 오랜 시간을 소모하는 바람에 오늘날 미국의 영토인 위쪽 캘리포니아(Alta California: 이하 알타 캘리포니아)에까지 이르지는 못했다. 오랜 항해에 지친 그의 선단은 결국 멕시코 세드로스 섬(Cedros) 근처인 북위 30도에서 성과 없이 배를 돌려야 했다.

코르테스에 이어 뉴스페인을 다스리게 된 총독 멘도자(Antonio de Mendoza)•도 알타 캘리포니아에서 황금의 도시와 비밀의 해협을 발견할 것이라고 기대하기는 마찬가지였다. 멘도자는 포루투갈 출신 탐험가 후안 로드리게스 카브리요(Juan Rodríguez Cabrillo)에게 캘리포니아의 서쪽 바다를 조사하도록 지시했다. 1542년 6월 27일 2척의 배로 멕시코를 떠난 카브리요는 출항 3개월 후인 9월 28일 오늘날의 샌디에이고(San Diego)에 상륙했다. 이 일로 인해 그는 공식적으로 바다를 통해 알타 캘리포니아에 발을 디딘 최초의 유럽인이 되었다. 원주민들에게서 황금 제국의 단서를 발견하지 못한 그는 북쪽으로 항해를 계속했다. 오늘날의 LA 인근에 이르러서는

• 안토니오 드 멘도자 이 파체코 (Antonio de Mendoza y Pacheco, 1495.~1552.7.21.)는 식민지 뉴스페인에서 1535년 11월 14일부터 1550년 11월 25일까지, 1551년 9월 23일까지 페루의 총독을 역임하였다. 1542년, 멕시코 북서부에서 인디언들이 일으킨 믹스톤 반란을 진압했는데 그 과정이 잔혹했다. 이후 멘도자는 파견 원정을 통해 뉴 스페인 북부 땅에 정착지를 개척했고, 알타 캘리포니아 서부 해안선을 탐험했으며, 필리핀을 원정했다. 멘도자의 통치하에서 식민지들은 안정적인 경제 발전을 이룬 것으로 평가받는다. 스페인의 대표적인 식민 총독으로 재임하다 리마에서 생을 마감했다. 후임 뉴 스페인 총독 돈 루이스 드 벨라스코에게 "조금만 하고 천천히 하라"고 조언한 말은 당대 식민통치의 금언으로 회자되었다.

산타카탈리나(Santa Catalina) 섬에 정박해 내륙을 관찰하면서 연기가 자욱한 분지 지형을 보고 그곳을 연기의 만(The bay of smokes)이라고 적기도 했다. 이것이 오늘날 거의 2,000만 명에 가까운 사람들이 살아가고 있고, 여전히 높은 산에 가로막히는 공기의 흐름 탓에 자주 스모그에 시달리고 있는 LA 분지를 처음 외부 세계에 알린 기록이었다.

황금을 찾아 항해를 계속한 그의 배는 11월 16일 오늘날의 샌프란시스코 북쪽인 위도 41도 30분까지 올라가 해안가를 탐사했다. 하지만 전설로 내려오는 풍요로운 땅은 어디에서도 찾을 수 없었다. 이미 5개월에 가까워진 긴 항해로 선원들은 식량 부족과 괴혈병 등으로 극심한 고통을 겪고 있었다. 카브리요는 선원들의 휴식을 위해 오늘날의 산타바바라(Santa Barbara) 앞에 있는 샌미구엘 섬(San Miguel)에 정박하기로 하고 배를 돌렸다. 그러나 그는 항해 중 낙상으로 팔(또는 다리)이 부러진 곳에 합병증을 얻어 출항 6개월 만인 1543년 1월 3일 사망하고 말았다. 샌미구엘 섬에서 겨울을 보낸 선원들은 그의 유언에 따라 북쪽으로 탐험을 계속했지만 결국 아무것도 얻지 못하고 1543년 4월 멕시코로 돌아왔다.

18세기까지 캘리포니아는 원주민들만이 거주하는 땅이었다.

전설 속의 제국과 해협을 찾는 것에 두 차례나 실패한 스페인은 대신 태평양 횡단 항로 개척에 관심을 갖기 시작했다. 1564년 스페인의 펠리프 2세(Phillip II)는 뉴스페인에서 필리핀에 이르는 항로를 열 것을 지시했다. 이 명령에 따라 탐험가 안드레스 우르다네타(Andres de Urdaneta)는 멕시코 서쪽 아카풀코(Acapulco)를 출발해 필리핀 마닐라까지 가는 긴 항로를 개척했다. 5개월의 항해 끝에 마닐라에 도착한 그는 돌아오는 길에는 훨씬 북쪽으로 올라가 위도 38도 부근의 태평양의 무역풍을 이용해 다시 129일 만에 아카풀코로 귀환하는 데에 성공했다. 이 항로의 발견은 이후 1565년부터 1815년까지 250년 간 일 년에 한두 번 아메리카와 아시아를 연결했던 마닐라 갤리온(Manila Galleon)이 취항하는 계기가 되었다. 이 무역선은 스페인이 아메리카에서 채취한 은을 필리핀으로 날랐고, 그 은으로 필리핀에서 구입한 동양의 비단, 향신료, 도자기, 옥 등을 다시 멕시코로 실어왔다. 스페인은 이 같은 독점적인 태평양 무역을 통해 오랜 기간 큰 수익을 얻었다.

이처럼 한동안 아메리카 서쪽 태평양은 스페인의 독무대였지만 마닐라 갤리온이 다니기 시작한 지 15년이 흐른 1579년에는 영국의 드레이크(Francis Drake)도 이 바다에 다다랐다. 그의 원래 목적은 남미의 스페인 정착지와 선박을 습격해 금은을 획득하는 것이었다. 대서양으로 다시 돌아갈 경우 스페인 군대의 습격을 받을 수 있다고 우려한 그는 아예 북쪽으로 계속 올라가 아니안 해협(Strait of Anián)을 찾은 후 안전하게 본국에 돌아가는 길을 개척하고자 했다. 드레이크는 보물을 가득 실은 배를 끌고 오늘날의 샌프란시스코 북쪽 해안까지 이르렀고, 그곳에서 원주민들을 만나 식량을 얻고 배를 수리했다. 그가 상륙한 곳으로 추정되는 위치는 오늘날 드레이크만(Drakes Bay)으로 이름 붙어 있다. 이 시기 그의 정박은 200여 년이 지나 영국이 오리건(Oregon), 밴쿠버(Vancouver) 등을 비롯한 북미 대륙 북서부의 영유권을 주장(Claim)하는 근거가 되기도 했다. 드레이크는 결국 북쪽을 통해 영국으로 향하는 길을 찾지 못했지만 아예 과감하게 태평양을 건너 세계 일주를 하는 모험을 감행해 1580년 영국에 무사히 도착했다.

영국의 배가 태평양에 등장한 것에 불편함을 느낀 스페인은 다시 한 번 캘리포니아를 탐험해 영유권을 공고히 할 필요성을 느꼈다. 사실 당시에는 마닐라 갤리온의 수개월에 이르는 긴 항로의 중간인 캘리포니아 어디쯤 기착지를 만들어야 한다는 의견이 계속 제기되던 중이기도 했다. 스페인 당국은 마닐라로 출발하는 갤리온선에게 임무를 하달해 돌아오는 길에 정박할만한 지역을 직접 찾아보라고 했지만 긴 항해에 지친 갤리온선들은 탐험에 별로 성과를 내지 못했다. 상황이 이러하자 당시 뉴스페인의 총독 몬터레이(Monterey)는 별도의 전문 탐험대를 파견해 항구를 만들기 적합한 지역을 물색하기로 했다. 이 탐험대의 임무에는 물론 전설로 내려오는 황금의 도시를 다시 한번 찾아보는 것도 포함되어 있었다. 몬터레이 총독의 지시를 받은 세바스챤 비즈카이노(Sebastián Vizcaíno)는 몇 년의 준비를 거쳐 1602년 3척의 배, 200여 명의 선원으로 구성된 대규모 선단을 끌고 60년 전 카브리요가 항해한 코스를 따라 알타 캘리포니아의 해안가를 따라 북상했다. 그는 항해하는 동안 자세한 해안선 지도를 그렸다. 이후 탐험가들이 그때 그가 기록한 지도를 많이 사용했기 때문에 지도에 쓰인 샌디에이고, 산타카탈리나, 산타바바라, 카멜 등 이름은 오늘날까지 캘리포니아의 여러 지명으로 굳어져서 사용되고 있다. 비즈카이노는 12월 16일 북위 37도 부근에서 항구로 쓰기에 적합한 큰 만을 발견하고 총독의 이름을 따 그곳을 몬터레이라 이름 붙였다. 그는 몬터레이를 마닐라 갤리온이 중간 정박하는 것은 물론이고, 주민들이 정착해 농사를 짓고 살기에도 좋은 곳이라고 묘사했는데 실제로 170여 년 후에 스페인은 그곳을 다시 찾아 캘리포니아 식민지의 행정 중심지로 삼았다.

비즈카이노는 몬터레이 탐험을 마친 후 배를 돌려 다시 멕시코로 돌아왔는데 귀환 길에도 결국 금은보화가 가득한 도시를 발견할 수는 없었다. 마침 1603년에는 뉴스페인의 총독이 교체되었는데 전임자의 업적을 이어받는 것을 달갑지 않게 생각했던 신임 총독은 마닐라 갤리온의 중간 정박지를 만드는 것을 포함해 캘리포니아를 탐험하는 모든 작업을 중단시켰다.

이 사건 이후 1769년까지 긴 시간 동안 스페인은 캘리포니아에 큰 관심을 가지지 않았다. 그간의 몇 차례의 탐험에도 불구하고 금은을 전혀 발견하지 못했던 이 지역은 다른 중남미 지역에 비해 별로 매력적인 곳이 아니었기 때문이었다. 탐험의 이익은 없는 반면 이곳으로 가는 길은 매우 험하기까지 했다. 여름철에 뉴스페인에서 출발해 오늘날의 샌프란시스코까지 향하는 항해는 해류방향을 거슬러 올라가야 하기 때문에 5~7개월이나 걸리는 매우 긴 여정이었다. 이 때문에 항해 중 선원들은 큰 고통을 겪어야 했고, 실제로 많은 선원들이 탐사 중 배에서 죽었다. 그런 곳을 굳이 탐험하지 않아도 스페인이 아메리카 땅에서 얻을 이익은 다른 곳에 무궁무진했다. 결국 캘리포니아는 16세기 초 소설이 처음 불러일으켰던 높은 관심과는 다르게 오랫동안 몇몇 예수회 선교사들만 활동하는 뉴스페인 지역의 변방으로 남아있었다. 17, 18세기 내내 스페인의 중남미 식민지가 번성했고, 영국의 북미 동해안 식민지가 크게 성장했으며, 프랑스의 북미 중앙부 식민지도 세력을 넓혀갔지만, 캘리포니아는 여전히 유럽인의 발길이 닿지 않는 곳이었다.

2) 유럽인들의 정착

1769년 포톨라의 탐험으로 스페인의 정착지 건설이 시작됐다.

오랫동안 예전 모습을 유지했던 캘리포니아를 둘러싸고 열강의 각축이 본격적으로 일어난 것은 18세기 후반에 이르러서였다. 18세기는 러시아가 아메리카에 관심을 보이기 시작한 시기였다. 1728년 러시아의 의뢰를 받은 덴마크 출신 베링(Vitus Bering)은 알래스카를 발견했고, 이후 러시아의 모피 사냥꾼과 어부들이 이 지역으로 진출을 도모했다. 그들은 1743년 알래스카에 영구 정착지까지 만들어 일대의 해달과 바다사자 등을 잡았고 배를 타고 캘리포니아 인근까지 내려가 사냥감을 거둬가기도 했다. 한편 18세기 후반에는 아메리카 동쪽에서 영국의 영향력이 더욱 강해졌다. 1763년 프랑스와의 7년 전쟁에서 승리한 영국은 기존에 프랑스가 점유했던 미시시피강 동쪽 평원과 캐나다 전역에 이르는 방대한 식민지를 추가로 확보했다.

그때까지 아메리카에서 가장 큰 세력을 떨쳤던 유럽 국가였던 스페인은 러시아와 영국이 힘을 뻗치는 상황을 매우 우려하기 시작했다. 스페인은 이들의 확장에 맞서 당시 방치하고 있던 북미 대륙 서북쪽 영유권을 더욱 강화해야 할 필요성을 느꼈다. 스페인은 특히 태평양 해안가인 캘리포니아에 정착 거점을 만들기 위해 속도를 냈다.

1769년 3월 9일 스페인의 군인 가스파르 포톨라(Don Gaspar de Portola)는 군인, 원주민, 짐꾼 등 40여 명의 일행을 이끌고 바하 캘리포니아의 로레토(Loreto) 항을 출발해 북쪽 알타 캘리포니아를 향한 도보

탐사를 시작했다. 그의 최종 목적지는 170여 년 전 비즈카이노가 발견해 정착에 적합한 곳이라고 기록을 남긴 몬터레이였다. 일행 중에는 가톨릭 프란치스코회의 후니페로 세라(Junipero Serra)* 신부도 있었다. 당시 기준으로는 고령이었던 56세의 세라 신부가 맡은 임무는 그곳의 원주민들에게 포교할 수도원들을 건립하는 일이었다. 갖은 고생 끝에 힘들게 테하차피 산맥을 넘어 오늘날의 샌디에이고 해안가에 도착한 그들 일행은 휴식을 취한 후 7월 14일 다시 북쪽으로 출발했다. 이때 세라 신부는 일행을 따르지 않고 그대로 샌디에이고에 남아 향후 캘리포니아에 만들어질 21개 수도원 중 첫 번째 수도원(Mission Basilica San Diego de Alcalá)의 건설을 지휘했다.

포톨라의 일행은 북쪽으로 전진을 계속해 8월 2일 오늘날 로스앤젤레스에 도착해 그곳을 흐르는 강을 발견했다. 8월 2일은 프란시스코회 대사(大赦)일인 포르치운쿨라(Porciuncula) 축일이었다. 일행 중의 한 명이었던 크레스피(Fray Juan Crespi) 신부는 자신들이 당도한 날에 맞춰 이 강을 포르치운쿨라강이라 부르고 그 지역을 '포르치운쿨라강 천사들의 여왕이신 성모마리아의 마을'(스페인어로 El Pueblo de Nuestra Senora la Reina de los Angeles del Rio Porciuncula, 영어로 The Town of Our Lady the Queen of the Angels on the River Porciuncula)**이라고 이름 붙였다. 훗날 사람들은 이 긴 이름에서 천사들(Los Angeles)만을 따로 떼서 이 지역을 불렀고, 이는 오늘날의 도시 이름으로 굳어져 내려오고 있다. 여행을 계속한 일행

* 포르치운쿨라강 천사들의 여왕이신 성모마리아의 마을. 줄여서 로스 앤젤레스 푸에블로라 불린 이 마을은 오늘날 미국의 거대 도시인 로스 앤젤레스로 성장했다.

은 3개월이 지난 10월 경 몬터레이 근처에 다다랐다. 그러나 포톨라 일행은 자신들이 도착한 그곳이 170년 전 비즈카이노가 지나치게 환상적으로 묘사한 바로 그 몬터레이라고 쉽사리 알아채지는 못했다. 계속 북상한 일행은 11월 2일에는 좁은 해협 안쪽에 큰 바다가 있는 샌프란시스코만(육지 깊숙이 들어간 바다)을 발견했다. 오랜 여행으로 식량이 부족해진 그들은 다시 남쪽으로 길을 잡았고, 세라 신부가 샌디에이고에 세운 수도원에 1770년 1월 24일 돌아와 10개월에 이르는 긴 여정을 마쳤다. 포톨라의 탐사는 유럽인이 육로로 알타 캘리포니아를 조사한 첫 번째 여정이었다. 그의 행로를 통해 알려진 지역에는 그 후 많은 사람이 정착해 마을을 이루었고, 오늘날의 샌디에이고, 로스앤젤레스, 몬터레이, 샌프란시스코 같은 대도시가 만들어졌다. 그의 탐험은 알타 캘리포니아에 식민지를 만들 때는 육로 개척이 해로 개척보다 낫다는 것도 증명해 주었다. 원래 포톨라 일행이 멕시코를 출발할 때 바다로도 별도의 탐험대가 출발했는데, 그들 300명 중 1/3이 배에서 죽었고, 살아남은 사람들의 절반도 괴혈병과 굶주림으로 움직이지도 못할 지경이 되어 멕시코로 돌아왔다. 증기선이 등장하기 이전인 당시까지만 해도 이처럼 태평양을 북상하는 항해가 어려웠기 때문에 한동안 캘리포니아의 스페인 식민지에서의 물자와 인력 이동은 주로 땅을 통해서 이루어졌다.

수도원, 군사기지, 주민 정착 마을이 만들어졌다.

캘리포니아 육로 이동의 핵심은 수도원(Mission) 네트워크였다. 1769년 첫 번째 수도원이 설치된 후 50여 년이 지난 1823년까지 약 600마일(960km)에 이르는 긴 거리에 총 21개의 수도원들이 만들어졌다.

이들 수도원들은 가장 남쪽의 샌디에이고부터 샌프란시스코 북쪽 소노마까지 이르는 길을 잇는 역할을 했다. 수도원 간의 간격은 약 30마일(48km) 정도였는데, 이것은 10시간가량 걸으면 하루 안에도 갈 수 있고, 말을 타면 2~3시간 남짓이면 도달할 거리였다. 이렇게 수도원 네트워크를 짜 놓으면 남쪽 멕시코에서 캘리포니아로 물자, 사람, 정보가 오고가기가 용이했다. 남북으로 긴 캘리포니아 내부를 이동할 때도 이 길이 가장 중요한 간선도로(El Camino Real, 왕도) 역할을 한 것은 물론이었다. 수도원 네트워크 건설을 총괄한 세라 신부는 1784년 몬터레이 남쪽 도시 카멜에서 세상을 떠날 때까지 총 9개의 수도원을 직접 세웠다. 그가 세운 수도원들은 오늘날의 샌디에이고, LA, 카멜, 몬터레이, 산호세, 샌프란시스코 같은 주요 도시들이 자리 잡는 직접적인 기반이 됐다.

스페인이 설치한 캘리포니아 수도원 (1769~1823)

이 수도원들은 교통의 요충지였던만큼 각 지역 경제의 중심지 역할을 했다. 수도원들의 가장 큰 수익원은 소 목축업이었다. 18세기 말에는 아직 신선한 고기를 빠르게 나를 운송수단이 없었기 때문에 캘리포니아의 소는 주로 가죽(Hide)과 양초기름(Tallow)을 얻기 위해 길러졌다. 풀이 별로 없는 건조한 곳에서 소를 방목해 길러야 했고, 농사를 짓기 위해 땅이 필요했던 다른 정착민들도 별로 없었기 때문에 각 수도원들은 엄청난 넓이의 토지를 관장했다. 한 예로 오늘날의 산타바바라에 있었던 수도원은 무려 12만 에이커(480㎢, 서울시 면적의 80% 정도)의 주변 땅을 소유하고 있었을 정도였다. 또한 당시 수도원별로 들여와 길렀던 포도, 오렌지, 살구 같은 과일 종자들은 계속 번식해 훗날 캘리포니아의 주요 농산물들이 되었다.

수도원과 함께 건설된 군사기지(Presidio)와 정착마을(Pueblo)도 스페인 식민지의 중요한 거점들이었다. 군사기지인 프레지디오는 샌디에이고, 몬터레이, 샌프란시스코, 산타바바라 4군데에 설치됐고, 민간인이 거주하는 푸에블로는 1777년 산호세, 1781년 LA를 시작으로 총 6군데에 만들어졌다. 푸에블로에는 보통 수십 명의 주민들이 거주했다. 이들은 주로 농사를 지어 인근 수도원이나 프레지디오에 식량을 공급하면서 생활을 영위했다.

● 라 플라자(La Plaza, 사진) 대표적인 스페인 식민지 정착촌으로 로스앤젤레스 플라자(Los Angeles Plaza)를 줄여서 이렇게 부른다. 사진은 1869년 무렵 피코 하우스에서 바라본 마을로, 왼쪽에 '구 광장 교회'가 있고, 오른쪽에 벽돌 저장고가 있으며, 광장 중앙은 원래 잔자 마드레(Zanja Madre, 어머니의 도량)라 불리던 인공 수로로 LA강에서 물을 끌어다 푸에블로로 보내는 기능을 담당했다.

스페인은 이처럼 뒤늦게 서북쪽의 지배력을 강화하기 위해 노력했지만 18세기 말부터 이미 아메리카 대륙에서 스페인 제국의 힘은 기울어져 가고 있었다. 동쪽에서는 프랑스와의 전쟁에서 이긴 영국이 미국 독립 전까지 한동안 세력을 크게 확장했고, 서쪽에서는 러시아가 공공연하게 기회를 노리고 있었다. 러시아는 19세기에 들어선 1812년에는 오늘날의 샌프란시스코 북쪽 소노마 카운티 인근까지 내려와 캘리포니아 내에 정착기지(Fort ross)를 건설하기까지 했다.

그러나 스페인에게 있어 다른 유럽 열강들의 확장보다 더 큰 문제는 바로 아메리카 식민지의 핵심인 뉴스페인에서 일어난 반란이었다. 뉴스페인의 멕시코인들은 1810년 군대를 만들어 스페인 식민정부에 조직적으로 맞서기 시작했다. 멕시코의 독립 열기는 아메리카와 유럽의 정세 변화 속에서 빠르게 고조되었다. 1783년 미국 독립의 영향으로 인해 유럽의 지배에서 벗어나야 한다는 멕시코인들 스스로의 열망이 매우 뜨거웠고, 1789년 프랑스 혁명으로 유럽 내부의 판도도 크게 변한 상황이었다. 스페인 자체도 1808년 나폴레옹과의 전쟁에서 크게 패배함으로써 제국의 힘을 많이 잃어버렸다. 오랫동안 치열한 투쟁을 벌인 멕시코인들은 결국 1821년 독립을 쟁취했다.

1821년부터 1848년까지 멕시코가 캘리포니아를 지배했다.

멕시코의 독립과 더불어 캘리포니아는 신생국가 멕시코의 영토로 편입되었다. 이로써 지난 52년 동안 이어져오던 수도원 중심의 지역 경제 체제도 큰 변화를 맞이했다. 멕시코 정부는 스페인이 구축한 수도원 경제를 해체해 민간 경제로 전환하는 작업에 착수했다. 멕시코는 그 일환으로 우선 수도원이 소유한 땅을 몰수해 캘리포니아에 새로 정착하고 싶어 하는 자국민들에게 분배했다. 당시 멕시코 시민들은 간단한 절차를 거치고 한두 달 정도 임금에 해당하는 비용을 내면 최대 5만 에이커(200㎢, 서울의 30% 정도) 넓이의 목장(Ranch)을 받을 수 있었다. 굳이 멕시코 시민이 아니더라도 가톨릭 교리를 받아들이고 시민이 되려는 의사를 표시한 자는 자신의 땅을 얻을 수 있었다. 당시 이런 과정을 통해 캘리포니아에서 전부 1,400만 에이커(56,000㎢, 우리나라 면적의 55% 정도)의 땅이 공여되었다. 권력자들과 친분이 있으면 더 많은 땅을 얻기도 했는데, 어떤 목장은 그 크기만 30만 에이커(1,200㎢, 서울의 2배 정도)에 이르는 경우도 있었다. 그러나 멕시코 정부의 이런 파격적인 혜택에도 불구하고 캘리포니아에 와서 살겠다는 사람들이 갑자기 크게 늘어난 것은 아니었다. 캘리포니아는 연간 강수량이 적기 때문에 그때까지만 해도 일부 강가를 제외한 대부분의 땅은 농사가 어려운 불모지와 다름없었다.

멕시코의 지배로부터 20여 년이 지난 1840년대부터는 내륙의 캘리포니아 가도를 통해 많은 미국인들이 북부 캘리포니아 지역으로 이주하기 시작했다. 점차 세력을 키워나가던 이들은 1846년 6월 소노마에서 멕시코 정부에 대항해 반란(Bear Flag Revolt)을 일으켜 독립 공화국(California Republic)을 선포하기도 했다. 캘리포니아 공화국은 다음 달인 7월 9일까지만 짧게 존속하다가 막을 내렸는데, 이는 주동자들이 미국이 멕시코를 대상으로 전쟁을 시작했다는 사실을 뒤늦게 알았기 때문이었다. 미국은 1846년 5월 13일 멕시코-미국 전쟁(Mexican-American War)을 시작해 1848년 2월 2일 최종 승리함으로써 멕시코로부터 많은 영토를 할양받았다. 이에 따라 오늘날의 애리조나, 뉴멕시코 등에 해당하는 방대한 지역이 미국으로 편입되었고, 캘리포니아도 멕시코 지배 27년 만에 미국의 영토에 포함됐다.

1848년 캘리포니아에서 금광이 발견되었다.

캘리포니아를 향한 대이주의 시대는 1848년 금이 발견되면서 본격적으로 열렸다. 캘리포니아에서 금이 나온 것은 당시 미국인들에게는 '명백한 운명'(Manifest Destiny)•에 다름 아니었다. 1845년 언론인 설리반(John O'Sullivan)이 처음 사용한 이 용어는 미국이 서부로 나아가는 것은 신의 섭리에 의한 운명과 같은 것이라는 주장으로 사람들의 큰 호응을 얻고 있었다. 이 말은 미국의 텍사스 병합(1845년), 영국과의 오리건 경계 합의(1846년), 멕시코 전쟁(1846~1848년) 등 국면에서 미국의 영토 확장을 정당화하는 논리로 유용하게 쓰였다. 이런 상황에서 1848년 캘리포니아에서 금이 발견된 것은 미국인에게 있어 결국 명백한 운명이라는 말이 맞았다는 것을 보란 듯이 증명하는 일처럼 여겨졌다. 동쪽의 미국인들은 서쪽에서 무언가 값진 것이 발견됐다는 것을 지극히 자연스러운 일로 생각했고, 많은 사람이 고민하지 않고 이주의 대열에 몸을 실었다.

• 명백한 운명(Manifest Destiny)을 보여주는 그림. 그림에서 미국을 의인화한 미스 컬럼비아는 여신과 같은 모습으로 공중에 떠 있고, 오른쪽 즉 동쪽에서 역마차와 기차가 들어온다. 왼쪽 즉 서쪽에서는 인디언들이 쫓겨나고 있다. 오른쪽 끝과 왼쪽 끝에 각각 대서양과 태평양 및 로키산맥이 보인다. 존 가스트(John Gast) 작, 1872년경, 미국 서부 오트리(Autry) 미술관 소장.

1848년 1월 24일 당시 38세였던 마샬(James Marshall)이라는 목수는 오늘날의 새크라멘토에서 동쪽으로 37마일(60km) 떨어진 콜로마(Coloma)의 아메리카강(American River) 부근에 위치한 셔터의 제재소(Sutter's mill) 옆 수로 작업을 하다가 반짝이는 물건을 발견했다. 이것이 금이라는 것을 확인한 셔터는 그에게 아무에게도 말하지 말 것을 당부했지만 이런 일은 비밀로 유지될 성질의 것이 아니었다. 시에라네바다산맥 기슭에 금이 있다는 소식은 입소문을 타고 이 사람 저 사람에게 삽시간에 퍼져 나갔다. 멕시코와의 전쟁에서 승리한 미국이 1848년 2월 2일 공식적으로 캘리포니아를 병합한 지 얼마 지나지 않은 3월, 금 발견 소식을 들은 샌프란시스코의 상인, 언론인이자 몰몬교의 지도자였던 사무엘 브래넌(Samuel Brannan)은 이것이 돈을 벌 절호의 기회라는 것을 직감했다. 그는 바로 샌프란시스코 거리에 나가 아메리카강에서 금이 발견된 걸 크게 소리치며 알려 소문을 퍼뜨렸다. 이 일대에서 삽, 곡괭이, 팬 등 금을 캐는데 필요한 물품들을 파는 곳은 그의 상점이 유일했기 때문에 그의 사업 이익은 곧 눈덩이처럼 불어났다. 실제로 금을 캤다는 여러 사람의 증언도 이어지자 소문은 기정사실이 되어 더 멀리 퍼져나갔다.

그해 8월 대통령의 확인까지 있자 캘리포니아를 향한 골드러시⁕⁕는 전 미국을 달구기 시작했다. 1848년부터 1855년까지 8년 간 약 30만 명이 육지와 바다를 통해 캘리포니아로 이주했다. 30만 명은 당시 2,300만 명이었던 미국 전체 인구의 1%를 넘는 규모로, 이들이 이처럼 단기간에 움직인 것은 인구 이동이 활발했던 미국 역사에서도 가장 빠른 이주 중 하나였다. 러시 첫 해인 1849년에만 오늘날 포티나이너(49er)라고 불리는 9만 명의 개척자들이 금광으로 몰려들었다. 원주민을 제외한 캘리포니아 인구는 1848년 초 14,000명에서 1849년 초 26,000명으로 껑충 뛰었고, 포티나이너들로 인해 1849년 말의 인구는 115,000명이 되었다. 인근 오리건 지역은 성인 남자의 70%가 캘리포니아로 금을 캐러 떠나는 바람에 심각한 일손 부족에 시달렸다. 1848년 당시 800

⁕⁕ 골드 러시(gold rush) 상업적 가치가 있는 금이 발견된 지역에 노동자들이 대거 이주하였던 현상을 지칭하는 말. 19세기에 아르헨티나, 오스트레일리아, 브라질, 캐나다, 칠레, 뉴질랜드, 남아프리카, 미국 등에서 유행하였다. 골드 러시라는 말이 처음 사용된 곳은 캘리포니아 콜로마에 가까운 서터스 밀이다. 1848년 1월 24일, 새크라멘토의 개척자 존 서터가 고용한 현장 감독 제임스 마셜은 아메리칸 강가에 건설중이던 제재소의 방수로에서 사금을 발견했다. 소문은 퍼지기 시작해 1848년 3월 샌프란시스코의 신문사 사주 새뮤얼 브래넌이 이 소식을 외치고 다니면서 미 서부의 골드 러시가 시작되었다. 1848년 8월 19일 뉴욕 헤럴드 지는 캘리포니아의 골드 러시를 동부에 알렸고 12월 5일 제임스 포크 대통령이 이를 시인했다. 이내 포티나이너스라고 불리는 이민자의 물결이 전 세계에서 밀려들었다. 서터의 노동자들도 이 대열에 합류하고 도둑들이 들끓은 결과 그의 농경 사업은 파산했다. 하지만 골드 러시의 결과 금광 일대에 새로운 정착촌이 건설되어 도시화가 이루어졌으며, 금 생산이 풍부해지면서 당시 금본위제였던 화폐 경제에도 상당한 영향을 미쳤다.

여 명이 사는 바닷가 작은 마을이었던 샌프란시스코는 주민 모두가 금광으로 뛰어가는 바람에 순식간에 텅 비어 버렸다. 그러나 빈 부둣가는 곧 세계 곳곳에서 몰려든 사람과 물자를 실어 나르는 배들로 가득 채워졌다. 덕분에 샌프란시스코는 2년 후인 1850년에는 25,000명이 북적이는 서부 최대의 항구 도시로 성장했고, 1860년에는 인구 59,000명에 이르는 미국에서 15번째로 큰 도시가 되었다.

금 발견 초기에 재빠르게 아메리카강으로 달려간 사람들은 사실 꽤 괜찮은 수익을 얻었다. 수만 명이 한꺼번에 몰렸지만 강가에는 모두에게 돌아갈 만큼 풍부한 양의 금이 있었다. 처음에는 접시로 강물을 떠서 금을 분리할 수도 있었고 노출된 암석의 균열 사이에서 금을 빼낼 수도 있었다. 이 때문에 열심히 몸을 움직였던 사람들은 하루에 보통 3~5온스(85~141g)의 금을 얻었다. 당시 기준으로 금은 1온스에 18달러에 달했기 때문에 이 정도 양은 하루 50~90달러 수입에 해당했다. 그 시절에 일당 1달러가 꽤 좋은 임금 수준이었던 것을 감안하면 보통사람들이 두세 달 벌 돈을 하루 만에 모으는 셈이었다.

그러나 금을 찾아 몰려든 사람들의 행운은 오래가지 못했다. 처음에는 쉽게 발견할 수 있었던 지표면의 금이 고갈되면서 금을 캐기 위해서는 점점 깊은 곳을 파고 들어가야 했기 때문이었다. 초기 3~5온스를 캐던 사람들은 2~3년이 지나자 하루 0.5온스도 캐지 못하게 되었다. 갑작스럽게 많은 사람이 몰려들자 물가도 무시무시하게 치솟았다. 성인이 다섯 달 정도 먹는 밀가루 1배럴(200파운드, 90kg 정도)의 가격은 금 발견 전에 8달러였다가 순식간에 85달러로 올랐고, 계란 하나 가격이 성인 남자 일당을 능가하는 1.5달러에 달했으며, 삽 한 자루도 50달러나 됐다. 상황이 이러했기 때문에 뒤늦게 도착해 금을 캐는 사람들의 생활은 매우 곤궁하고 힘들었다. 땅을 깊게 파는 고된 노동에 지쳐 많은 사람이 쓰러져갔다. 대부분의 사람들은 불편한 텐트나 판잣집에서 생활하면서 병을 치료할 변변한 약도 없이 일확천금의 환상을 쫓아 끝을 알 수 없는 고생을 감내해야 했다. 결국 거친 노동과 혹독한 작업환경에 지친 사람들은 빈손으로 고향에 돌아가거나 샌프란시스코 등 인근 도시의 일자리를 찾아 하나둘 금광을 떠났다. 이들의 빈자리는 전문적인 광산 회사가 들어와 차지했다. 이 회사들은 발전된 시추 기술을 동원해서 광맥이 전부 고갈되는 10여 년 동안 금 채취를 계속했다.

이런 과정을 거쳐 캘리포니아에서 캐낸 금의 양은 엄청난 것이었다. 캘리포니아 골드러시 이전 미국 전체의 연간 금 생산량은 4만 온스(1.1톤)에 불과했는데, 1848년 48만 온스, 1849년 194만 온스, 1853년에는 314만 온스(89톤)로 빠르게 증가했다. 금 발견 후 10년 동안 캐낸 총 금의 양인 2,800만 온스(800톤)는 그 이전 150년간 전 세계가 캐낸 것보다 더 많은 양이었고, 총 가치는 당시 금액으로 5억 달러에 달했다. 캘리포니아의 금은 미국을 비롯한 국제 경제의 흐름도 변화시켰다. 막대한 금의 유입으로 미국은 1837년부터 시달리고 있었던 금융위기를 단숨에 극복했고, 금에 기반한 양질의 화폐가 시장에 흘러나오자 상품의 교역량도 크게 늘어났다. 세계 경제 측면에서는 금이 갑자기 풍부해지자 은이 점차 쇠퇴하고 금이 통화의 주역으로 자리 잡는 계기가 만들어졌다. 미국 내에서는 동과 서를 연결하는 철도 건설의 필요성을 주장하는 목소리가 더 높아졌으며, 연방에 편입된 지 얼마 되지도 않은 신생 주 캘리포니아는 미국의 밝은 미래를 상징하는 곳으로 급부상하게 되었다.

당시 금을 찾았던 사람들이 캘리포니아로 향했던 길은 크게 세 가지였다. 첫 번째는 서쪽으로 이주했던 이전의 개척자들처럼 긴 캘리포니아 가도를 따라 육로로 이동하는 것이었다. 이 길은 미주리강을 통해 배가 닿았던 중부 미주리주의 인디펜던스시 쯤에서 시작해 우마차를 끌고 5~6달이나 걸어야 하는 길이었다. 두 번째는 동부 해안가에서 배를 타고 우선 중미의 파나마 동해안에 상륙한 다음 38마일(60km) 정도를 걸어서 태평양에 다다른 후 다시 배를 타고 샌프란시스코에 도착하는 경로였다. 거기서 강의 배나 육로로 금을 캐는 장소까지 이동하면 목적지에 당도할 수 있었기 때문에 대륙을 통째로 횡단하는 것보다는 상대적으로 편한 길이었다. 그러나 이 경로도 역시 3개월 정도의 꽤나 긴 시간이 소요되었고, 중간중간 배를 타는 비용을 마련하는 것도 만만치 않은 문제였다. 특히 파나마에서 샌프란시스코로 오는 것이 매우 힘들었다. 이 구간의 배는 잡기도 어려웠을 뿐 아니라 그 운임만 해도 보통사람의 2~3년 임금인 1,000달러에 달할 정도로 귀한 교통편이었다. 금광까지 오는 마지막 방법은 동부 해안가에서 배를 타고 아예 남미의 마젤란 해협을 빙 돌아 샌프란시스코까지 이르는 긴 코스였다. 이 길은 가장 편하긴 했지만 9달이나 시간이 소요됐고, 비용도 가장 많이 들었다. 물론 걷는 고생에 비할 것은 아니지만 오랜 항해에서 오는 각종 불편도 무시할 수 없었다.

이런 경로들을 통해 갑자기 다양한 지역에서 사람들이 몰려들자 캘리포니아는 이민자의 나라인 미국에서도 가장 다양성이 두드러진 사회가 되었다. 미국 동부는 물론이고 유럽, 중남미, 하와이, 중국 등 세계 각국에서 온 사람들로 캘리포니아는 북적이기 시작했다.

1850년 캘리포니아가 미국의 31번째 주가 되었다.

캘리포니아는 골드러시로 인한 낙관적 분위기와 급증하는 인구에 힘입어 미국의 영토로 편입된 지 얼마 지나지도 않은 1850년 9월 9일, 31번째 주로 연방에 가입하였다. 주 설립이 결정된 후 스페인 지배 시절부터 사람이 많이 모여 살았던 몬터레이, 산호세 등 도시들이 주도가 되기 위한 치열한 경쟁을 벌였다. 그러나 결국 오래전부터 미국인 정착자들이 캘리포니아에 들어오는 관문이었고, 당시 수운을 통한 사람과 물자 이동의 요충지였던 새크라멘토가 1854년 주도로 지정되었다.

주의 체계가 갖추어졌고 1860년에는 주 전체 인구도 38만 명에 달했지만 외부 세계와의 고립은 여전히 캘리포니아의 큰 문젯거리였다. 아무리 금이 많이 생산되고 인구가 늘어났다고 해도 이 지역이 미국 연방의 다른 주들과 소통하려면 여전히 1848년부터 사람들이 오갔던 3가지 길(육로 대륙횡단, 파나마 경유, 남아메리카 우회) 중 하나를 선택할 수밖에 없었다.

이런 상황에서 1860년 4월 3일 서비스를 시작한 포니익스프레스는 16개월 동안 명성을 떨치며 외부와 연락하고 싶은 캘리포니아의 갈증을 크게 해소해 주었다. 포니익스프레스는 여러 명의 빠른 기수들이 미주리에서부터 캘리포니아까지 릴레이로 편지를 전달하는 서비스였다. 이를 운영하는 회사는 모두 80명의 기수들을 고용했고, 중간에 말을 바꾸는 역참을 190개나 만들어서 1,966마일(3,164km)을 10일 안에 주파하는 우편 시스템을 구축했다. 편지 한 통을 배달하는 가격은 초창기에 5달러였고, 후에 1달러 정도까지 떨어졌다. 1860년대 당시 철도 건설 현장에서 일하는 비숙련 노동자들의 하루 임금이 1달러 정도였으니 이 정도 금액은 편지 한 통을 보내는 가격치고 결코 싼 게 아니었다. 한편 사람들이 빠르게 오고갈 필요가 있을 때는 역마차(Coach) 서비스가 유용했다. 역마차는 중간 중간의 역마다 배치된 말을 바꿔가며 당시 기차의 종점이었던 미주리 중부의 팁턴(Tipton)에서 샌프란시스코까지 2,700마일(4,300km)을 25일 안에 주파하는 서비스였다. 포니익스프레스와 역마차 모두 소가 끄는 수레를 몰고 5~6개월을 걸어오던 십여 년 전 방식에 비해서는 상당히 빠른 것이었지만 외부와 연결되고자 하는 캘리포니아의 욕구를 완전히 충족하기에는 역부족이었다.

그러나 당시 동부에서는 이미 전신과 철도가 활발히 쓰이고 있었고, 이들 신기술이 캘리포니아에 등장하는 데는 그리 오랜 시간이 걸리지 않았다. 전신은 1861년 샌프란시스코와 워싱턴DC 간을 연결해서 사업을 시작한 지 고작 1년밖에 지나지 않은 포니익스프레스 서비스를 무용지물로 만들어 버렸다. 1869년에는 대륙횡단철도가 완공돼 동부와 서부 해안의 이동시간을 7일로 단축하면서 수십 일을 흙먼지 속에서 덜컹거리며 이동해야 하는 역마차 서비스를 역사 속으로 사라지게 만들었다. 이후 캘리포니아 구석구석에는 전신과 철도가 설치되었고, 그동안의 고립된 오지였던 마을들은 빠르게 외부와 이어지기 시작했다.

인구가 폭발적으로 증가했다

19세기말과 20세기초 농업, 석유, 영화, 비행, 자동차 산업 등을 키워가던 캘리포니아가 본격적으로 경제의 주역으로 떠오른 것은 2차 세계대전 시기였다. 태평양이 주요 전장이었던 2차 대전은 캘리포니아를 전략적으로 더욱 중요한 지역으로 만들어 주었다. 전쟁 중에 캘리포니아에는 군 공항, 비행기 공장, 조선소, 훈련장, 연구소 등을 비롯한 대규모 군사시설이 속속 들어섰다. 1940년부터 1946년 사이에 연방 정부는 당시 국방비의 10%에 해당하는 예산을 이 지역에 투입하여 각종 산업 발전을 촉진했다. 덕분에 LA, 샌디에이고 일대에는 항공 산업, 샌프란시스코에는 조선업이 번성해 한동안 호황을 이어갔다. 전쟁이 유발한 생산량 증가가 워낙 컸기 때문에 이 시기 캘리포니아 전체에 걸쳐 고용이 6배 이상 증가할 정도였다. 또한 전쟁 중에 캘리포니아에서 훈련을 받은 후 태평양 각지의 전장에 참전한 군인들은 전쟁이 끝난 후에 아예 캘리포니아에 정착하는 경우가 많았다. 이런 과정을 거치면서 캘리포니아는 전후인 1950년 인구 1천만 명을 돌파해 전통의 펜실베니아주를 제치고 뉴욕주 다음 두 번째 거대 주 자리에 올라섰다.

20세기 후반에도 캘리포니아의 인구는 다시 또 3천만 명이 증가해 현재는 4천만 명에 이르고 있다. 1964년에는 뉴욕주마저 제치고 미국 연방 내에서 최대 인구 주가 되었다. 이처럼 전후 짧은 시간 동안에 이전 100년 동안 모여든 사람의 3배에 달하는 숫자가 또다시 이주해 오다 보니 주택 수요가 폭발적으로 늘어났다. 당시까지만 해도 여전히 넓은 목장이나 경작지가 많았기 때문에 허허벌판에 대규모 도시가 한꺼번에 만들어지는 경우도 흔했다.

2. 새로운 이주지를 살만한 곳으로

1) 자연의 극복

온화한 기후는 많은 이주민을 불러 모은 이유가 되었다.

이렇게 많은 이주민을 캘리포니아로 끌어들인 주요 원인 중 하나는 바로 캘리포니아의 자연환경이었다. 실제 캘리포니아의 날씨는 이미 1840년대부터 우마차를 끌고 6개월씩 걸어서라도 이곳에 오고자 했던 많은 사람을 불러 모은 주요한 이유 중 하나였다. 서부 해안가는 사시사철 맑고 따뜻하다는 소문은 공짜로 땅을 얻을 수 있다는 말과 함께 사람들을 이곳으로 유혹했다. 특히 겨울에 춥고 눈이 많이 오는 중북부 지방에 살던 사람들은 따뜻하고 건조하다는 이곳의 기후를 더욱 선호했다.

그 시절 먼저 캘리포니아를 경험한 산 사나이들이 동쪽에 가서 전파한 이 말은 헛소문은 아니었다. 객관적으로 보아도 미국 서부 해안가의 날씨는 미국 내 타 지역에 비해 상대적으로 온화하다. LA를 기준으로 했을 때 가장 더운 7월의 평균 최고 온도는 섭씨 27도 가량이며, 가장 추운 1월의 최저온도 평균은 8도가량이다. 일 년 중 가장 더운 달과 추운 달의 평균 온도 차이가 19도 밖에 나지 않는 것이다. 이런 특징은 극단적이고 변덕스러운 대륙성 기후의 양상이 강하게 나타나는 미국의 중동부 지역의 그것과 크게 대조되는 것이었다.

날씨가 쾌적하다고 얘기할 때 온도 못지않게 중요한 영향을 미치는 요소는 습도이다. LA의 경우 월평균 상대습도는 60% 내외인데 이 수치는 연중 비교적 일정하다.[1] 대부분의 사람은 섭씨 22~26도, 상대습도 50~60%에서 쾌적함을 느낀다. 만약 여름철 온도가 25도, 습도가 60%이면 불쾌지수는 70~75 정도로 일반적인 사람들이 크게 불편함 없이 생활할 수준이다. 그렇지만 온도가 30도, 습도가 65%로만 올라가도 불쾌지수는 80~85로 높아져 대부분의 사람들이 일상생활에서 불쾌감을 느끼게 된다. 이처럼 인간이 쾌적함을 느끼는 온도와 습도의 폭은 아주 좁다. 미국 서부 해안가의 기후는 여름철에는 북극 지방에서 해류가 내려와 상대적으로 시원하고, 겨울철에는 반대로 적도지방의 해류가 순환해 따뜻하기 때문에 묘하게도 이 좁은 범위에 잘 들어맞는다. 이런 기후를 지중해성 기후라고 부르는데 세계적으로 이런 특성을 보이는 지역은 북아메리카와 남아메리카의 서부 해안가, 지중해 북부 해안가 등 극히 일부에 불과하다. 이렇게 흔하지 않은 기후 조건을 가지고 있었기 때문에 이주자들을 유치하는 측면에서 날씨는 캘리포니아의 가장 큰 경쟁력이라 해도 과언이 아니었다.

건조한 날씨 탓에 물 부족 문제가 심각했다.

그러나 캘리포니아로 이주한 사람들은 이내 좋은 날씨는 동전의 양면처럼 큰 단점을 동반한다는 것을 깨달았다. 사시사철 맑다는 것은 비가 오지 않아 물이 부족하다는 것을 의미했기 때문이었다. 캘리포니아에는 비가 오는 날이 원체 드물고 뜨거운 햇살에 의한 증발량도 많기 때문에 식수와 농업용수가 절대적으로 모자랐다. 초기 정착자들은 농사를 짓기 위해 서둘러 저수지를 만들고 관개시설을 설치했지만 그것만으로는 연중 안정적으로 물을 공급하기에는 역부족이었다. 캘리포니아의 연 강수량 평균은 18.5평방 인치2(470mm, 우리나라 연 강수량은 1,300mm 정도)로 가뜩이나 적은데 그 대부분인 15.2평방 인치가 11월~3월 사이에 내리는 게 큰 문제였다. 작물을 재배해야 하는 4월부터 10월까지의 7개월 동안에는 거의 비를 기대할 수가 없었다. 0.1평방 인치(0.25mm) 이상 비가 오는 날은 일 년에 30일가량 밖에 되지 않았고, 오더라도 워낙 양이 적다보니 대지를 충분히 적시는 데에는 한계가 있었다.

이러한 문제는 상대적으로 남부 캘리포니아에서 더 심각했다. 최초이 지역에 먼저 땅을 사 정착한 사람들은 빨리 큰 마을을 이루기 위해 동부에 전단 광고를 내고 지인들에게 편지를 보내는 등의 방법으로 열심히 추가 이주자들을 모집했지만 결과는 별로 신통치 않았다. 땅이 아무리 넓어도 농사를 짓고 생활할 물이 부족하다면 아무 소용이 없었기 때문이었다.

물이 없다는 것은 수확한 농산물을 운반하기 어렵다는 것을 의미하기도 했다. 철도가 놓이지 않은 곳에서는 강이나 운하가 있으면 그나마 쉽게 물자를 수송할 수 있는데 여름 내 강이 말라있는 남부 캘리포니아에서는 그것이 원천적으로 불가능했다. 농부들이 힘들게 과수원과 목장에서 결실을 거두었다 해도 이를 적기에 타지역으로 출하할 수가 없으면 제값을 받기가 어려웠다.

이 같은 사정 때문에 캘리포니아의 초기 정착자들은 산에 내린 비가 흘러내리는 계곡이나 강가 옆을 벗어나 살지 못했다. 당시 모든 마을에서는 이용할 만한 수자원을 찾아내고, 개발하고, 관리하는 것이 가장 큰 관심사였다. 골드러시로 샌프란시스코 일대의 인구가 늘어나고 철도 연결과 유전 발견으로 LA 인근으로 사람들이 몰려들기 시작하자 만성적인 물 부족 문제는 더욱 심각해졌다.

1913년 LA의 대수로가 만들어졌다.

물을 확보하는 데 혈안이 되어 있기로는 모든 지역이 마찬가지였지만 인구가 가장 빠르게 늘어났고 북 캘리포니아에 비해 물이 더 많이 부족했던 LA에서는 이 문제의 해결이 더욱 절실했다. 1898년 인구가 10만 명까지 증가했던 LA시의 제24대 시장으로 취임한 프레드 이튼(Fred Eaton)은 수자원 확보를 시정의 가장 큰 과제로 내세웠다. 사실 유권자들이 수자원회사(Los Angeles City Water Company) 사장을 역임한 그를 시장으로 뽑은 것도 안정적 물 공급이 시의 가장 시급한 문제라는 것을 인식했기 때문이었다. 그는 수자원회사에서 같이 근무했던 당시 43세의 윌리엄 멀홀랜드(William Mulholland)를 이 문제를 풀 책임자로 지정했다. 멀홀랜드는 이미 로스앤젤레스강의 물을 각 마을로 연결하는 수로를 건설한 경험이 있었기 때문에 LA가 가진 물의 양과 흐름을 가장 잘 이해하는 사람이었다.

멀홀랜드는 LA의 심각한 물 부족 문제를 근본적으로 해결하기 위해서는 북 캘리포니아에서 물을 가져오는 수밖에 없다고 생각했다. 당시만 해도 지금처럼 수자원의 분포와 세부적인 지형이 정확하게 알려져 있지 않았기 때문에 그를 포함한 그 누구도 북쪽에 그만한 물이 있는지, 그것을 과연 가져올 수 있는 것인지 장담할 수는 없었다. 설령 북쪽에서 물을 발견한다 해도 LA 바로 위쪽에는 동서로 길게 자리 잡은 최고 높이 10,000ft(3,000m) 가량의 샌가브리엘산맥(San Gabriel Mountains)이 있고 그보다 더 북쪽으로는 넓은 모하비사막(Mojave Desert)의 끝자락이 펼쳐져 있기 때문에 이를 다 뚫고 물을 운반한다는 것은 결코 쉽지 않은 일이었다.

멀홀랜드는 LA 북쪽의 산과 사막을 탐험하면서 집요하게 조사한 끝에 멀리 시에라네바다산맥의 동편에 있는 오웬 호수(오언스호 Owens Lake)의 물을 발견했다. 그곳은 시에라네바다산맥에 가로막힌 구름이 쏟아내는 많은 비로 연중 강수량이 풍부한 곳이었다. 문제는 이 물을 가져오는 것이었다. 멀홀랜드는 LA와 직선거리로 200마일(320km)이나 떨어져 있는 이 물을 자연 유하로 흘려보낼 수 있을 것이라고 보았다. 우리나라에 비유하자면 부산에서 쓸 물을 설악산에서 무동력으로 끌어올 수 있다고 생각한 것이다. 북에서 남으로 가면서 고도가 계속 낮아지는 (downhill all the way) 캘리포니아 내륙의 지형이 수로 건설에 유리한 조건인 것은 사실이었다. 그는 적절한 경로를 찾아 수로를 만들기만 하면 줄곧 물을 흐르게 할 수 있어 적은 비용으로 LA까지 이 귀한 물을 보낼 수 있다고 판단했다. 오랜 추가 조사를 거쳐 호수 북쪽 300km 지점에서 시작되는 오웬강(Owen river) 자체의 방향을 돌려 바로 LA까지 쭉 흘리는 수로 노선이 결정됐다. 긴 거리를 중력의 힘으로 내려온 이 물은 높이 3,000m의 샌가브리엘산맥 사이 협곡을 지나 LA 북쪽 샌페르난도 계곡(San Fernando Valley)으로 흘러들었다. 수로의 설계자들은 이곳에서 이 물을 기존의 로스앤젤레스강의 흐름에 합류시켜 결국 LA 시내까지 도착하게 만들었다.

1905년에 시작된 공사는 8년의 시간이 지난 1913년 끝났다. 전체 수로 연장은 233마일(370km)이었고, 당시 기준으로 임금과 보상비를 포함해 2,460만 달러(현재 가치 7억 달러 정도)의 비용이 투입되었다. 총연장 중 24마일은 기존의 강을 이용한 구간이었고 37마일은 오픈

형 콘크리트 수로였다. 98마일은 송수관, 43마일은 터널 구간이었다. 어쩔 수 없이 지형이 높아지는 곳에서는 산악으로 물을 올리기 위해 9마일의 펌프터널을 건설했다. 중간 중간 물을 가두고 활용하기 위해 총 8마일 길이의 저수지들도 축조했다.

수로가 완공될 때 이미 인구 30만 명을 돌파한 LA시에 안정적으로 쏟아져 들어오기 시작한 물은 더할 나위 없이 고마운 것

1913년 로스엔젤러스 수로 노선

이었다. 수로 덕분에 20세기 들어 미국에서 가장 빠르게 커져가던 도시 LA는 폭발적인 성장 속도를 그대로 유지할 수 있었다. 오늘날 LA가 뉴욕에 이은 미국 제2의 대도시가 될 수 있었던 것은 이 수로 때문이었다 해도 과언이 아니었다.

1923년 요세미티 국립공원에 오쇼네시 댐이 만들어졌다.

자연적으로 이용할 물이 부족했던 남 캘리포니아와는 달리 북 캘리포니아에는 상대적으로 물이 풍부했다. 이곳에는 동쪽의 거대한 시에라네바다산맥에 겨우내 쌓이는 눈이 녹아 흐르는 큰 강이 많았기 때문이었다. 따라서 이 지역에서는 예전부터 강 주변으로 정착지가 발달했고 강을 통한 수운도 활발했다. 1848년부터 시작된 골드러시로 한꺼번에

많은 사람이 몰려들었지만 물 부족이 산맥 서쪽에 새로 생겨나는 마을 발전의 걸림돌이 되지는 않았다.

그러나 만을 끼고 있는 샌프란시스코의 사정은 예외였다. 삼면이 바다로 둘러싸인 샌프란시스코는 큰 강이 없었기 때문에 1800년대 후반 인구가 폭발적으로 늘어나자 도시를 지탱할 물 공급원을 외부에서 찾아야만 했다. 샌프란시스코시가 가장 원한 것은 시에라네바다산맥 남쪽에서 가장 큰 강인 툴룸 강(Tuolumne River)의 물을 끌어오는 것이었다. 하지만 샌프란시스코가 이 강의 이용 권한을 확보하는 것은 쉽지 않았다. 샌프란시스코가 취수를 원하는 지점은 이미 1890년 요세미티 국립공원 구역으로 지정된 곳이었기 때문에 연방 정부는 1901년 샌프란시스코가 제출한 수자원 이용 요청을 거절했다. 한동안 답보 상태였던 논의는 1906년 발생한 샌프란시스코의 대지진을 계기로 다시 활발해졌다. 지진과 같은 위급 상황을 대비해 도시에 더 많은 물이 필요하다는 여론이 힘을 얻기 시작한 것이었다. 지진 발생 당시 샌프란시스코는 비축해 놓은 여분의 물이 없어서 화재가 도시의 대부분을 파괴하는 것을 속수무책으로 지켜봐야 했다. 물 확보 방법에는 여러 대안이 있었지만 샌프란시스코가 다시 강하게 희망했던 것은 툴룸 강 상류의 헤츠헤치 계곡(Hetch Hetchy Valley)에 댐을 만들어 물을 끌어오는 안이었다.

샌프란시스코의 계획이 알려지자 곳곳에서 격렬한 반대가 일어났다. 특히 당시 68세의 존 무어(John Muir)가 반대운동에 앞장섰다. 그는 요세미티의 경관에 매혹되어 30세였던 1868년부터 이곳에 머물면서 자연의 아름다움을 알리고 국립공원을 만드는 일을 주도했던 사람이었다. 1892년 그가 결성한 시에라 클럽(Sierra Club)은 댐을 건설할 경우 요세미티 계곡(Yosemite Valley) 못지않게 아름답고 다채로운 생물

종이 서식하고 있는 헤츠헤치 계곡이 완전히 사라진다는 점을 부각하며 계획에 강력하게 반대했다.

　그러나 이들의 노력은 성과를 거두지 못했고, 1913년 당시 우드로 윌슨 대통령은 이 지역의 댐 건설을 승인하는 법안(Raker Act)에 서명했다. 공사가 시작된 지 얼마 지나지 않은 1914년 12월 존 무어는 사람들에게 자연을 사랑하는 정신을 유산으로 남기고 76세를 일기로 세상을 떠났다. 헤츠헤치 계곡의 댐은 1923년 완공되었고 건설을 지휘한 토목 기술자의 이름을 따라 오쇼네시댐(O'Shaughnessy dam)•으로 명명되었다. 이 댐은 상류지역 1,972에이커(7.98㎢)의 계곡을 수몰해 모두 4억 4,500만 톤의 많은 양의 물을 확보했다. 이 지역의 물은 워낙 청정하기 때문에 샌프란시스코는 오늘날에도 세계에서 가장 깨끗한 수질의 상수도를 이용하는 도시가 되었다. 오쇼네시댐을 둘러싼 논란은 현재 진행형이다. 존 무어가 창설한 시에라 클럽은 이 댐을 철거해 계곡을 원형 그대로 복원하자는 운동을 여전히 전개하고 있다.

• (위) 1922년 8월, 오쇼네시 댐 건설 광경. (아래) 2006년 요세미티 국립공원 내에 자리잡은 채 가동중인 오쇼네시 댐의 모습.

　LA의 수로, 샌프란시스코의 오쇼네시댐 사례에서 확인할 수 있는 것처럼 물이 없는 땅에 이주한 캘리포니아 사람들이 물을 확보하는 것은 매우 어렵고 긴 시간이 소모되는 일이었다. 큰돈을 들여 어려운 공사를 해야 했던 것은 물론이고 때로는 격렬한 논쟁을 치르고 많은 것들을 희생해야 했다.

2) 아이디어의 혁신

실리콘밸리가 탄생했다.

어느 지역에 이주민들이 몰려든다는 것은 그곳에 일할 기회가 많기 때문이다. 이는 캘리포니아도 예외가 아니었다. 1848년 골드러시 당시 많은 사람을 캘리포니아로 불러들인 산업은 물론 금을 캐는 광산업이었다. 부수적으로 광부들에게 물건을 공급하는 소매업, 캐낸 금은을 맡아 화폐를 내어주는 은행업, 증가한 인구를 부양하는 농업, 바다로 물자와 사람들을 실어 나르는 해운업, 상업시설과 거주지를 조성하는 건설업 등이 새롭게 생겨나 호황을 이루었다. 1869년 대륙횡단철도가 건설된 다음에는 캘리포니아 내부에 철도를 건설하고 부동산을 개발하는 데에서 할 일이 넘쳐났다. 확장기 캘리포니아에서는 사람들이 계속 늘어났고 새로 만들어야 할 것들은 많았기 때문에 이런 일자리들이 계속 생겨났다.

그런데 이런 산업들은 모두 앞서 다른 지역에서 등장한 것들을 재현한 일감들이었다. 기존에 다른 곳에 있었던 산업들이 캘리포니아라는 공간 안에 그대로 이식되었다. 그러나 캘리포니아로 이주한 사람들은 낯선 세계로의 모험에 익숙한 사람들답게 이내 세상에 없던 완전히 새로운 일거리를 만들어냈다. 실리콘밸리를 중심으로 한 IT 산업, 할리우드를 중심으로 한 영화 산업은 그 대표적인 예였다.

오늘날 IT 분야의 강국으로 부상한 우리나라에서는 1980년대부터

PC(Personal Computer)가 유행하기 시작했다. 당시에 새롭게 출현한 퍼스널컴퓨터라는 기계는 너무 생소했기 때문에 이를 다루는 방법을 가르치는 학원이 도시뿐 아니라 시골 구석구석까지 성행했다. 지금 보면 둔탁하게 생긴 IBM이나 애플의 PC가 줄지어 있는 강의실에서 오늘날 중년이 되어 스마트폰을 생활필수품으로 쓰고 있는 당시의 어린이들은 도스와 베이직의 생소한 명령어, 순서도를 배우면서 컴퓨터라는 물건이 0과 1로 생각하고 행동하는 괴상한 방식을 이해하려고 애썼다. 그 시절 퍼스널컴퓨터는 기능과 디자인 측면에서 오늘날에 비해 보잘것없지만 신기하기 이를 데 없는 첨단기계였다. 컴퓨터 화면의 초록색 글씨는 다가오는 밝은 미래를 보여주는 불빛과도 같았고 높은 주파수의 기계음은 마치 공상과학 영화 속 소리 같았다. 변화에 빠르게 적응하는 우리나라는 컴퓨터라는 것을 효과적으로 배운 것은 물론이고, 1983년 64킬로바이트 디램을 개발하면서 반도체 독자 제조에 성공했고, 1986년에는 자체 생산 휴대폰까지 만들어냈다. 각 대학의 전자학과는 최고의 인기를 구가하면서 많은 엔지니어들을 배출하여 1980년대 이후 폭발적으로 성장하는 IT 산업을 든든하게 뒷받침했다.

당시 우리나라의 구석구석까지 들어온 퍼스널컴퓨터와 반도체의 물결은 그때로부터 20여 년 전 캘리포니아 북쪽의 실리콘밸리에서 시작된 변화의 흐름이었다. 예전 금광을 찾아 떠나는 사람들이 지나가던 이 길목에서는 1960년대를 즈음하여 이전 세상에는 없었던 완전히 새로운 무형의 금을 찾는 움직임이 시작되었다.

오늘날 우리가 실리콘밸리라 일컫는 지역은 산타클라라밸리(Santa Clara Valley)의 북쪽 부분을 중심으로 한 샌프란시스코만 인근이다. 양

옆이 산으로 둘러싸이고 위로는 둥그런 만의 끄트머리와 접한 산타클라라밸리의 북부, 북서쪽 반도 안에 자리한 샌프란시스코 일대, 북동쪽 해안가에 접한 오클랜드 주변 등이 전부 여기에 해당한다. 이 넓은 지역에 산재한 수천 개의 기술 기업들은 오늘날 세계 첨단 산업의 트렌드를 선도하며 새로운 미래를 개척해가는 주역들이다.

실리콘밸리의 중간 정도에 있는 산호세(San Jose)시는 스페인인들이 캘리포니아에서 최초로 마을을 이루어 살기 시작한 곳이었다. 1769년부터 캘리포니아에 수도원과 군사기지를 설치하기 시작한 스페인은 1777년 오늘날의 산호세 인근에 14명의 일반 주민이 거주하는 푸에블로(Pueblo)를 만들었다. 캘리포니아가 미국에 편입된 후 정식 주가 되었던 1850년 당시 이 도시의 인구는 1,000여 명이었고, 1854년 동쪽 새크라멘토(Sacramento)에 주의 수도가 만들어지기 전까지 짧은 기간 캘리포니아의 주도로서 역할을 하기도 했다.

샌프란시스코만과 실리콘밸리 지역, USGS

원래 산호세를 중심으로 한 넓은 골짜기의 주요 산업은 농업이었다. 서북쪽의 대도시 샌프란시스코 및 동북쪽의 금광 지역에서 필요로 하는 과일과 채소를 공급하는 데에는 거리 상 중간일 뿐 아니라 땅이 비옥하고 기후가 온화한 이곳이 최적지였다. 도시가 근교이면서 산으로 둘러싸여 아늑한 느낌을 주는 이 지역은 인기 있는 전원 주거지이기도 했다. 여름은 서늘하고 겨울은 따뜻해 생활하는데 불편함이 적었으며, 농사와 관련된 일자리도 풍부했고, 기차를 타고 인근 도시에 가서 쇼핑이나 여가생활을 즐기기도 좋았다. 특히 이 일대에는 1891년 설립된 스탠포드 대학을 비롯한 명문 학교들이 많아서 자녀들의 교육 여건과 면학 분위기도 우수했다.

한적한 농촌 지역이었던 이곳에 변화의 움직임이 처음 나타난 것은 1900년대 들어서였다. 20세기에 막 태동한 첨단 기술이었던 무선 통신과 비행기를 연구하는 시설이 생겨난 것이 그 시작이었다. 당시 무선 통신의 경우 1901년 마르코니가 유럽에서 아메리카로 알파벳 'S'를 전송했고, 비행기의 경우 1903년 라이트형제가 최초로 동력 조종 비행기를 띄우는 것에 막 성공했던 참이었다.

수병과 간호사의 종전 키스 1945년 8월 14일 알프레드 아이젠슈태트 (Alfred Eisenstaedt)가 2차 대전 종전을 기념하여 뉴욕 타임스 광장에서 순간 포착한 것으로 알려진 사진. 후일 아이젠슈태트는 V-J 데이(미국 전승 기념일)에 뉴욕 타임스 광장에서 포착한 이 장면을 두고 "뉴욕 타임스 스퀘어에서 한 간호사 복장의 여성이 어떤 수병의 기습 키스를 받는 동안 자신의 손가방과 치마를 움켜쥐고 있다"는 설명을 붙였다.

그 시절 샌프란시스코만 일대의 사람들도 무선 통신에 큰 관심을 갖기는 마찬가지였다. 샌프란시스코는 수시로 배가 드나드는 태평양의 주요 항구였기 때문에 바다로 나간 배와 대화할 통신 기술은 매우 요긴한 것이었다. 미국이 태평양 패권을 두고 스페인과 전쟁을 하던 1899년, 필리핀에서 승리한 미 해군 함선이 돌아오고 있다는 소식이 무선 전파를 타고 샌프란시스코에 처음 도착한 다음 전신선을 타고 미국 전역으로 퍼져나갔던 극적인 일도 이 지역 사람들의 기억 속에 생생했다.

1909년 스탠포드 대학교에서 물리학을 공부하던 찰스 헤롤드 (Charles Herrold)*는 마르코니의 라디오 기술을 처음 접했다. 그는 이

* 찰스 해롤드(Charles Herrold)(왼쪽)와 조수 래이 뉴비(Ray Newby). 해롤드의 무선공학 연구실, 캘리포니아 산호세, 1910년 경.

317

기술을 이용해 산호세에서 미국 최초의 오락(Entertainment)용 정규 라디오 방송을 시작했다. 마찬가지로 스탠포드 출신이었던 시릴 엘웰(Cyril Elwell)도 그해 라디오 기술을 연구하는 회사(Federal Telegraph Corporation: FTC)를 설립했다. 이 회사는 1912년 미 해군의 계약을 따내 하와이 해군 기지와 샌프란시스코만을 연결하는 세계 최초의 글로벌 무선 통신 네트워크를 구축했다. 한편 이 시기 스탠포드 대학의 초대 총장이었던 데이비드 조단(David Starr Jordan)은 당시 동부의 30대 젊은 발명가였던 디포리스트(Lee Dee Forest)의 3극 진공관 개발을 지원하기도 했다. 이는 20여 년 후 본격적으로 시작될 이 학교 창업 기업 지원 역사의 시작 같은 것이었다.

20세기 초 무선 통신망을 적극적으로 구축했던 미 해군은 바다의 배를 정찰하는 비행선을 도입하는 데에도 열성적이었다. 해군은 1931년 산호세 인근에 모펫 공항(Moffett Field)을 건설한 후 길이 1,133ft(345m), 면적 8에이커(32,000㎡)에 이르는 대형 격납고(Hangar One)를 만들었다. 축구장 8개 크기의 이 거대한 공간은 큰 비행선을 보관하기 위한 곳이었다. 공기보다 가벼운 헬륨가스를 채워 날아오르는 비행선은 장시간 동안 최대 11,000마일(17,000km)에 이르는 거리를 비행할 수 있었기 때문에 당시 짧은 거리만 날 수 있던 프로펠러 비행기에 비해 넓은 바다 위에서 적 함대를 관찰하는 데 매우 효과적이었다. 이런 장점 때문에 비행선은 빈번한 안전사고에도 불구하고 2차 세계대전 중 일본군의 불시 공격 움직임을 정찰하는 것을 비롯해 미국 서부 해안 전역을 감시하는 임무를 수행했다. 대형 격납고가 놓인 모펫 공항은 서부 지역 해군 항공기지(Naval Air Station: NAS)의 중심 역할을 했다.

해군이 근거지를 만들자 비행과 관련된 다른 기관들도 산호세 인

근에 자리 잡기 시작했다. 이 지역은 안개가 자주 끼는 샌프란시스코
와 달리 서쪽의 산이 태평양에서 불어오는 습기를 막아주기 때문에 비
행기를 실험하기 매우 좋은 곳이었다. 1939년에는 NASA의 전신이었
던 NACA(National Advisory Committee for Aeronautics)가 이곳에
비행 연구 기관(Ames Research Center: ARC)을 설치해 비행기 프로
펠러를 개발하기 시작했고, 2차 세계대전 이후에는 많은 민간 항공 기
업들도 연구소를 마련했다. 이처럼 주요 기관들이 자리를 잡자 공항 주
변에는 이를 지원하기 위한 다수의 소규모 항공 기술 기업들이 들어섰
다. 이들은 훗날 해군이 샌디에이고 앞 코로나도 섬의 항공기지로(NAS
North Island)로 비행 전단을 모두 옮긴 다음에도 이곳에 계속 남아 2
차 세계대전 후의 우주비행, 정보통신 기술 발전을 주도했다.

　　이런 과정을 통해 군과 정부 기관이 실리콘밸리의 초기 연구 환경
구축에 미친 영향을 결코 간과할 수는 없지만 이들이 오롯이 실리콘밸
리의 태동을 이끈 것은 물론 아니었다. 사실 군이나 정부 연구소는 미
국 내 다른 지역에도 많이 있었지만 그 모든 곳에서 산업의 혁신이 일어
나지는 않았다. 실리콘밸리에는 낙관적인 자세로 과감하게
미래의 새로운 길을 개척하는 서부 특유의 독특한 생기 넘
치는 에너지가 있었다. 특히 1930년대부터 연이어 나타나
기 시작한 젊은 혁신가들은 그 옛날 캘리포니아로 향했던
이주자들을 많이 닮아 있었다.

　　1930년대 당시 30대의 젊은 교수였던 스탠포드 공대의
프레드릭 터먼(Frederick Terman)•은 동생뻘 되는 학생들
에게 졸업 후 동부로 가서 취직하기 보다는 서부에 남아 신
생 기업을 만들도록 동기 부여를 했다. 대공황이 한창이던

• 프레드릭 터먼(Frederick
Terman, 1900.6.7.~1982.12.19.)
미국의 저명 교육인이자 공학
자로, 윌리엄 쇼클리와 함께
'실리콘 밸리의 아버지'로 불
린다. 매사추세츠 공과대학에
서 버니바 부시 지도 하에 전
기공학 박사를 취득했다. 이
후 여러 연구기관에서 주도적
역할을 하다가 스탠포드 대학
교에서 세계 일류의 연구학풍
을 세우고 실리콘 밸리의 형성
에 크게 기여한 것으로 평가된
다. 1970년대 전후에는 한국
의 카이스트 설립을 도왔으며,
2004년 이를 기념하여 카이스
트에 터만홀이 지어졌다.

당시에는 안정적인 일자리를 찾는 것이 무엇보다 중요했기 때문에 능력 있는 학생들은 좋은 조건을 제공하는 큰 기업을 선택해 동부로 떠나는 것이 당연하던 때였다.

터먼은 1935년 졸업한 데이빗 패커드(David Packard)와 빌 휴렛 (Bill Hewlett)에게도 창업을 권유했다. 두 졸업생들은 터먼 교수의 설득으로 학교가 있던 팔로알토(Palo Alto)시에 자리한 패커드의 집 차고 (Garage)에서 자신들만의 회사를 만들었다. 이들은 동전을 던져 순서를 정한 다음 자신들의 성을 연결해 회사 이름(Hewlett-Packard: HP)을 지었다. 이후 실리콘밸리에서 많은 세계적 기업들을 탄생시킬 차고 (Garage) 창업이 첫 선을 보인 순간이었다.

그들의 첫 제품은 주파수와 진폭을 조정하면서 스피커 장비의 성능을 테스트하는 오디오 오실레이터(Audio Oscillator)였다. 이 제품은 당시 창업 10년여 밖에 안 된 신생 기업이었던 디즈니사에 판매되어 1940년 개봉한 애니메이션 판타지아(Fantasia) 상영관의 음향장비를 테스트하는 데 이용됐다. 그 시절 할리우드에서 막 창업한 디즈니사도 소리가 있는 컬러 애니메이션이라는 미래가 불확실한 신기술에 야심차게 도전하고 있던 또 다른 시장의 개척자이기는 마찬가지였다. 첫 시작부터 화려했던 것은 아니었지만 패커드와 휴렛 두 젊은이가 설립한 이 회사는 이후 1966년 업무용 마이크로프로세서 컴퓨터, 1972년 공학용 계산기, 1975년 마그네틱 저장 테이프, 1984년 잉크젯 및 레이저 프린터, 1990년대 프린터-스캐너-복사기-팩스 복합기 등을 잇달아 성공시키며 실리콘밸리의 기술 혁신을 이끄는 주요 기업 중의 하나가 되었다.

실리콘밸리의 아버지라고 불리는 터먼 교수는 패커드와 휴렛 외에도 많은 학생들이 창업을 하는 것을 도왔다. 스탠포드 대학교는 1951

년에 상설 창업 공간(Stanford Industrial Park)까지 만들어 여러 젊은 이들의 도전을 체계적으로 지원했고, 터먼 교수는 창업 자금(Venture capital)을 조성해 이들의 노력을 뒷받침했다. 이들 초기 개척자들이 만든 문화는 오늘날까지 지역학교-연구소-신생기업-벤처캐피탈이 협력하는 실리콘밸리 특유의 혁신 생태계를 만들어내고 있다. 터너 교수는 훗날 우리나라의 과학기술 발전에 큰 영향을 주기도 했다. 그는 1966년 한국을 방문해서 한국과학기술원(KAIST)을 설립하는 데에 많은 도움을 준 사람이었다. 당시에는 우리 정부가 해외에서 공부하고 있는 기술자들을 국내로 불러들이기 위해 과감한 지원을 펼치던 때였다. 많은 연구자들은 단지 좋은 대우가 있어서 뿐만이 아니라 조국을 위해 봉사한다는 신념으로 이런 부름에 응했다. 이렇게 탄생한 카이스트(KAIST)는 이후 첨단 분야 개척을 주도하고 많은 인재들을 배출하면서 과학기술의 걸음마 단계에 있었던 우리나라를 오늘날의 기술 강국으로 성장시키는 데 크게 기여했다.

실리콘밸리에 뿌려진 전자산업의 싹은 2차 대전 중 더 크게 자라났다. 전쟁 중 이 지역에 군수 산업 관련 연구와 생산이 집중되면서 기술 발전이 더욱 두드러졌다. 이 시기 아이비엠(IBM)과 록히드(Lockheed) 같은 동부의 큰 기업들은 이곳에 지사를 설립해 이 같은 흐름을 더 빨라지게 했다.

실리콘밸리에서 새로운 산업이 본격적으로 꽃을 피웠다.

제2차 세계대전 후 전자산업은 급진적인 변환기를 맞이했다. 특히 1947년 뉴욕의 벨 연구소에서 윌리엄 쇼클리(William Shockley)•를 비

• 윌리엄 브래드퍼드 쇼클리
(William Bradford Shockley
1910.2.13.~1989.8.12.) 트랜지
스터 발명에 기여한 미국 물
리학자. 벨 연구소에서 진공관
을 대체할 소자를 개발하던 중
1951년 7월 5일 접합 트랜지스
터(BJT)를 발명했다. 1953년
벨 연구소를 그만두고 캘리포
니아 공과대학으로 돌아갔다.
1955년에 벡먼 인스트루먼트
(Beckman Instruments)에 들어
가 자신의 연구소를 이끌었는
데 그의 연구원 8명이 떠나는
사태가 벌어졌다. 그중에는 후
일 인텔을 세운 로버트 노이스
와 고든 무어가 있다. 트랜지스
터 디자인을 상업화하려 한 그
의 노력과 그를 떠난 연구원들
의 잇따른 창업은 결과적으로
실리콘밸리의 탄생을 이끌어
냈다. 쇼클리는 1956년 P-N 접
합의 전자론적 연구 등 전자 연
구에 이바지한 공로로 노벨 물
리학상을 수상했다.

롯한 연구진들이 개발한 트랜지스터는 부피가 크고 불안 정했던 기존 진공관을 대체하는 혁신적인 제품이었다. 쇼 클리는 광산 기술자인 아버지를 따라 3살 때 캘리포니아 로 이주해 팔로알토(Palo Alto)시에서 자란 경험이 있었 다. 그는 트랜지스터의 특허권에 대한 벨 연구소의 대우에 만족하지 못하고 1956년 노모가 살고 계셨던 팔로알토 옆 마운틴뷰(Mountain View)시에 자리를 잡은 후 쇼클리 반도체 연구소(Shockley Semiconductor Laboratory)를 창업했다. 쇼클리는 당시 각지의 전도유망한 젊은 기술자 들을 직접 섭외해 회사에 합류시켰다. 그는 자신의 트랜지 스터 개념을 구현할 소재로 당시 대세였던 게르마늄보다 실리콘이 더 낫다고 보고 회사의 연구 역량을 집중했다.

게르마늄보다 전자의 수가 적은 실리콘이 가공하기는 어렵지만 더 단단 한 구조 결합을 이뤄 안정적인 제품을 만들 수 있다는 것을 간파한 것이 었다. 그의 혜안은 대단히 정확한 것이었지만 독선적이고 강압적인 성 격은 캘리포니아에서 새 모험을 선택한 자유분방한 젊은 직원들이 일하 는 방식과 맞지가 않았다. 그가 트랜지스터 발명의 공을 인정받아 1956 년 노벨 물리학상 수상자로 선정되기까지 하자 자신의 방식만을 고집 하는 괴팍한 자부심은 더 심해져 직원들과 잦은 충돌을 일으켰다. 결국 1957년 쇼클리 반도체 연구소의 8명의 젊은 기술자들은 다 같이 회사를 나가 새 기업을 창업하기로 합의했다. 그들은 당시 IBM의 대주주였던 셔먼 페어차일드(Sherman Fairchild)의 투자를 받아 페어차일드 반도 체 회사(Fairchild Semiconductor)를 설립했다.

페어차일드 반도체의 설립은 이후 실리콘밸리의 모습을 좌우할 중요한 사건이 되었다. 당시 30대 초반에 불구했던 야심만만한 젊은이들은 놀라운 혁신 제품들을 만들어내는 것을 넘어 실리콘밸리의 문화 자체를 창조해 냈다. 동부의 좋은 직장과 학교를 그만두고 아직 기술의 불모지나 다름없었던 서부로 온 것도 이들에게는 도전이었지만 갓 노벨 물리학상을 수상한 세계적 거물이 만든 회사를 떠나 자기들만의 회사를 창업한다는 것은 거의 도박에 가까운 일이었다. 이들이 새로 만든 회사는 8명의 의기투합으로 운영됐고 사무실에 칸막이와 개인 방도 없었다. 새로운 도전을 시작하는 것을 두려워하지 않는 용기, 기존과 다른 것을 추구하는 호기심, 대조직과 위계질서를 싫어하는 자유로움, 자기들 스스로 일하고 만드는 독립심, 실패하고 손해 볼 위험에도 아랑곳하지 않고 그저 일이 좋아서 빠져드는 무모함 등 이들이 시작한 진취적 문화는 오늘날까지 그대로 실리콘밸리의 장점으로 거론되고 있다.

갓 태어난 페어차일드사는 먼저 실리콘 트랜지스터 개발에 착수했는데 문제는 이를 팔 곳이 마땅치 않다는 점이었다. 당시에는 PC 시장은 당연히 존재하지도 않았고 기업에서 쓰던 대형 컴퓨터도 수만 개의 진공관으로 돌아가던 때였다. 라디오나 텔레비전, 가전제품들도 부품으로 아직은 소형 트랜지스터까지는 필요로 하지 않던 때였다. 뜻밖에도 이들의 주요 고객으로 등장한 것은 이제 막 불이 붙은 우주선 개발 프로젝트였다. 1957년 10월 소련의 스푸트니크 발사 성공에 자극을 받아 1958년 나사(NASA)가 발족한 이후 연방 정부의 우주 관련 예산은 짧은 기간에 폭발적으로 늘어났다. 부피가 제한된 우주선에 여러 전자 장비를 집어넣기 위해서 트랜지스터는 아직은 신뢰도가 낮았음에도 불구하고 꼭 도입해야 할 필수 부품이었다. 페어차일드는 TI, 모토로라 등 당시 앞서 나갔던 기업들과 경쟁해가며 실리콘 트랜지스터의 안정성과 성능을 점점 향상시켰다. 특히 1959년에는 여러 개의 트랜지스터를 좁은 실리콘 판 안에 집약해 넣는 집적회로(Integrated Circuit)를 개발해 이후 반도체 산업의 표준을 정립했다. 그들이 처음에 만든 집적회로에는 4개의 트랜지스터, 몇 년 후 제품에는 수백 개의 트랜지스터가 들어갔지만 오늘날 우리나라에서 만드는 반도체 안에는 무려 수조 개의 트랜지스터가 상상도 할 수 없을 만큼 작은 크기로 새겨져 있다.

페어차일드의 성공으로 실리콘밸리에는 더 많은 전자 기업들이 생겨나기 시작했다. 페어 칠드런(Fair Children)으로 불리는 이들 신생 기업들은 20년 동안 100여 개에 달할 정도로 늘어났다. 1968년에는 페어차일드 반도체의 창립 멤버였던 로버트 노이스(Robert Noyce)와 고든 무어(Gordon Moore)가 별도로 독립해 인텔(Intel)을 창업하면서 이 대열에 합류했다. 인텔은 SRAM(Static Random Access Memory), DRAM(Dynamic Random Access Memory), 마이크로프로세서(Microprocessor) 등을 개발해 보이지 않는 무수한 전자의 흐름을 효과적으로 저장하고 제어할 실로 놀라운 기술을 만들어냈다. 당시 그들 스스로도 무궁무진한 사용 용도를 미처 예측하지 못했던 이 제품들은 이후 많은 사람의 아이디어와 결합해 오늘날의 퍼스널컴퓨터, 스마트폰 같은 최첨단 전자장비 시대를 여는 주역이 됐다. 다수의 페어 칠드런 성공사례가 나온 1970년대에는 실리콘밸리로 더 많은 돈과 인재가 몰려들기 시작했다. 당시까지 아직 이곳에는 저렴하게 임대할 연구 장소가 많았고, 집값도 지금처럼 비싸지는 않은 때여서 많은 젊은이들이 창업 공간으로 이 지역을 선호했다. 벤처캐피탈들은 이들을 뒷받침해 큰 수익을 낸 후 재투자를 반복했고, 이 젊은이들 스스로도 벌어들인 돈을 다시 후배 신생 기업에 투자해 끊이지 않는 혁신의 흐름을 만들어냈다.

이런 분위기 속에서 1971년 한 잡지(Electronic Information)의 연재 기사에 처음 등장한 것이 계기가 되어 '실리콘밸리'라는 용어가 이 지역을 통칭하는 말로 광범위하게 쓰이기 시작했다. 인간이 이제 막 발견해 낸 전자산업의 발전 잠재력은 무궁무진했다. 실리콘밸리에서는 기술 변화를 선도하는 게임체인저(Game Changer) 기업들이 계속해서 등장했다. 1976년에는 애플(Apple)이 쓰기 편하고 단순한 퍼스널컴퓨터를 선보였고, 비자(Visa)가 각 은행의 개별 카드를 통합한 신용카드를 만들어 냈다. 1977년 창업한 오라클(Oracle)은 데이터베이스와 클라우드 시스템이라는 새로운 장을 개척했고 1982년에 창업해 이후 오라클에 인수된 선마이크로시스템즈는 자바(Java) 같은 사용자 친화적인 객체 지향(Object Oriented) 프로그래밍 언어 발전을 이끌었다. 1982년 창업한 어도비(Adobe)는 애플 맥킨토시와 연계한 그래픽 소프트웨어를 제작해 이후의 출판, 디자인 시장을 크게 변화시켰고, 1993년에는 엔비디아(Nvidia)가 그래픽 카드를 개발해 전자기기의 디지털 화질을 크게 개선했다.

1990년대에는 인터넷을 기반으로 한 닷컴 열풍이 실리콘밸리를 휩쓸었다. 1994년 야후(Yahoo), 1995년 이베이(eBay), 1998년 구글(Google)은 초기 인터넷 시대를 이끌며 단시간에 세계적인 기업으로 성장했다. 1998년에 창업해 온라인 결제와 송금을 편리하게 만든 페이팔(PayPal)의 창업자들은 페이팔 마피아(PayPal Mafia)라고 불리는 창업 지원 그룹이 되었다. 이들은 페이팔을 이베이에 매각한 돈으로 여생을 그저 편하게 먹고 사는 것을 선택하기보다는 이를 다시 적극적으로 투자해 유튜브(Youtube), 테슬라(Tesla), 옐프(Yelp) 등 많은 신생 기업들의 설립에 관여했다. 2000년대 중반부터는 모바일, 게이밍, 기업용 소프트웨어 서비스, 소셜미디어, 공유경제, 빅데이터, 로보틱스, 연료전지, 바이오의약품 등 다채로운 분야의 신규 사업 모델이 부상했다. 소셜미디어 기업으로서는 2006년에 트위터(Twitter)가 샌프란시스코에 둥지를 틀었고, 2009년에는 5년 전 동부에서 창업한 페이스북(Facebook)이 실리콘밸리로 자리를 옮겼다. 우버(Uber), 리프트(Lyft), 에어비앤비(Airbnb) 등 차량과 숙박을 공유하는 신개념의 서비스도 2000년대 중반 생겨나 대중 속으로 빠르게 침투하였다.

혁신 기업들의 탄생한 데에는 실리콘밸리 특유의 에너지가 있었다

실리콘밸리에서 혁신기업들이 끊임없이 쏟아져 나온 것은 돈을 벌겠다는 목적을 넘어선 그 어떤 재미를 추구하는 자유로운 사고와 서로 간의 유희를 통한 지속적인 아이디어의 교류가 어우러졌기 때문이었다. 실리콘밸리의 괴짜(Nerd)들은 스스로 좋아서 자신들이 하고 있는 것에 빠져들었다. 아무도 가본 적 없는 길을 파고드는 것에 열중한 그들은 때로는 시간 가는 것도 잊어버리고 먹고 자는 일조차도 무시했다. 그들은 그렇게 만든 것들을 친구들끼리 모인 장소에 가지고 나와 서로에게 보여주면서 자랑하며 놀았다. 예를 들어 1970년대 홈브루컴퓨터클럽(Homebrew Computer Club)에서는 세계 최초의 퍼스널컴퓨터였던 알태어(MITS Altair)의 사용 방법을 놓고 뜨거운 토론이 벌어졌다. 1974년 뉴멕시코주의 앨버커키에서 만들어진 알태어는 네모난 박스처럼 생겼고 전면에 단지 수십여 개의 스위치와 램프들만 부착한 기계였다. 사용자들은 스위치를 올리고 내려 명령을 내렸고 그 결과를 램프로 확인했다. '2+2'를 계산하려면 약속된 순서로 여러 번 스위치를 올렸다 내린 후 램프의 불빛이 깜빡이는 걸 해석해서 '4'라는 답을 얻는 식이었다. 입력하다가 스위치 조작 순서를 틀리면 달리 방법도 없었고 처음부터 다시 해야 했다. 이 불편하기 짝이 없는 기계를 어떻게 쓸 것인가는 당시 실리콘밸리 괴짜들의 즐거운 토론 주제였다. 한 주에 한 번씩 모여서 각자 생각해 온 방법을 떠들던 중 어느 날 누군가가 알태어가 약한 전자기파를 생성한다는 것에 착안해 기발한 기술을 선보였다. 그가 비틀즈의 노래 음을 알태어의 스위치를 올리고 내려 프로그래밍한 후 옆에 있는 AM라디오에서 나오게 하자 클럽의 회원들은 진심으로 즐거워하고 열광했다. 이 멍청한 기계에 관심도 없었던 대부분의 일반 사람들이 보기에는 정말 어처구니없는 광경이었다.

당시 20대 청년이었던 스티브 잡스와 워즈니악도 친구들과 함께 홈브루컴퓨터클럽에 가입해 활동했다. 1976년, 워즈니악은 훗날 애플 원(Apple I)•으로 탄생할 자신이 만든 새로운 컴퓨터를 모임에 들고 나왔다. 워즈니악의 컴퓨터는 변변한 케이스도 없이 모든 회로를 하나의 기판에 꽂은 상태에서 키보드만 연결해 놓은 볼품없는 것이었다. 이 기계는 전용 모니터도 없고 텔레비전에 선을 꽂아서 화면을 보는 어설픈 것이지만 기존의 알태어 컴퓨터에는 없는 장점들이 있었다. 우선 알태어처럼 온오프 스위치들을 올리고 내려 컴퓨터와 소통하는 것이 아니라 키보드에 글자를 쳐서 명령을 내릴 수 있었다. 게다가 자신이 입력하는 내용과 결과를 즉시 텔레비전 화면으로 확인할 수 있다는 것도 램프의 불빛이 깜빡이는 것을 기다리며 지켜봐야 했던 것에 비하면 큰 발전이었다. 하나의 기판에 소수의 칩만

• 최초의 퍼스널컴퓨터 가운데 하나인 애플(Apple) I. 스티브 워즈니악과 스티브 잡스 공동개발, 1976년 4월 11일 제작. 발매 당시 가격은 미화 666.66달러로 오늘날 대략 3천 달러에 해당한다. 미 컴퓨터 역사 박물관 전시품.

을 부착해서 키보드와 모니터로 소통하는 단순한 형태의 컴퓨터를 만든 것은 괴짜 워즈니악이 거의 혼자의 힘으로 이루어낸 엄청난 혁신이었다. 이 조악한 물건이 언젠가 세상을 바꿀 것이라고 어렴풋하게 느낀 스물한 살 젊은 스티브 잡스의 직관도 놀라운 것이었다.

긴 세월이 흐른 2005년 만들어진 유튜브*의 아이디어도 사실 노는 중에 탄생한 것이었다. 페이팔 출신 엔지니어 3명은 아파트에서 파티를 벌이다 대화 중 나온 동영상을 즉석에서 같이 볼 수 없다는 것에 불만을 토로했다. 그들은 수많은 동영상을 인터넷 웹브라우저 상에서 쉽게 공유하는 서비스를 직접 만들었고, 이들이 잡담하다 생각해 낸 이 단순한 아이디어는 이후 여러 사람의 손을 거쳐 성장을 거듭해 세계 미디어 환경을 180도 바꾸고 말았다.

오늘날에도 많은 실리콘밸리 기업들은 직원들이 자유롭게 자기가 좋아하는 일에 빠져들도록 유도하고 있다. 직장 내에서도 수직적 상하 관계를 벗어나 자연스럽게 서로 마주쳐서 소통할 개방적인 환경을 만드는 것을 계속 강조한다. 이들이 이렇게 서로 어울리면서 놀이하듯 만들어낸 제품들은 기존 산업 생태계를 송두리째 뒤바꾸고 더 나아가 새로운 산업 자체를 창조하는 위력을 발휘하고 있다. 이 순간에도 실리콘밸리에는 미래의 구글을 꿈꾸는 수많은 스타트업들이 혁신에 몰두하고 있다. 벤처캐피탈들은 이곳의 신생기업에 투자하면서 아무도 발견한 적 없는 신선한 금맥을 찾는 짜릿한 모험에 동참하고 있다. 세상에 전혀 없었던 새로운 것을 만들어내는 데에 주저함이 없는 이들의 도전은 그 옛날 낯선 땅으로 이주했던 사람들의 정신을 그대로 이어받고 있다. 공고히 구축된 기존 세

* 페이팔(PayPal)사의 개발자들이던 채드 헐리(Chad Hurley), 스티브 첸(Steve Chen), 자베드 카림(Jawed Karim) 세 사람이 콘텐츠를 업로드하고 공유하며 감상하기로 의기투합한 끝에 2005년 2월 14일 개설한 웹사이트. 일반적인 동영상 공유 사이트와 달리 사용자가 별도의 프로그램이나 저장 공간 또는 비용을 들이지 않고 컴퓨터에 설치된 표준 웹 브라우저와 일반적인 인터넷 속도만으로 동영상을 업로드하고 스트리밍할 수 있어 선풍적인 인기를 끌었다. 2006년 10월 구글이 16억 5천만 달러에 유튜브를 인수했다. 대략 50개 언어가 사용되며 한국어 서비스는 2008년 1월 23일에 시작했다.

계의 질서를 떠나 자신만의 그 무엇을 찾아보겠다는 모험의 자세는 실리콘밸리를 계속 성장시킨 진정한 동력이었다.

변화에 누구보다 빠르게 적응하는 우리나라도 이미 오래전부터 실리콘밸리의 혁신에 동참해 왔고, 우리만의 과감한 시도로 많은 분야에서 세계 시장을 석권하는 성과를 거두었다. 우리가 가지고 있는 낯선 세상을 향한 호기심과 도전을 두려워하지 않는 역동성은 실리콘밸리의 에너지와 비교해서도 전혀 부족하지 않다. 실리콘밸리가 구축한 자유와 소통의 문화, 기업-대학-정부기관의 협력 관계, 벤처캐피탈의 지원 체계, 성공 후 재투자로 이어지는 선순환 구조, 설령 실패해도 재기할 수 있는 사회 분위기, 활발한 기업공개와 인수합병을 통한 이익 창출 등의 기법을 보다 적극적으로 소화해 낸다면 우리만의 방식으로 세상을 변화시킬 더 많은 새로운 아이디어들을 만들어 낼 수 있을 것이다.

할리우드에서 영화 산업이 크게 성장했다.

새로운 가치를 창출해 해내는 혁신은 과학기술 외에 문화 영역에서도 왕성하게 나타났다. 특히 할리우드로 대표되는 영화 산업은 캘리포니아에서 그 꽃을 활짝 피워 오늘날 미국 뿐 아니라 세계인들이 가장 즐기는 오락거리로 성장했다. 필름에 담긴 영화는 무대 공연과 달리 한번 찍으면 어느 곳에서나 반복해서 틀 수 있었기 때문에 사람들이 서로 떨어져 사는 미국 환경에 매우 적합한 대중문화였다. 미국의 영화 산업은 1894년 에디슨이 키네토스코프(Kinetoscope)^{••}를 상용화하면서 본격적으로 태동하기 시작했다. 현미경 같은 렌즈를 혼

•• (위) 캐비닛 상단에 핍홀 뷰어가 있는 키네토스코프(Kinetoscope) 기계의 후면 내부 모습. 1894년. (아래) 가동 중인 1895년판 키네토폰. 캐비닛 내 실린더 축음기와 연결된 이어폰으로 소리를 들을 수 있다.

자 들여다보면서 영화를 감상하는 이 기계는 뉴욕 브로드웨이에 만든 상영소(Public kinetoscope parlor)에 처음 선보여 시민들에게 큰 인기를 끌었다. 후에 에디슨은 여러 명이 동시에 화면을 볼 수 있는 영사기(Vitascope) 등 다른 젊은 발명가들이 개발한 영화 관련 특허들을 다수 확보했고, 투자자들은 1896년 뉴욕에 최초의 영화 상영관도 만들었다. 에디슨은 자신의 회사(Edison Manufacturing Company)에서 직접 영화를 제작하기도 했고, 1908년에는 전문적인 특허 회사(Motion Picture Patents Company: MPPC)를 설립해 제휴 계약을 체결한 9개의 메이저 영화사 외에는 영화의 독점 기술을 쓸 수 없도록 세밀히 감시하기도 했다. 이 회사는 뉴욕 일대에서 성행했던 소규모 영화 제작사들을 상대로 공격적인 특허 소송을 벌이는 것으로 유명했다. 이런 상황 속에서 오늘날에는 상상도 할 수 없는 일이지만 소송을 두려워한 제작사 중 일부가 감시의 눈을 피해 1910년대부터 먼 서부로 이주하기 시작했다. 당시 이들 사이에서 인기를 끌었던 도피 장소는 LA 서쪽의 할리우드라는 소도시였다.

1910년의 할리우드는 인구 5천 명가량의 작은 신주거지였다. 할리우드는 25년 전인 1886년부터 본격 개발되기 시작했다. LA에 5만 명 정도가 살고 있던 19세기 말, 서부 지역 부동산 사업가였던 호바트 휘틀리(Hobart Johnston Whitley)는 철도를 타고 신혼여행을 하던 중 이곳을 처음 방문했다. 당시 여러 개의 대륙횡단철도 노선이 막 완공된 LA에는 토지 개발 붐이 일어나고 있었다. 휘틀리는 LA 철도역에서 북서쪽으로 10마일(16km) 정도 떨어진 이곳 농장지대의 발전 가능성을 눈여겨봤다. 이곳은 북쪽에는 산타모니카 산이 있고 남쪽으로는 평지가 펼쳐져 있는 곳이었다. 산을 등져 조용한 주거지를 건설하기 좋았고 로스

앤젤레스강도 멀지 않아 물을 끌어오기도 용이했다. 그는 이 일대 농장 주였던 허드(E.C. Hurd)에게서 우리나라 여의도 면적의 65% 가량 되는 480에이커(1.9㎢)의 땅을 구입했다. 휘틀리는 곧 다른 투자자들도 모집했고, 날씨가 좋은 서부 지역에 살 곳을 알아보던 오하이오 출신의 부유한 윌콕스 부부도 이곳에 정착하기로 결심했다. 하비 윌콕스(Harvey. H. Wilcox)와 그의 아내 데이다 윌콕스(Daeida Wilcox)는 1887년 120에이커(48만㎡)의 땅을 장만했고, 그해 LA 카운티 사무소에 할리우드(Hollywood)•라는 마을 이름을 정식 신고했다.

지금은 특정 지역을 가리키는 말이 아니라 미국의 영화산업 전체를 의미하는 단어로 쓰이는 할리우드라는 명칭이 이때 마을 이름으로 선택된 이유에 대해서는 두 가지 설이 있다. 첫 번째는 부동산 개발 업자 휘틀리가 우연한 기회에 이 이름을 착안했다는 설이다. 휘틀리는 자신이 이곳을 처음 구경하고 있을 때 주변을 지나가던 한 농부에게 무엇을 하고 있냐고 물었던 일화를 1886년의 일기에 기록했다. 휘틀리는 영어에 서툴렀던 농부가 'I hauling wood'(나무를 끌고 있다)라고 대답하는 것을 듣고 할리우드라는 이름을 떠올렸다고 썼다. 그가 당시 이 지역 사업가였던 친구에게 이것을 말했고, 친구가 다시 윌콕스 부인에게 이를 사용하기를 권유해 할리우드라는 말이 결국 공식 신고 문서

• 할리우드 사인(Hollywood Sign) 미국 캘리포니아주 로스앤젤레스 내 산타모니카 산맥(Santa Monica Mountains)의 리 산(Mount Lee)의 할리우드언덕에 설치된 초대형 할리우드 표지판. 최초의 표지판은 1923년에 야외광고용으로 세워졌으며 당시 명칭은 할리우드랜드 사인(Hollywoodland Sign)이었다. 지금 것은 높이 13.7미터, 총 연장 106.7미터에 이르며 위치상 LA의 중심부에 해당한다. 할리우드를 대표하는 상징물이자 랜드마크, 문화적 아이콘으로 사랑받고 있다.

까지 올라가게 되었다는 얘기다. 두 번째 설은 윌콕스 부인이 서부로 이주하던 기차에서부터 이미 이 이름을 들었다는 것이다. 그녀가 기차에서 만나 이야기를 나눈 일리노이주 출신 승객이 전에 살던 마을명이 마침 할리우드였는데, 그 어감을 맘에 들어 했던 부인이 이 명칭을 자신들

이 새로 산 땅에 쓰기를 원했다는 말이다. 정확한 이유가 무엇이건 간에 분명한 것은 1887년 당시 이들 부부는 물론이고 이 일대에 살던 사람 어느 누구도 언젠가 영화라는 것이 나타날 것이고, 이 작은 마을의 이름이 훗날 전 세계인들이 영화를 얘기할 때 즐겨 쓰는 용어가 되리라고는 꿈에도 상상하지 못했을 것이라는 점이다.

동부 뉴욕에서 영화라는 매체가 막 유행하기 시작한 1900년, LA시는 인구 10만 명을 넘어섰고 북서쪽의 할리우드는 여전히 조용한 전원 도시였다. LA까지는 전차(Street car)가 편도 두 시간 정도 걸리는 느린 속도로 하루 몇 차례 운행했다. 할리우드와 LA 다운타운 사이, 오늘날의 코리아타운이 있는 벌판에는 포도밭, 오렌지밭, 보리밭이 넓게 펼쳐져 있었다. 휘트니는 1886년부터 계속 할리우드에 거주하면서 이 도시를 발전시키기 위해 노력했다. 휘트니가 1902년 지금의 아카데미 시상식이 열리는 돌비 극장 자리에 건립한 할리우드 호텔은 당시 이 지역의 중심지 역할을 했다. 그는 도시에 전기 설비와 은행을 유치해 오고 도로도 건설하는 등 투자를 계속했다. 그의 이런 노력으로 인구 700명이었던 마을은 1903년 독립된 할리우드시로 정식 설립(Incorporate)됐다. 할리우드시는 짧게 존재하다 1910년 LA시로 편입되었다. LA시는 북캘리포니아에서 물을 끌어오는 대수로 공사를 진행하면서 이를 공동으로 이용하기를 원하는 주변 시들을 끌어안아 몸집을 키웠는데, 할리우드도 이때 LA에 합병되어 지금까지 LA의 한 행정구역으로 남게 되었다.

동부의 영화사들이 할리우드로 이전하기 시작한 것은 바로 그즈음이었다. 1892년 이래 여러 곳에서 석유가 발견되어 인구가 빠르게 늘어난 LA는 당시 막 떠오르고 있는 활기 넘치는 도시였다. 1905년부터 LA에도 영화 상영관이 등장하기 시작했고, 1909년에는 LA 다운타운 북쪽에 이 지역 최초로 영화 스튜디오(Selig Polyscope company)도 생겨나 영화인들도 점차 늘어나던 참이었다. 다운타운에서 좀 더 떨어져 있는 할리우드 지역을 처음 눈여겨 본 사람은 그리피스 감독(D.W.Griffith)이었다. 1910년에 그는 당시 대형 제작사였던 바이오그래프사(Biograph Company)의 의뢰로 할리우드에서 17분짜리 영화(Old California)를 촬영했다. 할리우드의 온화한 날씨와 조용한 분위기 등 여러 촬영 조건에 만족한 그리피스 감독은 이후 아예 할리우드로 이사했다. 그리피스 감독의 결정은 많은 다른 영화사들을 이곳으로 불러 모으는 계기가 됐다. 에디슨의 특허 회사와의 분쟁으로 기를 펴지 못했던 영화사들은 속속 할리우드라는 새로운 공간으로 이전했다. 1911년에는 뉴저지주에 있었던 네스터 영화사(Nestor Motion Picture Company)가 옮겨 와 할리우드 스튜디오산 최초의 영화(Her Indian Hero)를 제작했다. 휘트니는 당시 할리우드 동쪽에 있었던 자신의 집을 빌려주면서 이 영화 촬영을 전폭적으로 지원했다.

할리우드로 스튜디오를 옮긴다는 것은 당시 영화 제작사 입장에서 특허 감시의 눈으로부터 멀어진다는 것 외에 여러 가지 장점이 있었다. 이곳은 1년 중 대부분이 맑은 날이어서 야외 촬영이 아주 편했고, 햇빛이 강해 당시의 낮은 감도 필름을 써도 좋은 화질의 영상을 얻을 수 있었다. 동부에서는 눈이나 비 때문에 일 년에 몇 달씩 촬영을 못 하기도 했지만 여기서는 그럴 일도 없었다. 게다가 그때까지만 해도 이 지역의 땅값은 동부에 비해 훨씬 저렴했기 때문에 넓은 부지에 영화 촬영 세트를 만들기도 좋았다. 주변에 산, 농장, 사막, 바다가 모두 있어서 다양한 장면 연출도 가능했다. 개발된 지 얼마 안 된 할리우드 도심의 건물들은 깨끗하고 건축양식이 다양해서 영화의 배경으로 쓰기에 안성맞춤이기도 했다. 1913년 이곳에 온 세실 드밀(Cecil B. DeMille) 등 당시의 젊고 야심찬 감독들은 하나 둘 할리우드에서 영화를 만들면서 명성을 쌓았고, 훗날의 4대 메이저(Paramount, Warner Bros., Columbia, RKO) 회사를 비롯한 여러 영화사도 이곳에 속속 스튜디오를 개설해 촬영을 시작했다. 1914년 발발한 1차 세계대전은 이제 막 걸음마를 뗀 할리우드에게 큰 기회가 되었다. 1차 대전 내내 당시 앞서가고 있었던 유럽 영화의 수입이 중단되었기 때문에 미국 내에서 할리우드산 영화의 인기가 높아진 것이었다. 첫 영화를 찍은 지 불과 10년밖에 지나지 않은 1920년에 할리우드 영화 산업은 이미 미국에서 다섯 번째 큰 산업으로 자라났다.

할리우드 영화가 세계로 퍼져 나갔다.

미국 경제의 호황이 극에 달한 1920년대 할리우드는 영화의 중심지로서 위치를 더욱 공고히 했다. 제작, 배급, 상영을 통합한 대형 영화사들은 한 해 600여 편의 영화를 생산하며 영화산업을 더 번창하게 했다. 오늘날 할리우드를 대표하는 여러 관광 자원이 만들어진 것도 이 시기였다. 부동산 개발 성공에 고무된 휘틀리는 1923년 할리우드의 부동산을 더욱 광고하기 위해 가로 15m, 세로 9m의 큰 글자로 'HOLLY WOOD LAND'라는 간판을 도시 뒤편 산타모니카산(Santa Monica Mountains)에 설치했다. 당시 돈 21,000달러(현재 가치 32만 달러 정도)가 투자된 이 간판은 평평한 도심, 황량한 산의 경관과 잘 어우러져 이내 지역의 대표적 풍경이 되었다. 1949년에는 간판에서 'LAND'가 떼어 내지고 'HOLLY WOOD'만이 남아 오늘날까지 LA의 중요한 랜드마크 역할을 하고 있다. 시드 그로먼(Sid Grauman)이라는 극장 사업가는 당시 할리우드에 중국풍, 이집트풍 영화관을 만들어 인기를 끌었다. 그는 오늘날 할리우드의 중요 관광자원이 된 유명 배우들 손발도장 블록을 처음 설치한 사람이기도 했다. 어느 날 그가 노마 탈마지(Norma Talmadge)라는 당대의 유명한 여배우에게 자신의 극장을 안내했는데, 그때 마침 극장 앞이 바닥공사 중이어서 덜 마른 시멘트를 밟은 탈마지의 신발이 더러워졌다. 이 실수에서 아이디어를 얻은 탈마지는 그로먼에게 영화 배우들의 손과 발을 프린팅해서 바닥에 놓으면 어떻겠냐고 제안했고, 그로먼은 그 조언을 받아들여 자신의 극장 앞에 여러 스타의 손과 발자국이 찍힌 작은 공간을 마련해 관광 명소를 조성했다.

1930년대 대공황의 시대에도 할리우드 영화의 인기는 여전했다. 1927년 최초 유성 장편영화(Jazz Singer)•가 개봉한 이후 소리까지 들을 수 있는 영화가 빠르게 극장을 장악했고, 1939년 개봉한 '바람과 함께 사라지다'와 '오즈의 마법사' 등이 전 세계적으로 공전의 히트를 기록하면서 할리우드의 전성시대를 이끌었다.

당시 30대의 청년이던 월트 디즈니는 할리우드에서 만화 영화라는 장르를 경쟁력 있는 산업으로 발전시키기도 했다. 그는 1932년 최초의 컬러 애니메이션인 꽃과 나무(Flowers and Trees)를 제작했다. 비록 짧은 작품이었지만 색이 들어간 만화 영화는 신선한 반향을 일으켰다. 가능성을 직감한 디즈니는 1933년부터 동화를 이용한 스토리텔링 애니메이션을 만들기 시작했다. 19세기 후반의 영국 동화를 발굴해 실험적으로 제작한 아기돼지 삼형제(The Three Little Pigs)가 먼저 인기를 끌었다. 이후, 백설공주(Snow white), 피노키오(Pinocchio), 덤보(Dumbo),

• 영화 '재즈가수' 워너브라더스사가 제작하여 1927년 10월 6일 개봉한 최초의 유성영화. 앨런 크로슬랜드(Alan Crosland)가 감독을 맡았고 당시 브로드웨이 스타였던 알 졸슨(Al Jolson)을 비롯, 메이 매커오비(May McAvoy), 워너 올랜드(Warner Oland) 등이 출연했다. "기다려 주세요, 기다려 주세요. 당신은 아직 아무것도 듣지 않았어요!(Wait a minute, wait a minute. You ain't heard nothin' yet!)"라는 말이 영화사상 최초의 대사로 기록되었다. 워너브러더스는 이 영화의 흥행에 힘입어 일약 세계적인 영화 제작사로 도약할 수 있었다.

밤비(Bambi), 신데렐라(Cinderella), 이상한 나라의 앨리스(Alice in Wonderland), 피터팬(Peter Pan), 잠자는 숲 속의 공주(Sleeping Beauty), 101마리의 달마시안(101 Dalmatians) 등 동화 속 많은 이야기가 극장 화면 위에 생생하게 표현되었다.

20세기 후반 텔레비전 등 다양한 경쟁 매체가 등장하면서 할리우드 영화는 또 다른 변신을 해야 했다. 많은 스튜디오들은 할리우드를 벗어나 인근 지역에 넓은 세트장을 마련해 촬영의 규모를 키웠고, 새로운 장르와 특수 기술들을 개발하면서 할리우드 영화만의 독특한 명성을 쌓아갔다. 할리우드의 콘텐츠는 세계로 퍼져나갔고, 세계인이 즐기고 가까이하는 유희가 되었다. 미디어 환경이 급변한 오늘날에도 할리우드가 세계의 문화를 계속 선도해 나갈 수 있을지는 미지수이다. 아마도 그 해답은 할리우드가 참신한 기술과 소재들을 계속 도입해 끊이지 않는 혁신을 만들어 낼 수 있는가에 달려 있을 것이다.

3) 맺으며

성공의 비결은 무형의 에너지일 것이다.

지금까지 우리는 캘리포니아에 이주한 사람들이 물자의 이동로를 만들고, 부족했던 수자원을 확보하고, 아이디어의 혁신을 통해 새로운 산업을 일군 과정을 짧게나마 살펴보았다. 18세기 말부터 오늘날까지 캘리포니아가 성장해 온 과정을 시간 순서를 따라가며 짚어 보기도 했다. 캘리포니아의 번영은 많은 행운과 우연에 기인하기도 했지만 당연하게도 그것만이 전부는 아니었다. 다른 것 못지않게 중요했던 것은 역시 캘리포니아가 만들어냈던 무형의 에너지였다. 누구나 새롭게 시작할 수 있는 곳이라는 기대감, 여러 배경의 사람들이 함께 어울려 살아갈 수 있는 곳이라는 확신은 이 지역의 가장 중요한 자산이었다. 인종이든 출신이든 이미 정해진 배경과 무관하게 누구라도 최선을 다하면 더 나은 내일을 맞이할 수 있을 것이라는 아메리칸 드림의 캘리포니아식 실현은 이곳에 온 이주민들을 열심히 움직이게 하는 귀중한 동력이었다.

우리가 지금껏 이 책의 긴 이야기들을 통해 배운 것은 인류는 역사 속에서 이주의 흐름을 끊임없이 이어왔다는 사실이다. 우리는 인간의 이주가 만들어내는 긴 물결을 따라가면서 변화는 늘 일어난다는 것, 그 과정에서 사람들의 의지와 노력으로 대단히 많은 것을 바꿀 수 있다는 것을 확인해왔다.

무엇이 미래로 향하는 가장 좋은 길인지는 명백히 정해져 있지 않다. 과거의 사람들처럼 오늘날의 우리도 앞을 알지 못하는 상태에서 그때그때 운명의 향방이 걸린 중요한 선택을 해야만 한다. 주어진 환경은 얼마든지 달라질 수 있다는 것을 믿고 앞을 가로막는 경계를 새로운 도전의 프런티어로 전환하려 할 때, 우리의 노력과 의지는 단단한 땅도 뚫어낼 수 있을 것이다. 그렇게 물길이 조금씩 넓어지고 다양해질 때 우리가 사는 이 땅에는 훨씬 더 기운차고 자유로운 이주의 강물이 흐를 수 있을 것이다.

1. https://www.currentresults.com/Weather/California/humidity-annual.php

2. US climate data, "Climate California - Sacramento", https://www.usclimatedata.com/climate/california/united-states/3174